# McMarketing

Willy Schneider

# McMarketing

Einblicke in die Marketing-Strategie
von McDonald's

2., überarbeitete Auflage

 Springer Gabler

Willy Schneider
Heidelberg
Deutschland

ISBN 978-3-658-07095-3          ISBN 978-3-658-07096-0 (eBook)
DOI 10.1007/978-3-658-07096-0

Die Deutsche Nationalbibliothek verzeichnet diese Publikation in der Deutschen Nationalbibliografie; detaillier-te bibliografische Daten sind im Internet über http://dnb.d-nb.de abrufbar.

Springer Gabler
© Springer Fachmedien Wiesbaden 2007, 2015

*Lektorat:* Manuela Eckstein

Gedruckt auf säurefreiem und chlorfrei gebleichtem Papier

Springer Fachmedien Wiesbaden GmbH ist Teil der Fachverlagsgruppe Springer Science+Business Media
(www.springer.com)

# Vorwort zur zweiten Auflage

McMarketing geht in die zweite Runde. Angesichts der rasanten Dynamik auf dem Fast-Food-Markt ist es rund acht Jahre nach Erscheinen der ersten Auflage dringend notwendig geworden, das Phänomen McDonald's aus einer aktualisierten Perspektive zu beleuchten. Der Fast-Food-Gigant ist seit der letzten Bestandsaufnahme weiter gewachsen und bedient in seinen weltweit über 35.000 Restaurants mit 1,9 Mio. Mitarbeitern, die bei der McDonald's Corporation oder einem ihrer Franchisenehmer angestellt sind, nunmehr täglich etwa 60 Mio. Menschen in rund 120 Ländern. Doch neue Ess-Trends und aggressive Wettbewerber setzen dem seit Firmengründung erfolgsverwöhnten Marktführer in der Systemgastronomie immer stärker zu. So sank der Umsatz von McDonald's in Deutschland in jüngster Vergangenheit erstmalig in der Firmengeschichte deutlich. Selbst in der BSE- sprich Rinderwahnsinn-Krise nach der Jahrtausendwende waren die Umsätze zumindest nahezu konstant geblieben.

Doch trotz der derzeitigen Flaute gilt McDonald's weiterhin als Paradebeispiel für erfolgreiches Marketing-Management. Und eines dürfte unbestritten sein: Der Fast-Food-Konzern sieht keinesfalls tatenlos zu, wie ihm weitere Umsätze verloren gehen, sondern wird ein facettenreiches Repertoire an Marketing-Instrumenten aufbieten, um der negativen Entwicklung entgegen zu steuern.

In der zweiten Auflage werden wir weiterhin auf auch für den Nicht-Ökonomen nachvollziehbare Weise dem Mythos McDonald's nachgehen. Neu ist, dass wir verstärkt Mitarbeiter von McDonald's, die aus verständlichen Gründen nicht namentlich genannt werden wollen, als Informationsquelle nutzen.

Wir beschreiten mit der zweiten Auflage weiterhin den bewährten Weg, der sich deutlich und bewusst von Publikationen ähnlicher Thematik unterscheidet. Denn wir nehmen erneut die Position des neutralen Beobachters ein und betreiben demnach weder reißerischen Enthüllungsjournalismus noch blinden Unternehmenskult, sondern bleiben unserem Ideal treu, ein realistisches Bild von einem der unbestritten erfolgreichsten Unternehmen unserer Epoche zu zeichnen.

Mein Dank gilt Frau Bachelor of Arts Sylvia Smarzly für die Korrektur des Manuskripts sowie zahlreiche wertvolle Hinweise.

Heidelberg, im Januar 2015                                  Prof. Dr. Willy Schneider

# Vorwort zur ersten Auflage

Nur wenige Unternehmen rufen in der Öffentlichkeit so ambivalente Gefühle und Reaktionen hervor wie McDonald's[1]. Zum einen ist die McDonald's Corporation der Welt größte Konzern von Fast-Food-Restaurants. Das Unternehmen bedient in seinen weltweit über 30.000 Restaurants mit 1,6 Mio. Mitarbeitern täglich mehr als 50 Mio. Menschen in über 110 Ländern. Zum anderen ist McDonald's häufiges Angriffsziel für mehr oder minder begründete Kritik aus Reihen von Verfechtern einer gesunden Ernährung, radikalen und gemäßigten Umweltschützern, Arbeitnehmervertretern, Globalisierungsgegnern und Islamisten.

Als unbestritten gilt jedoch, dass McDonald's ein Paradebeispiel für erfolgreiches Marketing-Management gibt. Um diesem Phänomen auf den Grund zu gehen, werden wir in der vorliegenden Publikation auf auch für den Nicht-Ökonomen nachvollziehbare Weise dem Mythos McDonald's nachgehen, indem wir die Marketing-Strategie des Fast-Food-Unternehmens sowie deren Hintergründe und anvisierten Ziele durchleuchten. Hierzu bedienen wir uns der Pressemitteilungen, Geschäftsberichte, Prospekte und sonstigen Publikationen des Unternehmens, stellen diesen Fakten und Erkenntnisse über sowie Kritik an McDonald's gegenüber und durchleuchten bzw. kommentieren das Ganze mit Hilfe von Erkenntnissen aus der Marketing-Wissenschaft.

Wir beschreiten mit dem vorliegenden Buch demnach einen Weg, der sich deutlich und bewusst von Publikationen ähnlicher Thematik abgrenzt. Denn wir nehmen die Perspektive des neutralen Beobachters ein und betreiben demnach weder reißerischen Enthüllungsjournalismus, wie es Insider und/oder aufgrund ihrer politischen Einstellung voreingenommene Publizisten zu tun pflegen, noch Unternehmenskult, wie er für (ehemalige) Manager oder Verfasser von Unternehmens- bzw. Unternehmerbiographien symptomatisch ist.

---

[1] McDonald´s™, ⋔™, Big Mac™, Big Mac™, Chicken McNuggets™, FishMac™, Hamburger Royal TS™, McChicken™, McRib™, Big Tasty™, Egg McMuffin™, McCroissant™, McFlurry™, McSundae™, i´m lovin´ it™, ich liebe es™, GO ACTIVE!™, Happy Meal™, Ronald McDonald™, McDonaldland™, Grimace™, Hamburglar™, Birdie™ und McKids™ sind Warenzeichen der McDonald´s Corporation und deren Tochtergesellschaften; siehe [1].

Zielgruppe des vorliegenden Buchs sind Praktiker, die aus dem Business-Case McDonald's wertvolle Erkenntnisse für die eigene Tätigkeit ziehen wollen. Des Weiteren wird Studierenden und Dozenten an Universitäten, Fachhochschulen, Dualen Hochschulen und Berufsakademien ein unvergleichliches Lehrstück für erfolgreiches Marketing geboten. Nicht zuletzt kann sich der interessierte Verbraucher mittels dieser Publikation ein unvoreingenommenes Bild des Fast-Food-Giganten machen und damit dem Ideal des mündigen Konsumenten einen entscheidenden Schritt näher kommen.

Mein Dank gilt meiner Frau Andrea für die Erstellung der Fotos sowie Herrn Stefan Ullmer für die Unterstützung bei der formalen Gestaltung der Arbeit.

Heidelberg, im Januar 2007                                          Prof. Dr. Willy Schneider

## Literatur

1. http://www.mcdonalds.de/html/products/standards2/media/legallines.gif. Zugegriffen: 10. August 2007.

# Inhaltsverzeichnis

# Zum Autor

**Prof. Dr. Willy Schneider** leitet den Studiengang BWL-Handel an der Dualen Hochschule Baden-Württemberg Mannheim. Er ist Lehrbeauftragter in Master- und Bachelorstudiengängen an diversen Hochschulen sowie (Mit-)Autor zahlreicher Fachbücher sowie des renommierten Gabler Wirtschaftslexikons. Neben seiner Forschungs- und Beratertätigkeit auf den Gebieten Kundenzufriedenheit und Customer-Relationship-Management setzt sich Willy Schneider kritisch mit den Marketing-Strategien erfolgreicher Unternehmen auseinander.

# Abbildungsverzeichnis

# Tabellenverzeichnis

# Auf den Spuren eines Mythos 1

Der „Mythos McDonald's" basiert auf einer Mischung aus Bewunderung für den Erfolg des Unternehmens, Neid der Konkurrenten, Vertrautheit der Kunden mit den weltweit nahezu identischen Restaurants und Speisekarten, dem Gefühl der Manipulation durch exzellentes Marketing und der Dämonisierung des „American Way of Life", als deren Vertreter das Unternehmen gilt. Und so vermag es kaum zu verwundern, dass nur wenige Firmen die Öffentlichkeit derartig in zwei Lager spalten wie der Fast-Food-Gigant. Symptomatisch hierfür ist das Phänomen, dass sich trotz des unbestrittenen Erfolgs – zumindest in den westlichen Industrieländern – nur wenige Menschen in der Öffentlichkeit dazu bekennen, bei McDonald's gerne zu essen oder zu arbeiten.

Zum einen ist die McDonald's Corporation nach Umsatz, Gewinn und Mitarbeiterzahlen mit großem Abstand das weltweit größte Unternehmen der Systemgastronomie und bedient unter der eigenen Marke in seinen weltweit über 35.000 Restaurants mit 1,9 Mio. Mitarbeitern (440.000 Mitarbeiter sind bei der McDonald's Corporation selbst angestellt, der Rest bei Franchise-Nehmern) täglich etwa 60 Mio. Menschen in rund 120 Ländern. Hinzu kommen noch diverse akquirierte, aber nicht unter der Marke „McDonald's" geführte Restaurants verschiedener, vor allem US-amerikanischer Ketten („Partner-Brands") sowie eine Minderheitsbeteiligung an dem britischen Unternehmen Pret A Manger. Der Nettoumsatz beläuft sich auf rund 28 Mrd. US-$, der Vorsteuergewinn auf 8 Mrd. US-$ und der Nachsteuergewinn auf 5,6 Mrd. US-$ (Stand: 2013). 2005 betrug der Umsatz des Konzerns weltweit rund 19,8 Mrd. US-$, der Gewinn belief sich auf ca. 2,6 Mrd. US-$ [7], [4], [5].

In Deutschland erzielt McDonald's in seinen 1.468 Restaurants einen Nettoumsatz von 3,25 Mrd. €, das sind rund 40 € pro Bundesbürger und Jahr. Insgesamt werden jährlich 986 Mio. Gäste verzeichnet, was 2,7 Mio. Gästen pro Tag entspricht. Das Unternehmen beschäftigt hierzulande 64.000 Mitarbeiter (davon 1.900 Auszubildende und 147 Bachelor-Studierende) und zählt damit zu den größten Arbeitgebern (Stand: 2012; vgl. [6], [1]).

© Springer Fachmedien Wiesbaden 2015
W. Schneider, *McMarketing*, DOI 10.1007/978-3-658-07096-0_1

McDonald's ist außerdem der größte US-Arbeitgeber (einschließlich Franchise-Nehmern) in Deutschland [5].

► **Systemgastronomie [3]**  Bei der Systemgastronomie handelt es sich um eine besondere Form der Darreichung von Speisen und Getränken. Im Gegensatz zur traditionellen Gastronomie, die aus einzelnen und unabhängigen Betrieben besteht, gehören in der Systemgastronomie mehrere Restaurants einer Kette sprich einem System an (etwa Filialen oder Franchise-Nehmer). Das bedeutet, dass in jedem Restaurant Abläufe und Angebot standardisiert sind. Beispielsweise werden in sämtlichen Restaurants einer Kette der gleiche Servicestandard sichergestellt sowie identische Produkte angeboten, welche die gleichen Qualitätsmerkmale aufweisen. Die Zutaten für die einzelnen Produkte, die Rezepte sowie Prozesse für die Zubereitung der Speisen sowie die Standards hinsichtlich Qualität und Hygiene sind genau festgelegt. Nicht zuletzt sind das Erscheinungsbild der Mitarbeiter sowie sämtliche Kommunikationsmaßnahmen wie etwa die Werbung vereinheitlicht.

Wesentliches Merkmal der Systemgastronomie ist damit ein klar definiertes Konzept, das auf zentraler Steuerung, Standardisierung und Multiplikation basiert. Zentrale Steuerung bedeutet, dass alle wesentlichen Prozessabläufe durch eine Stelle koordiniert werden. Standardisierung meint, dass diese Prozesse (inhaltlich) vereinheitlicht festgelegt sind. Die Multiplikation ist letztlich das Ziel der zentralen Steuerung und Standardisierung. Im Klartext bedeutet das nichts anderes, als dass im Gegensatz zur traditionellen Gastronomie, in der jedes Restaurant seine erfolgreichen Prozesse und Produkte mühsam neu erarbeiten muss, in der Systemgastronomie erfolgreiche Prozesse und Produkte auf jedes neue Systemelement (etwa Filialen oder Franchisenehmer) übertragen werden können. Auf diese Weise lassen sich Synergieeffekte nutzen, was letztlich die Stückkosten für das einzelne Systemmitglied senkt.

Zum anderen ist McDonald's häufiges Angriffsziel für mehr oder minder begründete Kritik. Der Konzern ist Zielscheibe von Verfechtern einer gesunden Ernährung, radikalen und gemäßigten Umweltschützern, Arbeitnehmervertretern, Globalisierungsgegnern und Islamisten. Zu den Vorwürfen, mit denen sich das Unternehmen immer wieder konfrontiert sieht, gehören

- die Schädigung der Umwelt durch Agrarproduktion und industrielle Herstellung der späteren Produkte,
- der Verkauf von gesundheitsschädlichen Produkten,
- die unnötige Verursachung von Verpackungsmüll,
- mangelnde Hygiene in den Restaurants,
- die Ausbeutung schlecht ausgebildeter und bezahlter Arbeitskräfte, die zumeist einen Migrationshintergrund aufweisen („McJobs"),
- die Behinderung von Gewerkschaften, Betriebsräten und Franchise-Nehmer-Verbänden,

- irreführende und manipulierende Werbung (besonders in Bezug auf Kinder und Jugendliche) sowie nicht zuletzt
- die Vergewaltigung der Menschheit zu einem „American Way of Life" (vgl. [2])[1].

Unter Experten als unbestritten gilt jedoch, dass McDonald's als Paradebeispiel für erfolgreiches Marketing-Management gelten muss. Mit beispielloser Konsequenz wurde und wird eine Marketing-Strategie entwickelt, modifiziert und umgesetzt, die u. a. auf folgenden Grundpfeilern basiert:

- Prägnante Markenpositionierung und -führung
- Kundenfokussierte Produkte und Services
- Kostenführerschaft durch Standardisierung und Rationalisierung
- Glocalization, d. h. think global, act local
- Strategisch ausgerichtete Partnerschaft mit Franchise-Nehmern und Lieferanten

Ziel des vorliegenden Buchs ist es, dem Mythos McDonald's auf den Grund zu gehen, d. h. die Marketing-Strategie des Fast-Food-Giganten sowie deren Hintergründe und anvisierten Ziele zu durchleuchten. Hierzu haben wir die Entwicklung von McDonald's in vier Phasen unterteilt, die wir vertieft vorstellen und analysieren:

- Gründung
- Nationale Expansion
- Going International
- Neuzeit

Das abschließende Kap. 6 widmet sich der Frage, in welche Richtung sich McDonald's zukünftig entwickeln wird bzw. muss. Abrundung findet die vorliegende Publikation durch eine Chronologie des Fast-Food-Konzerns, welche die historische Entwicklung sowie die heutige Situation von McDonald's komprimiert darstellt.

**Superlative im weltweiten McDonald's System [2]**
Das flächenmäßig größte McDonald's Restaurant befindet sich am International Drive in Orlando, Florida, USA.
Das von der Anzahl der Sitzplätze größte McDonald's Restaurant ist in Peking, Volksrepublik China, angesiedelt. Dieser Standort wurde am 23. April 1992 eröffnet und bietet über 700 Gästen einen Sitzplatz.

---

[1] Aufgrund der Kritik, in Wikipedia könnten auch unwahre oder zweifelhafte Angaben veröffentlicht werden, wurden sämtlich dort gewonnenen Informationen durch eigene Recherchen sowie weitere Quellen validiert.

Das mit über 40 Schaltern größte McDonald's Restaurant Europas findet man in Moskau am Roten Platz.

Das zweitgrößte Restaurant Europas beherbergt das Terminal 2 des Rhein-Main-Flughafens in Frankfurt am Main.

Das weltweit kleinste McDonald's Restaurant verfügt über eine Fläche von lediglich 492 Quadratmetern und befindet sich auf der Ginza, einer Flaniermeile in Tokio, Japan.

Die älteste Filiale der Welt steht heute in Downey/Kalifornien und wurde bereits 1953 eröffnet.

Das älteste Gebäude, das ein McDonald's Restaurant beherbergt, ist in Shrewsbury, England, angesiedelt. Eine der Außenwände des Restaurants kann auf das 13. Jahrhundert zurückdatiert werden.

Das nördlichste McDonald's Restaurant liegt am Polarkreis in Rovaniemi, Finnland. Das südlichste Restaurant findet sich in Invercargill, Neuseeland. Der östlichste Standort (festgelegt anhand der Datumsgrenze) befindet sich in Gisborne, Neuseeland. Das westlichste McDonald's Restaurant ist auf Westsamoa angesiedelt.

Das am niedrigsten gelegene McDonald's Restaurant befindet sich 396 m unter dem Meeresspiegel in einem Dorf namens Ein Bokek in der Nähe des Toten Meeres, Israel.

Jeder 2. US-Amerikaner wohnt nur 3 Autominuten von einem McDonald's Restaurant entfernt. In Deutschland findet sich im Durchschnitt alle 16 km ein Standort.

Die höchste McDonald's Dichte verzeichnet der New Yorker Stadtteil Manhattan. Dort befindet sich etwa alle 400 m eine Filiale.

Mit 154 m ist der McDonald's Turm in Reinfeld (Holstein) der europaweit höchste Werbeturm. Er wurde im Jahre 2000 fertig gestellt, ist aufgrund seiner Höhe bereits aus mehreren Kilometern Entfernung zu erkennen und liegt in der Nähe der Bundesautobahn 1 Lübeck-Hamburg.

## Literatur

1. http://de.statista.com/themen/275/mcdonalds. Zugegriffen: 28. Juni 2014.
2. http://de.wikipedia.org/wiki/McDonald%E2%80%99s. Zugegriffen: 15. Juli 2006.
3. http://www.bundesverband-systemgastronomie.de/definition-systemgastronomie.html. Zugegriffen: 28. Juni 2014.
4. http://www.mcdonalds.com. Zugegriffen: 30. Juli 2006.
5. http://www.spiegel.de/wirtschaft/unternehmen/us-firmen-ranking-mcdonald-s-ist-groesster-us-arbeitgeber-in-deutschland-a-785954.html. Zugegriffen: 19. Juli 2007.
6. McDonald's Deutschland Inc. 2013. Corporate Responsibility Report 2012. München.
7. McDonald's Corporation. 2014. 2013 Annual Report, Oak Brook, Illinois 2014. http://www.mcdonalds.com. Zugegriffen: 30. Juli 2006.

# Phase 1: Gründung

**2**

## 2.1 Die Entstehung einer Drive-In-Kultur

Will man den heutigen Erfolg von McDonald's und die dahinter stehenden Prinzipien verstehen, ist es unumgänglich, die Ursprünge des Unternehmens intensiv auszuleuchten. Diese liegen in den 40er Jahren des vergangenen Jahrhunderts in Kalifornien (vgl. im Folgenden [10], [18], [19], [12], [15], [13], [23], [4], [14], [16]).

Fast-Food-Stände bzw. Drive-Ins versorgten zu Beginn die Autofahrer in den Vorstädten. Auch die Brüder Dick und Mac McDonald konzentrierten sich auf diese Zielgruppe und profitierten vom in Kalifornien früher als in den anderen Bundesstaaten der USA einsetzenden Boom. Um 1937 begann hier eine Entwicklung, in deren Zentrum die zunehmende Abhängigkeit der Menschen vom Automobil stand. Daraus entwickelten sich ein völlig neuer Lebensstil und damit verbunden auch neue Essgewohnheiten.

Zwischen 1920 und 1940 zogen etwa zwei Millionen Menschen aus allen Staaten der USA nach Kalifornien, wodurch sich die dortige Einwohnerzahl nahezu verdreifachte. Bei dieser Binnenwanderung handelte es sich um die erste, die hauptsächlich mit dem Auto durchgeführt wurde, was sich gravierend auf die dortige Infrastruktur auswirkte. So gab es in Los Angeles im Jahre 1940 ungefähr eine Million Automobile, mehr als in 41 anderen Bundesstaaten der USA zusammen. Vor diesem Hintergrund entwickelte sich Los Angeles rasch zu einer durch das Automobil geprägten und aus Vororten bestehenden Metropole, die weitläufig angelegt war und wo der Besucher vergeblich nach mehrgeschossigen Gebäuden suchte. Angesichts einer solchen Autokultur überrascht es nicht, dass in Südkalifornien neben dem ersten Motel sowie der ersten Drive-In-Bank der Welt eine neue Restaurantform entstand: das Drive-In-Restaurant.

Die ersten Fast-Food-Stände bzw. Drive-Ins entwickelten sich in Kalifornien zwar bereits in den 20er Jahren des vergangenen Jahrhunderts, doch erst in den Nachkriegsjahren

© Springer Fachmedien Wiesbaden 2015
W. Schneider, *McMarketing,* DOI 10.1007/978-3-658-07096-0_2

verzeichneten sie einen USA-weiten Boom. Hierfür waren folgende Faktoren ausschlaggebend:

- Die Liebe des Amerikaners zum Auto. Während der Depression der zwanziger Jahre und des Zweiten Weltkriegs waren viele Amerikaner nicht in der Lage, sich ein Auto zu leisten. Erst das nach 1945 einsetzende Wirtschaftswachstum ermöglichte es den meisten Mittelschicht-Familien, ein Auto zu erwerben und zu unterhalten.
- Der rapide Anstieg der Geburtenrate. Der Baby-Boom ermutigte die amerikanische Mittelschicht dazu, Häuser zu erwerben. Die Entwicklung von Vorstädten begann kurz nach 1945 und stieg auf dramatische Weise an, als die Familien der Mittelschicht aus den Innenstädten an die Peripherie zogen.
- Der Bau eines umfassenden Autobahnsystems in den 50er Jahren. Erst dadurch wurde das Leben in den Vorstädten möglich. Ohne Autobahnen wären nur wenige Amerikaner in der Lage gewesen, am Rande der Städte zu leben und in den Zentren zu arbeiten.
- Die Vorstadtgemeinden wären lückenhaft geblieben, wenn sie ihren neuen Einwohnern keine Verköstigungsmöglichkeiten geboten hätten. Die Fast-Food-Restaurants waren darauf ausgerichtet, die Bedürfnisse der dort lebenden Menschen zu befriedigen (vgl. [2]).

## 2.2 Der Einstieg der McDonald's Brüder in die Fast-Food-Branche

In den frühen 40er Jahren des vergangenen Jahrhunderts waren Drive-Ins meist rund, auffällig bunt und mit Masten, Türmchen und Leuchtschildern auf dem Dach ausgestattet. Alles war darauf ausgerichtet, den Blick des vorbeifahrenden Autofahrers auf sich zu ziehen. Zu den Blickfängern zählten auch die Carhops (=weibliche Bedienungen in den ersten Drive-Ins), die zumeist kurze Röcke trugen und den Kunden im parkenden Auto die Tabletts mit dem Essen brachten. Sie mussten attraktiv sein und erzielten ihr Einkommen ausschließlich mit Trinkgeldern und Provisionen für jede verkaufte Speise. Da die Carhops entsprechend freundlich zu ihren Kunden sein mussten, wurden Drive-In-Restaurants in kurzer Zeit zu einem beliebten Treffpunkt für männliche Teenager. Und die McDonald's Brüder wollten auch an diesem Boom partizipieren.

Richard und Maurice McDonald, genannt Dick und Mac, hatten 1930, also zu Beginn der Weltwirtschaftskrise, ihre Heimat New Hampshire verlassen und waren nach Südkalifornien gekommen mit dem Ziel, in Hollywood Arbeit zu finden. Sie fanden eine Anstellung als Kulissenschieber in den Columbia-Filmstudios und erwarben von ihren Ersparnissen in Glendale ein Kino, dem jedoch kein Erfolg beschieden war.

1937 eröffneten sie ein auch nach damaligem Standard äußerst bescheidenes Drive-In-Restaurant im Osten von Pasadena. Dick und Mac bereiteten die Hotdogs sowie Milch-Shakes zu und bedienten die Kunden, die auf einem Dutzend Stühlen unter einem Baldachin saßen. Drei Carhops versorgten die Autofahrer, die auf dem Parkplatz in ihren Fahrzeugen warteten (vgl. [13], S. 12 ff.).

**Abb. 2.1** Das 1940 eröffnete McDonald's Restaurant in San Bernardino, Kalifornien. [9]

1940 eröffneten sie ein wesentlich größeres Drive-In in San Bernardino, einer Kleinstadt 55 Meilen östlich von Los Angeles. Das achteckige Restaurant mit dem Namen „McDonald Brothers Burger Bar Drive-In" lag in der Nähe einer High-School und war mit 600 qm kleiner als die etablierten Drive-Ins in Los Angeles. Das vom Dach bis zur Theke reichende und leicht geneigte Fenster, das die halbe Vorderfront ausfüllte, ermöglichte den Kunden – ganz gegen die damaligen Gepflogenheiten im Gastronomiegewerbe – einen Einblick in die Küche. Die Außenwände unter der Theke bestanden aus rostfreiem Stahl. Außen, vor dem Tresen, stand eine Reihe von Stühlen, innen gab es keine Sitzgelegenheiten (vgl. Abb. 2.1).

Die McDonald's Brüder hatten 25 Gerichte im Angebot. Hierzu gehörten Rind- und Schweinefleischsandwiches sowie Spareribs, die auf dem Grill zubereitet wurden. Rund zwanzig Mitarbeiter bedienten die Kunden auf 125 Parkplätzen, und schnell wurde das Drive-In zum beliebten Treffpunkt für die Teenager der Region (vgl. [13], S. 24–26).

Ende der 40er Jahre wurden die McDonald's Brüder jedoch zunehmend unzufrieden mit ihrem traditionellen Drive-In-Restaurant. Die ersten Nachahmer traten auf den Plan und erhöhten dadurch den Wettbewerbsdruck. Trotz der hohen Kosten- und Arbeitsintensität wurden Drive-Ins mit preisgünstigen Menüs assoziiert, was die Gewinnspanne gefährdete. Die Fluktuationsrate der Kellnerinnen und Köche war groß. Arbeitskräfte, die nicht zur Konkurrenz abwanderten, wurden von den neuen Industriezweigen angezogen, die höhere Löhne boten. Und da die Klientel größtenteils aus Teenagern bestand, mussten permanent Geschirr, Gläser und Besteck ersetzt werden, weil Kunden etwas zerbrachen oder stahlen.

Angesichts solcher Schwierigkeiten spielten die McDonald's Brüder mit dem Gedanken, das Restaurant zu veräußern. Doch dann entschieden sie sich zu einem gravierenden Richtungswechsel, indem sie ein für die Gastronomie völlig neues Konzept entwickelten, das auf schnellem Service, niedrigen Preisen und großen Mengen basierte (vgl. [6], [12]).

## 2.3    Die Keimzelle des Erfolgs: Standardisierung und Fließfertigung

Die McDonald's Brüder erkannten, dass die von Taylor entwickelten und von Ford perfektionierten Prinzipien auch erfolgreich auf ihr Unternehmen angewendet werden konnten. Damit setzten sie erstmals zwei Techniken in der Fast-Food-Gastronomie ein, die zum damaligen Zeitpunkt unmittelbar miteinander verknüpft waren und den Aufstieg der amerikanischen Industrie begründet hatten: Standardisierung und Fließfertigung.

**Die Vorbilder: Taylor und Ford (vgl. [1], S. 111; [3], S. 835; [22]; [8]; [7]; [21])**
Bei der Neukonzeption ihres Restaurants ließen sie sich die McDonald's Brüder von den Prinzipien des sog. Taylorismus leiten. Die nach ihrem Begründer Frederick Winslow Taylor (1856–1915, amerikanischer Ingenieur und Betriebsberater) benannte wissenschaftliche Betriebsführung, das sog. Scientific Management, zielt darauf ab, die Produktivität der menschlichen Arbeit zu steigern. Zu diesem Zweck führte Taylor Zeit- und Bewegungsstudien durch, d. h. er beobachtete und dokumentierte, wie Arbeiter ihre Tätigkeit verrichteten. Auf Basis seiner Erkenntnisse untergliederte er die jeweilige Tätigkeit in kleinste Einheiten. Am gleichen Arbeitsplatz fielen nunmehr stets dieselben Arbeitsvorgänge an, die schnell und auf die immer gleiche Weise verrichtet werden konnten. Die Arbeiter waren spezialisiert und erzielten konsequenterweise höhere Leistungen. Sie waren flexibel einsetzbar, mussten nicht lange ausgebildet werden, keine besonderen Fähigkeiten besitzen und während der Arbeitszeit nicht viel denken. Damit dies alles aber trotz der hohen Spezialisierung funktionierte, mussten die auf verschiedene Arbeiter verteilten Unteraufgaben durch entsprechende Organisation ständig aufeinander abgestimmt werden.
Aus heutiger Sicht ist klar, dass der Taylorismus unweigerlich auf massive Kritik stoßen musste. Diese setzte an folgenden Punkten an:
• einseitige Belastungen durch immer wiederkehrende gleiche Bewegungsformen (Monotonie),
• Fremdbestimmtheit sowie
• Unterforderung der physischen und psychischen Möglichkeiten des Menschen aufgrund des minimalen Arbeitsinhalts.
In der Diskussion um die Humanisierung der Arbeit galt der Taylorismus als der Inbegriff der Verletzung der Menschenwürde. Und Fehlzeiten der Mitarbeiter konnten auf Dauer nicht ausbleiben. Trotz der nicht unberechtigten Kritik führte die Umset-

zung der von Taylor formulierten Grundsätze zunächst zu beträchtlichen Rationalisierungserfolgen. Ein Paradebeispiel hierfür ist der Fordismus, die vom Industriellen Henry Ford in der Automobilindustrie eingeführte Produktionsweise. Angeregt durch die Fleisch verarbeitenden Fabriken in Chicago sowie die in Getreidemühlen eingesetzten Förderbänder setzte er am 1. Dezember 1913 die erste Fließbandfertigung der Welt in Gang.

Die von Ford entwickelte Produktionsform wies folgende Merkmale auf:

- Massenproduktion, d. h. die Herstellung von großen Mengen
- Fließfertigung, die auf dem Prinzip der Arbeitsteilung und dem Einsatz von Maschinen basiert und es vergleichsweise ungelernten Arbeitern erlaubt, einfache Teile einem Produkt hinzuzufügen
- ein hohes Maß an Standardisierung, d. h. Teile und Produkte sind weitgehend identisch
- enge Zusammenarbeit mit den Lieferanten, um auf diese Weise den Nachschub sicherzustellen
- Produktion für Massenkonsum, d. h. es werden keine speziellen Marktnischen oder Zielgruppen bearbeitet, sondern die Wünsche des Großteils der Bevölkerung erfüllt

Mit „Give the customers any color they want, so long as it is black." beschrieb Ford das grundlegende Denkmuster der industriellen Massenproduktion am Anfang des 20. Jahrhunderts und verkaufte in nur 20 Jahren 6 Mio. seines Ford T-Modells, die alle schwarz waren. Seine Strategie basierte demzufolge auf der Standardisierung von Produkten, was zu Stückkosteneinsparungen führte, die ihrerseits Preisreduzierungen erlaubten. So fiel der Preis für das Modell T von nahezu 4.000 US-$ im Jahr 1909 auf rund 1.000 US-$ im Jahr 1923.

Das Nutzenpotenzial von Standardisierung und Fließfertigung für die Fast-Food-Gastronomie wird deutlich, wenn man einen kurzen Blick auf die Esskultur in den Vereinigten Staaten wirft. Ein Charakteristikum amerikanischen Essens liegt darin, dass die Mahlzeiten aus klar voneinander abgegrenzten Elementen bestehen. Im Gegensatz zu den Eintopfgerichten, die in Europa auch heute noch weit verbreitet sind, hatte die amerikanische Hauptmahlzeit schon immer eine dreiteilige Struktur: Fleisch, Kartoffeln und Gemüse. Folgt man den Überlegungen von Historikern, dann weist dieser Unterschied auf eine Weltsicht hin, die dem Individuum und seiner freien Wahl einen größeren Stellenwert einräumt.

Fast-Food-Restaurants schlagen eine völlig andere dreiteilige Struktur vor: Hamburger, Pommes Frites und alkoholfreies Getränk. Es ist wichtig, dass sich eine vollständige Fast-Food-Mahlzeit aus einzelnen, modularen, austauschbaren Elementen zusammensetzt. Ein Burger wiederum kann problemlos in seine Einzelkomponenten (Brötchen, Fleischpaddy, Ketchup, Senf, Gurke, Zwiebeln) zerlegt werden, die sich einer Überprüfung von außen nicht entziehen.

Die „Montage" eines jeden Hamburgers weist zweifellos industrielle Züge auf. Beispielsweise wird die Lage Rindfleisch heutzutage unter Einhaltung eines großen Ausmaßes an Präzision produziert, fast so wie industriell gefertigte Teile. Der Durchmesser eines Burgers bei McDonald's beträgt genau 3,875 Zoll – nicht mehr und nicht weniger. Wie Aluminiumstanzteile werden die Pommes Frites in rechteckige Stangen geformt, die nichts mehr gemeinsam haben mit der Form einer Kartoffel. Und der amerikanische Käse, selbst eine perfekt quadratische gelbe „Fliese", wird dem Burger in einem Prozess angepasst, der an die Thermo-Formung erinnert. Lediglich das Brötchen hat noch etwas Ähnlichkeit mit herkömmlichem Brot, aber sogar hier verursacht der exakte Schnitt zwei zusammenpassende Teile, die den männlichen und weiblichen Teilen einer Gussform durchaus ähnlich sind. Und das Auftragen von Ketchup spielt die Rolle des Schmieröls, das für das einwandfreie Funktionieren einer mechanischen Montage erforderlich ist (vgl. [5]).

## 2.4  Die Neukonzeption des McDonald's Drive-In

Im Herbst 1948 entließen die McDonald's Brüder sämtliche Carhops, schlossen ihr Restaurant für drei Monate, bauten größere Grills ein und eröffneten nach drei Monaten mit einem völlig neuen Konzept der Essenzubereitung, das auf Standardisierung, Arbeitsteilung und Selbstbedienung basierte. Auf diese Weise sollten die Durchlaufgeschwindigkeit erhöht, die Kosten und damit das Preisniveau gesenkt und der Umsatz gesteigert werden.

Zunächst standardisierten sprich strafften die McDonald's Brüder ihr Angebotsprogramm. Sie konnten zwar nicht wie Ford lediglich eine Produktvariante anbieten, strichen aber sämtliche Speisen von der Karte, für deren Verzehr man Messer, Gabel oder Löffel benötigte. Damit reduzierten sie ihr ursprünglich 25 Produkte umfassendes Barbecue-Menü um nahezu zwei Drittel auf nur noch neun Positionen: Hamburger, Cheeseburger, drei alkoholfreie Getränke mit unterschiedlichen Geschmacksrichtungen, Milch, Kaffee, Kartoffelchips und Pastete. Kurz danach kamen noch Pommes Frites und Milch-Shakes hinzu. Sämtliche Burger wurden mit den gleichen Zutaten verkauft: Ketchup, Zwiebeln, Senf und zwei Gurkenscheiben. Abweichungen von diesem Standard waren nicht möglich.

Des Weiteren übertrugen sie als erste das Prinzip der Fließbandfertigung auf die Gastronomie. Um Massenproduktion und Geschwindigkeit umsetzen zu können, wurde eine rostfreie Stahl-Küche entwickelt. Flankierend hierzu unterteilten sie den komplexen Prozess der Zubereitung von Speisen in einzelne Schritte und damit in eine simple Reihe von Routineaufgaben, die nunmehr von verschiedenen Mitarbeitern durchgeführt werden konnten. Bei einer typischen Bestellung stand ein Mitarbeiter hinter der Theke und nahm die Bestellung entgegen (Counter-Man). Ein zweiter grillte einen Hamburger (Grill-Man), ein dritter versah ihn mit Dressing und wickelte ihn in Papier ein (Dresser). Ein vierter bereitete Milch-Shakes zu (Shake-Man), und ein fünfter kümmerte sich um die Pommes Frites (Fry-Man). Die Arbeitsteilung sprich Spezialisierung hatte zur Folge, dass ein Mitarbeiter im Extremfall nur noch in eine Tätigkeit eingelernt werden musste, so dass ausgebildete und damit teure Mitarbeiter nicht mehr benötigt wurden.

Außerdem entfernten sie die Sitze und ersetzten Geschirr sowie Gläser durch Papp-
becher und -teller sowie Papiertüten. Und sie führten anstatt der sog. Carhops, also der
Bedienung am Auto, die Selbstbedienung an der Theke ein. Schließlich stellten die Brüder
nur junge Männer ein, da sie zu der Erkenntnis gekommen waren, dass weibliche Mitarbeiter zwar Männer anzogen, andere Kunden aber abschreckten. Damit sprachen sie
eine wesentlich breit gefächerte Zielgruppe und insbesondere Familien an.

**Standardisierung und Fließfertigung – der Erfahrungsbericht eines McDonald's Mitarbeiters**

„In einem Arbeitsschritt von ca. anderthalb bis zwei Minuten können zwölf Cheeseburger hergestellt werden.

Lege Burger auf den Grill.

Lege Brötchendeckel in Cheeseburger-Brötchendeckeltoaster.

Nimm die Brötchen heraus und mit beiden Händen: einen Spritzer Ketchup und
Senf aus dem speziellen McDispencer, Zwiebeln (60 g), Gurke (eine Scheibe), Käse
(eine Scheibe).

Nimm das ganze Tablett und stecke es in den Schlitz vor dem Grill – während-
dessen der Grill sich automatisch öffnet.

Steck deine Hände in den Grill um zu salzen und dann nimm die Burger raus,
zwei auf einmal, und leg sie auf die Brötchenscheiben. In diesem Moment piept
der Deckeltoaster und du lässt die zwölf Deckel in einer schnellen Bewegung auf
die zwölf Burger gleiten. Dann gibst du das ganze Tablett dem „Controller" zum
Einwickeln.

… Das erste, was dir auffällt, ist die absolute Spezialisierung des Jobs – die
Geräte, der Arbeitsprozess und das eigentliche Essen. Jeder Bestandteil des Produkts hat seine eigene Maschine. Es gibt einen Toastergrill für jede Art von Brötchen und einen Grill für jede Art von Burger. Das hat nichts mit dem Essen zu
tun, die Temperatur und Größe der Toaster sind ziemlich identisch, sondern es geht
darum, einen fließenden Arbeitsprozess sicherzustellen – in dieser Hinsicht ähnelt
es mehr einer Fabrik als einer Küche. …

All diese Maschinen piepen, wenn sie fertig sind, und die Burgergrills öffnen
ihre Deckel automatisch. Dir wird auch gesagt, dass du Dinge in einer bestimmten Reihenfolge tun sollst, jeder Schritt des Arbeitsprozesses ist klar definiert. …
In mancherlei Hinsicht ist die Maschinerie hoch entwickelt, dir wird klar, dass sie
durch Trial-and-Error (Anmerkung des Verfassers: Versuch-und-Irrtum) genau richtig für diesen speziellen Job gemacht wurde. Für jede Aufgabe sind Arbeitstempo
und Reduzierung unnötiger Bewegungen auf die Spitze getrieben, z. B. beim Big
Mac-Brötchen-Toaster. Die Standardisierung macht Dinge auch ziemlich einfach,
z. B. dieselben Tabletts werden in der ganzen Küche benutzt und überall kannst

du sie in diese kleinen Schlitze (Anmerkung des Verfassers: Halterungen) stecken. Normale multifunktionale Küchengeräte kannst du hier nicht finden.

Die Uniformen haben keine Taschen … – es ist nicht nötig, irgendwas zu tragen, es ist alles genau da, wo du es brauchst. Der Arbeitsbereich ist für maximale Effektivität und minimale Bewegung des Arbeiters angelegt – z. B. die Brötchen, Toaster und Tabletts sind alle übereinander gestellt. Wenn du vergisst, wie viele Gurken genau auf einen McRib kommen, gibt es überall Schilder mit Worten und Bildern, auf denen dir das gesagt wird. …

Wenn es nötig ist, wird die Arbeit immer weiter geteilt. Zum Beispiel kann ich den Hamburger-, Cheeseburger-, Big Mac-Teil alleine machen. Wenn zwei Leute bei den Cheeseburgern arbeiten, dann macht einer die Brötchen und das Zubereiten der Brötchen, während der andere die Burger auf den Grill legt und sie wieder raus nimmt. Wenn drei Leute da sind, dann gibt es eine Brötchenperson, eine Burgerperson und eine Belagsperson. In geschäftigen Zeiten wird also geteilt und geteilt, bis es sein Gleichgewicht gefunden hat. In einigen Bereichen gibt es Hinweise, wie die Teilung noch weiter geteilt werden kann, z. B. gibt es einen Aushang, wo die Aufgaben und Standorte für jede Person definiert werden, unterschieden nach Anzahl der ArbeiterInnen für einen Arbeitszyklus: von einer bis fünf Personen. Innerhalb des Küchenteams entscheiden wir untereinander, wer welche Aufgabe macht, aber der Boss sagt, in welchem Gesamtbereich du arbeitest." [17].

Die Brüder arbeiteten kontinuierlich an technischen Verbesserungen und der Perfektion ihrer Fließbandfertigung weiter. Hierfür benötigten sie spezifische Küchengeräte und -utensilien, die sie zum Teil selbst entwarfen und von einem örtlichen Handwerksbetrieb anfertigen ließen. Aus dieser Zeit stammen so geniale Erfindungen wie eine größere und starre Spachtel, welche die konventionellen, für eine Massenfertigung ungeeigneten Produkte am Markt ablöste, und die Handpumpe aus Stahl, bei der das Umlegen eines Hebels genügte, um die abgemessene Portion Ketchup oder Senf gleichmäßig auf dem Hamburger-Patty (= Hamburger-Fleischklops) aufzutragen. Beide gehören heute noch zur Standardausrüstung nicht nur sämtlicher McDonald's Restaurants, sondern auch der meisten anderen Fast-Food-Ketten.

Nicht zuletzt führten die McDonald's Brüder einen bestimmten Code für die Weitergabe der Bestellungen an die Grill-Men ein, beschleunigten die Verpackungstechniken und bereiteten Produkte auf Vorrat zu, um die Kunden auch in Stoßzeiten in dreißig Sekunden bedienen zu können. Letzteres hatte zur Konsequenz, dass bestimmte Verfalldaten für die vorgehaltenen Speisen eingeführt werden mussten. Von diesem Konzept weicht McDonald's erst in jüngerer Zeit ab, indem die Produkte nunmehr auf Bestellung zubereitet werden.

Ihr – wenn auch noch in der Rohfassung befindliches – Fließband für die Zubereitung von Hamburgern versetzte die McDonald's Brüder in die Lage, Bestellungen in weniger als sechzig Sekunden auszuliefern. Beide Techniken, nämlich Standardisierung und Fließ-fertigung, führten zu gravierenden Stückkosteneinsparungen. Diese versetzten die Brüder in die komfortable Lage, den Preis für ihren Hamburger von den damals üblichen 30 Cents auf 15 Cents zu senken. Cheeseburger wurden für 19 Cents und Pommes Frites zu zehn Cents angeboten. Damit unterboten sie ihre Wettbewerber um 50 %. Die Risiken einer solchen Preisunterbietungsstrategie waren überschaubar, da die Konkurrenten infolge der „klassischen" Herstellung von Speisen und der damit verbundenen ungünstigeren Kosten-struktur nicht in der Lage waren, preislich auch nur annähernd gleichzuziehen.

## 2.5 Die neue Zielgruppe: Familien mit Kindern

Als der neue McDonald's im Dezember 1948 eröffnete, dauerte es eine Weile, bis das Geschäft in Schwung kam. Aber schnell wurde deutlich, dass die McDonald's Brüder den Nerv des Nachkriegs-Amerika getroffen hatten. Die Vorstellung von „schnellem" Essen zu fairen Preisen spiegelte die amerikanische Kultur wieder, in der Geschwindigkeit und Effizienz einen hohen Stellenwert einnehmen.[1] Hinzu kam die Transparenz der Speisen-herstellung, da die Kunden in die Küche sehen und sich überzeugen konnten, dass niedrige Preise nicht unbedingt mit minderwertiger Qualität oder schlechten Hygienebedingungen einhergehen mussten (vgl. Abb. 2.2 und Abb. 2.3).

**Abb. 2.2** Das Restaurant der McDonald's Brüder in San Bernadino, Kalifornien. [9]

---

[1] Doch nicht jede Kultur teilt diese Werte. In Bezug auf Essen schätzen zum Beispiel zahlreiche Menschen im „alten" Europa die Qualität des Essens, seine einzigartige Zubereitung sowie den Verzehr ohne Zeitdruck. So lässt sich u. a. der Trend zum sog. Slow Food begründen.

**Abb. 2.3**  Die Werbung zur Eröffnung des ersten McDonald's Restaurant in San Bernadino. [24]

Den Erfolg ihres Unternehmens verdankten die McDonald's Brüder in erster Linie einem neuen Kundensegment: Familien mit Kindern. Durch den Verzicht auf die weiblichen Carhops verlor das Drive-In seine Attraktivität für männliche Teenager und machte den Weg frei für die neue Zielgruppe. Hinzu kamen die günstigen Preise, die es auch kinderreichen Arbeiterfamilien erlaubten, außer Haus zu speisen. Und schließlich übte das Aquariums-Design auf Kinder einen magischen Reiz aus, da sie auf diese Weise einen Blick auf die Arbeitsweise in einer Großküche werfen konnten.

Die McDonald's Brüder gelangten hierbei früh zu einer Erkenntnis, die sich das Unternehmen auch heute noch zu Nutze macht: Über Kinder lässt sich die Zielgruppe der Erwachsenen erschließen. Und so positionierten sie ihr Unternehmen als Familienrestaurant, in dem Kinder willkommen waren sowie zuvorkommend bedient und verwöhnt wurden.

Mitte der 50er Jahre erwirtschaftete die kleine „Hamburger-Fabrik" der McDonald's Brüder 300.000 US-$ pro Jahr – nahezu doppelt so viel wie ihr früheres Drive-In-Restaurant am selben Standort. Die Brüder erzielten einen Gewinn von 100.000 US-$ pro Jahr, was einer heutigen Kaufkraft von ungefähr 500.000 US-$ entspricht. Es war nicht ungewöhnlich, dass sich in Spitzenzeiten rund 150 Kunden um den winzigen Hamburger-Stand drängten und die Schlange der Kunden 20 m lang war. Solche Kundenzahlen, Umsätze und Gewinne wären selbst für größere Drive-Ins mit Carhops und zahlreichen Sitzmöglichkeiten beeindruckend gewesen. Aber für ein Unternehmen, das mit gerade einem Drittel des Investitionskapitals und einem Drittel an Arbeitskräften auskam und Hamburger für 15 Cents anbot, waren sie geradezu spektakulär.

**Theoretischer Hintergrund: Preis-Mengen-Strategie aufgrund von Kostenführerschaft (vgl. [11], S. 101 ff. sowie 109 ff.; [20], S. 157 ff., sowie 206 ff.**

Mit der Preis-Mengen-Strategie, welche die McDonald's Brüder mehr oder weniger intuitiv eingeschlagen hatten, verfolgen Unternehmen das Ziel, ihre Produkte zu einem relativ niedrigen Preis anzubieten, so dass sie große Mengen absetzen. Eine solche Vorgehensweise ist mittel- und langfristig nur von Erfolg gekrönt, wenn das Unternehmen eine günstigere Kostenstruktur als seine Konkurrenten aufweist, also Kostenführer ist. Dies erreicht man im Wesentlichen auf zwei Wegen, die miteinander vernetzt sind:
1. Rationalisierung der Produktion (z. B. durch Standardisierung der Produkte, Automatisierung der Produktion) und anderer Funktionsbereiche (z. B. Einsparung von Personal, Verzicht auf Serviceleistungen, Zentralisierung von Entscheidungen).
2. Nutzen von Erfahrungskurveneffekten, indem möglichst schnell einen großen Marktanteil errungen wird. Hierfür eignet sich bspw. die Penetrationsstrategie, bei der durch anfänglich sehr günstige Produkte schnell große Stückzahlen erreicht werden, so dass das Unternehmen von Erfahrungskurveneffekten profitieren und seine Stückkosten senken kann.

Als Vorteile der Kostenführerschaft lassen sich anführen:
- Aufgrund des Kostenvorteils kann ein Unternehmen seine Produktpreise senken und dadurch seinen Marktanteil ausbauen.
- Potenzielle Konkurrenten werden durch niedrige Preise abgeschreckt, so dass der Kostenführer Markteintrittsbarrieren aufbauen kann.

Nachteile sind:
- Niedrige Preise locken Schnäppchenjäger an, die sich jedoch (weil immer auf der Suche nach dem günstigsten Angebot) nur schwer an das Unternehmen binden lassen.
- Falls ein noch preisgünstigerer Konkurrent den Markt betritt, droht ein ruinöser (Preis-)Wettbewerb.

Die Erfolgsgeschichte der McDonald's Brüder wurde schnell verbreitet, und eine Titelstory über ihre Aktivitäten im American Restaurant Magazine im Jahre 1952 führte zu 300 Anfragen von Lesern pro Monat aus dem ganzen Land, die weitere Details über ihr Restaurant-Konzept erfahren wollten. Schnell wurde ihr Speedee-Service-System zum Benchmark in der Fast-Food-Branche. Unternehmer aus den ganzen USA reisten nach San Bernardino, besuchten das neue McDonald's Restaurant und errichteten mehr oder weniger genau Kopien in ihren Heimatstädten.

Der Erfolg bestärkte die McDonald's Brüder darin, ihr Speedee-Service-System in Lizenz zu vergeben. Auf der Suche nach Franchise-Nehmern schalteten sie u. a. in einer Fachzeitschrift eine ganzseitige Anzeige mit der Überschrift: „Dies sind vielleicht die wichtigsten sechzig Sekunden ihres Lebens."

Neil Fox, ein Tankstellenbesitzer in Phoenix, wurde 1952 der erste Franchise-Nehmer, und die Brüder erklärten sein Drive-In zum Prototyp für die zukünftigen Lizenznehmer. Das Restaurant sollte doppelt so groß sein wie die achteckige Konstruktion in San Bernardino und durch sein Design hervorstechen. In Zusammenarbeit mit einem örtlichen Architekten und einem Werbedesigner entstand ein rot-weißes Ziegelgebäude mit einem Schrägdach, das in scharfem Winkel von der Vorder- zur Rückfront abfiel. Die Vorderfront bestand vom Tresen bis zum Dach aus Glas, um dem Kunden einen Blick hinter die Kulissen zu erlauben. Zum markantesten Merkmal und zum späteren Logo des McDonald's Systems aber wurden die „Golden Arches", die beiden leuchtend goldenen Bögen an den Seiten des Restaurants, die heute eines der bekanntesten Markenzeichen der Welt darstellen.

Die Küche des neuen Restaurants war mehr als doppelt so groß wie die in San Bernardino. Die Legende erzählt, dass die McDonald's Brüder diese Fließfertigungs-Küche entwarfen, indem sie auf ihrem Tennisplatz mit Kreide ein exaktes Abbild im Maßstab zwei zu eins aufzeichneten. Nachdem sie ihre Mitarbeiter ähnlich wie Taylor beim Durchlaufen der einzelnen Zubereitungsschritte eingehend studiert hatten, waren sie in der Lage, die Ausstattung äußerst effizient anzuordnen. Gelegentliche Regenschauer wuschen die Kreide weg, was die Brüder dazu veranlasste, ihr Design umzugestalten und noch weiter zu optimieren.

Bis 1954 hatten die Brüder 15 Franchise-Verträge abgeschlossen. Für gerade einmal 1.000 US-$ erhielten die Franchise-Nehmer das Recht, den McDonald's Namen zu nutzen sowie das rot-weiße McDonald's Gebäude zu kopieren, ein 15 Seiten umfassendes Verfahrenshandbuch mit der Basisbeschreibung des Schnell-Service-Systems (Speedee-Service-System) und die Dienstleistungen von Art Bender, dem ersten Kassierer im neuen Restaurant der McDonald's Brüder, der für ein oder zwei Wochen am Anfang unterstützen sollte. Danach war der Franchise-Nehmer auf sich selbst gestellt. Außerdem war er nicht an die Verfahren und Regeln des Speedee-Service-Systems gebunden. Die McDonald's Brüder erhielten aus dem Lizenzvertrag weder laufende Einnahmen noch besaßen sie Instrumente, um den Franchise-Nehmer zu motivieren oder – im negativen Fall – zu sanktionieren. Der Vertrag räumte im Grunde nichts anderes ein als das Recht, den Namen McDonald's zu führen.

Von den 15 Franchise-Nehmern agierten zehn unter dem Namen McDonald's, fünf Lizenznehmer hatten sich für andere Firmennamen entschieden. Insgesamt zeichnete sich das System durch einen Mangel an Konformität aus. Die Franchise-Nehmer verkauften die Hamburger zu unterschiedlichen Preisen, fügten neue Speiseangebote hinzu und veränderten die Architektur. Sie hielten die Verfahrens- und Hygienevorschriften nicht ein, und so verwundert es kaum, dass die Franchise-Unternehmen bei weitem nicht an den Erfolg des Ur-McDonald's heranreichten.

Verschärfend kam hinzu, dass die McDonald's Brüder Besuchern großzügig Einblick in ihr System gewährten. So war es überhaupt nicht erforderlich, eine Lizenz zu erwerben, wenn man das Erfolgsgeheimnis von McDonald's ergründen wollte. Zu Beginn der 50er Jahre kopierten zahlreiche Unternehmen das Fast-Food-Konzept der Brüder und setzten es zum Teil mit größerem Erfolg als die Franchise-Nehmer in die Praxis um.

Obwohl die Brüder mit ihrem Restaurant in San Bernardino erfolgreich waren, nutzten sie das Franchise-Potenzial des von ihnen entwickelten Geschäftskonzepts nur unzureichend, und eine rasant wachsende Zahl von Plagiaten überschwemmte die Branche, ohne dass sie selbst daraus einen finanziellen Vorteil zogen. Dies sollte sich ändern, als im Jahre 1954 ein Milch-Shake-Maschinen-Verkäufer namens Ray Kroc das Restaurant der McDonald's Brüder sah.

## Literatur

1. Abernathy, W. J., und K. Wayne. 1974. Limits of learning curve. *Harvard Business Review* 52:103–117.
2. American Forum. 2005. Fast-Food-History, Handout 7: McCola Culture – Global Perspectives on Fast-Food History. http://www.globaled.org/curriculum/ffood7.html. Zugegriffen: 13. Juni 2005.
3. Bagozzi, R. P., J. A. Rosa, K. S. Celly, und F. Coronel. 2000. *Marketing-Management.* München.
4. Boas, M., und S. Chain. 1976. *Big Mac: The unauthorized story of McDonald's.* New York.
5. Boym, C. 2005. My McDonald's. *Gastronomica – The journal of food and culture, Berkley.* http://www.gastronomica.org. Zugegriffen: 13. Juni 2005.
6. Gross, D. 1996. *Ray Kroc, McDonald's and the Fast-Food-Industry, Forbes greatest business stories of all time.* New York.
7. Hirsch, J., und R. Roth. 1986. *Das neue Gesicht des Kapitalismus. Vom Fordismus zum Post-Fordismus.* Hamburg.
8. http://www.campus.de/g9/wilex/t/w/w/taylor-frederick-winslow. Zugegriffen: 13. Juli 2006.
9. http://www.mcdonalds.de/uber-uns/geschichte. Zugegriffen: 21. Juli 2014.
10. http://www.prolposition.net/arc/de/de_mcdos.htm. Zugegriffen: 13. Juni 2005.
11. Kornmeier, M., und W. Schneider. 2006. *Balanced Management – Toolbox für erfolgreiche Unternehmensführung.* Berlin.
12. Kroc, R., und R. Anderson. 1987. *Grinding it out: The making of McDonalds.* New York.
13. Love, J. F. 1990. *McDonald's – Anatomie eines Welterfolgs.* 3. Aufl. München.
14. Luxenberg, S. 1985. *Roadside empires: How the chains franchised America.* New York.
15. McDonald, R. J. 1997. *The complete Hamburger.* New York.
16. McDonald's International. 1996. Fascinating McFacts about McDonald's International. *News for McDonald's®Franchise Owners, McDonald's PR NewsWire.* http://www.licenseenews.com/news/news167.html. Zugegriffen: 13. Juni 2005.
17. O. V. 2002. Leben und Leiden eines McMalochers (7). http://www.prol-position.net/arc/de/de_mcdos.htm. Zugegriffen: 13. Juni 2005.
18. Schlosser, E. 2001. *Fast food nation.* New York.
19. Schlosser, E. 2003. *Fast Food Gesellschaft – fette Gewinne, faules System.* München. (deutsche Übersetzung von E. Schlosser. *Fast food nation*)
20. Schneider, W. 2006. *Marketing und Käuferverhalten.* 2. Aufl. München.
21. Sponsel, H. 1960. *Henry Ford. Vom Blechesel für jeden zum Traumwagen für alle.* Gütersloh.
22. Taylor, W. 1911. *The principles of scientific management.* New York.
23. Tennyson, J. 1993. *Hamburger heaven.* New York.
24. www.mcdonalds.com. Zugegriffen: 19. Juli 2012.

# Phase 2: Nationale Expansion

**3**

## 3.1 Die Kooperation zwischen Kroc und den McDonald's Brüdern

Es war der Verkauf von Multimixern, der Ray Kroc erstmals mit den McDonald's Brüdern in Kontakt brachte. Zum damaligen Zeitpunkt reiste Kroc als Vertreter von Prince-Castle-Multimixern durchs Land.[1] Während die meisten Restaurants bei ihm ein oder zwei Geräte orderten, mit denen man jeweils gleichzeitig fünf Milch-Shakes zubereiten konnte, bestellten die McDonald's Brüder bei ihm auf einen Schlag acht Maschinen. Kroc wurde neugierig und wollte erfahren, welche Art von Geschäft eine Kapazität benötigte, um 40 Milch-Shakes gleichzeitig zuzubereiten. Wenn er herausfinden würde, wie es die McDonald's Brüder schafften, 20.000 Milch-Shakes pro Monat zu verkaufen, wie viel mehr Milch-Shake-Mixer könnte er dann wohl in Zukunft absetzen?

So reiste er nach San Bernardino, und was er dort sah, sollte sein Leben verändern. Kroc – so berichteten er und seine Chronisten später – stand im Schatten von zwei leuchtend goldenen Bögen, welche den Himmel in der Dämmerung beleuchteten, und sah eine Menschenschlange vor einem achteckigen Restaurant. Durch die voll verglasten Wände des Gebäudes konnte er die männlichen Mitarbeiter – gekleidet in weiße Uniformen mit weißen Papier-Hüten – beobachten, die sich im Restaurant drängten und Burger, Pommes Frites und Milch-Shakes an Familien ausgaben, die aus der Arbeiterklasse stammten und mit dem Auto gekommen waren. Kroc beschrieb dieses Erlebnis in seiner später verfassten Biographie folgendermaßen: „Hier passierte etwas einmaliges, sagte ich mir. … Das was das erstaunlichste Verkaufskonzept, das ich jemals gesehen hatte." Als Kroc die rasch voranrückende Schlange von Kunden sah, die Tüten von Hamburgern und Pommes Frites

---

[1] Die Ausführungen über Ray Kroc stützen sich im Wesentlichen auf dessen Memoiren „Grinding It Out" [9], auf [10] sowie [14].

© Springer Fachmedien Wiesbaden 2015
W. Schneider, *McMarketing*, DOI 10.1007/978-3-658-07096-0_3

kauften, hatte er der Legende nach nur noch einen Gedanken: „Dies wird überall funktionieren. Überall!".

Bei seinen Vertretertouren über dreißig Jahre hinweg hatte Kroc eine Vielfalt von Gastronomiebetrieben gesehen und war so im Laufe der Jahre nach eigenem Bekunden zu einem Experten für die Niederungen der amerikanischen Restaurant-Szene herangereift. Seiner Ansicht nach waren viele seiner Kunden dadurch in Schwierigkeiten geraten, weil sie ihr Geschäft unwissenschaftlich und eher aufs Geratewohl managten. Hier jedoch sah er einen Betrieb, der wie eine genau abgestimmte Maschine lief. Den McDonald's Brüdern war es offenbar gelungen, Effizienz in ein Geschäft zu bringen, das bis dahin auf Improvisation basiert hatte.

## 3.2  Kroc's erste Schritte im Franchise-Sektor

Kroc war sich – so bekundete er im Rückblick – sicher, dass das Geschäft der McDonald's Brüder mit Erfolg vervielfältigt werden könnte. Deshalb fragte er sie am nächsten Tag, warum sie nicht eine Reihe solcher Restaurants eröffnen wollten. Die Brüder waren skeptisch. Sie hatten bereits in Phoenix und Sacramento Franchise-Lizenzen für wenig Geld verkauft und keinen großen Vorteil daraus gezogen. In ihrem Tiefsten waren sie Geschäftsleute, die sich mit einem jährlichen Einkommen von 100.000 US-$ (was damals eine beträchtliche Summe war) zufrieden gaben, nicht gerne reisten und keine Lust hatten, ihre Energie in den Aufbau einer Restaurantkette zu investieren. Außerdem hatten sie es bereits zu einigem Wohlstand gebracht: Sie besaßen bereits ein großes Haus und drei Cadillacs (vgl. [14, S. 53]).

Aber Kroc gelang es schließlich, die Brüder davon zu überzeugen, mit ihm folgendes Abkommen zu treffen: Er würde die Franchise-Lizenzen für den geringen Betrag von 950 US-$ verkaufen. Im Austausch dafür würde er 1,4 % der Umsätze der Franchise-Nehmer erhalten und 0,5 % derer Umsätze an die McDonald's Brüder weiterleiten. Damit würden die Franchise-Nehmer einen vergleichsweise geringen Prozentsatz ihrer Umsätze – nämlich gerade einmal 1,9 % – abführen müssen.

Dieses Abkommen war für die McDonald's günstiger als für Kroc, der mit diesem kleinen Anteil an den Umsätzen seine Verwaltungs- und Marketingkosten decken sowie einen Gewinn erzielen musste. Aber er wollte und musste diese Chance ergreifen. Während er mit dem Verkauf von Multimixern 12.000 US-$ im Jahr verdiente, zeichnete sich ein Ende dieses Geschäfts aufgrund des aggressiven Wettbewerbs durch Hamilton Beach-Marken-Mixer ab. Zu alt, um von neuem anzufangen, war der Vertreter davon überzeugt, dass er sein bequemes Leben verlieren würde, wenn dieser Schritt scheitern würde. Er drückte das – zugegebenermaßen etwas theatralisch – einmal so aus: „Wenn ich bei McDonald's verloren hätte, hätte es keinen Ort mehr gegeben, wo ich hätte hingehen können."

Im historischen Rückblick war es Howard Johnson, der die erste Restaurantkette auf Franchise-Basis entwickelte. Er hatte 1935 begonnen, Lizenzen für seine Restaurants und

Eissalons zu vergeben. Die Erträge in diesem System wurden ausschließlich durch den Verkauf von Eiscreme und anderen Lebensmitteln erzielt, mit denen die firmeneigenen Depots die Franchise-Nehmer belieferten.

Den ersten Franchise-Boom löste Dairy Queen, deren Erfolg auf einem Softeisprodukt basierte, Mitte der 40er Jahre aus. Die Abschlussgebühren für einen Franchise-Vertrag lagen hier zwischen 25.000 und 50.000 US-$. Zusätzlich fielen für jede Gallone (ca. 3,78 l) Softeis-Mix 45 Cents an. Die Lizenzgebühren konnten auch von Interessenten mit wenig Kapital entrichtet werden. Das Konzept hatte aber den Nachteil, auf einem einzigen Produkt zu basieren, was zur Folge hatte, dass die Eissalons im Winter geschlossen werden mussten.

Im Gegensatz hierzu boten die ebenfalls boomenden Big-Boy-Restaurants, die sich neben dem Big Boy (zwei Hamburger-Patties plus Beilagen, die in einem dreistöckigen Hamburger-Bun, einem speziellen Hamburger-Brötchen) auf eine Reihe weiterer Schnellgerichte spezialisiert hatten, den Vorteil, das gesamte Jahr über betrieben werden zu können. Da hier jedoch umfassender Service (Sitzgelegenheiten, Bedienung einschließlich Carhops) geboten wurde, erforderte dieses System von einem Franchise-Nehmer eine Investition von 250.000 US-$. Zwischen diesen beiden Konzepten, nämlich Dairy Queen und Big Boy, klaffte offenkundig eine Lücke, die ein erhebliches Erfolgspotenzial in sich barg und die sich Anfang der 50er Jahre durch eine wachsende Zahl von Franchise-Systemen zu schließen begann (vgl. [11], S. 61 ff.).

## 3.3  Die systematische Vervielfältigung des Geschäftskonzepts

Wir haben genaue Vorstellungen von unseren Franchise-Nehmern, denn sie sind es, die McDonald's erfolgreich machen.[2]

Ray Kroc, Gründer der McDonald's Corporation

Nachdem die McDonald's Brüder erklärt hatten, sie hätten kein Interesse daran, die landesweite Expansion ihres Konzepts persönlich zu beaufsichtigen, wurde Ray Kroc ihr exklusiver Franchise-Vertreter. Kroc gründete am 2. März 1955 unter dem Namen McDonald's System, Inc., ein neues Franchise-Unternehmen. Dies gilt als Geburtsstunde des modernen Franchising. Am 15. April 1955 eröffnete der Prototyp seines McDonald's Restaurant in Des Plaines, Illinois, außerhalb von Chicago, unterstützt von Art Bender, der sowohl den ersten Hamburger der McDonald's Brüder als auch den ersten Ray-Kroc-McDonald's Hamburger servierte (vgl. Abb. 3.1). Als Bender sich endgültig zur Ruhe setzte, gehörten ihm selbst sieben Restaurants.

Das erste Glied dieser Kette erwirtschaftete am Tage der Eröffnung einen respektablen Umsatz von 366,12 US-$ und erreichte rasch die Gewinnzone. Kroc – so berichten seine Biographen – wachte mit Argusaugen über das neue Restaurant, indem er persönlich die

---

[2] „We are particular about our licensees because they are the people who make McDonald's successful."[8].

**Abb. 3.1** Das erste Restaurant von Ray Kroc 1955 in Des Plaines, Illinois. [16]

Küche inspizierte und mit einem Spachtel Kaugummi vom Parkplatz abkratzte. Später schrieb er über diese Zeit: „Ich war 52 Jahre alt, hatte Diabetes und Arthritis, keine Gallenblase und Schilddrüse mehr, aber ich war überzeugt, dass die beste Zeit noch vor mir lag."

---

**Das McDonald's USA First Store Museum (vgl. [6])**
Das McDonald's USA First Store Museum steht in Des Plaines, Illinois, USA, und befindet sich genau an der Stelle, wo Ray Kroc sein erstes Restaurant eröffnet hatte. Das Originalgebäude von 1955 wurde zwar im Jahr 1984 abgerissen, doch das Museum ist am selben Platz dem ursprünglichen Restaurant nachempfunden. Außerdem steht neben dem Museum noch das erste McDonald's Zeichen im Original.

Die Inneneinrichtung ist dem Original-Interieur nachempfunden, sodass ein sehr authentischer Eindruck entsteht. Das Museum, das McDonald's gehört, wird heute jedoch nicht mehr als Restaurant betrieben.

---

Ausgestattet mit einem erfolgreichen Konzept, behielt Kroc die McDonald's Regeln (begrenzte Menüs, qualitativ hochwertige Speisen, Fließfertigung und schneller, freundlicher Service) bei und fügte seine eigenen Standards für Sauberkeit hinzu. In der Tat sind Qualität, Service, Sauberkeit und Wert (QSC&V = Quality, Service, Cleanliness and Value) auch heute noch die Geschäftsprinzipien von McDonald's.

Bis zur Gründung der McDonald's System, Inc., existierten genau genommen nur Lizenzen, oder besser gesagt Rechte, einen bestimmten Namen zu nutzen oder ein bestimmtes Produkt herzustellen. Kroc hingegen bot seinen Franchise-Nehmern ein ausgeklügeltes Herstellungskonzept, ein fertiges Restaurantdesign, professionelle Werbung und umfangreiche Schulungen. Seine Franchise-Nehmer übernahmen den Verkauf der Produkte in eigenem Namen und auf eigene Rechnung, er als Franchise-Geber lieferte das nötige Know-how und die Qualitätsstandards (sog. „Business Format Franchising"). Um die identische Reproduzierbarkeit der Produkte zu gewährleisten, legte Kroc in seinem Training and Operating Manual die Arbeitsabläufe bis ins Detail fest. Demnach ergaben 453,6 g Hackfleisch zehn Burger, die Brötchen sollten genau 17 s getoastet werden, und der Franchise-Nehmer wurde dazu verpflichtet, zur Reinigung der Milch-Shake-Maschine 9,5 l Wasser mit einem Päckchen Reinigungsmittel zu vermischen (vgl. [12], S. 154). Angesichts eines solchen Regelwerks verwundert es kaum, dass heutzutage ein Big Mac auf der ganzen Welt nahezu gleich schmeckt und die Restaurants in weiten Teilen das gleiche Outfit besitzen. Mit welcher Konsequenz Kroc auf die Einhaltung der Regeln achtete, belegt folgender Auszug aus einer Tonbandmitteilung an die McDonald's Brüder „Ich werde hier kein Affentheater dulden (auf Seiten der Franchise-Nehmer). Wer einen Vertrag unterschreibt, sollte wissen, was drin steht. Sobald er unterzeichnet, hat er sich an unsere Richtlinien zu halten, und wir werden dafür sorgen, dass er es nicht vergisst." (zitiert nach [11], S. 72).

Intuitiv nutzte Kroc für sich und seine Franchise-Nehmer den sog. Erfahrungskurveneffekt aus. Vereinfacht ausgedrückt sanken mit jedem neuen Franchise-Nehmer die Stückkosten pro produzierten Hamburger. Denn jeder neue Franchise-Nehmer musste sein Betriebskonzept nicht neu entwickeln, sondern konnte die Summe der bislang gemachten Erfahrungen der McDonald's System, Inc., nutzen.

**Der Erfahrungskurveneffekt (vgl.[2], [7])**
Die Erfahrungskurve hat ihren Ursprung in der Produktivitätsforschung der Flugzeugindustrie der dreißiger Jahre des vergangenen Jahrhunderts. T. P. Wright stellte fest, dass beim Zusammenbau eines Flugzeugs die Zeit und die Anstrengungen jedes Mal um 20 % abnahmen, wenn sich die Zahl der insgesamt produzierten Flugzeuge verdoppelte. In den sechziger Jahren beschrieb Bruce Henderson von der Boston Consulting Group die Erfahrungskurve als Instrument der strategischen Planung und stellte die Kosten je produzierter Einheit dem Umsatzvolumen gegenüber.

Der Erfahrungskurveneffekt besagt, dass die realen Stückkosten eines Produktes jedes Mal um einen relativ konstanten Anteil (20–30 %) sinken, sobald sich die in Produktmengen ausgedrückte Produkterfahrung verdoppelt. Die Stückkosten umfassen die Kosten sämtlicher Produktionsfaktoren, die an der betrieblichen Wertschöpfung beteiligt sind (Fertigungskosten, Verwaltungskosten, Kapitalkosten etc.). Als Ursachen des Erfahrungskurveneffekts sind zu nennen:
- Lernkurveneffekte, d. h. bei wiederholter Erledigung von Aufgaben kommt es sowohl beim einzelnen Mitarbeiter als auch auf der Ebene des gesamten Unternehmens zu Übungsgewinnen. Diese Erfahrung war zum einen schriftlich dokumentiert in der Basisbeschreibung des Schnell-Service-Systems (Speedee-Service-System), dem sog. Training and Operating Manual, das damals immerhin schon 75 Seiten umfasste. Zum anderen wurden die neuen Franchise-Nehmer für ein bis zwei Wochen von Art Bender, dem ersten Kassierer im McDonald's Restaurant, unterstützt. Damit konnten sie auf dessen Erfahrungsschatz zurückgreifen.

- Fixkostendegression, die besagt, dass bei steigender Produktionsmenge die pro Stück anfallenden Fixkosten sinken. Um das McDonald's Franchise-Konzept zu entwickeln, mussten Kroc und die McDonald's Brüder zu Beginn erhebliche Anstrengungen unternehmen, die sich in entsprechenden Fixkosten niederschlugen. Mit jedem neuen Franchise-Nehmer konnten diese Fixkosten jedoch auf mehr Unternehmen verteilt werden, so dass die Fixkosten pro Franchise-Nehmer sanken. Oder anders ausgedrückt: Mit jedem neuen Franchise-Nehmer wurde die anfängliche Investition in das Franchise-Konzept für Kroc und die McDonald's Brüder rentabler.
- Skaleneffekte (Economies of Scale), die mit zunehmender Betriebsgröße Kostenvorteile bewirken können (z. B. in Form von Mengenrabatten beim Einkauf). Indem Kroc entschied, dass das McDonald's System darauf verzichten würde, den Franchise-Nehmern ihre Ausstattung, ergänzende Produkte sowie ihre Speisen zu liefern, verzichtete er anfänglich auf derartige Skaleneffekte. Denn hätte Kroc die Einkäufe der Franchise-Nehmer bei sich gebündelt, hätte er bei seinen Lieferanten entsprechende Mengenrabatte durchsetzen können, die er entweder selbst hätte einstreichen oder aber teilweise bzw. ganz an seine Franchise-Nehmer weitergeben hätte können.
- Kostensenkungsmöglichkeiten aufgrund technischen Fortschritts, da mit steigender Produktionsmenge veraltete, kostenintensive durch neue, effiziente Produktionstechnologien schneller ersetzt werden können. Kroc tat aus den bereits geschilderten Motiven alles Mögliche, um die Franchise-Nehmer darin zu unterstützen, ihre Umsätze zu erhöhen. Im Falle gestiegener Umsätze konnten diese immer auf dem neusten technischen Stand bleiben, da die veraltete Betriebsausstattung schneller abgeschrieben werden konnte.

Beim Erfahrungskurveneffekt handelt es sich jedoch keinesfalls – wie häufig missverstanden – um eine Gesetzmäßigkeit, sondern lediglich um eine Chance, Stückkosten zu senken. Inwieweit diese genutzt werden konnte, hing letztlich von der Leistungsfähigkeit des McDonald's Systems ab.

Ende 1956 erzielten die 14 McDonald's Restaurants einen Umsatz von 1,2 Mio. US-$ und hatten 50 Mio. Hamburger verkauft. In gerade einmal vier Jahren wuchs die Zahl auf 228 Restaurants mit einem Umsatz von 37,6 Mio. US-$. Und Mitte 1960 verkaufte das Unternehmen seinen 400 Millionsten Hamburger (Abb. 3.2).

**Abb. 3.2**  Das Museums-Restaurant in Des Plaines, Illinois. [16]

Kroc wusste jedoch, dass er die McDonald's Brüder ausbezahlen musste, wenn er einen höheren Profit für sich selbst erzielen wollte. Denn nur so konnte er aus den restriktiven Verträgen aussteigen. Mit dem Erfolg der Restaurants hatte Kroc's Unternehmen 1960 gerade einmal einen aus seiner Sicht mageren Gewinn von 77.000 US-$ erwirtschaftet. Diesem standen langfristige Verbindlichkeiten in Höhe von 5,7 Mio. US-$ gegenüber.

## 3.4   Der Markenartikel McDonald's

In seinem Bemühen, eine Fast-Food-Kette aufzubauen, war sich Kroc darüber im Klaren, dass sein Unternehmen auf dem Fast-Food-Markt nicht alleine war. Als er seine Firma 1955 eröffnete, waren A&W (Hamburger und Hot Dogs; älteste US-amerikanische Franchise-Handelskette in der Systemgastronomie, die 1922 gegründet wurde), Dairy Queen (Softeis), Tastee-Freez (Softeis) und Big Boy (Hamburger und weitere Fast-Food-Gerichte) wenn auch bescheidene, doch bereits etablierte Ketten, und der erste Burger King (damals noch unter der Bezeichnung InstaBurger King) hatte gerade in Miami eröffnet. Konsequenterweise unternahm Kroc große Anstrengungen, McDonald's von diesen Mitspielern abzuheben.

Der entscheidende Unterschied zwischen Kroc und seinen Konkurrenten war der, dass er seine Franchise-Nehmer als Geschäftspartner und nicht bloß als Kunden sah. Auf seinen Reisen als Vertreter für Multimixer hatte er beobachtet, dass zahlreiche Franchise-Geber ihre Franchise-Nehmer „melkten" und damit kurzfristig Gewinne erzielten, es ihnen aber egal war, ob diese langfristig überleben würden. Kroc wollte nicht diese durchaus kurzfristig lukrative, letztlich aber langfristig unrentable Strategie einschlagen. „Ich war davon überzeugt, dass ich jeden einzelnen Franchise-Nehmer mit allem unterstützen musste, damit er Erfolg haben würde. Sein Erfolg würde meinen Erfolg garantieren. Aber ich würde das nicht können, wenn ich ihn gleichzeitig als Kunden behandeln würde."

Anstatt seine Franchise-Nehmer lediglich mit Milch-Shakes und Eiskrem zu versorgen, wollte Kroc seinen neuen Partnern ein Geschäftskonzept verkaufen. Oder anders ausgedrückt: Er machte eine Dienstleistung zu einem Markenartikel. Das Revolutionäre an diesem Konzept war, dass McDonald's eine Fast-Food-Kette werden sollte, bei denen die Restaurants landesweit Hamburger von exakt der gleichen Größe und Qualität servierten, mit der gleichen Anzahl von Gurkenscheiben und bedeckt mit den gleich großen Klecksen Senf und Ketchup, jeder auf dem gleichen Tablett Seite an Seite mit Pommes Frites, die für exakt die gleiche Zeit tiefgefroren wurden. Kroc erinnerte sich in seine Memoiren: „Perfektion zu erreichen ist sehr schwierig, und Perfektion war das, was ich in jedem McDonald's Restaurant erreichen wollte. Alles andere war nachrangig für mich." Aber die exakten Anforderungen dienten einem strategischen Ziel. „Unser Ziel war es natürlich sicherzustellen, dass das Geschäft mit Erfolg vervielfältigt werden konnte, und zwar aufgrund der Qualität des Systems und nicht aufgrund der Qualität eines einzelnen Restaurants oder Mitarbeiters."

Kroc's Franchise-Politik unterschied sich in folgenden Punkten von der Konkurrenz:

- Keine Vergabe von Territoriallizenzen. Er wollte Verträge vergeben, die sich auf ein einziges Restaurant beschränkten und lediglich eine Gebühr von 950 US-$ kosteten. Er beschränkte die Lizenzen auf einen Radius von zwei bis drei Kilometern, und ab 1969 auf das einzelne Restaurant. Wie zu dieser Zeit üblich, vergaben seine Konkurrenten beispielsweise Gebietsrechte für ganze Staaten, und Gebühren von 50.000 US-$ ohne jegliche Gegenleistung des Lizenzgebers waren keine Seltenheit. Die Hauptlizenznehmer splitteten dann ihr Gebiet in einer Art Schneeballsystem auf und vergaben ihrerseits weitere Unterlizenzen. Eine solche Hierarchie bestand nicht selten aus drei oder vier Ebenen. Dies hatte zur Konsequenz, dass die Lizenzgebühren für die Restaurantbesitzer, die auf der untersten Hierarchieebene standen, lawinenartig angewachsen waren. Ihnen blieb nur ein geringer Gewinn und da sie verständlicherweise keine Lust verspürten, die Hauptlast dieses Systems zu tragen, änderten sie im Laufe der Zeit Produkte, Verfahrenstechnik sowie Namen, entzogen sich so den Lizenzgebühren und arbeiteten nunmehr auf eigene Rechnung.
- Größere Weisungs- und Kontrollbefugnisse, um Einheitlichkeit und Qualität der Dienstleistungen und Produkte zu gewährleisten. Da Kroc nur eine Lizenz für das einzelne Restaurant vergab, konnte er die Kontrolle über das System behalten. Schwarze Schafe, die sich nicht an die Prinzipien hielten, konnten schnell isoliert werden. Kroc verweigerte ihnen weitere Lizenzen und versuchte mittelfristig, die Lizenzen zurückzukaufen. Ein weiterer Grund dürfte sicherlich auch in dem Prinzip „Divide et impera", „Teile und herrsche" zu sehen sein. Solange er die Franchise-Nehmer klein hielt, konnten diese keine Gegenmacht aufbauen.
- Strategische Ausrichtung, die auf einer Win-Win-Strategie basierte, d. h. alle Systempartner (Lieferanten, McDonald's und die Franchise-Nehmer) sollen von der Kooperation profitieren. Kroc's Prinzipien von einer ausgewogenen Partnerschaft sind zweifellos seine größte Errungenschaft. Bis zu diesem Zeitpunkt fokussierten sich die Franchise-Geber auf einen möglichst schnellen Profit. Entweder vergaben sie ihre Lizenzen an Investoren zu überzogenen Pauschalgebühren, oder sie belieferten die Franchise-Nehmer mit den erforderlichen Produkten wie Nahrungsmittel, Papier und Geräte zu Preisen, die über den Marktpreisen angesiedelt waren. Im Gegensatz dazu erteilte Kroc Einzellizenzen, anfänglich zu der vergleichsweise geringen Gebühr von 950 US-$. Die Haupteinnahmequelle von McDonald's waren demnach die Servicegebühren in Höhe von 1,9 % des Umsatzes eines jeden Franchise-Nehmers. Kroc verdiente weder an der Erteilung von Exklusivrechten noch am Verkauf von Produkten, sieht man einmal von den überschaubaren Gewinnen ab, die sein Unternehmen Prince Castle mit dem Verkauf von Multimixern an die Franchise-Nehmer erzielte. Da die Höhe des Gewinns von McDonald's logischerweise nahezu ausschließlich vom Umsatzvolumen des Franchise-Nehmers abhing, gab es zwischen beiden keine Interessenkonflikte.

Um die Wettbewerbsposition seiner Franchise-Nehmer zu stärken, nahm Kroc von Anfang an eine dominierende Rolle bei der Auswahl der Lieferanten ein. Durch das gebündelte Einkaufsvolumen konnten Mengenrabatte erzielt werden, die Kroc jedoch nicht, wie damals bei den Franchise-Systemen üblich, für sein Unternehmen einstrich, sondern an seine Franchise-Nehmer weitergab.

Die strategische Ausrichtung setzte eine entsprechende Transparenz voraus. Kroc verzichtete gegenüber seinen Franchise-Nehmern nach eigenem Bekunden auf unhaltbare Versprechungen, sondern versorgte sie mit präzisen und realistischen Informationen. Beispielsweise legte er Interessenten die Bilanzen sowie Gewinn- und Verlust-Rechnungen von Franchise-Nehmern vor, wies aber darauf hin, dass dies keine garantierten Größen seien. Gleiches erwartete er von den Lieferanten. Sie hatten ihre Kalkulation offen zu legen, und Kroc gab diese Zahlen an seine Franchise-Nehmer weiter, damit diese sahen, dass er sich nicht auf ihre Kosten bereicherte.

## 3.5   Die Trennung von den McDonald's Brüdern

Als Kroc 1955 den Vertrag mit den McDonald's Brüdern abschloss, gab es bereits neun McDonald's Restaurants; acht Lizenzen hatten die Brüder selbst erteilt. 1958 hatte Kroc bereits 79 Franchise-Nehmer, die zum Teil durch Zeitungsanzeigen gewonnen worden waren. Unter ihnen befand sich der 23-jährige Fred Turner, den Kroc 1955 für einen Stundenlohn von einem US-$ als Hamburger-Brater engagiert hatte. Turner teilte die Begeisterung seines Chefs für die „Mechanik" der Hamburger-Zubereitung und wurde schnell zum Lieblingsmitarbeiter von Kroc, der nur eine Tochter hatte. „Ich habe einen Sohn – sein Name ist Fred Turner", schreibt Kroc. Turner wurde zum persönlichen Assistenten von Kroc und traf in der Firmenzentrale auf zwei weitere Schlüsselfiguren des Unternehmens: June Martino, die bereits seit den Multimixer-Tagen die Sekretärin Kroc's war; und Harry Sonneborn, ein früherer leitender Finanzangestellter bei Tastee-Freez, einem Softeis-Hersteller, der 1955 angeboten hatte, für das geringe Gehalt von 100 US-$ pro Woche zu McDonald's zu wechseln.

Obwohl die McDonald's Restaurants im Mittelwesten und Westen wie Pilze aus dem Boden schossen, schien der Erfolg des Unternehmens nur von kurzer Dauer zu sein. Der mit den McDonald's Brüdern abgeschlossene Vertrag machte Kroc zwar für potenzielle Franchise-Nehmer attraktiv, barg jedoch die Gefahr in sich, sein gerade flügge gewordenes Unternehmen auf direktem Weg in die Insolvenz zu führen. 1960 erzielten die Franchise-Nehmer einen Umsatz von 75 Mio. US-$, während McDonald's, dem Franchise-Geber, ein Gewinn von gerade einmal 159.000 US-$ blieb. Die Erträge stammten in erster Linie aus den Servicegebühren in Höhe von 1,9 % des Umsatzes, welche die Franchise-Nehmer zu entrichten hatten. Hiervon musste Kroc rund ein Viertel (0,5 %) an die McDonald's Brüder abführen, so dass ihm selbst gerade einmal 1,4 % blieben. Die Restaurants verzeichneten Ende der 50er Jahre einen durchschnittlichen Umsatz von 200.000 US-$. Kroc erhielt davon 3.800 US-$, von denen er noch 1.000 US-$ an die Gebrüder McDonald abführen musste. Im Vergleich dazu konnten erfolgreiche Franchise-Nehmer einen Jahresgewinn von bis zu 40.000 US-$ erwirtschaften. John Love, der Biograph von McDonald's, schrieb: „Auf den Punkt gebracht war Kroc's Konzept zum Aufbau von McDonald's finanziell bankrott." Und Kroc's Traum schien zu platzen.

Weil Kroc nicht in der Lage war, wertvollen Mitarbeitern wie June Martino, seiner Sekretärin, Vertrauten und der guten Seele des Unternehmens, und Harry J. Sonneborn, seinem Finanzexperten, ein entsprechendes Gehalt zu bezahlen, überschrieb er ihnen 30 % des Unternehmens. Er verringerte sein Vermögen weiterhin, indem er 22 % der McDonald's Aktien an zwei Versicherungsunternehmen verpfändete, um dafür einen Kredit von 1,5 Mio. US-$ zu erhalten.

Obwohl dieser Kredit eine Verschnaufpause ermöglichte, konnte damit Kapitalbedarf des Unternehmens nur für eine kurze Zeit gedeckt werden. Denn die Beziehung zu den Brüdern war eine permanente Quelle von Spannungen. Sie setzten seine genauen Standards bei den Franchise-Verträgen, die sie in Kalifornien verkauft hatten, nicht um. Aus Sicht von Kroc war es jedoch schlimmer, dass sie sich die Freiheit herausnahmen, ohne sein Wissen einen Franchise-Vertrag mit einem Wettbewerber in Cook County, Illinois, dem Heimatterritorium von Kroc, abzuschließen.

Solche Aktionen verstärkten bei Kroc den Wunsch, das wachsende Unternehmen eigenständig zu managen. Obwohl er seine Beziehung mit den McDonald's Brüdern zunehmend bereute, war er sich im Klaren darüber, dass deren Name, den nunmehr über 200 Restaurants trugen, wesentlich zum Image beitrug. Kroc klagte: „Ich brauchte den Namen. Wie weit würde ich mit Kroc Burger kommen?"

Nach einigen Verhandlungen stimmten die inzwischen wohlhabenden McDonald's Brüder zu, die Rechte an der Marke McDonald's für 2,7 Mio. US-$ an Kroc zu verkaufen. Ein New Yorker Finanzmanager arrangierte eine entsprechende Anleihe von verschiedenen College-Stiftungen (u. a. die Universität von Princeton) sowie Pensionsfonds, die Zinssätze wurden kalkuliert als Prozentsatz der McDonald's Umsätze. Mit diesem Betrag zahlte er die McDonald's Brüder aus.

Der Vertrag erlaubte den Brüdern, ihr Restaurant weiter The Big M zu nennen. Es blieb geöffnet, bis Kroc die Brüder als regionalen Wettbewerber ausschaltete, indem er ein McDonald's Restaurant direkt auf der anderen Straßenseite eröffnete (vgl. [12, S. 154]). Wenn die Brüder den ursprünglichen Vertrag beibehalten hätten, der ihnen 0,5 % der jährlichen Umsätze der Franchise-Nehmer garantierte, würden ihre Erben heute rund 250 Mio. US-$ pro Jahr erhalten (Stand: 2005; vgl. [3]).

Es ist beeindruckend, wie die gleiche Idee bei verschiedenen Menschen zu völlig unterschiedlichen Resultaten führt. Auf der einen Seite Ray Kroc (vgl. Abb. 3.3), der McDonald's zu einem weltweit agierenden Franchise-Unternehmen führte. Auf der anderen Seite die ursprünglichen Eigentümer, die diese fabelhafte Idee hatten und in die Realität umsetzten, aber zufrieden damit waren, solange ihr Unternehmen klein und damit überschaubar blieb. Das ist auch mit anderen Ideen passiert, einschließlich Coca-Cola. Auch hier verkaufte der ursprüngliche Erfinder die Kernidee an jemanden, der eine große Vision hatte und diese weltweit verwirklichte.

**Abb. 3.3** Gedenktafel für Ray Kroc an einem McDonald's Restaurant in Orlando, Florida, USA.
[15]

## 3.6  Grundstücke als Finanzierungsmaschine

Da kein Gewinn in Sicht war, sah sich Kroc außerstande, weiter zu expandieren. Glück-
licherweise präsentierte Harry J. Sonneborn hier eine Lösung. Er vertrat die Ansicht, dass
McDonald's Gewinne damit erzielen könne, Bauplätze für potenzielle Restaurants zu lea-
sen oder zu kaufen und diese mit einem Aufschlag an die Franchise-Nehmer weiter zu ver-
pachten. Nach diesem Plan würde McDonald's solche Bauplätze suchen, deren Eigentümer bereit waren, die Kosten für den Bau der erforderlichen Gebäude zu übernehmen, und
Leasingverträge mit einer Laufzeit von 20 Jahren und festen Raten zu unterzeichnen. Die
Franchise-Nehmer ihrerseits würden dann eine Minimumrate (anfänglich 120 %, später
140 % des Betrages, den McDonald's an die Grundstückseigentümer zu entrichten hatte)
oder einen bestimmten Prozentsatz (anfänglich 5 %) ihrer Umsätze bezahlen, je nachdem
welcher Betrag höher wäre.[3] Da die Umsätze und Preise über die Jahre hinweg unweigerlich steigen dürften, würde McDonald's im Falle der Umsatzvereinbarung mehr und mehr
Miete einnehmen, während die eigenen Kosten konstant bleiben würden. Denn Sonneborn lehnte es bei den Verhandlungsgesprächen mit den Grundstückseigentümern strikt
ab, einen Pachtzins zu bezahlen, der sich aus einem bestimmten Prozentsatz des Umsatzes
errechnete. Vielmehr bestand er auf eine Pauschalsumme, die sich normalerweise auf 500
bis 600 US-\$ pro Monat belief, und schrieb diese für 20 Jahre fest. Sonneborn's Konzept

---

[3]  Love [11], S. 161, geht davon aus, dass lediglich 500 von 9.300 Restaurants (= 5,4 %) das Umsatzvolumen, das einer prozentualen Pacht zugrunde liegt, nicht erreichten.

versagte den Grundstückseigentümern eine Umsatzbeteiligung, die er andererseits von den Franchise-Nehmern forderte. „Ich war niemandem Rechenschaft schuldig. Entweder akzeptierten die Betreffenden die Bedingungen, oder sie ließen es. Ich habe mich grundsätzlich nicht auf Diskussionen mit den Franchise-Nehmern eingelassen. Die Pacht stand fest, und es wurde nicht gefeilscht." [11], S. 158. Ein Franchise-Nehmer musste also für ein Restaurant, das McDonald's 600 US-$ Pacht kostete, mindestens 840 US-$ ($=140\%$) an Pachtgebühren entrichten. Die Vorteile einer solchen Position, die McDonald's als Bindeglied zwischen Grundstückseigentümern und Franchise-Nehmern einnehmen würde, lagen darin, dass die Erträge sicherer, prognostizierbarer und höher waren als im Falle einer Erhöhung der Franchise-Gebühren und/oder einer prozentualen Beteiligung an den Verkäufen der Lieferanten an die Franchise-Nehmer.

Überzeugt von Sonneborn's Idee, gründete Kroc eine Tochtergesellschaft, die Franchise Realty Corporation, um so dessen Strategie umsetzen zu können. In den darauf folgenden Jahren flog er mit einem kleinen Flugzeug über das ganze Land und kundschaftete, unterstützt von internen und externen Grundstücksexperten, die Umgebung von Vorstädten aus. Seine Anweisung an das Team lautete: „Haltet nach Schulen, Kirchtürmen und Neubausiedlungen Ausschau." [11], S. 167. Solche Gegenden sah er als am besten geeignet an, um neue Restaurants anzusiedeln. Das Terrain war zwar als Wohngebiet ausgewiesen, aber es gab kaum Geschäfte, und lediglich die Mineralölkonzerne errichteten an jeder größeren Kreuzung Tankstellen. Gleichzeitig waren die dortigen Grundstücke an dicht befahrenen Straßen sowohl günstig als auch zahlreich. Und nach kurzer Zeit wurde das Grundstücksgeschäft zu einer hochrentablen Unternehmung. Kroc notierte: „Nunmehr begann McDonald's, wirklich Geld zu verdienen."

## 3.7    Der Erwerb von Immobilien

Nun wurde die zweite Phase von Sonneborn's Strategie eingeleitet, die darin bestand, die Grundstücke nicht mehr zu mieten, sondern selbst zu erwerben. Die Franchise Realty Corporation verpachtete die Grundstücke an die Franchise-Nehmer, die eine Kaution von 7.500 US-$ entrichten mussten. Die Kaution wurde 1963 auf 10.000 US-$, bald darauf auf 15.000 US-$ erhöht. Die Hälfte der Summe wurde nach 15 Jahren, die zweite nach Ablauf des Pachtvertrags, also nach 20 Jahren zurückbezahlt. In der Zwischenzeit konnte McDonald's das Geld für den Erwerb der Grundstücke und Gebäude verwenden. Zunächst leaste die Franchise Realty Corporation das Grundstück und erwarb die Gebäude, wobei der eine Teil der Kaution als Sicherheit für das Leasing und der andere Teil als Anzahlung auf die Hypothek auf das Gebäude verwendet wurden.

Anfang der 60er Jahre ging Sonneborn dazu über, auch die Grundstücke zu erwerben, wobei die Eigentümer ihm Ratenzahlungen auf zehn Jahre einräumen mussten. Außerdem mussten sie auf das erste Recht auf das Grundstück verzichten, damit McDonald's eine Hypothek auf das Grundstück aufnehmen konnte. Demnach diente das Grundstück als Sicherheit für die Kredite, mit denen er die Restaurants finanzieren wollte. Die Gebäude selbst hätten die Banken niemals als Sicherheit akzeptiert, da sie nur als McDonald's Restaurant nutzbar waren und der Fast-Food-Kette gemeinhin nur wenige Zukunftschancen eingeräumt wurden.

Unweigerlich stellt sich hier die Frage, warum McDonald's Grundstückseigentümer fand, die solche Vertragsbedingungen akzeptierten. Zum einen bot McDonald's ihnen eine bessere Rendite als der einzig größere Wettbewerber bei der Erschließung von Bauland für gewerbliche Zwecke, die Ölgesellschaften. Zum anderen kamen als potenzielle Standorte auch Grundstücke in der Mitte eines Blocks in Frage, während die Mineralölkonzerne ihre Tankstellen aufgrund des höheren Verkehrsaufkommens lediglich an Eckgrundstücken sprich Straßenkreuzungen errichteten. Außerdem waren Parzellen in der Mitte von Blocks aufgrund des größeren Angebots nur halb so teuer wie Eckgrundstücke und hatten zudem den Vorteil, dass es keine ampelgeregelten Kreuzungen gab, welche die Zufahrt zu einem Drive-In blockieren konnten (vgl. [11], S. 167 ff.).

Im Gegensatz zu Kroc, der ein persönliches Interesse am Erfolg „seiner" Restaurants hatte, sah Sonneborn das Fast-Food-Geschäft lediglich als Mittel zum Zweck, um mit Immobiliengeschäften Geld zu verdienen. Er brachte seine Strategie einmal folgendermaßen auf den Punkt: „Eigentlich sind wir ja ein Immobilien-Unternehmen. Der einzige Grund, warum wir Hamburger verkaufen, ist die Tatsache, dass diese am meisten Gewinn abwerfen, von dem unsere Restaurantbesitzer uns Miete zahlen können." [13], S. 96 f. Ein weiterer positiver Effekt von Sonneborn's Immobilienstrategie war, dass die institutionellen Investoren an der Ostküste, die Mitte der 60er-Jahre nie in ein reines Fast-Food-Unternehmen investiert hätten, das „Immobilienunternehmen" McDonald's nunmehr als kreditwürdig ansahen.

Kroc, der durch Kauf und Vermietung von Standorten so viel wie durch den Verkauf von Hamburgern verdiente, hinterließ dem Unternehmen eine wahre Goldmine. Peter Oakes, ein Analyst von Merril Lynch, stellte in diesem Zusammenhang 2003 fest, dass sich von den damals 30.000 Standorten weltweit 75 % der Gebäude und 40 % der Grundstücke im Eigentum von McDonald's befanden. Er berechnete, dass alleine der Verkauf der Grundstücke, die in der Bilanz mit einem Buchwert von 4 Mrd. US-$ bewertet waren, nach damaligem Stand 12 Mrd. US-$ (vor Steuern) einbringen würde. Überträgt man diese Berechnungen auf die heutigen 35.000 Standorte und unterstellt eine durchschnittliche Inflationsrate zwischen 2003 und 2014 von 2,3 %, dürften im Falle eines Verkaufs 17,5 Mrd. US-$ (vor Steuern) erzielt werden (Stand 2014). Sollte es erforderlich sein, könnte McDonald's diesen Betrag durch ein sog. Sale-and-Lease-Back-Programm freisetzen, bei dem die Grundstücke verkauft und im Anschluss daran zurückgeleast würden (vgl. [4], S. 3).

In diesem Zusammenhang werden immer wieder Forderungen nach sog. Spinn-Offs laut. Konkret solle die Fast-Food-Kette ihre Immobilien abspalten und an die Börse bringen, um auf diese Weise den Unternehmenswert zu steigern. Doch McDonald's erteilt solchen Forderungen immer wieder eine Abfuhr, da diese eine ernsthafte finanzielle und strategische Gefahr für den gesamten Konzern und sein System darstellten. Der Unternehmenswert von McDonald's würde so keinesfalls gesteigert (vgl. [1]).

Die Grundstücksstrategie passte perfekt in Kroc's strategische Überlegungen, Kontrolle auszuüben. Im Gegensatz zu geographischen Franchise-Verträgen, die dem Franchise-Nehmer das Recht einräumen, in einem bestimmten Gebiet so viele neue Restaurants zu eröffnen wie er will, verkaufte Kroc nur sog. Einzel-Franchises. Dies gewährleistete, dass Franchise-Nehmer, die nicht bereit waren, seine Regeln einzuhalten, nicht mehr als ein Restaurant eröffnen konnten. Als Grundstückseigentümer konnte Kroc die Verträge so gestalten, dass sie ihm noch weitere Kontrollmöglichkeiten gewährleisteten. Und durch das Ausstellen von Leasingverträgen, welche die Mieter bzw. Pächter dazu zwangen, sich den Unternehmensgrundsätzen anzupassen, konnte er sicherstellen, dass Aussehen, Atmosphäre und Geschmack von McDonald's landesweit identisch waren.

Uniformität und selbständiges Unternehmertum wie im Falle des Franchising führten unweigerlich zu Spannungsfeldern. Während der ganzen Zeit des Wachstums seines Unternehmens vollführte Kroc einen daraus resultierenden äußerst anspruchsvollen Balanceakt: Zum einen legte er dem gesamten System strenge Standards auf. Er verlieh seinem Ärger über einige von der Norm abweichende Franchise-Nehmer folgendermaßen Ausdruck: „Ich habe festgestellt, dass es immer wieder Leute gibt, die zu den Nichtkonformisten zählen. … Wir werden sie schleunigst zum Konformismus bekehren… Es ist absolut falsch, jemanden an der langen Leine zu führen. Wir können dem Einzelnen nicht trauen, aber der Einzelne muss uns vertrauen oder sich darüber klar werden, dass er bei uns am falschen Platz ist." [10] S. 146 f. Eine der Ironien in der Geschichte der Fast-Food-Industrie besteht darin, dass ein System, das sich Konformität auf die Fahnen geschrieben hat, von unkonventionell denkenden Selfmade-Männern wie Kroc und den McDonald's Brüdern begründet wurde (vgl. [14], S. 16).

Zum anderen unterstützte Kroc aber gleichzeitig unternehmerisches Denken, indem er Ideen auf allen Ebenen begrüßte. Viele dieser Innovationen trugen wesentlich zum Erfolg von McDonald's bei. Beispielsweise wurden so erfolgreiche Produkte wie der Big Mac und der FischMac, die heute nicht mehr aus dem weltweiten Angebot von McDonald's wegzudenken sind, nicht in der Firmenzentrale, sondern von Franchise-Nehmern vor Ort entwickelt. Das Erfolgsrezept von McDonald's besteht demnach nicht in einer rigiden Reglementierung, sondern darin, für ein einheitliches Organisationskonzept gesorgt zu haben, ohne das unternehmerische Denken der Franchise-Nehmer „abzuwürgen".

## 3.8  Rasantes nationales Wachstum

Erfolgreiche Werbung und eine zunehmend perfektionierte Franchise-Strategie trugen dazu bei, das Wachstum weiter voranzutreiben. 1965 waren 710 McDonald's über 44 Bundesstaaten verstreut. Die Umsätze beliefen sich auf 171 Mio. US-$, und die Bilanz war relativ ausgeglichen. Endlich begann McDonald's, Gewinne zu erwirtschaften. Das Unternehmen ging am 5. Juli 1966 an die Börse, zehn Jahre nachdem Kroc das Restaurant in Des Plaines eröffnet hatte. 300.000 Aktien zu einem Stückpreis von 22,50 US-$ wurden ausgegeben. Die meisten Anteile wurden von Kroc angeboten, der durch den Verkauf 3 Mio. US-$ verdiente, genauso wie von Sonneborn und June Martino. Zahlreiche Investoren sprangen auf den McDonald's Zug auf, so dass die Aktie am ersten Tag auf 30 US-$ stieg und nach kurzer Zeit 49 US-$ erreichte.

Kroc nutzte das Geld, um weiter zu expandieren und die rapide zunehmende Zahl von Wettbewerbern abzuwehren. Denn der Erfolg des Unternehmens hatte eine Vielzahl von Imitatoren auf den Plan gerufen, die ihr Geld in der rasch wachsenden Fast-Food-Industrie machen wollten. 1965 gab es bereits 1.000 Kentucky Fried Chickens, 325 Burger Chefs und 100 Burger Kings. Jede dieser Ketten wuchs rapide, gestärkt durch Geld-Infusionen von Investoren. 1970 war Fast-Food zu einem 6,2 Mrd.-US-$-Geschäft herangewachsen und konnte in den USA 17,8 % der Ausgaben in der Gastronomie auf sich vereinigen.

In den frühen siebziger Jahren war McDonald's zur landesweit größten Fast-Food-Kette herangewachsen und eine nicht mehr wegzudenkende Größe in der kulturellen Landschaft Amerikas (vgl. Abb. 3.4). 1972 erzielten die mehr als 2.200 Restaurants einen

**Abb. 3.4** McDonald's Restaurant in Chinatown, New York, USA. [15]

Umsatz von über einer Milliarde US-$. Kroc wurde mit Ehrungen ausgezeichnet, sein Aktienvermögen betrug rund 500 Mio. US-$. Er besaß ein Haus in Beverly Hills, ein herrschaftliches Anwesen in Florida, dessen Türglocke das Lied „Du hast Dir heute eine Pause verdient." („You deserve a break today.", ein damaliger Slogan von McDonald's) anstimmte, sowie das Baseball-Team der San Diego Padres. Im Herzen aber blieb Kroc, so zumindest seine Biographen, ein einfacher Mann, der etwas pathetisch von „den bäuerlichen Knochen meiner böhmischen Vorfahren" sprach. Im Gegensatz zu vielen anderen Selfmade-Männern entwickelte er keinen Geschmack an Kultur oder gesellschaftlichen Anlässen. Vielmehr fand er auch weiterhin Gefallen an der Schönheit eines Hamburger-Brötchens. „Es erfordert schon eine bestimmte Art des Denkens, um in einem Hamburger-Brötchen Schönheit zu entdecken", philosophierte er in seiner Autobiographie. „Aber ist es ungewöhnlicher, in der Struktur und leicht geschwungenen Silhouette eines Hamburger-Brötchens Anmut zu entdecken, als liebevoll über die Flügel einer für das Fischen bevorzugen Fliege nachzudenken?"

Je größer McDonald's wurde, desto stärker wurde die öffentliche Kritik. Die gastronomische Elite des Landes beklagte den Geschmack der Produkte sowie den durch die Fast-Food-Industrie eingeleiteten Verfall der Esskultur. Namhafte Ernährungswissenschaftler wiesen darauf hin, dass die typische McDonald's Mahlzeit – Hamburger, Pommes Frites und Soft-Drink – wenig Nährstoffe enthalte, den Cholesterinspiegel erhöhe und damit letztlich zu Herzkrankheiten führe. Und Politiker verkündeten in der Öffentlichkeit, dass in einer Volkswirtschaft, in der eine Fast-Food-Kette höher bewertet würde als ein Stahlkonzern, etwas nicht stimmen könne.

Bei all der Kritik darf nicht übersehen werden, dass Hamburger zu einem Produkt herangereift waren, das eine nahezu ähnlich wichtige Rolle wie Stahl spielte. McDonald's war zu einem Industrieimperium geworden, das eine ungeheure Menge an Rohstoffen benötigte. Das Unternehmen kaufte ein Prozent des gesamten Rindfleischabsatzes in den USA und daneben noch eine große Menge an Kartoffeln. Jedes Restaurant war eine Job-Maschine – jeder fünfzehnte junge Amerikaner stieg hier in den Arbeitsmarkt ein.

Um das rasante Wachstum des Unternehmens in der Öffentlichkeit bekannt zu machen, wurde die aktuelle Zahl der von McDonald's bislang verkauften Hamburger an den „Golden Arches", den goldenen Bögen eines jeden Restaurants angeschlagen. Und die steigenden Milliardenzahlen wurden von den höchsten Stellen im Land aufmerksam verfolgt. Als der US-amerikanische Präsident Richard Nixon Ray Kroc in den frühen siebziger Jahren traf, fragte er ihn: „Wie hoch steht es im Moment, acht oder neun Milliarden?" Dieser antwortete: „Es sind 12 Milliarden, Mr. President." Als es sich schließlich abzeichnete, dass sich das Wachstum im Heimatmarkt des Unternehmens abschwächte, wagte Kroc den Vorstoß, McDonald's weltweit präsent zu machen.

Obwohl Kroc 1968 als Vorstandsvorsitzender zurücktrat und dieses Amt an Fred Turner übergab, blieb er ein lebendes Symbol für die Wurzeln des Unternehmens und übte weiterhin Einfluss auf das Tagesgeschäft aus. Der Gründer überwachte bei jedem neuen Restaurant die Umsätze des ersten Tages von seinem Büro in Südkalifornien aus. „Trotz des

Erfolgs von McDonald's und seinem persönlichem Vermögen von 340 Mio. US-$ war er immer besorgt", schrieb Forbes. „Wenn Kroc reiste, bestand er darauf, dass sein Chauffeur ihn zumindest zu sechs McDonald's Restaurants brachte, um dort sog. ‚Überraschungs-Inspektionen' durchzuführen." [5]. Ray Kroc starb im Januar 1984 im Alter von 81 Jahren, 10 Monate bevor McDonald's seinen 50 Milliardsten Hamburger verkaufte. Es war ihm nicht vergönnt, den größten Triumph des Unternehmens zu erleben, nämlich die Aufnahme in den Dow Jones Industrial Average, einem Aktienindex, der die 30 wichtigsten Unternehmen der USA umfasst. 1985, als der Wert von McDonald's mit 4,16 Mrd. US-$ denjenigen von Sears, einer Kaufhauskette, überstieg, wurde der Fast-Food-Riese in den Dow Jones Index aufgenommen. Mit dieser Entscheidung bestätigte die Wall-Street die Überzeugung von Kroc, dass Hamburger mit Erfolg aufs Fließband gelegt werden könnten (vgl. [9]; [11]; [14]). Noch heute huldigt das Unternehmen den legendären Gründer am Ray Kroc-Gedenktag, an dem weltweit die Büros in den McDonald's Zentralen geschlossen werden und sämtliche Mitarbeiter die Restaurants aufsuchen, um dort für einen Tag zu arbeiten und so den Kontakt zur Basis nicht zu verlieren.

## Literatur

1. BörseGo. 2005. McDonald's – Spinn-Off-Pläne gefährlich. http://www.finanznachrichten.de/p.asp?id=5616502. Zugegriffen: 18. Nov. 2005.
2. Boston Consulting Group. 1972. *Perspectives on experience, technical report.* Boston.
3. Buchheim, M. 2005. *Globale Netzwerksteuerung in einem Franchise-Unternehmen, Vortrag auf der Fachmesse „Transport und Logistik" der Bundesvereinigung Logistik am 31. Mai 2005.* München.
4. Frankfurter Allgemeine Zeitung. 2003. Euro laut Big Mac-Index überbewertet. 29. April.
5. Gross, D. 1996. *Ray Kroc, McDonald's and the fast-food-industry, Forbes greatest business stories of all time.* New York.
6. http://de.wikipedia.org/wiki/McDonald%E2%80%99s_USA_First_Store_Museum. Zugegriffen: 16. Juni 2006.
7. http://www.campus.de/g9/wilex/t/w/w/erfahrungskurve. Zugegriffen: 12. Juli 2006.
8. http://www.mcdonalds.de/html.php?&t=History. Zugegriffen: 17. Juni 2006.
9. Kroc, R., und R. Anderson. 1987. *Grinding it out: The making of McDonalds.* New York.
10. Love, J. F. 1986. *Die McDonald's story.* (amerikanischer Originaltitel: „McDonald's Behind the Arches"). München.
11. Love, J. F. 1990. *McDonald's – Anatomie eines Welterfolgs.* 3. Aufl. München.
12. Rohleder, J., und J. Hirzel. 2006. Die McDonald's story. *Focus* 22:146–158.
13. Schlosser, E. 2001. *Fast food nation.* New York.
14. Schlosser, E. 2003. *Fast Food Gesellschaft – fette Gewinne, faules System.* München. deutsche Übersetzung von Schlosser, E. *Fast food nation.*
15. Schneider. 2005.
16. www.mcdonalds.com. Zugegriffen: 19. Juli 2012.

# Phase 3: Going International

**4**

## 4.1 Der internationale Expansionspfad

Zahlreiche Analysten vertraten in den sechziger und siebziger Jahren die Ansicht, dass McDonald's das rasante nationale Wachstum der frühen Jahre auf Dauer nicht aufrechterhalten könne. Aber Kroc glaubte, dass sein Unternehmen wachsen müsse, wenn es überleben wollte. „Ich glaube nicht an Sättigung", sagte Kroc. „Wir denken und reden weltweit." Er hatte eine Welt vor Augen, in der 12.000 McDonald's Restaurants stehen würden. (Heute sind es über 35.000 Restaurants weltweit.). Sicherlich kam 1972 ein Restaurant auf 90.000 US-Amerikaner. Aber es gab 3 Mrd. Menschen außerhalb der USA, die bislang niemals in einen Hamburger gebissen hatten.

So wie Henry Ford Ausschau nach Auslandsmärkten für sein Modell T hielt, startete Kroc seine ehrgeizige Internationalisierungskampagne. Das erste Restaurant außerhalb der USA wurde am 1. Juni 1967 in Richmond B.C., Kanada, eröffnet (vgl. Abb. 4.1). Hierfür dürften mehrere Gründe ausschlaggebend gewesen sein: Zunächst bestanden zum damaligen Zeitpunkt, wie auch heute noch, enge diplomatische Beziehungen zwischen beiden Staaten. Zum anderen existiert zwischen den Ländern die längste Grenze der Welt ohne Verteidigungskräfte. Schließlich weist Kanada eine hohe räumliche als auch – zumindest beim angloamerikanischen Teil der Bevölkerung – kulturelle Nähe zu den USA auf. Mittlerweile gibt es in Kanada mehr als 1.400 McDonald's Restaurants (Stand 2014).

1971 begann McDonald's damit, in Australien, Deutschland und Japan Restaurants zu eröffnen. 1972 folgte Frankreich. Und 1977 führte das Unternehmen den Hamburger im Mutterland der Sandwiches, nämlich England, ein und eröffnete in London sein 3.000 Restaurant weltweit.

© Springer Fachmedien Wiesbaden 2015
W. Schneider, *McMarketing*, DOI 10.1007/978-3-658-07096-0_4

**Abb. 4.1** McDonald's Logo
für Kanada 1967. [18]

---

**McDonald's in Deutschland, Österreich und der Schweiz (vgl. [26]; [10]; [45]; [13])**
Mcdonald's Europa wird seit Mitte 2005 in drei Divisions (Süd, Nord, West) sowie
die Region Osteuropa untergliedert. Der Western Division gehören neben Deutschland Österreich sowie die mitteleuropäischen Länder Ungarn, Polen, Tschechien,
Slowenien und Kroatien an. Damit setzt sich der Trend fort, innerhalb Europas sup-
ranationale Verwaltungsverbünde zu schaffen, um einerseits Synergien zu nutzen
und andererseits nationale Kompetenzen zu reduzieren.

In Deutschland erzielt McDonald's in seinen 1.468 Restaurants einen Nettoumsatz von 3,25 Mrd. €, das sind rund 40 € pro Bundesbürger und Jahr. Insgesamt werden jährlich 986 Mio. Gäste verzeichnet, was 2,7 Mio. Gästen pro Tag entspricht.
Das Unternehmen beschäftigt hierzulande 64.000 Mitarbeiter (davon 1.900 Auszubildende und 147 Bachelor-Studierende) und gehört damit zu den größten Arbeitgebern (Stand 2013).

Die erste Filiale in den neuen Bundesländern wurde im Sommer 1990 in Plauen
(Sachsen) eröffnet. Die umsatzstärkste deutsche Filiale steht am Münchener Karls-
platz (Stachus), sie ist zugleich eine der fünf umsatzstärksten weltweit.

In Deutschland firmiert das Unternehmen als Mcdonald's Deutschland Inc.,
eine Gesellschaft nach dem Recht des US-amerikanischen Bundesstaats Delaware.
Die meisten durch Franchise-Nehmer geführten McDonald's Restaurants sind hingegen deutsche GmbHs. Die Zentrale ist in München angesiedelt. Neben diesem so
genannten Hauptservicecenter (HSC) existieren weitere regionale Service Center in
München, Offenbach am Main und Berlin. In Frankfurt-Niederrad befindet sich die
Testküche, in der McDonald's Europe Produkte testet und entwickelt.

In Österreich eröffnete McDonald's seine erste Filiale 1977 in Wien am Schwar-
zenbergplatz im I. Bezirk. Mittlerweile beschäftigt McDonald's Österreich mit 184
Standorten (, davon rund 85 % von Franchise-Nehmern geführt,) ca. 8.900 Mitarbeiter, die 2012 rund 157 Mio. Gäste bedienten und einen Umsatz von 548 Mio. Euro
erwirtschafteten.

In der Schweiz bedienten im Jahr 2011 7.600 Mitarbeitende in 152 Filialen rund
106 Mio. Gäste. McDonald's Schweiz erzielte gemeinsam mit seinen 33 Lizenz-
nehmern im Jahr 2011 einen Umsatz von 717,8 Mio. CHF und kaufte für mehr als
124 Mio. CHF in der Schweiz Lebensmittel ein. Dies entspricht einem Anteil von

80 % an einheimischen Zutaten. Rund 70 % der Restaurants werden in der Schweiz von Franchise-Nehmern geführt. Das erste Restaurant wurde 1976 in Genf eröffnet. Das erste und bisher einzige McDonald's in Liechtenstein öffnete am 3. Mai 1996 in Triesen.

Das Errichten von Brückenköpfen in den Großstädten Europas war nur der Anfang. Über die nächsten zehn Jahre trieben die tausend Restaurants, die (aus amerikanischer Sicht) in Übersee errichtet wurden, das jährliche Wachstum des Unternehmens auf 27 %. Die goldenen Bögen, das Wahrzeichen des Unternehmens, sprossen auf allen Kontinenten wie Pilze aus dem Boden – in Südamerika, in Europa und in Asien.

Das Unternehmen ist heutzutage unter der eigenen Marke mit 35.429 Restaurants in rund 120 Ländern dieser Erde präsent, was einem Verbreitungsgrad von rund 66 % entspricht (Stand: 2013). Die Anzahl der Restaurants verteilt sich auf folgende Kontinente [10]:

| | |
|---|---|
| USA | 14.278 (40,3 %) |
| Europa | 7.602 (21,5 %) |
| Asien/Pazifik/Mittlerer Osten/Afrika (APMEA) | 9.918 (28,0 %) |
| Andere Länder | 3.631 (10,2 %) |

Die Umsätze in Höhe von 28,106 Mrd. US-$ verteilen sich auf folgende Kontinente:

| | |
|---|---|
| USA | 8,851 Mrd. US-$ (31,5 %) |
| Europa | 11,300 Mrd. US-$ (40,2 %) |
| Asien/Pazifik/Mittlerer Osten/Afrika (APMEA) | 6,477 Mrd. US-$ (23,0 %) |
| Andere Länder | 1,478 Mrd. US-$ (5,3 %) |

Die Umsätze der Company selbst in Höhe von 18,875 Mrd. US-$ verteilen sich auf folgende Kontinente:

| | |
|---|---|
| USA | 4,512 Mrd. US-$ (23,9 %) |
| Europa | 8,138 Mrd. US-$ (43,1 %) |
| Asien/Pazifik/Mittlerer Osten/Afrika (APMEA) | 5,425 Mrd. US-$ (28,7 %) |
| Andere Länder | 0,800 Mrd. US-$ (4,3 %) |

Die Umsätze mit den Franchise-Nehmern in Höhe von 9,231 Mrd. US-$ verteilen sich auf folgende Kontinente:

| USA | 4,339 Mrd. US-$ (47,0%) |
|---|---|
| Europa | 3,162 Mrd. US-$ (34,3%) |
| Asien/Pazifik/Mittlerer Osten/Afrika (APMEA) | 1,052 Mrd. US-$ (11,4%) |
| Andere Länder | 0,678 Mrd. US-$ (7,3%) |

Angesichts des hohen Internationalisierungsgrades wurde die Fast-Food-Kette zu einem internationalen Symbol für amerikanische/n Unternehmergeist und Einflussnahme. Als marxistische Guerillakämpfer 1979 eine McDonald's Filiale in San Salvador in die Luft sprengten, bezeichneten sie ihre terroristische Tat als tödlichen Schlag gegen das imperialistische Amerika. Doch obwohl McDonald's immer wieder als das klassische Symbol der *Globalisierung* angeführt wird, übertrifft dieser Ruf die aktuellen Geschäftsergebnisse bei weitem. Zahlreiche andere Großkonzerne sind deutlich breiter aufgestellt. Die Umsätze der *The Coca-Cola Company* beispielsweise verteilen sich recht gleichmäßig über Nordamerika, Europa und Asien. Im Vergleich hierzu erzielt McDonald's 80% seiner Umsätze in lediglich vier Ländern – den USA, Deutschland, Großbritannien und Frankreich [12].

Tabelle 4.1 zeichnet die internationale Expansion von McDonald's nach. Erst 27 Jahre nach der ursprünglichen Gründung des Unternehmens und 13 Jahre, nachdem Ray Kroc McDonald's übernommen hatte, entschloss man sich, ins Ausland zu expandieren. Dies ist

**Tab. 4.1** Die internationale Expansion von McDonald's. [4], [9], [15], [14]

| Eintrittsjahr | Land/Länder |
|---|---|
| 1954 | USA (X: 1954) |
| 1967 | Kanada (X: 1968) |
| 1970 | Costa Rica (X: 1992) |
| 1971 | Australien, Deutschland (X: 1976), Japan (X: 2007), Niederlande (X: 1981), Panama (X) |
| 1972 | El Salvador (X: 1994), Frankreich (X: 1980) |
| 1973 | Schweden (X: 1976) |
| 1974 | Großbritannien (England) (X: 1977), Guatemala (X: 1989) |
| 1975 | Bahamas (X), Hongkong (X: 2006), Nicaragua (Wiedereröffnung 1998 nach einer Abwesenheit über zwei Jahrzehnte) (X) |
| 1976 | Neuseeland (X: 1994), Schweiz (X) |
| 1977 | Irland (X: 1981), Österreich (X) |
| 1978 | Belgien |
| 1979 | Brasilien (X: 2006), Singapur (X: 1982) |
| 1981 | Dänemark (X: 1977), Philippinen (X: 1992), Spanien (X: 1975) |
| 1982 | Malaysia (X: 1997) |
| 1983 | Norwegen (X: 1988) |
| 1984 | Andorra, Finnland (X: 2013), Taiwan (X: 1989) |
| 1985 | Italien (X: 1999), Luxemburg, Mexiko (X: 1991), Thailand (X: 1994), Venezuela (X: 1980) |

*Legende (X) = Präsenz von Burger King*

**Tab. 4.1**  (Fortsetzung)

| Eintrittsjahr (*Fortsetzung*) | Land/Länder |
|---|---|
| 1986 | Argentinien (X: 1989), Kuba (aber nur in Guantanamo Bay, das für Kubaner nicht zugänglich ist), Türkei (X: 1995) |
| 1987 | Macao |
| 1988 | Jugoslawien (heute Serbien & Montenegro), Südkorea (X: 1984), Ungarn (X: 1991) |
| 1990 | Chile (X: 1994), China (X: 2005), Russland (X: 2010) |
| 1991 | Griechenland, Indonesien (X: 2007), Portugal (X), Uruguay (X: 2008) |
| 1992 | Brunei, Marokko (X), Monaco, Polen (X: 1992), Tschechische Republik (X: 2008) |
| 1993 | Israel (X), Saudi-Arabien (X: 1991), Slowenien (X: 2011) |
| 1994 | Ägypten (X), Bahrain (X), Bulgarien (X: 2008), Kuwait (X), Lettland, Oman (X: 2010), Vereinigte Arabische Emirate (X: 1993) |
| 1995 | Estland, Honduras, Katar (X: 2001), Kolumbien (X: 2008), Malta (X), Rumänien, Slowakei, Südafrika (X) |
| 1996 | Dominikanische Republik (X: 1994), Fitschi, Indien, Jordanien (X), Kroatien, Liechtenstein, Litauen, Paraguay (X: 1995), Peru (X: 1993), Samoa, Weißrussland (das 100. *McDonald's* Land), Zypern (X: 2003) |
| 1997 | Ekuador (X: 1982), Mazedonien (X: 2011), Surinam (X: 2008), Ukraine |
| 1998 | Libanon (X: 2001), Moldawien, Pakistan (X: 2013), Sri Lanka (X: 2013) |
| 1999 | Aserbaidschan, Georgien, San Marino |
| 2001 | Mauritius |
| 2003 | Mayotte |
| 2006 | Irak (X: 2003) |
| 2011 | Bosnien und Herzegowina, Trinidad und Tobago (X) |
| 2014 | Vietnam (X: 2011) |

*Legende:* (*X*) = *Präsenz von Burger King*

typisch für den Prozess der räumlichen Expansion eines Unternehmens. In diesen Jahren war McDonald's damit beschäftigt, von seinen lokalen Wurzeln in San Bernardino, Kalifornien, zu einem nationalen Unternehmen heranzureifen.

Folgende weitere Sachverhalte lassen sich festhalten:

Die heutigen sechs ausländischen Hauptabsatzmärkte von McDonald's, nämlich Japan, Kanada, Großbritannien, Deutschland, Frankreich und Australien, wurden frühzeitig erschlossen. Diese firmenintern als „the Big Six" bezeichneten Länder erwirtschaften heute 80 % des internationalen Betriebsergebnisses.

Von 1967, dem Beginn der Internationalisierung, bis 2012, also in über 45 Jahren, erschloss das Unternehmen im Durchschnitt rund drei neue Länder pro Jahr.

Die erste europäische Filiale wurde am *21. August 1971* in *Zaandam* (*Niederlande*) eröffnet.

Heutzutage findet man McDonald's auf allen Kontinenten – mit Ausnahme der Antarktis.

Des Weiteren ist ersichtlich, dass McDonald's in rund doppelt so vielen Ländern präsent ist wie Burger King (vgl. Tab. 4.1) und die Länder deutlich früher erschließt als der Wettbewerber (sog. Pionierstrategie). In Europa ist McDonald's in jedem Land ansässig mit Ausnahme von Albanien, Armenien, Montenegro und Vatikan Stadt.

McDonald's war eine Zeitlang in folgenden Ländern vertreten, hat sich aber von dort wieder zurückgezogen: Bolivien (1997–2002), Barbados (1996–2005), Bermudas (1985–1995), Jamaika (1995–2005) sowie Island (1993–2009) (vgl. [4]; [15]; [14]).

Es fällt auf, dass neben kleinen Ländern, deren Erschließung in keiner vernünftigen Kosten-Nutzen-Relation stehen dürfte, McDonald's insbesondere auf dem afrikanischen Kontinent sowie in islamisch geprägten Ländern, in denen traditionell ein starker Anti-Amerikanismus vorherrscht, unterdurchschnittlich vertreten ist.

Jim Skinner, Vorstandsvorsitzender der McDonald's Corporation von 2004–2012, beschrieb die Internationalisierungspläne des Fast-Food-Giganten folgendermaßen: „Es gibt derzeit kein Land, in dem wir noch nicht vor Ort sind und das uns wirklich reizt. Für uns muss der Markt in einem Land eine bestimmte Mindestgröße haben. Wir wollen ja immer eine solide, lokale Lieferantenstruktur aufbauen. Das lohnt sich nicht für ein oder zwei Restaurants, sondern nur für ein ganzes Netz." (zitiert nach [33], S. 161–162).

Nachdem McDonald's im vierten Quartal 2002 erstmals in der Firmengeschichte einen Quartalsverlust verzeichnete, verließ das Unternehmen kurzfristig den Expansionspfad, schloss 175 Filialen und zog sich bis 2005 aus vier Ländern zurück. Doch da im Anschluss wieder „schwarze Zahlen" geschrieben wurden, setzte McDonald's sein globales Wachstum fort. McDonald's treibt seine Expansion vor allem in Ländern wie Russland und China voran (vgl. [7]).

Hinsichtlich möglicher globaler Sättigungstendenzen haben Manager auf der McDonald's Website vorgerechnet, das Unternehmen verköstigte, „gleich an welchem Tag, noch weniger als 1 % der Weltbevölkerung" (zitiert nach [6]).

**Der Internationalisierungsgrad von McDonald's (vgl. [27]; [34], S. 146–158; [12])**
Die Sonne geht über den „Golden Arches" („goldene Bögen"), dem Firmensymbol von McDonald's, niemals unter. Das nördlichste McDonald's Restaurant liegt in Oulu, Finnland, das südlichste in Invercargill, Neuseeland, das östlichste in Gisborne, Neuseeland, und das westlichste in Westlich Samoa.

Im Durchschnitt eröffnet alle drei Stunden irgendwo auf der Welt eine neues McDonald's Restaurant.

Der größte Markt außerhalb der USA ist Japan mit rund 4.000 Standorten. Das erste „Makadonaldo" Restaurant eröffnete dort 1971.

Rund die Hälfte der heutigen McDonald's Kunden ist Nicht-Amerikaner.

## 4.2 Dimensionen der Internationalisierung

Will man den Pfad der internationalen Expansion, den McDonald's beschritten hat, nachvollziehen, gilt es, die folgenden Entscheidungstatbestände eines „Going International" zu analysieren (vgl. [1]):

- Marktauswahl: Welcher Markt bzw. welche Märkte werden bearbeitet?
- Timing: Wann wird in einen ausländischen Markt eingetreten, und in welcher Reihenfolge erschließt McDonald's die einzelnen Märkte?
- Markteintritt: Mit welcher Organisationsform wird in den ausländischen Markt eingetreten?
- Marktbearbeitung: Mit welcher Marketing-Strategie bearbeitet McDonald's die Märkte?

### 4.2.1 Marktauswahl und Timing

Analysiert man die Entwicklung der Zahl der Standorte in den USA und im Ausland sowie hier insbesondere in den fünf ausländischen Hauptabsatzmärkten von McDonald's, nämlich Japan, Kanada, Großbritannien, Deutschland und Frankreich, zeigt sich, dass das Unternehmen in neue Märkte eintritt, lange bevor sämtliche profitablen Chancen in den bislang bearbeiteten Märkten ausgeschöpft sind.

Grundsätzlich lassen sich hinsichtlich Markteintritt sowie Timing von McDonald's folgende Tendenzen festzustellen:

- Je länger McDonald's in einem Markt präsent ist, desto mehr Filialen werden von Jahr zu Jahr eröffnet. Dies lässt sich auf den Umstand zurückführen, dass das Unternehmen die profitabelsten Märkte frühzeitig erschlossen hat und diese Märkte auch nach 20 oder 25 Jahren noch aggressiv entwickelt.
- McDonald's erschloss Märkte mit einem großen Marktpotenzial, gemessen am Bruttoinlandsprodukt pro Einwohner sowie der Einwohnerzahl, vergleichsweise früh. Dies zeigt sich, wie bereits erwähnt, am Beispiel der „Big Six". Außerdem werden in solchen Märkten vergleichsweise viele Standorte gegründet.
- Die Intensität der Handelsbeziehungen eines Landes mit den USA beeinflusst die Markteintrittsentscheidung positiv. Dies dürfte zum einen darauf zurückzuführen sein, dass intensive Handelsbeziehungen Ausdruck ähnlicher Kulturen oder eines vergleichbaren Wohlstandsniveaus sein dürften. Zum anderen senken intensive Handelsbeziehungen die Kosten des Markteintritts aufgrund geringerer bürokratischer Hürden.
- Interessanterweise beeinflussen hohe Steuern die Markteintrittsentscheidung positiv. Diese Beziehung lässt sich damit erklären, dass hohe Steuern häufig in weit entwickelten Volkswirtschaften beobachtet werden können. Und der Wohlstand einer Volkswirtschaft seinerseits wirkt sich positiv auf die Attraktivität eines Auslandsmarktes aus.
- Die politische Stabilität eines Landes, gemessen an der Streuung des Bruttoinlandsprodukts oder Indizes für politische Stabilität, hat keinen Einfluss auf die Markteintrittsentscheidung von McDonald's.

- Auch zwischen der Präsenz von Konkurrenten und der Attraktivität des Auslandsmarktes besteht kein Zusammenhang. Dies ist im Wesentlichen darauf zurückzuführen, dass McDonald's in der weit überwiegenden Zahl der Länder mit deutlichem zeitlichem Abstand als erster in den Markt eintritt und lange vor Burger King oder Wendy's vor Ort präsent ist. Die verfolgte Pionierstrategie beinhaltet jedoch aufgrund der häufig fehlenden Erfahrungen auf den Auslandsmärkten ganz andere Risikopotenziale als bei einer reinen Inlandstätigkeit.
- Die räumliche Distanz zum McDonald's Hauptquartier in Chicago hat einen negativen Effekt auf die Markteintrittswahrscheinlichkeit. D. h. je weiter ein Land von den USA entfernt ist, desto unwahrscheinlicher ist der dortige Markteintritt.
- Im Gegensatz zur Sprinklerstrategie, bei der viele Märkte simultan oder in kurzer Zeit erschlossen werden und somit entsprechend hohe Investitionen notwendig sind, betreibt McDonald's eine Wasserfallstrategie. Konkret tritt das Unternehmen sukzessive in die einzelnen Auslandsmärkte ein. Auf diese Weise kann man sich schrittweise ins Auslandsgeschäft hineintasten, die Ressourcen an den gestiegenen Bedarf anpassen und das Unternehmensrisiko begrenzen.
- Mit zunehmender Erfahrung auf Auslandsmärkten steigt die Zahl der Auslandsmärkte, in die zum gleichen Zeitpunkt eingetreten wird.
- Die Wahrscheinlichkeit des Markteintritts steigt mit der Erfahrung, die McDonald's bereits in Ländern mit der gleichen Sprache gesammelt hat (vgl. [21]).

Bringt man die vorliegenden Befunde auf den Punkt, lässt sich Folgendes festhalten: Die weit verbreitete Vorstellung, Unternehmen expandieren erst ins Ausland, wenn die heimischen Märke gesättigt sind, trifft auf McDonald's nicht zu. Im Gegensatz dazu finden sich Belege, dass McDonald's seine Ressourcen auf viele Märkte verteilt, um Wachstum zu erzielen. Hierbei werden Märkte mit einem vergleichsweise hohen Marktpotenzial, gemessen am Brutto-Inlandsprodukt pro Kopf sowie der Einwohnerzahl, favorisiert. Die Attraktivität eines Marktes nimmt mit der räumlichen oder kulturellen Nähe zu den USA bzw. mit den von McDonald's in diesem Kulturkreis gesammelten Erfahrungen zu. Das Unternehmen hat sich schrittweise ins Auslandsgeschäft (Wasserfallstrategie) vorangetastet und beitreibt dabei eine First-to-the-Market-Strategie bzw. Pionierstrategie.

▶ **Wasserfallstrategie (vgl. [2])**
Im Rahmen der Wasserfallstrategie tritt ein Unternehmen sukzessive in die einzelnen Auslandsmärkte ein. Ein Produkt bzw. Unternehmenskonzept wird erst nach erfolgreicher Einführung in einem Land auch in einem anderen Land angeboten. Auf diese Weise kann man sich schrittweise ins Auslandsgeschäft hineintasten und die Ressourcen an den gestiegenen Bedarf anpassen. Außerdem begrenzt man das Risiko, da Abbruchoptionen der Internationalisierung bestehen bleiben und auf diese Weise länderübergreifende Flops vermieden werden. Nicht zuletzt lässt sich auf diese Weise der Lebenszyklus eines Produktes bzw. Unternehmenskonzepts verlängern. Man läuft aber zugleich Gefahr, zunächst einzelne Märkte, zu denen später nur noch schwer Zugang besteht, zu vernachlässigen.

Im Zuge der Sprinklerstrategie hingegen werden möglichst viele Märkte simultan oder in kurzer Zeit erschlossen. Auf diese Weise gelingt es, die Markteintrittsrisiken auf mehrere Ländermärkte zu verteilen. Gleichzeitig nimmt man aber auch Fehlinvestitionen in Kauf. Langfristig wird die Zahl der Auslandsmärkte reduziert, d. h. erfolglose Märkte werden wieder aufgegeben.

▶ **First-to-the-Market-Strategie bzw. Pionierstrategie (vgl. [29]), S. 1267; [38])**
Die Pionierstrategie baut auf die Vorteile des Ersten im Markt (first mover's advantage). Sie zielt darauf ab, durch einen frühen Markteintritt strategische Wettbewerbsvorteile zu erzielen. Da der Markt de facto erst durch dieses Unternehmen geschaffen wird, liegt der Strategieschwerpunkt zu Beginn im Marktaufbau. Potenzielle Vorteile einer Pionierstrategie sind das frühzeitige Entwickeln von Markt-Know-how, der Aufbau einer Marktposition, der Aufbau von Kundenloyalität, die Beeinflussung der Branchenentwicklung durch das Setzen von Standards, Stückkostenvorteile durch das Ausnutzen von Erfahrungskurveneffekten sowie die Erzielung eines zu Anfangs höheren Preises. Risiken liegen in den hohen Kosten der Markterschließung, die von den Nachahmern nicht getragen werden, sowie der Gefahr, Pionierfehler zu begehen.

Die Strategie des schnellen Verfolgers (etwa Burger King) baut darauf, dass er den Pionier zunächst einmal die Risiken, die mit der ersten Markterschließung verbunden sind, tragen lässt. Zeichnet sich aus den ursprünglichen Anfängen des Kundeninteresses Wachstum ab, wird nachgesetzt. Dabei gibt es zwei Möglichkeiten: Beim direkten Überspringen (Leapfrogging-Behavior) zielt der schnelle Verfolger darauf ab, durch wesentliche Fortschritte in der Technologie oder in den Produkten am Pionier vorbeizuziehen oder dem Pionier in Marktsegmenten zuvorzukommen, die bisher schlecht bedient waren. Beim imitativen Übertreffen (Out-imitating) wird versucht, den Pionier mit einer verbesserten Imitation des Produkts oder des Marketingprogramms zu übertreffen. Eine Imitationsstrategie ist risikoreich, da man im Wettbewerb austauschbar wird und damit rasch unter Preisdruck gerät.

## 4.2.2 Markteintritt

Den Ausgangspunkt der Internationalisierung bilden im Normalfall Markteintrittsstrategien, die das Unternehmen wenig einbinden, d. h. die Ressourcen des Unternehmens wenig beanspruchen bzw. keinen deutlichen Ausbau der Kapazitäten erfordern. Hierzu zählt an erster Stelle der Export. Im Gegensatz zu einem Industrieunternehmen, dem sich diese Möglichkeit des Markteintritts bietet, sind ein Gastronomie- und damit ein Dienstleistungsunternehmen wie McDonald's gezwungen, dorthin zu gehen, wo die Konsumenten sind. Im Regelfall tritt McDonald's zunächst mit eigenen Filialen in einen Auslandsmarkt ein. Mit zunehmender Markterschließung bedient sich das Unternehmen vor Ort dann Franchise-Nehmern.

Die weltweit 35.429 McDonald's Restaurants weisen folgende Betreiberstruktur auf:

* 28.691 Restaurants im Franchise-System
* 6.738 als unternehmenseigene Filialen (Stand: 2013, vgl. [25]).

Damit werden 80,1 % der weltweiten Restaurants von McDonald's im Franchise-System geführt. Demnach liegen Mcdonald's Restaurants zum größten Teil in der Hand von mittelständischen Unternehmern.

Von den Franchise-Nehmern fließen jährlich 9,231 Mrd. US-$ an den Mutterkonzern, das entspricht 32,8 % des Gesamtumsatzes der McDonald's Corporation (Stand: 2013).

Im Falle des Franchising erteilt der Franchise-Geber, im vorliegenden Fall McDonald's, einem Franchise-Nehmer die Lizenz, ein Restaurant zu eröffnen. Der Vertrag, der dieser Form der Kooperation zugrunde liegt, räumt dem Franchise-Nehmer umfassende Weisungs- und Kontrollbefugnisse ein.

Als Vorteile für den Franchise-Geber sind zu nennen (vgl. hierzu [43], S. 331):

* Erhalt einer Franchise-Gebühr sowie im Regelfall umsatzabhängiger Einnahmen
* Schnelle räumliche Expansion mit vergleichsweise geringem Aufwand, da der Franchise-Nehmer die Investitionen tätigen muss
* Umfangreiche Kontrollrechte, d. h. der Franchise-Geber behält die Kontrolle über „sein" Unternehmen
* Gewährleistung einer hohen räumlichen und kulturellen Nähe zum Kunden durch Partner vor Ort
* Erlangung von Marktdaten, die sonst nicht zur Verfügung stehen würden (etwa Absatzzahlen des lokalen Partners)
* Verlagerung großer Teile des unternehmerischen Risikos (etwa Fixkostenaufbau durch Investitionen in das Restaurant, Konkursrisiko, Haftung für Fremdkapital) auf Franchise-Nehmer

Rückblickend wird offenkundig, dass McDonald's sein rasantes weltweites Wachstum nur mit dem Franchise-System realisieren konnte. Ein ähnlich schneller Aufbau eines unternehmenseigenen Filialsystems hätte McDonald's zweifellos finanziell überfordert; oder man hätte das Wachstumstempo den finanziellen Möglichkeiten des Unternehmens anpassen und damit drosseln müssen. Gleichzeitig gewährleisten die umfangreichen Weisungs- und Kontrollrechte, dass die lokalen Partner die weltweiten Standards von McDonald's, einen wesentlichen Faktor des Unternehmenserfolgs, akribisch genau einhalten. Schließlich erweist es sich angesichts der zunehmenden Anzahl von Globalisierungs- und USA-Gegnern als nicht zu unterschätzender Vorteil, dass die lokalen Franchise-Nehmer dazu beitragen, McDonald's ein Image zu geben, das „weniger amerikanisch" ist. Oder wie es ein Franchise-Nehmer in Dublin in seinen Anzeigen ausdrückte: „Unser Firmenname klingt zwar amerikanisch, wir aber sind Iren."

### 4.2.3 Marktbearbeitung

Die Frage nach der Art der Marktbearbeitung lässt sich im Wesentlichen auf die Schlüsselfrage der Internationalisierung, nämlich die klassische Kontroverse Standardisierung versus Differenzierung von Programmen (und gegebenenfalls von Prozessen) fokussieren (vgl. im Folgenden [28], S. 142–212). Standardisierung in seiner extremsten Form bedeutet, dass identische Produkte und Dienstleistungen zu einheitlichen Preisen sowie Konditionen über gleiche Vertriebskanäle unter Einsatz des gleichen Kommunikations- sprich Werbeinstrumentariums angeboten werden. In einem solchen Fall wäre der Marketing-Mix (sog. 4Ps: product, price, place, promotion) weltweit einheitlich ausgeprägt.

▶ **Standardisierung versus Differenzierung**

Die Standardisierungsstrategie, zu deren Befürwortern T. Levitt zählt, basiert auf der Annahme, dass sich die Bedürfnisse und das Verhalten der Verbraucher weltweit immer stärker annähern (sog. Konvergenzthese), so dass Unternehmen über Ländergrenzen hinweg einheitliche Strategien verfolgen können. Eine solche Strategie verspricht Kosteneinsparungen und reduzierten Ressourceneinsatz. Zur Veranschaulichung dient folgendes Zitat von Levitt (vgl. [23], S. 92–102): „Gone are accustomed differences in national or regional preference. Gone are the days when a company could sell last year's model – or lesser versions of advanced products in the less-developed world. And gone are the days when prices, margins and profits abroad were generally higher than at home. …. Companies must learn to operate as if the world were one large market. …"

Die Kritiker der Standardisierungshypothese, zu denen P. Kotler (vgl. [20], S. 46–54) zu rechnen ist, vertreten die entgegengesetzte Ansicht: Infolge international divergierender Bedürfnisse und Verhaltensweisen der Konsumenten seien standardisierte Konzepte suboptimal. Vielmehr müssten die Marketingprogramme und – prozesse den jeweiligen länderspezifischen Gegebenheiten angepasst werden (Differenzierung gemäß der Maxime: „All business is local.").

Die Mehrzahl sowohl der Wissenschaftler als auch der Praktiker bekundet die Meinung, dass weder die weltweite Standardisierung noch die vollständige länderspezifische Differenzierung praktikabel sind. Eine Lösung des skizzierten Spannungszustandes zwischen kosteninduziertem Standardisierungsdruck und kulturinduziertem Differenzierungsbedarf versprechen Mischformen, die auf dem Prinzip der differenzierten Standardisierung basieren und die Maxime „so viel Standardisierung wie möglich, soviel Differenzierung wie nötig" verfolgen. Diese Strategie wird mit „Glocalization", ein Kunstwort aus Globalization und Localization, bezeichnet.

Auf der einen Seite bearbeitet McDonald's die Märkte über den ganzen Globus hinweg standardisiert. Das Erfolgsrezept lautet:

- ein starker lokaler Partner, der hervorragend ausgebildet und vollständig in das Geschäft eingebunden ist,

- das traditionelle McDonald's Menü sowie
- die detaillierten Arbeitsanweisungen für QSVC, nämlich Quality, Service, Cleanliness and Value.

Obwohl McDonald's darauf besteht, seine strengen Arbeitsprozessrichtlinien auch auf ausländischem Boden durchzusetzen, ist das Unternehmen in anderen Bereichen der Restaurantführung flexibler und passt seinen Marktaufritt den lokalen Erfordernissen an. Denn wie bei zahlreichen anderen Unternehmen setzte sich auch bei McDonald's die Erkenntnis durch, dass Erfolg in den USA, Großbritannien, Korea oder sogar China nicht unbedingt bedeutet, dass Konsumenten in anderen Ländern von einem Produkt überzeugt sein müssen. Dies war etwa in Indien und Frankreich der Fall (vgl. im Folgenden [3]).

In Indien stand McDonald's vor der Herausforderung, eine auf Rindfleisch konzentrierte Produktlinie an ein Land anzupassen, in dem Kühe als heilig gelten. Die traditionelle Marken- und Marketing-Theorie kann hier nur wenig Hilfestellung bieten. Unternehmen, die ihre Marken über Grenzen hinweg vermarkten, beginnen im Regelfall mit der Übersetzung von Namen, Verpackungsaufdrucken und Werbetexten. Doch der als klassisch geltende Weg „make centrally, translate globally" kann fatal enden. Denn die Anpassung an kulturelle Besonderheiten bedeutet mehr als nur die Übersetzung der Werbebotschaft in eine andere Sprache.

1960 schlug Theodore Levitt, Professor an der renommierten Harvard Business School, einen völlig neuen Ansatz zur Positionierung von Unternehmen vor: weg von der Technologiezentrierung und hin zur Fokussierung auf den Nutzer der Produkte. Er argumentierte, dass zu viele Unternehmen ihre laufenden Investitionen überschätzten und die Wachstumschancen, die außerhalb ihres Kerngeschäfts angesiedelt seien, sich aber an die grundlegenden Bedürfnisse ihrer Kunden richteten, unterschätzten. Vor diesem Hintergrund kritisierte er die Eisenbahnindustrie, weil sie es versäumt hatte, ins Luftfahrtgeschäft einzusteigen.

Das Problem, etablierte Marken in schnell wachsenden Märkten zum Erfolg zu führen, ist ähnlich gelagert. Ob man die Theorie von Levitt auf technologische oder kulturelle Unterschiede anwendet, die Grunderkenntnis bleibt dieselbe: Langfristig können die Kernkompetenzen eines Unternehmens sich verändern, aber die Fokussierung auf den Kunden bleibt immer von grundlegender Bedeutung. Diesen Überlegungen folgend, ist es besser – und einfacher – neue Fähigkeiten zu entwickeln als Kunden zu verlieren.

Die besten Marken sind demnach keine oberflächlichen Logos oder Slogans, sondern Organismen, die grundlegende menschliche Bedürfnisse befriedigen. Ihre Wettbewerbsvorteile liegen in ihrer Fähigkeit begründet, den Kunden besser zu kennen, zu verstehen, sich in ihn hineinzudenken, seine Bedürfnisse vorherzusagen und ihn besser zu bedienen als die Konkurrenz.

Folgt man diesen Überlegungen, ist Coca-Cola keine süße, braune Limonade, sondern coole Erfrischung. Die Citibank bietet keine Geldanlage, sondern Vertrauen. Vodafone verkauft keine Telekommunikationstechnologie, sondern Beziehungen zu Freunden, Familienmitgliedern und Geschäftspartnern. Und McDonald's bietet die Möglichkeit, gemeinsam mit der Familie schnell, in sauberer Umgebung und ohne viel Aufwand zu genießen.

► **Marketing-Myopia von Theodore Levitt (vgl. [22], S. 45–56; [36], S. 68)**

In welchem Geschäft ist Ihr Unternehmen tätig? Diese Frage klingt auf den ersten Blick nahezu banal, hat jedoch für die strategische Ausrichtung und damit für den Erfolg eines Unternehmens fundamentale Bedeutung. Hierauf wies der Harvard-Professor Theodore Levitt in einem Aufsatz mit dem Titel "Marketing Myopia" (Marketing Kurzsichtigkeit), der zu einem Klassiker wurde, erstmals im Jahre 1960 in der Harvard Business Review hin.

Seinen Überlegungen folgend kann man sein Geschäft aus drei unterschiedlichen Perspektiven definieren:

- Produktorientiert: Welche Produkte stellen wir her?
- Bedürfnisorientiert: Welche Kundenwünsche befriedigen wir?
- Kompetenzorientiert: Was können wir?

Levitt forderte, Unternehmen müssten ihre Märkte anhand von Kundenbedürfnissen definieren und nicht anhand bereits bestehender Produktgruppen. Damit dämpfte er die Euphorie der damals eher produktorientierten Wissenschaftler, die gerade die Segnungen der Massenfertigung und der damit verbundenen sinkenden Stückkosten infolge von Erfahrungskurveneffekten propagierten.

Levitt illustrierte diese aus seiner Sicht „einfache, bereits bestehende Idee" am Beispiel der amerikanischen Eisenbahnen. Traditionell hätten diese auf die Frage, in welchem Geschäft sie tätig seien, geantwortet: „Wir sind im Eisenbahngeschäft." Demnach hätten sie ihre Aktivitäten als produktorientiert charakterisiert. Levitt hielt diese Perspektive, die er als Marketing-Kurzsichtigkeit bezeichnete, für ein gravierendes Missverständnis und sah in ihr die Hauptursache des Niederganges der einst äußerst erfolgreichen Eisenbahnunternehmen.

Seiner Meinung zufolge hätten die Eisenbahnen den Kunden und seine Bedürfnisse zum Gegenstand ihrer Geschäftsdefinition machen sollen. „Wir sind im Geschäft der Personenbeförderung." (oder der Güterbeförderung) wäre demzufolge die richtige strategische Antwort gewesen.

Die bedürfnisorientierte Perspektive unterscheidet sich grundsätzlich von der produktorientierten. Das Bedürfnis des Kunden besteht beispielsweise darin, dass er von New York nach Atlanta reisen will. Das ist die im Vordergrund stehende Triebkraft der Nachfrage. Erst an zweiter Stelle stellt sich ihm die Frage nach der Wahl des passenden Verkehrsmittels. Und hier entscheidet sich der Kunde für das Verkehrsmittel, das am ehesten seinen Bedürfnissen entspricht. Das kann je nach Fall die bequemste, die schnellste, die wirtschaftlichste oder die billigste Form des Transports sein. Der Kunde ist demzufolge nicht per se an der Eisenbahnfahrt interessiert. Bietet sich ihm ein Verkehrsmittel, das eher seinen Bedürfnissen entspricht, bevorzugt er dieses.

Hätten die Eisenbahngesellschaften ein an den Bedürfnissen ihrer (potenziellen) Kunden ausgerichtetes Geschäftsverständnis besessen, dann würden sich ihnen Investitionen in Fluggesellschaften, eventuell sogar in Autobahnen geradezu aufgedrängt haben. Da sie sich jedoch als Firmen im Eisenbahngeschäft verstanden, das sie zugegebenermaßen auch sehr effizient betrieben, verpassten sie völlig den Markteintritt des Flugzeuges, da sie dieses nicht als Konkurrenz ansahen. Auf diese Weise wurden sie langfristig an den

Rand gedrängt und gingen unter, beziehungsweise vegetierten nur noch als staatlich subventionierte Organisationen dahin.

Paradoxerweise scheint sogar der amerikanische Staat einsichtiger gewesen zu sein. Denn im Jahre 1934 wurde in den USA die neue Gesetzgebung für Fluggesellschaften dem Railroad Act untergeordnet. Das Parlament ordnete also beide Branchen dem gleichen Geschäft zu.

Wenn auch einige der von Levitt angeführten Beispiele heute, rund 55 Jahre später, etwas veraltet wirken mögen: die Botschaft ist unter den heutigen Vorzeichen aktuell wie eh und je. Im 21. Jahrhundert haben die Konzerne neue Märkte – zum Beispiel China oder Indien – auf dem Radar, und auch dort gilt es, kulturelle Grenzen zu überwinden.

McDonald's musste auf dem indischen Markt auf seine bekannteste Zutat verzichten, um seine dortigen Kunden zu respektieren und zufrieden zu stellen. Viele Inder essen kein Rind- oder Schweinefleisch oder verzichten sogar gänzlich auf Fleisch. Nach Vikram Bakshi, dem Management-Direktor von McDonald's Nord-Indien, war es deshalb notwendig, das Produktangebot anzupassen und gleichzeitig die zentralen Werte der Marke über die Kulturen hinweg einheitlich zu halten. Das heutige Speiseangebot hat sich entwickelt als Ergebnis konstanter Innovationen und der Bedürfnisse unserer Kunden, sagt Bakshi. „Lokale Kreationen wie der McAloo Tikki Burger (= Kartoffeln, Tomaten und Gewürze in einem Sesambrötchen), Curry-Pfannkuchen, die vegetarische Pizza McPuff oder der McVeggie (= ein vegetarischer Hamburger) sind mittlerweile am Markt etablierte Weiterentwicklungen von den Produkten, die wir in unserem ersten Restaurant anboten. Heutzutage sind 70 % des Produktangebots an die indischen Besonderheiten angepasst, und der McAloo Tikki Burger ist das am meisten verkaufte Produkt. Wenn auch die Produktangebote unterschiedlich sein mögen, so stimmt das McDonald's Erlebnis weltweit überein, nämlich das Angebot von Qualität, Service, Sauberkeit und einem günstigen Preis-Leistungs-Verhältnis." (zitiert nach [3]).

Beispielsweise gibt es in Indien keine Drive-Ins. Aber der dort anzutreffende Motorroller- und Fahrrad-Zustellservice dehnt das Konzept einer schnellen, warmen Mahlzeit zum Mitnehmen in der Weise aus, dass es etwas typisch Indisches ist und gleichzeitig mit der globalen Marke in Einklang steht. Es ist immer noch McDonald's, und die Inder lieben es. Think global, act local.

Auch in Frankreich passte sich McDonald's den nationalen Gegebenheiten an, indem es dort beispielsweise den Schinken-Käse-Sandwich „Croque McDo", die McDonald's Version des Croque Monsieur, einer Lieblingsspeise der Franzosen, anbietet. Des Weiteren arbeitet McDonald's mit französischen Unternehmen zusammen, um lokale Waren anzubieten. Zum Beispiel Frucht-Joghurt von Danone, Kaffee von Carte Noire und den französischen Soft-Drink Orangina. McDonald's kauft 80 % seiner Produkte von französischen Landwirten. Und das Unternehmen wirbt in Zeitungen damit, wie viele französische Kühe, Hühner, Gemüse und Tomaten jedes Jahr benötigt werden. Schließlich wurde im Jahre 2001 Ronald McDonald, das Maskottchen des Unternehmens, in der französischen Werbung durch Asterix ersetzt. Diese französische Comic-Figur steht für die Individualität der Gallier und symbolisiert lokalen Widerstand gegen imperiale Mächte.

Schwerpunktmäßig passt McDonald's seine Sortimente und Preise sowie sein Kommunikationsmanagement nationalen Gegebenheiten an. Die Vertriebswege hingegen werden weitgehend standardisiert beschritten. Aus diesem Grund können die folgenden Beispiele als Ausnahmen gelten:

**Beispiele für Glocalization im Vertriebsmanagement**

In Sälen/Schweden wurde der erste Ski-Through McDonald's eröffnet.

Der erste McDonald's in Rom, nahe der Spanischen Treppe, wurde im Vergleich zu den normalen McDonald's Restaurant sehr luxuriös gestaltet. Zu den Ausstattungsmerkmalen gehören Springbrunnen, Marmorwände und Teppich-Böden. Mittlerweile wird sogar Wi-Fi angeboten.

In China gibt es spezifische McDonald's Restaurants und Schalter, in bzw. an denen ausschließlich Eiskrem, Getränke und Desserts verkauft werden. Außerdem bietet McDonald's dort den China Rice Burger an.

## 4.3 Glocalization – Think global, act local

Unsere regionale Ausrichtung kommt bei den Kunden sehr gut an. Wir agieren schließlich wie eine lokale Firma vor Ort. Mit lokalen Lieferanten, lokalen Menü-Adaptionen und lokalen Franchise-Nehmern. Und das nehmen die Kunden auch wahr. (zitiert nach [33], S. 161–162) (vgl. Abb. 4.2)

Jim Skinner, Vorstandsvorsitzender der McDonald's Corporation von 2004–2012

**Abb. 4.2** McDonald's in Little Havanna, Miami, Florida, USA – ein Beispiel für regionale Anpassung. [35]

## 4.3.1   Glocalization im Sortimentsmanagement

Grundsätzlich strebt McDonald's an, weltweit einen festdefinierten Kern an zur Auswahl stehenden Produkten (zum Beispiel den Big Mac, Pommes Frites, Soft-Drinks) anzubieten. Wo dies nicht möglich ist, ersetzt bzw. ergänzt das Unternehmen die Standardprodukte durch lokal akzeptierte Speisen. Zur Veranschaulichung dienen die folgenden Beispiele:

**Beispiele für Glocalization im Sortimentsmanagement**

- Der in Ländern mit angloamerikanischem Maßsystem verkaufte „Quarter Pounder" wird in Ländern mit metrischem System meist unter dem Namen „Hamburger Royal" angeboten. Da ein metrisches Viertelpfund über 10 g schwerer als ein englisches ist, wollte McDonald's den Fleisch-Patty nicht entsprechend vergrößern.
- 1963 bot ein McDonald's Restaurant erstmalig in einem katholisch geprägten Stadtviertel von Cincinnati, Ohio, den Fish-Mac an, da gläubige Katholiken am Freitag kein Fleisch verzehren dürfen.
- McDonald's Restaurants servieren in der arabischen Welt „Halal"-Menüs, was bedeutet, dass die islamischen Regeln für das Schlachten von Tieren (sog. schächten) eingehalten werden. Außerdem werden in den Restaurants in Saudi-Arabien keine Figuren und Poster von Ronald McDonald aufgestellt, da der Prophet die Zurschaustellung von „Götzenbildern" verboten hat. In muslimischen Ländern wie Malaysia wird auf den Hamburgern und in Frühstücksmenüs kein Schinken angeboten, weil Schwein haraam ist, was so viel bedeutet, dass der Verzehr von Schweinefleisch im Islam verboten ist.
- McDonald's bietet in Marokko während des Fastenmonats Ramadan ein landestypisches Menü mit der Fastensuppe Hariara und Datteln an. 50 % der gesamten Produktpallette werden von einheimischen Firmen geliefert.
- Der erste koschere McDonald's eröffnete 1995 in einer Vorstadt von Jerusalem, mittlerweile gibt es auch in Buenos Aires ein solches Restaurant. Am Samstag, dem jüdischen Sabbat, bleiben die Restaurants geschlossen, und es werden nur koschere Speisen serviert, die nach den strengen Glaubensregeln zubereitet sind. Beispielsweise werden keine Cheeseburger angeboten, da die Mischung von Fleisch und Milchprodukten verboten ist. Grundsätzlich werden keine Milchprodukte serviert. Und während des achttägigen Paschafests, bei dem die gläubigen Juden nur ungesäuertes Brot essen dürfen, werden entsprechende Hamburger-Brötchen verwendet.
- Da im Hinduismus der Verzehr von Rind verboten ist, bietet McDonald's stattdessen Lamm an. Dort wurde der Big Mac in den Maharaja Mac, einen Lammfleisch-Burger, sowie den Chicken Maharaja Mac, eine Hühnchen-Variante, umgewandelt. Außerdem werden aus Respekt gegenüber Vegetariern vegetarische und fleischhaltige Speisen in verschiedenen Bereichen des Restaurants zubereitet.
- Wo eine entsprechende Nachfrage besteht (beispielsweise in Indien und einigen westeuropäischen Ländern), werden vegetarische Burger angeboten.

- Zeitweise boten britische Restaurants aus juristischen Gründen statt Coca-Cola McDonald's Cola an.
- Die angeboteten alkoholfreien Getränke können von Land zu Land variieren. Konkret werden zu den internationalen Marken wie Coca Cola und Fanta lokale Produkte angeboten. Beispielsweise sind Guarana in Brasilien und Irn-Bru in Schottland populärer als die führenden internationalen Marken. Irn-Bru ist eine koffeinhaltige Limonade, welche von A.G. Barr plc in Glasgow, Schottland, produziert wird. Als die ersten McDonald's Filialen in Schottland öffneten, wurde Irn-Bru noch nicht angeboten. Als jedoch immer mehr Gäste das Getränk nachfragten, nahm Mcdonald's es in sein Getränkesortiment auf (vgl. [11]).
- In Japan findet man auf der Speisekarte Reisgerichte, einen Teryaki-Burger und ein Hähnchen-Burger, der mit Soja-Soße und Ingwer serviert wird. Und dort wurde der ursprüngliche Firmenname in „Makudonarudo" umgewandelt, da sich das in den Ohren der Japaner freundlicher anhört.
- In Thailand serviert man den Samurai Schweinefleisch Burger, der mit Teryaki-Soße gewürzt wird. In Australien wird der McOz angeboten, der ähnlich dem Big Mac ist, aber mit Runkelrübenwurzeln, einer beliebten Beilage zu Hamburgern, serviert wird. Auf den Philippinen erhält man McSpaghetti-Nudeln, und die norwegischen Franchise-Nehmer servieren ihren Kunden den MacLak, ein Thunfischfilet-Sandwich. In anderen Ländern finden sich Produkte wie der Kiwi Burger, der McHuevo, der McNifica und der McAfrika im Angebot.
- Einige Franchise-Nehmer in den USA haben Donuts verkauft. Diese sind in Großbritannien fester Bestandteil des McDonald's Angebots.
- Hawaiianische Franchise-Nehmer bieten Schinkenfleisch mit Eiern und Reis als Frühstück an (vgl. [16] http://www.mcdonalds.com/ [12] sowie eigene Recherchen vor Ort).

### 4.3.2  Glocalization im Preismanagement – dokumentiert am *Big Mac-Index*

Der Big Mac wird in rund 120 Ländern auf dieselbe Art und Weise mit denselben zehn Zutaten hergestellt. Aufgrund der globalen Verfügbarkeit sowie der weltweit identischen Produktionsweise des Big Mac erstellt die amerikanische Wirtschaftszeitschrift The Economist seit 1986 den Big-Mac-Index, einen Index der Lebenshaltungskosten. Hierbei wird ermittelt, wie viel ein Big Mac in verschiedenen Ländern kostet. Diese Preise bilden die Grundlage einer Währungsumrechnung, aus der die Unter- bzw. Überbewertung einzelner Währungen zum US-$, die Basiswährung und immer noch die Weltwährung Nr. 1, abgeleitet wird. Damit macht man sich zwei für Fast-Food charakteristische Eigenschaften zunutze: gute Verfügbarkeit an vielen Orten und ein weltweit nahezu identisches Produkt, das meist aus regionalen Rohstoffen hergestellt wird und somit den Einfluss von Weltmarktpreisen auf diesen Index verringert.

**Die Theorie der Kaufkraftparität** (vgl. [40])

Die Idee des Big Mac-Index baut auf der Theorie der Kaufkraftparität auf, die ursprünglich in der monetären Außenwirtschaftstheorie angesiedelt war. Ausgangspunkt ist das Gesetz vom einheitlichen Preis, das besagt, dass ein identisches Gut langfristig weltweit überall zum gleichen Preis verkauft werden muss. Ansonsten würde sog. Arbitrage einsetzen. In einem solchen Fall werden die Produkte dort gekauft, wo sie günstiger sind, und dort abgesetzt, wo höhere Preise zu erzielen sind. Arbitrage findet solange statt, wie die Preisunterschiede größer sind als die mit der Transaktion verbundenen Kosten oder Risiken, und führt letztlich zu einer Angleichung der Preise.

Folgt man diesen Überlegungen, werden sich Wechselkurse zwischen Währungen auf lange Sicht auf ein Verhältnis einpendeln, das die Preise für einen identischen Waren- und Dienstleistungskorb über verschiedene Länder hinweg angleicht. Kaufkraftparität bezeichnet den Kurs, bei dem die Kaufkraft zweier Währungen in zwei Ländern gleich ist. Vereinfacht ausgedrückt bedeutet das nichts anderes, als dass man mit 1 US-$ weltweit das Gleiche kaufen kann.

Im vorliegenden Fall repräsentiert der Big Mac den Warenkorb. Dahinter steht die Überlegung, dass an der Produktion und dem Verkauf eines Big Mac zahlreiche Branchen und Industriezweige beteiligt sind, die gleichsam einen repräsentativen Querschnitt durch eine Volkswirtschaft bilden. Hierzu zählen Landwirtschaft, Transportwirtschaft, Verpackungsindustrie, Energiewirtschaft, Gebäudewirtschaft (Mietpreise), Elektroindustrie, Druckindustrie, Abfallwirtschaft sowie Handwerk. Und nicht zuletzt fließen auch die Lohnkosten in den Preis eines Big Mac ein.

Indem die Zeitschrift The Economist die Burger-Preise weltweit vergleicht, erhält sie eine Richtschnur, ob Währungen in einem „korrekten" Verhältnis zum US-$ stehen. In der ersten Spalte von Tab. 4.2 wird der lokale Preis eines Big Mac anhand des derzeitigen Wechselkurses in US-$ umgerechnet. Der Durchschnittspreis eines Big Mac in vier US-amerikanischen Städten (New York, Chicago, San Franzisco und Atlanta) beträgt ein

**Tab. 4.2** Der Big Mac-Index. (Stand: Mai 2014; [40])

| Land | Big Mac-Preis in US-$ (*zum aktuellen Wechselkurs*) | Über(+)/Unter(−)bewertung gegenüber dem US-$ (*in %*) |
|---|---|---|
| Norwegen | 7,80 | +68 |
| Venezuela | 7,15 | +54,8 |
| Schweiz | 7,14 | +54,5 |
| Schweden | 6,29 | +36,1 |
| Finnland | 5,56 | 20,3 |
| Belgien | 5,36 | +16,0 |
| Brasilien | 5,25 | +13,6 |
| Italien | 5,22 | +13,0 |
| Dänemark | 5,18 | +12,1 |
| Frankreich | 5,15 | +11,5 |
| Israel | 5,02 | +8,7 |
| Kanada | 5,01 | +8,4 |
| Deutschland | 4,98 | +7,8 |

**Tab. 4.2** (Fortsetzung)

| Land | Big Mac-Preis in US-\$ (*zum aktuellen Wechselkurs*) | Über(+)/Unter(−)bewertung gegenüber dem US-\$ (*in %*) |
|---|---|---|
| Euro-Zone | 4,96 | +7,4 |
| Spanien | 4,95 | +7,1 |
| Uruguay | 4,91 | +6,3 |
| Irland | 4,69 | +1,5 |
| Niederlande | 4,68 | +1,3 |
| Großbritannien | 4,63 | +0,2 |
| USA | 4,62 | 0,0 |
| Österreich | 4,60 | −0,4 |
| Neuseeland | 4,57 | −1,1 |
| Australien | 4,47 | −3,2 |
| Kolumbien | 4,34 | −6,1 |
| Costa Rica | 4,28 | −7,4 |
| Griechenland | 4,14 | −10,4 |
| Portugal | 4,07 | −11,9 |
| Ungarn | 3,85 | −16,7 |
| Estland | 3,80 | −17,7 |
| Türkei | 3,76 | −18,6 |
| Chile | 3,69 | −20,1 |
| Singapur | 3,60 | −22,1 |
| Peru | 3,56 | −22,9 |
| Südkorea | 3,47 | −24,9 |
| Tschechien | 3,47 | −24,9 |
| Litauen | 3,46 | −25,1 |
| Vereinigte Arabische Emirate | 3,27 | −29,2 |
| Pakistan | 3,04 | −34,2 |
| Argentinien | 3,03 | −34,4 |
| Polen | 3,00 | −35,1 |
| Philippinen | 2,98 | −35,5 |
| Japan | 2,97 | −35,7 |
| Saudi-Arabien | 2,93 | −36,5 |

schließlich Steuern 4,62 US-\$. Mit 7,80 US-\$ ist der Big Mac im internationalen Vergleich in Norwegen am teuersten, mit 2,93 US-\$ in Saudi-Arabien am billigsten. Da der Big Mac in allen Ländern als weitgehend identisch gilt, also auch den gleichen Wert haben müsste, ist die norwegische Krone diesem Ansatz folgend die weltweit am stärksten überbewertete Währung, wohingegen der saudi-arabische am deutlichsten unterbewertet ist (vgl. im Folgenden [41]).

Ist der heimische Preis für einen Big Mac in US-$ höher als der Preis in den USA, gilt die Währung als überbewertet, im entgegen gesetzten Fall geht man von einer Unterbewertung aus. Beispielsweise kostet ein Big Mac in Deutschland umgerechnet 4,98 US-$. Dividiert man den heimischen Preis für einen Big Mac in US-$ durch den Preis in den USA und zieht diesen von 100% ab (100% − (4,98 US-$: 4,62 US-$) = 7,8%), gelangt man zu dem Ergebnis, dass der Euro gegenüber dem US-$ um 7,8% überbewertet ist.

Der McDonald's Big Mac-Index gilt als denkbar einfaches Modell. Kritiker führen an, dass die der Theorie der Kaufkraft zugrunde liegenden Annahmen nicht erfüllt sind, d. h. der Big Mac alles andere als einen idealen Warenkorb darstellt. Hauptkritikpunkt ist der Umstand, dass der Big Mac nicht über Ländergrenzen hinweg gehandelt werden könne. Denn die Theorie von der Kaufkraftparität setzt voraus, dass im Falle von Preisdifferenzen Arbitrage-Geschäfte stattfinden. Es ist unmittelbar einsichtig, dass Hamburger nicht aus „billigen" Ländern in „teure" Länder exportiert werden. Außerdem besteht die Gefahr, dass die Preise durch Handelsbarrieren, Steuern, unterschiedliche Gewinnspannen und Betriebskosten verzerrt sind. Schließlich werden die unterschiedlichen Wettbewerbsverhältnisse in verschiedenen Ländern ausgeklammert. Beispielsweise genießt ein Hamburger in den USA höhere Beliebtheit als in anderen Teilen der Welt, was eine andere Wettbewerbsstruktur sowie ein entsprechendes Preismanagement zur Folge hat.

Mit dieser Kritik konfrontiert, betonen die Autoren, dass beide Indizes sicherlich nicht streng wissenschaftlichen Maßstäben genügende Ansätze zur Messung von Kaufkraftparitäten seien. Vielmehr liege ihr Anliegen darin, dem breiten Publikum einen leicht verständlichen Einblick in Währungsverhältnisse und deren Ursachen zu vermitteln, d. h. die Theorie der Wechselkurse leichter verdaulich zu machen. Die internationalen Preisdifferenzen dürften demnach weniger die Kaufkraftparitäten als vielmehr die unterschiedlichen Wettbewerbsverhältnisse für beide Produkte in den Märkten widerspiegeln.

Trotz der skizzierten Unzulänglichkeiten belegen einige akademische Studien, dass der Big Mac-Index recht gut dazu geeignet ist, die Entwicklung von Wechselkursen vorauszusagen. Wird der Index so interpretiert, dass eine überbewertete Währung abwerten dürfte und umgekehrt, so sei die langfristige Treffsicherheit dieses einfachen Rezepts für Wechselkursprognosen überraschend hoch. Allerdings gibt es auch Fälle, bei denen die Wechselkurse hartnäckig von dem Kurs abweichen, bei dem Kaufkraftparität herrscht. Insbesondere Währungen aus den Schwellenländern verharren offenkundig auf einem unterbewerteten Niveau.

Ungeachtet der Kritik am Big Mac-Index griff UBS, eine Schweizerische Investment Bank, die Idee des Economist auf und entwickelte sie noch einen Schritt weiter. Ziel ist es hierbei, den Wohlstand von Ländern anhand der Arbeitszeit zu messen, die aufgewendet werden muss, um sich einen Big Mac leisten zu können. UBS fand heraus, dass in Kenia ein Arbeiter über drei Stunden an Arbeit aufwenden muss, um einen Big Mac erwerben zu können. US-Amerikaner hingegen benötigen gerade einmal zehn Minuten. Solche Unterschiede spiegeln Produktivitätsunterschiede ebenso wider wie unterschiedliche lokale Kosten für die Bestandteile eines Big Mac (vgl. [39]).

Was die Ausführungen zum Big Mac-Index weitgehend ausblenden, ist die unterschiedliche Positionierung von McDonald's in einzelnen Ländern. Im Gegensatz zu den USA, wo McDonald's als Inbegriff für günstiges Essen gesehen wird, gilt McDonald's Essen in anderen Teilen der Welt (z. B. in Russland und China) als Statussymbol und die Restaurants werden für ihre Atmosphäre und Sauberkeit bewundert. Und je nach Positionierung werden die Konsumenten bereit sein, unterschiedlich hohe Preise zu bezahlen. Konsequenterweise bietet es sich an, in verschiedenen Ländern unterschiedlich hohe Preise zu fordern, um die sog. Konsumentenrente abzuschöpfen.

### 4.3.3  Glocalization im Kommunikationsmanagement – das Beispiel Internet

Eine wissenschaftliche Analyse von Webseiten fördert zutage, dass McDonald's seine Werbung im Internet in hohem Maße „glocalized", d. h. den jeweiligen kulturellen Präferenzen vor Ort anpasst. Würtz konnte anhand der Kriterien, die von Hall und Hofstede vorgeschlagen werden, nachweisen, dass die McDonald's Webseiten in China, Japan, Indien, der Schweiz, Deutschland, Dänemark und Norwegen so gestaltet sind, dass sie zu den kulturellen Werten und kommunikativen Vorlieben dieser Länder passen (vgl. [44], S. 118 f.).

**Die Kulturdimensionen nach Hofstede (vgl. [8])**
Die von Hofstede entwickelten Dimensionen zur Charakterisierung von Kulturen haben sich in der Literatur weitgehend durchgesetzt. Konkret lassen sich fünf Kulturdimensionen identifizieren:
1. Individualismus versus Kollektivismus: Während einige Kulturen ein großes Maß an persönlicher Selbstbestimmung und Entscheidungsfreiheit für erstrebenswert halten, verstehen sich die Menschen anderer Kulturen vorrangig als Mitglieder einer Gruppe bzw. Gemeinschaft.
2. Machtdistanz: Kulturen lassen sich anhand des Ausmaßes charakterisieren, indem sie Hierarchien und Ungleichgewichte hinsichtlich Prestige, Wohlstand sowie Macht ihrer Mitglieder befürworten bzw. ablehnen.
3. Vermeidung von Ungewissheit: Diese Dimension misst, bis zu welchem Grad ihre Mitglieder darauf eingestimmt sind, sich in unstrukturierten, weil z. B. neuartigen, unbekannten Situationen wohl bzw. unwohl zu fühlen.
4. Maskuline versus feminine Orientierung: Maskuline Gesellschaften bevorzugen Leistungsbereitschaft, Karrierestreben, Konkurrenzkampf und Entschlossenheit, während feminine Gesellschaften auf zwischenmenschliche Beziehungen, Solidarität und Lebenswert großes Gewicht legen.
5. Langfristige versus kurzfristige Orientierung: Während Fleiß und Durchhaltevermögen Ausdruck der langfristigen Orientierung sind, stehen Traditionsbewusstsein, Erfüllung sozialer Pflichten und „Wahrung des Gesichts" für eine kurzfristige Ausrichtung.
In Tab. 4.3 sind sieben ausgewählte Länder anhand der Kriterien Ausmaß von Individualismus, Machtdistanz und Vermeidung von Unsicherheit charakterisiert.

**Tab. 4.3** Die Charakterisierung ausgewählter Länder anhand der für die Kommunikation relevanten Kulturdimensionen von Hofstede. (in Anlehnung an [8], S. 312 f.; [28], S. XIXf.)

| Land | Individualismus | Machtdistanz | Vermeidung von Ungewissheit |
|---|---|---|---|
| China | Gering | Hoch | Gering |
| Dänemark | Hoch | Gering | Gering |
| Deutschland | Hoch | Gering | Hoch |
| Indien | Gering | Hoch | Gering |
| Japan | Gering | Durchschnittlich | Hoch |
| Mexiko | Gering | Hoch | Hoch |
| USA | Hoch | Gering | Gering |

Man erkennt beispielsweise, dass Deutschland individualistisch, Indien hingegen kollektivistisch geprägt ist. Kollektivistische, d. h. den Gemeinsinn fördernde Kulturen neigen dazu, eine gute körperliche Verfassung und Zeit, die mit Familie und Freunden verbracht wird, als dominante Werte hervorzuheben. Individualistische Gesellschaften hingegen, in denen die Vorstellung von Freiheit und persönlich zur Verfügung stehender Zeit geschätzt wird, betonen Entspannung und Zeit, die man mit sich selbst verbringt. Die Dimension Kollektivismus/Individualismus spiegelt sich in den Bildern auf den McDonald's Webseiten wieder. Beispiele hierfür sind die Bilder von Individuen versus Gruppen, Produkte, die zusammen mit Individuen gezeigt werden, die Situationen, in denen sich die gezeigten Personen befinden, sowie das Ausmaß, in dem gemeinsame Arbeit betont wird.

Konsequenterweise findet der Betrachter Bilder von gemeinsam tanzenden oder Sport treibenden Menschen häufiger auf solchen Webseiten, die in sog. High-Context-Countries, d. h. Ländern mit einer kollektivistischen Kultur geschaltet werden. In Low-Context-

**Abb. 4.3** Auszug aus der Internetseite McDonald's Deutschland – ein Beispiel für die Ansprache individualistischer Werte. [17]

Countries, d. h. individualistisch geprägten Gesellschaften hingegen zeigen die Webseiten
Menschen in entspannten Situationen (etwa ein Ausflug an den See, Hören von Musik).

Die Startseite von McDonald's weltweit spricht sowohl individualistische (einzelne
Menschen in entspannten Situationen) als auch kollektivistische Werte (Menschen in
Gruppen, die Spaß haben) an. Betrachtet man jedoch die jeweiligen nationalen Webseiten,
so werden beispielsweise in Deutschland die dort bevorzugten individualistischen Werte
angesprochen, indem man Photographien von einzelnen Menschen zeigt (vgl. Abb. 4.3).
Die Webseiten in Indien hingegen sind kollektivistisch geprägt. Hier sieht der Betrachter
Menschen bei gemeinsamen Aktivitäten wie z. B. Einkaufen.

Auch auf der formalen Ebene der Webseiten schlägt sich die Anpassung an die jeweiligen kulturellen Gegebenheiten nieder. Umso intransparenter eine Webseite (wenige Bilder, uneinheitliches Lay-Out, tiefe hierarchische Struktur) gestaltet ist und umso mehr sich
ein Nutzer konsequenterweise anstrengen muss, um an die gewünschten Informationen zu
gelangen, desto stärker sind Machtdistanz, Akzeptanz von Ungewissheit und Langfrist-
orientierung (= Dimensionen 2, 3 und 5 von Hofstede) in diesem Land ausgeprägt. Als
Beispiel hierfür kann die vergleichsweise intransparent aufgebaute Seite von McDonald's
China herangezogen werden.

Besonders deutlich wird die Anpassung der Webseiten an kulturelle Besonderheiten am
Beispiel Japans. Hier sieht man vier McDonald's Mitarbeiter, die sich vor dem Kunden
verneigen – eine für Japan typische Geste. Damit bedient man sich der in der japanischen
Kultur eine wichtige Rolle spielenden interpersonellen, sich aus dem Zusammenhang
ergebenden, Kommunikation. Die Hinzuziehung von virtuellen Personen als Repräsen-
tanten des Unternehmens kann als Beleg für die langsame Übermittlung einer Botschaft
gewertet werden. Die Bedeutung von Beziehungen hingegen wird ausdrücklich betont.

## 4.4   Der Vorwurf: McDonaldisierung der Welt

Gegner und Kritiker führen McDonald's als Paradebeispiel für die negativen Konsequen-
zen von Globalisierung, *Neoliberalismus* und Amerikanismus an. Insbesondere die vom
Unternehmen systematisch betriebene Standardisierung wird von den Gegnern als für die
*Globalisierung* symptomatisch gesehen und mit dem Begriff „McDonaldisierung der Gesellschaft" belegt.

**George Ritzer: Die McDonaldisierung der Gesellschaft oder die „Irrationalität der
Rationalität" [30]; [31]**
Die Globalisierungsgegner betrachten die aktuellen Prozesse der Globalisierung
unter der Perspektive einer „Vereinheitlichung". Ihren Überlegungen folgend verliert die Welt zunehmend an kultureller Pluralität und wird in absehbarer Zeit homo-
gen sprich standardisiert sein. Der US-amerikanische Soziologe George Ritzer
(geb. 1940) belegte diese Entwicklung, die er als eine Art „Verwestlichung" nach
Muster der Vereinigten Staaten von Amerika, genauer eines ihrer Leitunternehmen

beschreibt, als erster mit dem Begriff „McDonaldisierung der Gesellschaft".

Ritzer sieht McDonald's als Paradebeispiel der modernen Dienstleistungsgesellschaft. Seiner Ansicht nach setzt sich die McDonaldisierung unserer Welt aus vier grundlegenden Elementen zusammen, die er am Beispiel von McDonald's erläutert:

- Effizienz, d. h. aus Sicht des Fast-Food-Kunden bietet McDonald's die beste, kostengünstigste und schnellste Möglichkeit, seinen Hunger und Durst zu stillen.
- Quantifizierbarer Service, d. h. dem Kunden wird vermittelt, dass er bei McDonald's für wenig Geld viel Leistung in berechenbar kurzer Zeit erhält
- Vorhersagbarkeit, d. h. die Produktqualität ist weltweit die gleiche und der Kunde weiß, wie seine Mahlzeit schmecken wird
- Kontrolle, d. h. Überwachung der mit McDonald's in einer Austauschbeziehung sehenden Akteure (Arbeitnehmer, Kunden, Franchise-Nehmer und Zulieferer) durch technologische Rahmenbedingungen (etwa das Klingeln der Maschinen bestimmt den Arbeitsrhythmus der Mitarbeiter, standardisierte Produktionsverfahren), begrenzte Menüauswahl und Warteschlangen (der Kunde soll möglichst schnell auswählen, essen und den Platz für den nächsten Kunden freimachen)

Diese vier Prinzipien haben nach Ritzer nicht nur ein breites Spektrum von Unternehmen beeinflusst, sondern sich auch auf Ausbildung, Arbeitswelt, Reisen, Freizeitgestaltung, Ernährung, Politik, Familie und damit auf praktisch alle Lebensbereiche grundlegend ausgewirkt. Über kurz oder lang werden im Zuge der McDonaldisierung kulturell unterschiedliche Lebensweisen zurückgedrängt. Zwar ist ihr Grad in einzelnen gesellschaftlichen Bereichen unterschiedlich, doch geht ein allgemeiner Trend dahin, nicht mehr selbst Mittel und Ziele festzulegen, sondern dies Organisationen zu überlassen.

Da die Prinzipien von McDonald's auch auf Lebensbereiche ausstrahlen, in denen ursprünglich nach Gefühl, Geschmack oder Sympathie und nicht nach Rationalitätsgesichtspunkten entschieden und gehandelt wurde, führt diese Entwicklung – so die Vertreter der McDonaldisierungs-These – auf kurz oder lang zu einer kulturellen Verarmung, die mit massenhafter Verbreitung einer Einheits-Kultur einhergeht.

Lange Zeit verliefen McDonaldisierung und Amerikanisierung im Rahmen der Globalisierung noch Hand in Hand, so der Autor. Die McDonaldisierung sei aber in dreierlei Hinsicht zunehmend den Kräften des Pluralismus ausgesetzt:

- McDonaldisierte Modelle müssen, wenn sie exportiert werden, bis zu einem gewissen Grad an unterschiedliche Rahmenbedingungen vor Ort angepasst werden.
- McDonaldisierte Modelle können sich aber auch in einem Nachahmungsprozess vor Ort entwickeln, wobei sie eine ähnliche Gestalt wie ihr Vorbild annehmen.
- Ein McDonaldisiertes Modell kann einer Vielfalt von Zielen dienen.

Das Fazit von Ritzer und seinem Co-Autor Stillmann lautet: „Die Homogenisierungsmacht der McDonaldisierung ist also begrenzt. (…) Die Grundprinzipien bleiben konstant, aber mcdonaldisierte Organisationen befinden sich ansonsten in einem ständigen Anpassungs- und Evolutionsprozess." [32], S. 56.

Obwohl McDonald's immer wieder als das klassische Symbol der *Globalisierung* und der Dominanz der USA über die Weltwirtschaft gesehen und angeführt wird, entspricht dieses Image nur teilweise den aktuellen Geschäftsergebnissen. Denn McDonald's erzielt rund 80 % seiner Umsätze in gerade einmal vier Ländern – den USA, Deutschland, Großbritannien und Frankreich. Zahlreiche andere Großkonzerne sind wesentlich breiter aufgestellt.

**Die Friedman-These: Friede durch McDonaldisierung (vgl. [5])**
Thomas L. Friedman, ein Befürworter der Globalisierung, vertrat in seinem Buch ,The Lexus and the Olive Tree' die These, dass zwei Länder, in denen Mcdonald's präsent sei, niemals miteinander Krieg führen würden. Diese „Regel" wurde spätestens durch die amerikanische Bombardierung *Serbiens*, in dem McDonald's bereits seit 1988 vertreten ist, widerlegt. Schon 1989 waren die USA in *Panama* einmarschiert, wo McDonald's bereits seit 1971 präsent ist (die zweite internationale Expansion nach Kanada). Auch der *Kaschmir*-Konflikt von 1999 kann als Gegenbeispiel der Friedman-These angeführt werden. In Indien gibt es Mcdonald's seit 1996, in *Pakistan* seit 1998. Ein weiteres Gegenbeispiel repräsentiert der Kaukasus-Konflikt von 2008 zwischen Georgien auf der einen und Russland sowie den international nicht anerkannten Republiken Südossetien und Abchasien auf der anderen Seite.

Ein multinationaler Konzern wie McDonald's wird immer mehr Angriffsfläche bieten, als ein kleineres regionales Unternehmen. Denn wo immer auf der Welt etwas Negatives im Zusammenhang mit McDonald's aufgedeckt wird, werden sich die Berichte weltweit mehr oder weniger nachteilig bis auf die Ebene des einzelnen Restaurants vor Ort auswirken.

Im Sommer 2000 beispielsweise veröffentlichte eine Gruppe kritischer Konsumenten aus Hongkong einen Bericht, in dem sie die Arbeitsbedingungen in fünf Zulieferbetrieben anprangerten, die in China und Vietnam Happy Meal Figuren für McDonald's produzierten. Den betroffenen Lieferanten wurde unter anderem vorgeworfen, dass sie Kinder beschäftigten. Außerdem fanden sich dort gefälschte Ausweise, die Arbeiter älter auswiesen als sie tatsächlich waren. Schließlich wurde die Entlohnung kritisiert, die für acht Stunden Arbeit rund 1,49 € betrug, wobei sich die normale Arbeitszeit auf 15 h am Tag (von 7 bis 22 Uhr) belief.

McDonald's trat anfangs sämtlichen Vorwürfen entgegen und entsandte Mitarbeiter in die Region, welche die Vorgänge untersuchen sollten. In der Folge wurde nachgewiesen, dass mehr als 100 Kinder zwischen 12 und 13 Jahren zwölf Stunden am Tag arbeiten mussten. McDonald's leitete daraufhin eine detaillierte Untersuchung ein. Diese ergab, dass es „Probleme mit Löhnen, Arbeitszeiten und Aufzeichnungen" gegeben habe. Der Konzern vergab daraufhin alle Aufträge an andere Lieferanten und trennte sich von den durch den Skandal betroffenen Firmen. Kritiker bemängelten zum damaligen Zeitpunkt, dass McDonald's verzichtete sich dafür einzusetzen, dass die Arbeitsbedingungen in der betroffenen Fabrik verbessert würden [12].

## 4.5  … und wie McDonald's darauf reagiert

Um seinen Kritikern entgegenzutreten, hat es McDonald's immer wieder verstanden, sein Produktangebot und seine Werbung den jeweiligen nationalen Erfordernissen anzupassen. Außerdem legt das Unternehmen Wert darauf, sich in der Öffentlichkeit als bedeutender

**Tab. 4.4** Der jährliche Verbrauch von McDonald's an Nahrungsmitteln in Deutschland (Angaben in Tonnen). [26], S. 13

| Nahrungsmittel | Deutschland |
| --- | --- |
| Kartoffeln | 152.933 |
| Rindfleisch | 46.648 |
| Weizenmehl | 37.482 |
| Milch | 33.308 |
| Hähnchenfleisch | 25.033 |
| Salat | 13.760 |
| Sonnenblumenöl | 9.240 |
| Tomaten | 6.727 |
| Käse | 6.647 |
| Schweinefleisch | 5.127 |
| Rapsöl | 3.960 |
| Andere | 8.388 |

Wirtschaftsfaktor im jeweiligen Land zu präsentieren (vgl. Tab. 4.4). Jim Skinner, Vorstandsvorsitzender der McDonald's Corporation von 2004–2012, charakterisierte die Strategie von McDonald's folgendermaßen: „Unsere regionale Ausrichtung kommt bei den Kunden sehr gut an. Wir agieren schließlich wie eine lokale Firma vor Ort. Mit lokalen Lieferanten, lokalen Menü-Adaptionen und lokalen Franchise-Nehmern. Und das nehmen die Kunden auch wahr." (zitiert [33], S. 161–162).

McDonald's betont, dass rund 80 % der 1.468 Restaurants in Deutschland von selbständigen, mittelständischen Unternehmen im Franchise-Modell betrieben werden (Stand: 2013). Das Unternehmen zählt sich in Deutschland zu den großen Abnehmern landwirtschaftlicher Erzeugnisse und sichert nach eigenen Angaben hierzulande über 6.000 teils hoch qualifizierte Arbeitsplätze in den deutschen Zulieferbetrieben. Ein Teil der heimischen Produkte wird auch ins internationale Netzwerk geliefert. So kommen beispielsweise die Gurken für sämtliche McDonald's Restaurants in 30 europäischen Ländern von der Firma Develey.

**Supplier Code of Conduct [26], S. 16**
„Bedingung für eine McDonald's gebundene Geschäftsbeziehung ist, dass unsere Lieferanten den „Supplier Code of Conduct" unterzeichnen und an unserem „Supplier Workplace Accountability (SWA) Program" teilnehmen. Das gilt weltweit für alle Lieferanten sowohl von Lebensmitteln (Food) als auch von Gebrauchsgütern (Non-Food; zum Beispiel Servietten, Geschirr und Spielzeug). Der „Supplier Code of Conduct" legt die wichtigsten Grundsätze fest in Bezug auf Einhaltung gesetzlicher Regelungen, das Verbot von Kinder- und Zwangsarbeit, Arbeitszeiten, Bezahlung, Nicht-Diskriminierung sowie in Bezug auf Mechanismen zur Kontrolle der Einhaltung dieser Grundsätze.

Das „SWA Program" dient dazu, weltweit einheitliche Arbeitsstandards in unserer Supply Chain zu schaffen – zum Beispiel im Hinblick auf faire Bezahlung oder Sicherheit und Gesundheit am Arbeitsplatz.

Unsere direkten Lieferanten sind dazu verpflichtet, wiederum bei ihren Lieferanten auf die Einhaltung der Grundsätze des „Supplier Code of Conduct" und des „Supplier Workplace Accountability Programs" zu achten."

Die Broschüre „Sie fragen, wir antworten", die in den Restaurants ausliegt, führt anschaulich vor Augen, wie McDonald's sein Image als deutsches, mittelständisches Unternehmen, an dem sich jedermann beteiligen kann, zu stabilisieren versucht.

---

**Broschüre „Sie fragen, wir antworten" [24][1]**

Kann man mit gutem Gewissen bei McDonald's essen?

Frage 1: Wem gehört eigentlich McDonald's?

Antwort: McDonald's ist eine Aktiengesellschaft. Und wie bei den meisten großen Aktiengesellschaften gehören die Aktien Investoren aus aller Welt. Damit kann jeder durch den Erwerb von Aktien „Mit-Eigentümer" von McDonald's werden.

Frage 2: Welchen Anteil hat McDonald's an der deutschen Wirtschaft?

Antwort: McDonald's Restaurants in Deutschland sind Betriebe der deutschen Wirtschaft. Mit über 47.000 Arbeitsplätzen (aktuell: 64.000 Anmerkung des Verfassers) ist McDonald's hierzulande einer der größten Arbeitgeber. Von den insgesamt 1.211 McDonald's Restaurants (aktuell: 1.468; Anmerkung des Verfassers) werden zwei Drittel (aktuell: 80 %; Anmerkung des Verfassers) von mittelständischen Unternehmern geführt, den Franchise-Nehmern. Und durch ihr vielfältiges Engagement übernehmen die Franchise-Nehmer immer wieder soziale Verantwortung in ihrer Region.

Frage 3: Wo kommen die Produkte und Rohstoffe her?

Antwort: 89 % der Lieferanten von McDonald's in Deutschland sind deutsche Unternehmen (aktuell: Anteil des Einkaufsvolumens aus Deutschland rund 75 %; Anmerkung des Verfassers). Zum Bespiel: Das Rindfleisch stammt zu mehr als 90 % aus landwirtschaftlichen Betrieben in Deutschland. Rohstoffe, die nicht aus Deutschland kommen, liefern zu 98 % unsere europäischen Nachbarländer. Zu den wenigen Ausnahmen gehören zum Beispiel ein Teil des Weizens (USA) sowie die Sesamsaat für die Brötchen (Südamerika).

Wenn Sie noch Fragen haben, schreiben Sie an: McDonald's Deutschland Inc., Kundenservice, Drygalski-Allee 51, 81477 München. Weitere Infos unter: www.mcdonalds.de

---

[1] Broschüre liegt in den Restaurants aus.

## Hamburger vom Hadschi [37]

McDonald's bekommt in Indonesien aus Furcht vor antiamerikanischen Anschlägen ein muslimisches Image von Jay Solomon

Nach den terroristischen Angriffen auf die USA fürchtet der Hamburger-König von Indonesien großes Chaos. Bambang Rachmadi ist Franchise-Nehmer von 85 McDonald's Restaurants in Indonesien – ein Land, in dem 88 % der Bevölkerung Muslime sind. Er weiß, dass seine Filialen eine verlockende Zielscheibe für anti-amerikanische Proteste sind. Und deshalb hat Bambang Vorsorge getroffen und eine Marketing-Kampagne gestartet.

„Im Namen Allahs, des Gerechten und Barmherzigen, diese indonesischen McDonald's Filialen gehören einem aufrechten Moslem" steht auf einem zwei Meter hohen grünen Banner, das er vor seinen Filialen in Djakarta aufgehängt hat. Arabische Schilder an den Kassen versichern den Besuchern, dass jeder Hamburger garantiert „halal" ist – das bedeutet ohne Schweinefleisch, wie es das moslemische Gesetz verlangt. In den McDonald's Läden treffen Okzident und Orient aufeinander: Die Bestellungen von Big Macs, Hamburgern und Fritten werden von islamischer Musik begleitet.

Die US-Angriffe auf Afghanistan haben Herrn Bambang in eine schwierige Lage gebracht. Die anti-amerikanische Stimmung kocht in Indonesien, der größten moslemischen Nation der Welt, wieder hoch. Kleine extremistische Gruppierungen haben lautstark gedroht, die Amerikaner aus ihrem Land zu „fegen", in dem 210 Mio. Menschen leben. Sie haben sogar gedroht, den US-Botschafter umzubringen. Und die in Indonesien bedeutendste islamische Institution fordert, dass Djakarta die diplomatischen Beziehungen zu Washington abbricht. Extremisten haben eine Kentucky Fried Chicken-Filiale auf der Insel Sulawesi in die Luft gesprengt und angekündigt, weitere US-finanzierte Geschäfte zu zerstören.

Für bikulturelle Indonesier wie Bambang Rachmadi brechen schwere Zeiten an. Der Harley Davidson fahrende Ex-Banker hat in Kalifornien studiert und ist ein gläubiger Muslim, der täglich seine Gebete spricht. Als Besitzer eines der „bedeutendsten Wahrzeichen der USA", so nennt er seine McDonald's Filialen, riskiert der 50-jährige Unternehmer den Zorn derer, die gedroht haben, alle Symbole der amerikanischen Kultur und Finanzmacht zu zerstören.

Dabei seien seine McDonald's Restaurants mittlerweile mehr indonesisch als amerikanisch, sagt Bambang, der mehr Moslem als Globalisierungsanhänger ist. Seine 8.000 Beschäftigten sind Indonesier, die Zutaten für die Speisen (auf der Karte stehen auch Huhn und Reis) kommen zum größten Teil aus Indonesien, und nur fünf % des Umsatzes gehen an die McDonald's Zentrale in Opak Brooks, Illinois. Bambang erzählt, dass er jeden potenziellen Randalierer zur Rede stelle: „Mit welchem Recht attackierst Du mein Geschäft. Wenn Du mein Geschäft zerstörst, vernichtest Du Arbeitsplätze von Moslems."

Bambang, der in Djakarta lebt, war gerade bei einer Konferenz in Spanien, als er von den Angriffen in den USA erfuhr. Er habe sofort seine Mitarbeiter in Indonesien angewiesen, sich auf Reaktionen vorzubereiten. Indonesien hat seit dem Sturz von Präsident Suharto im Jahr 1998 mit religiösen und politischen Unruhen zu kämpfen, und die Niederlassungen von McDonald's haben schon oft in der Schusslinie gestanden. Einige Filialen wurden dabei zerstört.

Bambang sagt, die junge Demokratie habe sein Land für Geschäftsleute wie ihn noch unberechenbarer gemacht. „Deshalb musste ich einen Aktionsplan entwickeln." Er startete PR-Aktionen, die der indonesischen Bevölkerung zeigen sollen, dass seine McDonald's in Indonesien Unternehmen eines moslemischen Indonesiers sind. Als kurz nach den ersten US-Angriffen auf Afghanistan die anti-amerikanischen Proteste begannen, intensivierte Bambang seine Marketingkampagne.

Er stellte vor seinen Filialen Transparente auf, die betonten, dass die Läden nicht Amerikanern, sondern ihm gehörten. Die Transparente waren aus grünem Stoff, der Farbe des Islam. Die Mitarbeiter platzierten – unübersehbar für jeden Gast – Bilder von ihrem Chef und seiner Frau in traditioneller islamischer Kleidung in den Geschäften. Darunter stand geschrieben, dass Bambang ein Hadschi ist, also ein Moslem, der bereits nach Mekka gepilgert ist. Bambang wies seine Angestellten an, moslemische Kleidung zu tragen, die weiblichen Angestellten bekamen Kopftücher verpasst. Außerdem heuerte er aus lokalen islamistischen Gruppen Sicherheitskräfte an. Um die Glaubwürdigkeit dieser Maßnahme zu unterstreichen, wies er die gemieteten Muskelpakete an, Arabisch, die Sprache Mohammeds, zu sprechen – die meisten Indonesier sind des Arabischen nicht mächtig.

Bambang räumt zwar ein, dass er einige Bedenken hatte, das Glaubensthema so in den Vordergrund zu stellen. Aber er fühle sich verpflichtet, seine Läden und sein Personal zu schützen. Dabei hilft ihm, dass er das Wohlwollen der islamischen Führer genießt: Schon seit Jahren übernimmt er während des Ramadan kostenlos die Essensversorgung in den Moscheen. Zusätzlich stiften seine Filialen Ziegen, die in religiösen Zeremonien geopfert werden – und das, obwohl Ziegen in Bambangs Restaurants nicht auf dem Speiseplan stehen. „Die McDonald's Filialen gehören nicht den Amerikanern, sondern sind das Eigentum eines moslemischen Indonesiers", sagt Mohammed Ansorr, ein führendes Mitglied der Syuhada Moschee im Zentrum von Yogyakarta. Angehörige dieser Moschee essen in der örtlichen McDonald's Filiale regelmäßig zu Abend, wenn sie ihr tägliches Fasten nach Sonnenuntergang unterbrechen: Hühnerfleisch und Reis, ein typisches Angebot in den indonesischen McDonald's Läden.

Durch Bambangs Kampagne ließen sich jedoch nicht alle Indonesier beschwichtigen. Es marschierten rund 100 Mitglieder des islamischen Studentenverbandes vor der McDonald's Filiale in Yogyakarta auf. Sie trugen Spruchbänder mit der Aufschrift „Boykottiert US-Produkte" und versuchten den Eingang zu blockieren. Filialleiter Desrianto, der wie viele Indonesier nur einen Namen hat, hatte zu diesem Zeitpunkt das grüne Banner noch nicht angebracht. Er versuchte die Meute zu beruhigen und erklärte den Studenten die Bedeutung seiner Filiale für die einheimische Wirtschaft.

Doch die jungen Leute ließen dieses Argument nicht gelten. „Der Neokolonialismus verbreitet sich durch solche internationale Unternehmen und er ist Brutstätte sozialer Ungerechtigkeit", sagt Maruf Asli Bahketi, der Anführer der Studenten. Der Protest endete zwar friedlich, doch Desrianto hat nun Vorsorge getroffen. Er hat die Kabah-

Jugendorganisation angeheuert, um in der Filiale für Ruhe zu sorgen. Die Kabah fordert die Einführung islamischen Rechts in Indonesien und bekämpft eigentlich alle abendlichen Vergnügungsstätten, die ihrer Meinung nach gegen den Islam verstoßen.

Jetzt beschützen Kabah-Mitglieder in ihren schwarzen Uniformen die McDonald's Filiale in Yogyakarta. „Wir wollen anarchische Zustände verhindern", sagt Kabah-Kommandeur Lutfi Muhamad. Er sitzt in seinem Wohnzimmer, an der Wand hängt ein Bild des verstorbenen Ayatollah Khomeini. An anderen Orten Indonesiens hat die anti-amerikanische Stimmung zwar etwas nachgelassen, dennoch hat die Regierung von Präsidentin Megawati Sukarnoputri einige islamistische Extremisten verhaften lassen, um die amerikanischen Bürger in Indonesien zu schützen. In den Medien wird zurzeit diskutiert, wie stark die indonesische Wirtschaft geschädigt würde, wenn Djakarta der Forderung islamischer Radikaler nachkäme, die diplomatischen Beziehungen zu Washington abzubrechen. Viele lehnen es nach wie vor ab, Bambang Rachmid zu glauben, dass McDonald gut für Indonesien sei. Der Studentenführer Maruf sagt, die Schleier, die Gebetsmusik und die Plakate in den McDonald's Filialen brächten ihn zum Lachen. „Das beweist, dass Bambang die wirklichen Probleme in diesem Land nicht mehr versteht."

Der Country-of-Origin-Effekt charakterisiert den Einfluss des Herkunftslandes auf die Wahrnehmung und Beurteilung eines Produktes. Im Falle von McDonald's wirkt sich dieser Effekt jedoch – wie das vorangegangene Beispiel eindrucksvoll belegt – in ambivalenter Weise aus. Denn McDonald's ist wie auch Coca-Cola uramerikanisch. Doch die Sympathie gegenüber den USA hält sich in Grenzen. Mit der Präsidentschaft Obamas stiegen die Sympathiewerte in Deutschland zwar zunächst an (64 % der Deutschen hatten in 2009 einen eher positiven Eindruck von den USA), sinken aber seitdem kontinuierlich und befanden sich in 2013 nur noch auf 53 %. Besonders gering fallen die Sympathiewerte in der islamisch geprägten Welt aus (etwa Türkei, Palästina, Ägypten, Jordanien) [19].

Doch außerhalb der politischen Arena scheint zu gelten: „Business as usual." Weder die Börse strafte US-amerikanische Unternehmen ab noch machte sich die anti-amerikanische Stimmung bislang gravierend an der Verkaufstheke bemerkbar. „Bisher merken wir keine Einbußen", bekundete McDonald's. Mit 64.000 Arbeitsplätzen, 237 Franchise-Nehmern und 80 % einheimischen Lieferanten werde McDonald's in Deutschland „nicht als globaler Konzern wahrgenommen".

US-amerikanische Unternehmen mag es auf den ersten Blick zwar beruhigen, dass die Menschen mehr die Politik der USA als amerikanische Produkte abstrafen. Und da in erster Linie die Umsätze in den islamischen Ländern betroffen sind, diese es aber nur einen vergleichsweise geringen Anteil an den Weltumsätzen bringen, dürften die Effekte kaum eine unmittelbare Rolle spielen.

Gefahr geht jedoch von der zunehmenden Fragmentierung der Märkte aus. Der allgemeine Geschmack verlagert sich mehr und mehr in verschiedene Richtungen, wobei Ethnisches und Authentisches gesucht wird. Die Verbraucher westlicher Industrienationen bevorzugen verstärkt exotische Produkte, die eine ungewöhnliche Geschichte erzählen.

Einige Experten vertreten die Ansicht, dass die Verbraucher Amerika einfach satt hätten und die Zeiten, als es in war, so global und monokulturell wie möglich zu sein, ein für alle Mal vorüber seien. Angesichts dieses Trends könnte McDonald's die bisherigen Vorteile gegenüber Produkten aus anderen Ländern einbüßen [42].

## Literatur

1. Backhaus, K. 2002. *Skript zur Vorlesung „Internationales Marketing", Betriebswirtschaftliches Institut für Anlagen und Systemtechnologien.* Münster: Marketing Centrum Münster.
2. Backhaus, K., J. Büschken, und M. Voeth. 1999. *Internationales Marketing.* 3. Aufl. Stuttgart.
3. Bhan, N., und B. Nemer. 2006. Brand magic in India. http://www.businessweek.com/innovate/con-tent/may2006/id20060508_952455.htm?chan=innovation_branding_top+stories. Zugegriffen: 9. Juni 2006.
4. Bundeszentrale für politische Bildung. 2010. Globalisierung – Fast food (Stand 10. April, Quelle bestätigt durch McDonald's Corporation). http://www.bpb.de/nachschlagen/zahlen-und-fakten/globalisierung/52774/fast-food. Zugegriffen: 10. Juli 2014.
5. Friedman, T. L. 2000. *The lexus and the olive tree.* New York.
6. Grefe, C. 2006. M... wie Milliarden Dollar. *Die Zeit.* 16. Oktober. zeus.zeit.de/text/ 2003/43/M-McDonald_neu–15k. Zugegriffen: 19. Juli 2006.
7. Handelsblatt. 2006. Besserung in Deutschland – McDonald's fährt fetten Gewinn ein. 24. Juli. www.handelsblatt.com/news/Default.aspx?_p=200040&_t=ft&_b=1023224. Zugegriffen: 20. Juli 2006.
8. Hofstede, G. 1992. Die Bedeutung von Kultur und ihre Dimensionen im Internationalen Marketing. In *Handbuch der Internationalen Unternehmenstätigkeit,* Hrsg. B. N. Kumar und H. Hausmann, 302–324. München.
9. http://en.wikipedia.org/wiki/List_of_countries_with_Burger_King_franchises; Stand 3. Juli 2014. Zugegriffen: 16. Juli 2014.
10. http://de.statista.com/themen/275/mcdonalds/. Zugegriffen: 28. Juni 2014.
11. http://de.wikipedia.org/wiki/Irn-Bru. Zugegriffen: 13. Juli 2006.
12. http://de.wikipedia.org/wiki/McDonald%E2%80%99s; Stand 13. Juli 2006. Zugegriffen: 15. Juli 2006.
13. http://de.wikipedia.org/wiki/McDonalds; Stand 22. Juni 2014. Zugegriffen: 15. Juli 2006.
14. http://en.wikipedia.org/wiki/List_of_countries_with_Burger_King_franchises. Zugegriffen: 16. Juli 2014.
15. http://en.wikipedia.org/wiki/List_of_countries_with_McDonalds_restaurants. Zugegriffen: 16. Juli 2014.
16. http://www.mcdonalds.com. Zugegriffen: 30. Juli 2006.
17. http://www.mcdonalds.de. Zugegriffen: 27. Juli 2005.
18. http://www.mcdonalds.de/uber-uns/geschichte
19. http://www.pewglobal.org/2013/07/18/americas-global-image-remains-more-positive-than-chinas/. Zugegriffen: 23. Juli 2014.
20. Kotler, P. 1972. A generic concept of marketing. *Journal of Marketing* 36:46–54.
21. Lafontaine, F.., und D. Leibsohn. 2004. Beyond entry: Examining McDonald's expansion in international markets, working paper, Ross School of Business, University of Michigan. http://www.ftc.gov/be/seminardocs/04beyondentry.pdf. Zugegriffen: 13. Juni 2005.
22. Levitt, T. 1960. Marketing myopia. *Harvard Business Review* Juli-August: 45–56.
23. Levitt, T. 1983. The globalization of markets. *Harvard Business Review* 61 (3): 92–102.

24. McDonald's Corporation. 2003. Sie fragen, wir antworten. München.
25. McDonald's Corporation. 2014. 2013 Annual Report. Oak Brook, Illinois. http://www.mcdonalds.com. Zugegriffen: 30. Juli 2006.
26. McDonald's Deutschland Inc. 2013b. *Corporate Responsibility Report 2012*. München.
27. McDonald's International. 1996. Fascinating McFacts about McDonald's International. *News for McDonald's ® Franchise Owners, McDonald's PR NewsWire*. 9. Dezember. http://www.licenseenews.com/news/news167.html. Zugegriffen: 13. Juni 2005.
28. Müller, S., und M. Kornmeier. 2002. *Strategisches Internationales Management*. München.
29. Niederdrenk, R. 2001. Pionierstrategie. In *Vahlens großes Marketinglexikon,* Hrsg. H. Diller, 2., völlig überarbeitete und erweiterte Aufl., 1267. München.
30. Ritzer, G.. 1997. *Die McDonaldisierung der Gesellschaft.* Frankfurt a. M. (im Original: Ritzer, G. 1993. *The McDonaldization of society.* Thousand Oaks).
31. Ritzer, G. 2002. *McDonaldization the reader*. Thousand Oaks.
32. Ritzer, G.., und T. Stillman. 2003. McDonaldisierung, Amerikanisierung und Globalisierung: Eine vergleichende Analyse. In *Globales Amerika? Die kulturellen Folgen der Globalisierung,* Hrsg. U. Beck, N. Sznaider, und R. Winter, 44–68. Bielefeld.
33. Rohleder, J.. 2006. „Es gibt kein Land mehr, das uns noch reizt", Interview mit Jim Skinner, seit 2004 Vorstandsvorsitzender, und Matthew H. Paull, Leiter des Finanzressorts seit 2001. *Focus* 22: 161–162.
34. Rohleder, J., und J. Hirzel. 2006. Die McDonald's Story. *Focus* 22: 146–158.
35. Schneider 2005
36. Simon, H. 2001. Geschäftsdefinitionen – Teil I. *Frankfurter Allgemeine Zeitung.* http://www.simon-kucher.com/Internetdatabase/publication.nsf/0/e0cc8a4a7cd974b2c1256a5-b002f719a?OpenDocument. Zugegriffen: 11. Juli 2006.
37. Solomon, J. 2001. Hamburger vom Hadschi., aus dem Wall Street Journal, übersetzt und gekürzt von D. Rosenfeld *Potsdamer Neueste Nachrichten Wirtschaft.* 29. Oktober.
38. Specht, G., und Chr. Beckmann. 1996. *F&E-Management*. Stuttgart.
39. The Economist. 2003. Working time needed to buy a big Mac. 11. September. http://www.economist.com/markets/bigmac/displayStory.cfm?story_id=2054313. Zugegriffen: 19. Mai 2005.
40. The Economist. 2004a. Big mac index. 16. Dezember. http://www.economist.com/markets/bigmac/displayStory.cfm?story_id=3503641. Zugegriffen: 19. Juli 2014.
41. The Economist. 2004b. The big mac index: Food for thought. 27. Mai. http://www.econo-mist.com/displaystory.cfm?story_id=2708584. Zugegriffen: 19. Mai 2005.
42. Tomkins, R., und H.-J. Möhring. 2003. Marken im Visier. *Financial Times Deutschland.* 16. April. http://www.ftd.de/boersen_maerkte/geldanlage/1049613985593.html. Zugegriffen: 19. Juli 2006.
43. Winkelmann, P. 2000. Vertriebskonzeption und Vertriebssteuerung. München.
44. Würtz, C.. 2004. McDonald's and "glocalization" practices on the Web, zitiert nach: Würtz, E. 2004. Intercultural communication on websites: An analysis of visual communication in high- and low-context cultures. In *Proceedings cultural attitudes towards communication and technology,* Hrsg. F. Sudweeks und C. Ess, 109–122. Murdoch, Western Australia: Murdoch.
45. www.mcdonalds.at. Zugegriffen: 29. Juni 2014.

# Phase 4: Neuzeit

# 5

## 5.1 Die Wettbewerbssituation auf dem Fast-Food-Markt

### 5.1.1 Der theoretische Ausgangspunkt: Die fünf Kräfte des Wettbewerbs

Will man die Konkurrenzsituation eines Unternehmens genauer unter die Lupe nehmen, erscheint es zweckmäßig, sich zunächst zu verdeutlichen, welchen Wettbewerbskräften dieses ausgesetzt ist. Hierbei lassen sich grundsätzlich die in Abb. 5.1 angeführten fünf Wettbewerbskräfte identifizieren.

Auf der vertikalen Ebene stehen Unternehmen in einem Spannungsfeld zwischen ihren Lieferanten auf der Beschaffungsseite und ihren Kunden auf der Absatzseite. Auf der horizontalen Ebene muss sich ein Unternehmen mit derzeitigen und potenziellen neuen Konkurrenten sowie den Anbietern von Substitutionsprodukten auseinandersetzen.

### 5.1.2 Das internationale Wettbewerbsumfeld

An den Umsätzen gemessen, ist McDonald's über zweimal so groß wie der nächst größere weltweite Konkurrent, Yum! Brands, dem Pizza Hut, Kentucky Fried Chicken (KFC) und Taco Bell gehören. Der Gewinn liegt rund fünfmal so hoch. Und das, obwohl McDonald's weniger Restaurants betreibt. Mit deutlichem Abstand auf Platz drei folgt Burger King (vgl. Tab. 5.1). 2006 hatten die Inhaber von Burger King, ein Konsortium aus den Finanzinvestoren Texas Pacific, Bain Capital und Goldman Sachs Capital, die zweitgrößte Hamburgerkette der Welt an die Börse gebracht. 2010 wurde das Unternehmen vom New Yorker Finanzinvestor 3G Capital, hinter dem in erster Linie brasilianische Investoren stehen,

© Springer Fachmedien Wiesbaden 2015
W. Schneider, *McMarketing*, DOI 10.1007/978-3-658-07096-0_5

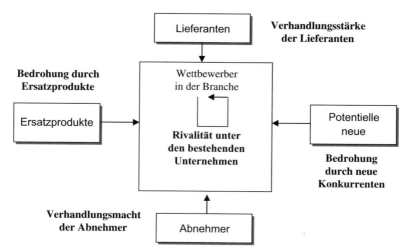

**Abb. 5.1**  Die fünf Wettbewerbskräfte einer Branche [112], S. 26

**Tab. 5.1**  Die drei größten Fast-Food-Unternehmen der Welt im ökonomischen Vergleich. (eigene Recherchen auf Basis der Geschäftsberichte der Konzerne; Stand: 2013)

| Unternehmen<br>Erfolgsgröße | McDonald's | Yum! (Pizza Hut, KFC, Taco Bell u. a.) | Burger King |
|---|---|---|---|
| Anzahl Restaurants | 35.429 (2013) | Über 40.000 (2013) | 13.667 (2013) |
| Umsatz Firma<br>(in Mrd. US-$) | 28,1 (2013) | 13,1 (2013) | 1,15 (2013) |
| Gewinn<br>(in Mrd. US-$) | 5,59 (2013) | 1,09 (2013) | 0,234 (2013) |
| Mitarbeiter Konzern + Franchise-Nehmer | 1,9 Mio. (2013) | 539.000 (2013) | Über 400.000 (2013) |

für vier Milliarden US-$ (inklusive Schulden) erworben. In 2012 kehrte Burger King an die Börse zurück. 3G Capital hält rund 70% der Anteile und ist demnach Hauptaktionär.

Burger King hat rund 14.000 Restaurants in 65 Ländern, McDonald's bringt es auf mehr als 35.000 Standorte in rund 120 Ländern. Obwohl McDonald's über lediglich knapp dreimal so viele Restaurants verfügt, erzielt das Unternehmen mehr als vierundzwanzigmal so viel Umsatz und ist damit deutlich umsatzstärker als Burger King. Ein ähnlicher Vorsprung ist beim Gewinn zu verzeichnen.

Ein wesentlicher Grund für den deutlichen Abstand zur Konkurrenz dürfte darin zu suchen sein, dass McDonald's sein Geld nicht nur mit den unternehmenseigenen Restaurants sowie Dienstleistungsgebühren, welche die Franchise- und Lizenz-Nehmer, die 22.000 weitere Restaurants betreiben, entrichten müssen, verdient. Da 75% der Gebäude und 40% der Grundstücke McDonald's gehören, erzielt McDonald's – im Gegensatz zu seinen Konkurrenten – einen erheblichen Umsatz aus Mieteinnahmen. Damit ist McDonald's der zweitgrößte Immobilieneigentümer der Welt. Nur der Vatikan nennt mehr Immobilien sein Eigentum.

### 5.1.3 Die nationale Konkurrenz

Der Tab. 5.2 sind die Top 10 Systemgastronomen in Deutschland auf Basis der Umsätze und der Anzahl der Restaurants zu entnehmen. Wie man sieht, werden der Systemgastronomie gänzlich unterschiedliche Betriebe zugerechnet. Im vorliegenden Zusammenhang stehen Fast-Food-Betriebe im Vordergrund, die durch Fettdruck hervorgehoben und im Weiteren genauer beschrieben werden.

McDonald's ist bezüglich sowohl Umsatz als auch Anzahl der Restaurants in Deutschland mit deutlichem Abstand Marktführer. Auf Platz 2 rangiert die US-amerikanische Fast-Food-Kette Burger King, die nach dem Vorbild von McDonald's ein weltweites Netz von Restaurants aufgebaut hat [47]. In den USA verfolgt Burger King einen wesentlich höheren Qualitäts- und Sauberkeitsstandard als McDonald's und die Produkte sind entsprechend auch nahezu doppelt so teuer. In Deutschland, ebenso wie in anderen Ländern, sind die Unterschiede deutlich geringer. Auf Platz 5 folgt die deutsche Fast-Food-Kette Nordsee [69], die sich als gesündere Fast-Food-Alternative positioniert und seit Jahren mit Erfolg ihre eigene kleine Nische verteidigt. Auf Rang 6 rangiert die Firma Yum! Brands Inc., die mit über 40.000 Restaurants in mehr als 125 Ländern als eine der größten Systemgastronomie-Restaurantketten der Welt gilt. Das Unternehmen entstand 1997 und hat seinen Hauptsitz in Louisville (Kentucky). Zu dem Unternehmen gehören u. a. Kentucky Fried Chicken, Pizza Hut und Taco Bell [79].

**Tab. 5.2** Top 10 Systemgastronomen in Deutschland auf Basis von Umsatz und Anzahl der Betriebe in 2012 [82]

| Rang | Unternehmen | Umsatz (in Mio. €) | Anzahl der Betriebe |
|------|-------------|--------------------|---------------------|
| 1 | McDonald's (McDonald's, McCafé) | 3.247,0 | 1.440 |
| 2 | Burger King | 833,0 | 700 |
| 3 | LSG Lufthansa Service Holding | 730,0 | 19 |
| 4 | Autobahn Tank & Rast (T&R Raststätten) | 599,0 | 392 |
| 5 | Nordsee | 291,0 | 336 |
| 6 | YUM! (Kentucky Fried Chicken, Pizza Hut) | 199,0 | 157 |
| 7 | Subway | 185,0 | 600 |
| 8 | SSP Deutschland (Airport/Bahnhof/Straße: Gastro & Handel) | 182,0 | 280 |
| 9 | Ikea (Ikea-Gastronomie) | 179,0 | 46 |
| 10 | Aral (PetitBistro) | 175,2 | 1.084 |

Auf Platz 7 der Systemgastronomie zu finden ist Subway, ein Unternehmen, das rasant wächst und auch in Deutschland mittelfristig zu einem der schärfsten Wettbewerber von McDonald's heranwachsen könnte. Das Unternehmen positioniert sich gegenüber seinen Wettbewerbern als „gesündere Alternative". Die Produktpalette umfasst, wie der Firmenname vermuten lässt, in erster Linie Sandwiches, die vor den Augen des Gastes nach dessen Wünschen zubereitet werden. Die Sandwiches können über zwei Millionen Mal unterschiedlich kombiniert werden und enthalten in zahlreichen Geschmacksrichtungen weniger als 6 g Fett. Des Weiteren werden „Wraps" und Salate angeboten.

Subway ist nach eigenen Angaben mit über 41.000 Restaurants in mehr als 100 Ländern der weltweit größte Fast-Food-Anbieter. Das erste Restaurant eröffnete Gründer Fred DeLuca 1965 in Bridgeport (Connecticut). Nach schneller Verbreitung in den USA folgte 1984 mit Eröffnung des ersten Restaurants in Bahrain auch der internationale Markteintritt. 1991 eröffnet das weltweit 5.000. Restaurant, 2008 das 30.000. und im August 2013 das 40.000. Restaurant [73]. Von Franchise-Nehmern in Deutschland werden häufig die schlechten Ertragschancen bemängelt, die zum Teil auf zu hohe Franchise-Gebühren zurückgeführt werden. Die Mitgliedschaft im System kostet 10.000 €. Für weitere 80.000 bis 250.000 € erstellt Subway ein schlüsselfertiges Restaurant. Jeder Franchise-Nehmer entrichtet weiterhin von seinem Nettoumsatz 8 % Franchise-Gebühr und 4,5 % Werbegebühr an Subway (vgl. [128]).

Kommen wir zurück zu den Wettbewerbskräften, denen sich McDonald's ausgesetzt sieht. Zwar werden angesichts der alles andere als attraktiv einzustufenden Marksituation keine neuen Wettbewerber ins „Burger-Geschäft" (einzige Ausnahme: Premiumsegment durch kleine, unabhängige Anbieter) einsteigen, so dass von dieser Seite keine Bedrohung zu erwarten ist. Doch angesichts der Stagnation bzw. Rezession im klassischen Burger-Segment hat die Rivalität zwischen den bestehenden Wettbewerbern zugenommen. Verschärft wird die Konkurrenz durch die Anbieter von Substitutionsprodukten wie Nordsee, KFC, Pizza Hut, Subway, Vapiano (derzeitig Rang 12) und Starbucks (derzeitig Rang 15) sowie Heimservices wie Joey's Pizza Service. Hinzu kommen die eher mittelständisch aufgestellten Pizza- sowie Döner-Kebab-Imbisse.

### 5.1.4  Burger War: McDonald's versus Burger King

Seinen Ursprung hat der aggressive Wettbewerb in den USA. Hier begannen im Jahre 1982 die großen Drei der Branche – McDonald's, Burger King und Wendy's – die sog. „Media Burger Wars". Hierbei wurden mit hohen Budgets ausgestattete Medienkampagnen gestartet, deren Ziel es war, den Verbraucher zu überzeugen, dass das eigene Produkt der bessere Burger sei. Hierzu bediente man sich der vergleichenden Werbung, die sich dadurch auszeichnet, dass sie mehr oder minder offen Bezug auf den Konkurrenten bzw. seine Produkte oder Dienstleistungen nimmt (vgl. [18]).

Hierzulande spielte und spielt sich die Auseinandersetzung auf dem Burger-Markt im Wesentlichen zwischen McDonald's und Burger King ab. Deshalb erscheint es interessant, beide Unternehmen einander gegenüberzustellen (vgl. Tab. 5.3).

Folgende Unterschiede auf internationaler Ebene fallen zwischen den Wettbewerbern auf:

- McDonald's ist in rund einem Drittel (34 %) mehr Ländern präsent als Burger King.
- McDonald's bedient pro Restaurant über 50 % mehr Kunden als Burger King.
- Die McDonald's Corporation erwirtschaftet im Verhältnis zur Anzahl der Restaurants einen rund zehnmal höheren Umsatz als Burger King. Während McDonald's im Geschäft mit dem einzelnen Restaurant (, nicht mit den Kunden sprich Endverbrauchern!) im Durchschnitt Umsätze von 793.136 US-$ pro Jahr erzielt, sind dies bei Burger King gerade einmal 84.144 US-$.

Beide Unternehmen können jedoch aufgrund unterschiedlicher Geschäftsmodelle nicht ohne weiteres miteinander verglichen werden. Das Geschäftsmodell der McDonald's Corporation unterscheidet sich von denen anderer Fast-Food-Ketten dadurch, dass McDonald's außer an Franchising-Gebühren auch durch Mieten verdient. Da McDonald's dem

**Tab. 5.3** McDonald's und Burger King im vergleichenden Überblick

| Unternehmen | McDonald's Corporation (vgl. [32, 56, 91, 103]) | Burger King Corporation (vgl. [47, 153]) |
|---|---|---|
| Gesellschaftsform | Aktiengesellschaft, gelistet an der New Yorker Börse | Aktiengesellschaft |
| Gründung | 15. Mai 1940 in San Bernardino, Kalifornien, USA | 1954 in Miami, Florida, USA |
| Firmensitz | Opak Brook, Illinois, USA | Miami, Florida, USA |
| Gründer | Ray Kroc | James McLamore and David Edgerton |
| Branche | Gastronomie | Gastronomie |
| Produkte | Big Mac (in Deutschland bis 2007 Big Mäc), Quarter Pounder (in Deutschland Hamburger Royal); Salads Plus mit Salaten, Frucht Tüte, Fruit & Yogurt und Sandwiches; andere Nahrungsmittel wie Pommes Frites, Chicken Nuggets und Eisbecher; Kaffee- und Kuchenspezialitäten | Whopper, Angus Burger, Tender Crisp Sandwiches; andere Nahrungsmittel wie Pommes Frites, Huhn, Tacos, Chili, Salate, Frühstückssandwiches; Kaffee- und Kuchenspezialitäten |
| Umsatz | 28,1 Mrd. US-$ (2013) | 1,15 US-$ (2013) |
| Website | www.mcdonalds.com; www.mcdonalds.de | www.bk.com; http://www.burgerking.de/ |

Franchise-Nehmer das schlüsselfertige Restaurant zur Verfügung stellt, erzielt der Konzern seinen Umsatz in erheblichem Maße mit monatlichen Mieten und weniger aus den Verkäufen von Speisen und Getränken (Tab. 5.4).

In den USA pflegt Burger King einen wesentlich höheren Qualitäts- und Sauberkeitsstandard als McDonald's und ist auch entsprechend teurer. In anderen Ländern sind die Unterschiede zwar nicht so groß. Trotzdem lässt sich aufgrund der unterschiedlichen Positionierung von Umsätzen nicht unbedingt auf Gewinne schließen. Mit gewissen Einschränkungen erlauben die Daten aber dennoch einen Rückschluss auf die im Vergleich zu Burger King insgesamt höhere Produktivität von McDonald's.

In Deutschland bietet Burger King Produkte an, die teilweise sowohl in Größe als auch in Preis über den Angeboten von McDonald's liegen. Entsprechend große Burger bietet dieser nur im Rahmen zeitlich begrenzter Aktionen an. Mit dem Produkt „Big King" offeriert Burger King eine in Substanz und Preis dem Big Mac, dem Flaggschiff von McDonald's vergleichbare Alternative.

Von McDonald's differenziert sich Burger King hauptsächlich dadurch, dass die Hamburger über offenen Flammen gegrillt werden, um einen „Grillgeschmack" zu erreichen. Das Unternehmen betont diese Form der Zubereitung insbesondere in seiner Werbung als Alleinstellungsmerkmal gegenüber McDonald's. Weniger bekannt ist dagegen, dass bei Burger King im Gegensatz zum Konkurrenten auch Mikrowellen zum Einsatz kommen.

**Tab. 5.4** McDonald's und Burger King im vergleichenden Überblick (Fortsetzung)

| Unternehmen (Fortsetzung) | McDonald's Corporation (vgl. [32, 56, 91, 103]) | Burger King Corporation (vgl. [47]) |
|---|---|---|
| Verbreitungsgrad | 118 Länder | 88 Länder (2013) |
| Anzahl der Restaurants weltweit | 35.429, rund 80% durch Franchise-Nehmer (2013) | 13.667, rund 90% durch Franchise-Nehmer (2013) |
| Kunden pro Tag weltweit | 60 Mio. (2013) | Ca.11 Mio. (2013) |
| Anzahl der Kun-den pro Tag und Restaurant weltweit (Durchschnitt) | 1.693 | 805 |
| Anzahl der Mitarbeiter weltweit | 1,9 Mio. (2013) | Über 400.000 (2013) |
| Anzahl der Restaurants Deutschland | 1.440, davon rund 80% (1.208) in Hand von 238 Franchise-Nehmern (2013) | Knapp 700, davon 100% in Hand von rund 165 Franchise-Nehmern (2013) |
| Kunden pro Tag in Deutschland | 2,7 Mio. (2013) | Ca. 400.000 (2013) |
| Anzahl der Kunden pro Tag und Restaurant in Deutschland (Durchschnitt) | 1.839 | 571 |
| Anzahl der Mitarbeiter in Deutschland | 64.000 Mitarbeiter (davon 1.900 Auszubildende und 147 Bachelor-Studierende) (2013) | 24.000 (2013) |

In diesen werden die vorgegrillten und -gefertigten Produkte im Bedarfsfall nochmals auf-
gewärmt, bevor sie den Kunden ausgehändigt werden.

Während McDonald's für die strikte Einhaltung von Normen bekannt ist, berücksichtigt Burger King gemäß seiner Firmenrichtlinien Sonderwünsche der Kunden, wie beispielsweise Verzicht auf Tomatenscheiben, dafür aber doppelt so viel Käse. Durch Einführung eines neuen Kassensystems sind Restaurants sogar in der Lage, Sonderwünschen
so gezielt nachzukommen, dass der Kunde nunmehr seinen eigenen Burger kreieren kann.
Dies soll auch der Slogan „Have It Your Way®" zum Ausdruck bringen. Und Burger King
betont auf seiner Internetseite, dass es „221.184 Möglichkeiten gibt, einen WHOPPER®
zu belegen." (vgl. [48]).

Die angebotenen Burger sind in ihrer Zusammensetzung stark auf Salat, frische Zwiebeln und Tomaten als wichtige Zutaten ausgerichtet. Burger King setzt demnach weniger
auf geschmacklich dominante Soßen als McDonald's.

Generell zeichnet sich das Produktsortiment von Burger King dadurch aus, dass es auf
eine ältere Zielgruppe als beim Marktführer zugeschnitten ist. Hier stehen nicht Kinder
und junge Frauen im Fokus, sondern junge Erwachsene und insbesondere Männer. Entsprechend stehen wesentlich größere und damit auch „fleischigere" Burger sowie immer
wieder scharf gewürzte Produkte auf der Standardspeisekarte des Unternehmens. Die
Werbespots tragen dieser Ausrichtung ebenfalls Rechnung und sind regelmäßig „frecher"
und „frivoler" gestaltet als bei McDonald's, in dessen Marketing Erotik bewusst ausgeklammert wird (vgl. [39]). In jüngerer Zeit rückt Burger King von dieser Positionierung
ab und biete Smoothies sowie andere Produkte an, die verstärkt Frauen ansprechen sollen.

Trotz der intensiven Auseinandersetzung gehen sich beide Unternehmen nicht – wie
eigentlich zu erwarten wäre – aus dem Weg, sondern scheinen bei der Wahl ihrer Standorte
geradezu magisch voneinander angezogen zu sein. Dies belegen die folgenden Befunde:

- Ist McDonald's an einem Ort präsent, erhöht dies die Wahrscheinlichkeit, dass ein Burger King folgen wird. Beide Unternehmen haben offenbar keinerlei Bedenken, sich in
  unmittelbarer Nähe der Konkurrenz anzusiedeln.
- Je größer die Bevölkerung in einer Gegend ist, desto früher wurde ein McDonald's eröffnet. D. h. das Unternehmen konzentriert sich zunächst auf Ballungszentren.
- Je mehr McDonald's Restaurants sich in benachbarten Bezirken befinden, desto schneller wird ein weiteres Restaurant eröffnet. Dies kann als Hinweis darauf gewertet werden, dass Economies of Scale (Kostenersparnisse, die aufgrund von Größenvorteilen
  entstehen), lokale Erfahrungen und Wissen eine große Rolle spielen.
- Für Unternehmen spielen Eigenschaften des Bezirks eine entscheidende Rolle bei der
  Standortwahl. Hierzu zählen Bevölkerungsdichte sowie ein vergleichsweise geringer
  Bevölkerungsanteil älterer Menschen.
- Die Wahrscheinlichkeit, dass Burger King Restaurants ansiedelt, ist in Bezirken, in
  denen McDonald's mit vergleichsweise mehr Restaurants präsent ist, größer als in Ge-
  genden, in denen keines der beiden Unternehmen vertreten ist.

- McDonald's wächst mit höherer Wahrscheinlichkeit in solchen Gegenden, in denen McDonald's oder Burger King bereits präsent ist.

Auf den Punkt gebracht bedeutet das Folgendes: Bei der Wahl eines neuen Standorts scheint dem Beobachten und Lernen vom Konkurrenten ein erheblicher Stellenwert beigemessen zu werden (vgl. [143]).

Im Wesentlichen kommen bei der Auseinandersetzung zwischen Burger King und McDonald's hierzulande wie auch weltweit drei Marketing-Instrumente zum Einsatz: Preisunterbietung, Imitation und Werbung mit stark vergleichender Tendenz.

## Preisunterbietung

Eine typische Situation für eine Preisunterbietung gestaltet sich folgendermaßen, wobei man die Namen der beiden Unternehmen auch jeweils wechselseitig gegeneinander austauschen kann: Burger King senkt den Preis für sein Flaggschiff von 2,99 € auf 99 Cent. Hierbei bedient man sich bewusst eines gebrochenen Preises („odd pricing"), d. h. man legt den Preis kurz unter eine runde Preisziffer, da hier der Absatz überproportional ansteigt. McDonald's reagiert mit einer entsprechenden Preissenkung für eines seiner Premiumprodukte auf 1 €, da man überzeugt ist, dass man es sich nicht erlauben kann, einem Wettbewerber über den Preis kampflos Marktanteile zu überlassen. Die jeweiligen Franchise-Nehmer protestieren gegen die Preissenkung, da sie befürchten, auf Dauer nicht mehr überlebensfähig zu sein. Außerdem argumentieren sie, dass durch niedrige Preise keine neuen Kunden angezogen würden, sondern vielmehr eine Kannibalisierung innerhalb der eigenen Angebotspalette stattfinde. Konkret wandern Kunden firmenintern von teureren Angeboten auf die billigen Produkte ab. Das Management von Burger King lässt dann folgendes verlauten: „Wir glauben fest daran, dass es strategisch schlecht ist, Ihr Premiumprodukt zu Discountpreisen zu verkaufen. ... Es gibt jedoch taktische Situationen, in denen man gezwungen ist, für eine bestimmte Zeit von der optimalen Strategieposition abzuweichen." [18].

## Imitation

Imitationsstrategie ist eine Form der Wettbewerbsstrategie, die auf der Nachahmung der Strategie eines Wettbewerbers beruht. Eine Imitationsstrategie ist risikoreich, da man im Wettbewerb austauschbar wird und damit rasch unter Preisdruck gerät. Andererseits kann man sich an bei Wettbewerbern bewährte Vorgehensweisen anschließen und dadurch auch Risiken vermindern.

Nachdem Michael Ballack 2003 für McDonald's als Werbeträger engagiert wurde, stand Oliver Kahn seit 2004 in den Diensten des Konkurrenten Burger King. Im Zuge der Aktion „Burger King Kahn" warb der Torwart nur indirekt für Burger und Fritten. So wurde während der Europameisterschafts-Endrunde in Portugal 2004 die Oliver–Kahn-Kollektion (Baseball-Kappe, Torwart-Handschuhe) in den Restaurants angeboten.

Für Burger King war dies offenkundig eine neue Runde in der Auseinandersetzung mit McDonald's. Ähnliche Werbeschlachten hatte es schon im Umfeld der WM 2002 gegeben, als Pepsi dem offiziellen FIFA-Partner Coca-Cola den Rang ablaufen wollte. Damals warb Ballack noch für Pepsi, die Nummer zwei hinter Coca-Cola. Das durfte er aber nicht im Nationaltrikot, sondern nur im Dress seines damaligen Vereins Bayer Leverkusen tun, weil Coca-Cola auch Partner des Deutschen Fußballbundes ist. Maßnahmen wie die von Pepsi oder Burger King bezeichnen Experten als Parasiten-Marketing, weil beide Firmen keine teuren, offiziellen Werberechte bei den Fußballverbänden erworben haben (vgl. [150]).

In den USA weitete sich der Hamburger-Krieg zwischen den Unternehmen auf Musik-Downloads aus. 2004 schloss McDonald's ein Abkommen mit Sony ab. Die Vereinbarung sah vor, dass Käufer eines Big Mac in den USA einen speziellen Code ausgehändigt bekamen, mit dem sie auf einer von McDonald's und Sony betriebenen Internet-Seite einen Gratis-Song herunterladen konnten. Burger King folgte mit einer ähnlichen Kooperation mit dem Online-Provider AOL. AOL arbeitete bei seiner Musikplattform mit MusicNet zusammen und bot nach eigenen Angaben rund 700.000 Titel an. Keine der beiden Fast-Food-Anbieter machte Angaben darüber, wie viele Gratis-Songs im Zuge der Promotionaktion abgerufen wurden (vgl. [111]).

**Vergleichende Werbung**

Nach den §§ 3, 4 S. 2 UWG Gesetz gegen unlauteren Wettbewerb ist die vergleichende Werbung grundsätzlich zulässig. Verglichen werden müssen einzelne Eigenschaften der Produkte, wozu auch der Preis zählen kann. Letzteres gilt übrigens als Hauptfall vergleichender Werbung. Bei den Eigenschaften muss es sich zudem um Qualitätsindikatoren der Produkte handeln. Weiterhin muss der Kunde objektiv nachprüfen können, dass die Eigenschaften tatsächlich vorliegen. Beispielsweise wurde folgender Slogan von Burger King als wettbewerbswidrig eingestuft, da Geschmack subjektiv ist: „62 % aller Deutschen schmeckt unser Whopper besser als der Big Mac von McDonald's." Der Slogan wurde als wettbewerbswidrig beurteilt, da Geschmack subjektiv ist (vgl. [125]).

Die Werbung von Burger King wurde bereits mehrfach wegen Verletzung des Verbotsprinzips für unzulässig erklärt: Parallel zur 1998-er Bundestagswahl schaltete das Unternehmen rund ein Jahr lang eine Kampagne mit dem Slogan „Geh wählen! Wähl den Whopper!". Eingebettet war die Werbekampagne in eine Marketingoffensive, in deren Zentrum der Angriff auf den Marktführer McDonald's stand. Unter anderem rief Burger King die Verbraucher zu einem vergleichenden Geschmackstest auf. Außerdem wurde das Marktforschungsinstitut Infratest/Burke damit beauftragt, 1.000 Testpersonen zu ihren Präferenzen zu befragen. In einer eigens eingerichteten virtuellen Parteizentrale trugen sich rund 100.000 Mitglieder der eigens gegründeten Partei Burger King für Deutschland (BKD) ein. Nicht zuletzt wurden die Restaurants zu Wahllokalen umfunktioniert, in denen diverse Gewinnspiele lockten. Am Wahlsonntag gab es eine Wahlparty in München.

Den Abschluss dieser Kampagne bildeten Plakate, auf denen das Ergebnis der Untersuchung von Infratest/Burke zu sehen war: 62 % der Wähler hatten sich demnach für den Whopper entschieden und nur 38 % für den Big Mac von McDonald's. Mit unterschiedlichen Aussagen wie z. B. „Danke Deutschland" wurde dieses Ergebnis noch unterstrichen.

Die Werbung konnte jedoch nur zwei Tage geschaltet werden, dann fiel sie dem Verbot zum Opfer, da Geschmack kein objektives und nachprüfbares Merkmal ist.

Vor dem Kölner Landgericht ließ McDonalds seinem Verfolger die Behauptung verbieten, Burger Kings „Whopper" schmecke besser als der Big Mac. Dabei verzichtete die Nummer eins darauf, den schwächeren Wettbewerber mit einer Gegenkampagne noch prominenter als nötig zu machen. Trotzdem konnte man kurz danach vor der Burger King-Filiale am Berliner Alexanderplatz ein Plakat mit der Aufschrift „Könige sind out. Kommen Sie zu McDonald's." sehen, das jedoch nach kurzer Zeit ebenfalls entfernt wurde.

Im Kampagnenjahr 1998 konnte die Nummer zwei ihren Umsatz um 28,1 % von 320 Mio. auf 410 Mio. D-Mark seigern. Außerdem erhielten die Macher der Kampagne, die Agenturen Start AG, München, und DÁrcy, Hamburg, einen der begehrten Werbe-Oskars „Effie", die vom Gesamtverband der Werbeagenturen GWA verliehen und mit denen besonders kreative und erfolgreiche Kampagnen gewürdigt werden (vgl. [76]).

In einem 2014 ausgestrahlten TV-Spot für den Big-King-Burger ist ein zweiter Esser zu sehen, der mit seinem Hamburger sichtlich unzufrieden ist. Auf der Tüte ist prominent das verpixelte Logo von McDonald's in rot und gelb zu erkennen. Ein mutiger Schritt, da Burger King in der Vergangenheit mit vergleichender Werbung wenig erfolgreich war. Angesichts der Rivalität der beiden Fast-Food-Unternehmen wäre es für Burger King als Herausforderer eigentlich naheliegend, mit seiner Kommunikationsstrategie auf direkten Konfrontationskurs zu gehen. Doch die letzte große Attacke des Marktzweiten auf Platzhirsch McDonald's fand bereits 2002 statt. Damals hatte eine TV-Kampagne die Markenikone Ronald McDonald als heimlichen Burger-King-Fan geoutet (vgl. [9]).

2013 testete die Stiftung Warentest die Produkte der Fast-Food-Ketten auf Schadstoffe. Hierbei ging der Big Mac als Sieger hervor. Er enthält weniger Schadstoffe und bringt weniger Kalorien auf die Waage als der Whopper von Burger King.

## 5.2   Die Marke McDonald's

### 5.2.1   Charakteristika

Markenartikel sind Produkte bzw. Dienstleistungen, die im Idealfall auf die Bedürfnisse der Kunden ausgerichtete, unverwechselbare Leistungen anbieten. Bei den McDonald's Produkten handelt es sich demnach unverkennbar um Markenartikel, die folgende hierfür typischen Eigenschaften aufweisen:

- gleich bleibende (und hohe) Produktqualität,
- Innovationskraft,
- Überallerhältlichkeit sprich Ubiquität,
- intensive Werbeaufwendungen und
- hoher Bekanntheitsgrad (vgl. [124], S. 223 ff.).

Die Marke manifestiert sich u. a. im Firmenlogo ( ⋂ ), das mit dem Namen des Konzerns (McDonald's) in Verbindung steht und dessen Werte in einem einfachen Signet zusammenfasst. Der Unternehmenskommunikation fällt in diesem Zusammenhang die Aufgabe zu, die Marke in ein Netz emotionaler Bilder einzubinden und damit die Markenidentität zu verfestigen. Nicht zuletzt bestimmt sich die Marke durch die physische Realität materieller Güter, zu denen auch die Architektur zählt.

### ⋂  Symbol für die Mutterbrust

A. Dundes, Professor für Anthropologie an der Universität von Kalifornien, ging in einer Studie der Frage nach, warum manche Menschen bevorzugt Merchandising-Artikel von McDonald's sammeln. Er gelangte zu dem Ergebnis, dass zahlreiche Konsumenten die beiden Bögen des „M" symbolisch als Brüste ansehen. Aus diesem Grund betrachten viele Konsumenten McDonald's als eine Art Hort, wo man seine Mahlzeit zu sich nehmen kann.

Versteht man den Begriff des Markenartikels umfassender, dann wird deutlich, dass McDonald's seinen Kunden eine Garantieleistung bietet. Diese besteht in einer weltweit gleichen, hohen Qualität, die das Risiko des Kunden minimiert, schlechte Produkte zu erwerben und/oder überhöhte Preise zu bezahlen. Damit erleichtert die Marke McDonald's eine effiziente Identifizierung von Produkten sowie eine Orientierung auf Märkten. In Tab. 5.5 wird die Marke McDonald's anhand ihrer Merkmale charakterisiert.

Bei McDonald's handelt es sich um eine Dienstleistungsmarke, die weltweite Geltung hat. Die Marke nimmt hierbei inhaltlichen Bezug auf den Firmennamen, der als Dachmarke für die verschiedenen Einzelprodukte des Unternehmens dient. Hierbei wird der Firmenname wenn auch nicht mit allen, so doch mit einigen Produkten des Unternehmens verbunden. Beispiele hierfür sind Big Mac, Chicken McNuggets, Fishmac, McRib, Egg McMuffin, McCroissant, McFlurry, McSundae. Hierbei wird mittels Übertragung von Kompetenzen angestrebt, das Image, das sich ein Produkt beim Konsumenten erworben hat, auf neue Sortimentsbereiche auszudehnen. Demnach spielt hier der Markentransfer eine entscheidende Rolle, d. h. die Übertragung eines positiven Markenimage auf andere

**Tab. 5.5** Die Charakterisierung der Marke „McDonald's"

| Merkmalskategorien | Erscheinungsform |
| --- | --- |
| Institutionelle Stellung des Inhabers der Marke | Dienstleistungsmarke |
| Geographische Reichweite | Weltmarke |
| Vertikale Reichweite der Marke im Warenweg | Begleitende Vorproduktmarke (z. B. Smarties von Nestlé im McFlurry) |
| Anzahl der Markeneigner | Individualmarke, d. h. ein Eigner |
| Inhaltlicher Bezug | Firmenmarke |
| Verwendung wahrnehmungsbezogener Markierungsmittel | Optische und akustische Marke |
| Art der Markierung | Wort- (McDonald's) und Bildmarke (Goldene Bögen, Golden Arches) |

Produkte, um Vertrauensvorschüsse nutzbar zu machen (sog. Halo- bzw. Heiligenschein-Effekt).

Dachmarkenstrategien bergen aber auch die Gefahr negativer Imageeffekte in sich. Man denke hier an die BSE-Krise, die sich auch nachteilig auf den Absatz derjenigen McDonald's Produkte auswirkte, die kein Rindfleisch enthielten. Außerdem kann der neue Sortimentsbereich in der Anmutung zu weit von der Dachmarke entfernt liegen. In einem solchen Fall bewirkt die Ausdehnung der Produktpalette eine sog. Markenerosion. Denn die in jüngerer Zeit eingeführten Produkte (etwa Salate, Biomilch, Fruchttüte) weisen eine vergleichsweise geringe Ähnlichkeit (Fit) zu den klassischen McDonald's Produkten auf, was zu einer Deprofilierung der Marke führen kann.

## 5.2.2   Markenwert

Markenwert (Brand Equity) definiert den Wert, der mit dem Namen (McDonald's) und/oder Logo einer Marke (Golden Arches, goldene Bögen) verbunden ist. Der Markenwert entspricht hierbei dem Wertunterschied, der zu einem technisch-physikalisch gleichen, aber namenlosen (No-Name-Produkt) oder wenig etablierten Produkt (klassische Handelsmarke) besteht. Die Messung einer solchen Differenz gestaltet sich in der Realität zugegebenermaßen schwer.

Es kann zwischen nicht-monetären, d. h. nicht in Geldeinheiten bewerteten (etwa Markenimage, Markentreue oder Markenbekanntheit) und monetären Markenwertgrößen unterschieden werden. Letztere, auf denen das Augenmerk der weiteren Betrachtung liegt, verstehen sich im Sinne der Kapitalwertmethode als Barwert (d. h. auf den heutigen Zeitpunkt abgezinster Wert) aller zukünftigen auf die Marke zurückführenden Einzahlungsüberschüsse (Brand Specific Earnings).

Seinen Ursprung hat der Begriff Markenwert Anfang der 80er Jahre in den USA. Vor dem Hintergrund steigender Marketingbudgets und der Kritik an den zumeist kurzfristigen Werbewirkungen konnte mit Hilfe des Markenwerts untermauert werden, dass es sich bei Marketingaufwendungen durchaus um Investitionen mit langfristigem Charakter handelt. Weitere Verwendungszwecke des Markenwerts sind in Tab. 5.6 aufgeführt.

Beim im Folgenden vorgestellten Interbrand-Ansatz, einer breit akzeptierten und weltweit angewendeten Methode, handelt es sich um ein praxisorientiertes Verfahren zur Ermittlung der Werte internationaler Marken, das auf dem Punktbewertungsverfahren basiert. In die Berechnung werden sieben Faktoren einbezogen, die sich wiederum aus einer Mehrzahl von Teilkriterien zusammensetzen. Die Gewichtung der Faktoren fällt unterschiedlich aus. Zur Ermittlung des Markenwertes wird der Gesamtpunktwert mit dem durchschnittlichen Gewinn der vergangenen drei Jahre multipliziert.

Um überhaupt in das Ranking der wertvollsten 100 Marken der Welt von Interbrand zu gelangen, müssen die Unternehmen zunächst drei Hürden überwinden:

**Tab. 5.6** Einsatzgebiete und konkrete Verwendungszwecke von Markenbewertungen [120]

| Einsatzgebiet | Konkreter Verwendungszweck |
|---|---|
| Markentransaktionen | Kauf/Verkauf/Fusion von Unternehmen(steilen) mit bedeutenden Marken<br>Lizenzierung von Marken |
| Markenschutz | Schadensersatzbestimmung bei Markenrechtsverletzungen |
| Markenführung | Steuerung und Kontrolle von Marken/Führungskräften<br>Aufteilung von Budgets |
| Markendokumentation | Unternehmensinterne Berichterstattung<br>Unternehmensexterne Berichterstattung innerhalb/außerhalb des<br>Jahresabschlusses |
| Markenfinanzierung | Kreditabsicherung durch Marken<br>Kreditakquisition durch Marken |

1. Der Wert der Marke muss über 1 Mrd. US-$ liegen.
2. Die Marken müssen global sein, d. h. sie müssen mindestens ein Drittel ihrer Umsätze außerhalb ihres Mutterlandes erwirtschaften und in Amerika, Europa und Asien in bedeutsamem Maß verbreitet sein.
3. Sie müssen ihre Marketing- und Finanzdaten der Öffentlichkeit zugänglich machen.

Diese Kriterien erfüllen einige Marken wie BBC und Mars nicht.

Der Ansatz von Interbrand bestimmt den Wert einer Marke auf Basis der zukünftig zu erwartenden Erträge. Diese prognostizierten Gewinne werden auf den gegenwärtigen Wert abgezinst. Der Zinssatz fällt umso höher und damit der Gegenwartswert umso geringer aus, je größer das Risiko ist, dass die Erträge in der Zukunft auch tatsächlich erwirtschaftet werden.

Zu Beginn des Prozesses rechnet Interbrand zunächst die gesamten Umsätze der Marke aus. Im Falle von McDonald's ist die Marke das gesamte Unternehmen. In anderen Fällen, wie beispielsweise Marlboro, ist die Marke nur ein Teil des Unternehmens Altria Group (früher Philip Morris Companies). Im nächsten Schritt prognostiziert Interbrand mit Unterstützung der Analysten von J.P. Morgan Chase & Co., Citigroup und Morgan Stanley die Nettoeinkünfte einer Marke auf einen Horizont von 5 Jahren. Hiervon werden die Einkünfte abgezogen, die auf den Besitz der materiellen Vermögenswerte zurückzuführen sind. Diese Vorgehensweise basiert auf der Überlegung, dass sämtliche Einkünfte, die nunmehr übrig bleiben, durch immaterielle Faktoren wie Patente, Kundenlisten und natürlich die Marke bedingt sind.

Im nächsten Schritt gilt es, die Einkünfte, die auf die Marke zurückzuführen sind, von jenen zu trennen, die auf anderen immateriellen Faktoren basieren: Kauft ein Kunde z. B. bei McDonald's aufgrund des Markennamens oder weil das Restaurant für ihn bequem gelegen ist? Hierzu nutzt Interbrand die Marktforschung sowie Interviews mit Managern aus der Industrie.

In der letzten Phase gilt es, die Markenstärke zu bestimmen, um auszurechnen, wie risikoreich die zukünftigen Markeneinkünfte sind. Hierzu bedient sich Interbrand sieben Faktoren:

- Stabilität der Marke,
- Ausmaß der Marktführerschaft der Marke (absoluter und relativer Marktanteil, Positionierung, bearbeitete Segmente),
- Fähigkeit der Marke, geographische und kulturelle Grenzen zu überwinden,
- allgemeine Entwicklung der Marke (Entwicklung, Status, Planung),
- Unterstützung der Marke durch das Marketing (Qualität, Stabilität, zukünftige Strategie),
- rechtlicher Schutz der Marke (Namensrechte, Registrierung) sowie
- Eigenschaft des für die Marke relevanten Marktes.

Die Risikoanalysen entwickeln auf Basis eines Scoring-Modells, in welches die sieben Faktoren einbezogen werden, einen Abzinsungsfaktor, der dazu eingesetzt wird, die in der Zukunft liegenden Einkünfte der Marke auf einen realistischen Gegenwartswert abzudiskontieren. Interbrand ist davon überzeugt, dass dieses Modell dem komplexen Geflecht an Kräften, aus denen sich eine Marke zusammensetzt, am nächsten kommt (vgl. [54]).

Wie Tab. 5.7 zu entnehmen ist, rangiert McDonald's nach dem Interbrand-Ansatz mit einem Markenwert von 42 Mrd. US-$ auf Rang 7 der wertvollsten Marken der Welt. Mit

**Tab. 5.7** Markenwert der wertvollsten Marken weltweit im Jahr 2013 nach Interbrand (in Millionen US $) [154]

| Rang 2013 | Rang 2012 | Marke | Ursprungs-land | Branche | Marken-wert 2013 | Marken-wert 2012 | Veränderung (in %) |
|---|---|---|---|---|---|---|---|
| 1 | 2 | Apple | USA | Technologie | 98.316 | 76.568 | +28 |
| 2 | 4 | Google | USA | Technologie | 93.291 | 69.726 | +34 |
| 3 | 1 | Coca-Cola | USA | Getränke | 79.213 | 77.839 | +2 |
| 4 | 3 | IBM | USA | Dienstleistungen für Unternehmen | 78.808 | 75.532 | +4 |
| 5 | 5 | Microsoft | USA | Technologie | 59.546 | 57.853 | +3 |
| 6 | 6 | General Electrics | USA | Diversifiziert | 46.947 | 43.682 | +7 |
| 7 | 7 | McDonald's | USA | Restaurants | 41.992 | 40.062 | +5 |
| 8 | 9 | Samsung | Südkorea | Technologie | 39.610 | 32.893 | +20 |
| 9 | 8 | Intel | USA | Technologie | 37.257 | 39.385 | −5 |
| 10 | 10 | Toyota | Japan | Automobile | 35.346 | 30.280 | +17 |
| 66 | 64 | KFC | USA | Restaurants | 6.192 | 5.994 | +3 |
| 91 | 88 | Starbucks | USA | Restaurants | 4.399 | 4.062 | +8 |
| 94 | 86 | Pizza Hut | USA | Restaurants | 4.269 | 4.193 | +2 |

−6 % hatte McDonald's in 2002, dem Tiefpunkt der Erfolgsgeschichte des Unternehmens, den größten Markenwertverlust zu verzeichnen. Nach dem Markenranking BrandZTM rangiert das Unternehmen mit einem Markenwert von 85,7 Mrd. US-$ auf Rang 5 (Stand: 2014; Tab. 5.8) und führt damit die Rangliste der wertvollsten Fast-Food-Marken mit deutlichem Abstand an (vgl. Tab. 5.9). Ungeachtet der großen Wertdiskrepanzen, die als Beleg für die Schwierigkeiten der Ermittlung eines „fairen" Markenwertes gewertet werden können, ist unbestritten, dass McDonald's zu den wertvollsten Marken der Welt gehört.

Weiterhin wird deutlich, dass amerikanische Unternehmen diese Rankings dominieren: Nach Milliard Brown Optimor – Brand Z sind sämtliche der zehn wertvollsten Marken der Welt in den USA angesiedelt. Nach Interbrand stammen acht der zehn wertvollsten Unternehmen aus den USA. Lediglich zwei Unternehmen, nämlich Samsung (Südkorea) und Toyota (Japan), sind außerhalb der USA angesiedelt, keines in Europa. Erst auf Rang elf rangiert Mercedes-Benz als erstes europäisches Unternehmen.

Nik Stucky, verantwortlich für Markenbewertung in Zentraleuropa bei Interbrand Zintzmeyer & Lux, erklärt dies folgendermaßen: „Europäer haben die – nicht unsympathische – Angewohnheit, sich bei der Eroberung anderer Länder auf deren Besonderheiten einzustellen. Darum hieß der frühere VW Bora in Amerika immer Jetta, und der niederländische Philips-Konzern tritt in den Vereinigten Staaten unter dem Namen Norelco auf. Amerikanische Unternehmen gehen brutaler vor. Sie erobern die Welt im eigenen Namen. Sie setzen dabei ganz auf den Vorteil des Heimatmarktes. Wer in Amerika bedeutend ist, der ist auch im internationalen Maßstab schon groß und daher zumindest innerhalb der Branche bekannt." (Nik Stucky in [19], S. 20).

**Tab. 5.8** Markenwert der wertvollsten Marken weltweit im Jahr 2014 nach Milliard Brown Optimor – Brand Z (in Milliarden US-$) [28]

| Rang 2014 | Rang 2013 | Marke | Ursprungsland | Branche | Markenwert 2014 | Veränderung zu 2013 (in %) |
|---|---|---|---|---|---|---|
| 1 | 2 | Google | USA | Technologie | 158,8 | +40 |
| 2 | 1 | Apple | USA | Technologie | 147,9 | −20 |
| 3 | 3 | IBM | USA | Dienstleistungen für Unternehmen | 107,5 | −4 |
| 4 | 7 | Microsoft | USA | Technologie | 90,2 | +29 |
| 5 | 4 | McDonald's | USA | Restaurants | 85,7 | −5 |
| 6 | 5 | Coca-Cola | USA | Getränke | 80,7 | +3 |
| 7 | 9 | Visa | USA | Finanzdienstleistungen | 79,2 | +41 |
| 8 | 6 | At&T | USA | Kommunikation | 77,9 | +3 |
| 9 | 8 | Marl-boro | USA | Zigaretten | 67,3 | −3 |
| 10 | 14 | Amazon | USA | Technologie | 64,3 | +41 |

**Tab. 5.9** Markenwert der wertvollsten Fast-Food-Marken weltweit im Jahr 2014 nach Milliard Brown Optimor – Brand Z (in Millionen US-$)

| Rang | Rang: Marke | Markenwert |
|------|-------------|------------|
| 1    | McDonald's  | 85.706     |
| 2    | Starbucks   | 25.779     |
| 3    | Subway      | 21.020     |
| 4    | KFC         | 11.910     |
| 5    | Pizza Hut   | 7.535      |
| 6    | Chipotle    | 7.372      |
| 7    | Tim Hortons | 4.050      |
| 8    | Panera      | 2.871      |
| 9    | Wendy's     | 2.714      |
| 10   | Burger King | 2.664      |

Es soll jedoch nicht unerwähnt bleiben, dass Untersuchungen über den Wert von Marken unter Experten nicht unumstritten sind. Angesichts der Kritik entwickelt ein Arbeitsausschuss für Markenwertermittlung des DIN Deutschen Instituts für Normung ein Papier, das die Mindestanforderungen an Markenwertberechnungen festlegt (vgl. [16]).

### 5.2.3   Standards für den weltweit einheitlichen Einsatz des Logos und der Warenzeichen

**Zur Bedeutung einheitlicher Warenzeichen**

Für ein weltweit tätiges und expandierendes Unternehmen wie McDonald's ist es von grundlegender Bedeutung, dass Logo und Warenzeichen rund um den Globus nach einem einheitlichen Standard verwendet werden. Nur so kann den Verbrauchern eine in sich konsistente visuelle Botschaft über die Kernkompetenzen des Unternehmens übermittelt werden, was letztlich die Länder übergreifende Markenidentität fördert und stärkt (vgl. im Folgenden [89]).

Vor diesem Hintergrund wird auch verständlich, warum McDonald's seine Logos und Warenzeichen mit solcher Vehemenz verteidigt. Denn nur so kann es auf Dauer gelingen, das nach Unternehmensangaben weltweit am meisten beachtete und sich von der Konkurrenz am deutlichsten abhebende Logo vor Imitaten und Verwässerung zu schützen.

---

**Markenrecht – McDonald's gewinnt Markenstreit um den Big Mac (vgl. [105], zitiert nach [46])**

In Südostasien konnten McDonald's und seine lokalen Franchise-Nehmer 2004 einen 16 Jahre schwelenden Konflikt um den Schutz des Markennamens „Big Mac" zu ihren Gunsten entscheiden. Die Auseinandersetzung begann 1998, als die Fast-Food-Kette den Namen Big Mac auf den Philippinen registrieren lassen wollte. Die dort ansässige McGeorge Food Industries verkaufte bereits einen „Big Mak"-Burger und verwendete diesen sogar im Betreibernamen „LC Big Mak Burger Inc.".

1990 fällte ein Gericht ein Urteil zugunsten McDonald's und untersagte der LC Big Mac Burger Inc., diesen Namen weiter zu nutzen. Zusätzlich wurde eine Strafe auf Schadensersatz verhängt.

Im Jahr 1994 änderte sich die Lage grundlegend, als ein Gericht einem Antrag der LC Big Mak Burger Inc. stattgab und dem Unternehmen das Recht einräumte, den Namen Big Mak zu verwenden. Außerdem musste nunmehr McDonald's Schadensersatz in Höhe von rund 28.000 € leisten.

Daraufhin rief McDonald's den Obersten Gerichtshof des Landes an und argumentierte, dass der lokale Konkurrent durch die Verwendung des Namens Big Mak Werbekosten eingespart habe und die Verpackung Ähnlichkeiten zur eigenen aufweise. Dies erfülle den Tatbestand des unlauteren Wettbewerbs.

Der Gerichtshof hob 2004 das Urteil aus dem Jahre 1994 auf und untersagte die weitere Verwendung des Markennamens „Big Mak", da dieser die Marke McDonald's verletze. Die Entscheidung gilt unter Fachleuten als Meilenstein in der Rechtsprechung zum Schutz geistigen Eigentums.

Kritiker stufen die Aktivitäten von McDonald's zum Schutz seiner Markennamen und Copyrights nicht selten als rücksichtslos ein. Exemplarisch hierfür gilt der Fall eines schottischen Cafébesitzers mit Namen McDonald, den das Fast-Food-Unternehmen wegen Verletzung der Wortmarke McDonald's verklagte, obwohl dessen Café seit über einem Jahrhundert mit diesem Namen existiert hatte. In Deutschland ließ sich das Unternehmen erfolgreich die Bildmarke „ich liebe es™" schützen (vgl. [37]). Wer jedoch den folgenden Rechtsfall Revue passieren lässt, kann durchaus Verständnis dafür entwickeln, wie McDonald's auf die aus seiner Sicht unrechtmäßige Verwendung des eigenen Markennamens reagiert.

---

**Der Rechtsstreit McDonald's gegen McDonald (vgl. [88])**

Wenn ein Ariel McDonald für Burger King Werbung betreibt, kann es kaum überraschen, wenn die weltweit größte Fast-Food-Kette Einspruch erhebt. Zumal der Mann mit dem weltbekannten Namen als ehemaliger Spieler von Maccabi Tel Aviv, eines israelischen Basketball-Teams, in der Öffentlichkeit große Popularität genießt. Wie die Mondaq News Alerts berichteten, gab der Bundesgerichtshof in Tel Aviv einer von McDonald's angestrengten Klage wegen Markenrechtsverletzung statt. Die Richter entschieden, dass die Verwendung des Namens McDonald im Zusammenhang mit Werbung für ein konkurrierendes Fast-Food-Unternehmen die Rechte von McDonald's verletzt.

Begonnen hatte der Streit, als der ehemalige Basketballspieler mit dem Slogan „Listen to McDonald – only Burger King!" in einem Fernsehspot auftrat. McDonald's reagierte daraufhin mit der Veröffentlichung eines Zeitungsinterviews, in dem McDonald über seine Vorliebe für McDonald's Restaurants berichtete.

Daraufhin verklagte McDonald den Fast-Food-Riesen wegen Verletzung seiner Privatsphäre. McDonald's strengte wiederum eine Gegenklage wegen Markenrechtsverletzung an. Das Gericht wies die Klage zurück und McDonald's ging in die Berufung.

In der vom Bundesgerichtshof in Tel Aviv getroffenen Entscheidung heißt es, dass die Nutzung des Nachnamens wegen ihrer großen Ähnlichkeit zu dem Warenzeichen „McDonald's" Markenrechte verletze. Ariel McDonald hatte in seiner Verteidigung darauf gepocht, dass die eingetragene Marke „McDonald's" eine Person gleichen Namens nicht daran hindern könne, diesen Namen auch zu nutzen. Das Gericht stimmte dem zwar zu, machte aber geltend, dass der Schutz des Namens nur im Fall einer gutgläubigen Nutzung gewährleistet sei. Diese ließe sich im vorliegenden Fall jedoch nicht erkennen. Vielmehr gingen die Richter davon aus, dass der Basketballspieler Vorteile aus der Namensähnlichkeit habe ziehen wollen. Die Rechte der Fast-Food-Kette würden damit verletzt.

Ein Warenzeichen (= Marke bzw. Teil einer Marke, die bzw. der unter gesetzlichem Schutz steht), ist ein Wort (McDonald's®), ein Symbol (M) oder eine Redewendung (Ich liebe es), die sich McDonald's zu Eigen gemacht hat, um die eigenen Produkte identifizierbar zu machen und von denen der Konkurrenz deutlich abzuheben. Ein Warenzeichen ist demzufolge eine Garantie für Konsistenz und Qualität. Es versichert den Kunden, dass alle Produkte, welche das Warenzeichen tragen, die – so das Unternehmen – gleiche hohe Qualität aufweisen, wie sie der Kunde von McDonald's erwartet (vgl. im Folgenden [89]).

Es ist für McDonald's von grundlegender Bedeutung, dass die Warenzeichen entsprechend den in Richtlinien festgelegten Standards verwendet werden, da ansonsten die Gefahr besteht, den rechtlichen Anspruch zu verlieren. Die Worte Zellophan und Rolltreppe sind Beispiele für einstmalige Warenzeichen, die heutzutage zum öffentlichen Sprachgebrauch gehören, wodurch die einstmaligen Eigentümer das Recht verloren haben, diese Marken exklusiv zu nutzen. Man solle – so das Unternehmen – sich in diesem Zusammenhang einmal McDonald's ohne den Big Mac® vorstellen.

Die Bezeichnung ™ sollte für alle Warenzeichen außerhalb der USA genutzt werden mit Ausnahme der folgenden Länder, wo nationale Gesetze verpflichtend fordern, andere Markierungen zu nutzen. Für sämtliche Markierungen gilt, dass sie klar lesbar sein müssen:

- Kanada fordert auf allen registrierten Warenzeichen [MR] und ™ oder [MC] im Falle sämtlicher schwebender Verfahren (™ für englische, [MC] für französische Markierungen).
- Chile, Costa Rica, El Salvador, Guatemala, Honduras, Mexiko, Nicaragua und Peru verlangen [MR] auf allen registrierten Warenzeichen und ™ im Falle schwebender Verfahren.
- Japan und die Volksrepublik China verlangen ein® auf allen registrierten Warenzeichen; im Falle schwebender Verfahren ist keine Markierung notwendig.

## Gesamtrichtlinien

1. Auf die Marke folgt immer ein ™, MC, ® oder MR. ™ oder MC dienen als Hinweis für andere, dass McDonald's für das einzelne Wort bzw. Symbol oder die einzelne Redewendung die Warenzeichenrechte für sich beansprucht und einen Antrag auf ein Warenzeichen eingereicht hat.

   ®oder MR wird genutzt, um erkennbar zu machen, dass das Warenzeichen beim zuständigen Patent- bzw. Warenzeichenamt registriert wurde. Wird ein Warenzeichen mehrfach in der Werbung eingesetzt, müssen ™, MC, ® oder MR nur einmal genannt werden, und zwar entweder bei der erstmaligen oder der am meisten hervorstechenden Nutzung.

   – Beispiel: Kaufe einen Big Mäc®, und Du bekommst den zweiten Big Mäc gratis.

2. In Fällen, in denen die Nutzung von ™, MC, ® oder MR aus technischen oder ästhetischen Gründen (beispielsweise wenn mehrere der Figuren aus McDonaldland gleichzeitig auftreten) nicht möglich ist, muss eine Fußnote eingefügt werden, die erkennbar macht, dass McDonald's der Eigentümer des auf der Verpackung bzw. dem Produkt verwendeten Warenzeichens ist.

   – Beispiel: „McDonald's, Big Mäc, Happy Meal, McDonaldland und die Namen und Designs der im McDonaldland auftretenden Figuren sind Warenzeichen der McDonald's Corporation und deren Tochtergesellschaften."

3. Die Warenzeichen müssen immer mit der in den Richtlinien festgelegten Form genutzt werden. Fehlerhafte Rechtschreibung und Variationen sind zu vermeiden:

   Richtig: Hamburglar®, McDonald's®, Super Size®

   Falsch: Hamburgler, MacDonalds, Super Sized, Supersize, Super Sizing

4. Es sollte immer gezeigt werden, dass die Warenzeichen von McDonald's etwas Besonderes und Spezielles sind. Werden die Warenzeichen in einer Werbevorlage genutzt, muss sichergestellt werden, dass sie hervorstechen und nicht im Konkurrenzumfeld untergehen. Dies kann auf folgende Arten erreicht werden:

   – Alles in Großbuchstaben: ICH LIEBE ES®
   – Große Anfangsbuchstaben: Ich Liebe Es®
   – Unterstreichungen: *ich liebe es*®
   – Anführungszeichen: „ich liebe es®"
   – Kursivschrift: *ich liebe es*®
   – Fettdruck: **ich liebe es**®

5. Das Warenzeichen sollte immer als Adjektiv genutzt werden, um den Gattungsbegriff, der das Produkt beschreibt, näher zu bestimmen. Wird ein Warenzeichen in Verbindung mit dem visuellen Auftritt eines Produkts genutzt, kann auf den Gattungsbegriff verzichtet werden. Auf Slogans und Logos muss kein Gattungsbegriff folgen. Aus offensichtlichen Gründen wird darauf verzichtet, auf Happy Meal® den Gattungsbegriff Mahlzeit folgen zu lassen.

   – Beispiele: Big Mäc Sandwich; McFlurry Dessert

6. Wird ein Warenzeichen mehrfach in der Werbevorlage benutzt, muss der Gattungsbegriff nur einmal entweder auf die erste oder auf die bekannteste Marke folgen.

Beispiel: Kaufe einen Big Mäc®Sandwich und Du bekommst den zweiten Big Mäc gratis.

7. Das Warenzeichen darf weder im Plural noch im Genitiv genutzt werden, es sei denn, dass ein solches Warenzeichen existiert. Beispielsweise sind die Chicken McNuggets® im Plural registriert und sollten demnach entsprechend der Eintragung genutzt werden.
   - Richtig: Big Mäc Sandwiches®; Ronald McDonald® und Freunde
   - Falsch: Big Mäcs; Ronald's Freunde

8. In Redewendungen sollte Interpunktionen vermieden werden, es sei denn, die Interpunktion ist Teil des Warenzeichens.
   - Richtig: ich liebe es®
   - Falsch: ich liebe es!®

9. Das Warenzeichen darf am Ende einer Zeile niemals mit einem Bindestrich getrennt werden:
   - Falsch: Komme im Dezember zu McDonald's, um die Mc-Donald's® Geschenkgutscheine zu bekommen.

10. Keinesfalls sollte der Versuchung nachgegeben werden, die Vorsilbe „Mc" gelegentlich einem Substantiv hinzuzufügen, um ein augenblicklich einzusetzendes Wareneichen zu schaffen. Die zu häufige Nutzung der Vorsilbe „Mc" verwässert und zerfrisst die Individualität der Familie von „Mc"-Warenzeichen. Jede Nutzung von „Mc", die von den eingetragenen Warenzeichen abweicht, muss von der Rechts- sowie der Kreativabteilung von McDonald's genehmigt werden.

11. Das „Golden Arches"-Logo darf niemals verdeckt, verzerrt bzw. verdreht, abgeschnitten oder von einem Muster oder Design überlappt werden. Die Bögen müssen immer in einer aufrechten Position erscheinen und dürfen nicht umgedreht als „W" oder seitlich als „E" oder „3" genutzt werden. Die Bögen dürfen auch nicht anstelle des Buchstabens „M" in einem Wort genutzt werden, außer in Verbindung mit bestimmten anderen McDonald's Warenzeichen.

12. In sämtliche Materialien muss die folgende Zeile über die Rechtmäßigkeit des Urheberrechts eingebunden werden:
    ©_____McDonald's Corporation
    (Erscheinungsjahr)
    - Beispiel: © 2006 McDonald's Corporation

## Die Nutzung der McDonald's Warenzeichen durch Lieferanten
### Erlaubte Nutzung

Nur als exklusiv anerkannte Lieferanten des McDonald's Systems dürfen das McDonald's Goldene-Bögen-Logo sowie den Namen McDonald's auf ihren Visitenkarten und Briefbögen einsetzen. Diese dürfen aber nur an Personen innerhalb des McDonald's Systems übergeben oder verschickt werden.

Personen, deren Haupttätigkeit darauf liegt, Dienstleistungen für das McDonald's System zu erbringen, dürfen auf ihre Beziehung zu McDonald's lediglich in ihrem Titel (beispielsweise Wirtschaftsprüfer – McDonald's) hinweisen. Solche Referenzen dürfen nur auf Visitenkarten und Briefbögen eingesetzt werden, die an Personen innerhalb des McDonald's Systems gerichtet sind.

### Verbotene Nutzung

Kein Lieferant darf die Warenzeichen von McDonald's auf Werbematerial, Verkaufsförderungsmaterial usw., das an jemanden außerhalb des McDonald's Systems verschickt wird, einsetzen.

Kein Lieferant darf die McDonald's Corporation als Klienten oder Kunden auf seinen Werbe- und Verkaufsmaterialien anführen.

Der Einsatz von McDonald's Warenzeichen, einschließlich des Goldene-Bögen-Logos, ist auf Ausrüstungs- und Ausstellungsgegenständen auf Messen und Ausstellungen, die nicht von McDonald's veranstaltet werden, verboten.

Sollte ein Lieferant es beabsichtigen, die Warenzeichen von McDonald's in einer Art und Weise, die durch die vorangegangenen Regeln nicht ausgeschlossen sind, zu nutzen, muss er zuerst eine schriftliche Erlaubnis von einem Mitarbeiter der McDonald's Einkaufs- und Rechtsabteilung erlangen.

### Produktlizenzen

Bevor ein Produkt oder ein Werbeartikel, der McDonald's Warenzeichen trägt, über McDonald's Restaurants verkauft oder vertrieben wird, muss der Lieferant des Produkts lizenziert sein. Um für eine Lizenzierung in Betracht gezogen zu werden, muss der Regional Marketing Manager/ Supervisor oder International Zone Business Affairs Manager kontaktiert werden. Dieser muss den Lieferanten darin unterstützen, den Lizenzierungsprozess einzuleiten, den Antrag auf einen Produktlizenzvertrag zu ergänzen und jede erforderliche Zustimmung von den Abteilungen Unternehmensmarketing („Corporate Marketing") und Geschäftsbeziehungen („Business Affairs") einzuholen.

### Generell verbotene Nutzung des Logos

Nur die ordnungsgemäße Nutzung der McDonald's Zeichen – so das Unternehmen – stärke die Marke und gewährleiste die Kraft auf den Märkten. Aus diesem Grund sollen die folgenden Beispiele bei der Entwicklung von Materialien berücksichtig werden (vgl. Abb. 5.2):

1. Das Wort „McDonald's" soll korrekt in der $\bigcap$ -Form positioniert werden. Das Wort „McDonald's" darf durch kein anderes Wort, keinen anderen Namen oder Gegenstand ersetzt werden (siehe Beispiel 1).
2. Text und Graphiken dürfen nicht näher am Logo liegen als in Beispiel 2 aufgezeigt.
3. Das $\bigcap$ darf durch kein Objekt behindert werden; es muss in seiner Ganzheitlichkeit sichtbar sein und nicht durch andere Zeichen überlagert werden (siehe Beispiel 3).
4. Sowohl der bedruckte Bereich als auch der Raum innerhalb der Bögen sollten nicht durch Buchstaben, Bilder, Charaktere, schraffierten Hintergrund oder andere graphische Elemente verletzt werden (siehe Beispiel 4).

**Abb. 5.2** Generell verbotene Nutzung des Logos [89], S. 8

5. Das ⋒ darf nicht als Buchstabe „M" genutzt werden, es sei denn in Verbindung mit einem bestimmten anderen McDonald's Warenzeichen. Die goldenen Bögen dürfen niemals als „W", „E", „Z" oder „3" genutzt werden (siehe Beispiel 5).
6. Veränderungen von Größe und Form des Logos sind zu vermeiden (siehe Beispiel 6).
7. Das Verhältnis zwischen Buchstaben und Logo darf nicht verändert werden (siehe Beispiel 7).
8. Das Warenzeichen-Symbol (TM, MC, ® oder MR) darf von seiner üblichen Position nicht entfernt werden.

Nicht alle Symbole dürfen in allen Medien genutzt werden. Was erlaubt ist und was nicht, legt McDonald's detailliert fest. Außerdem müssen sämtliche Farben entsprechend der Farbstandards von Pantone®, einem eingetragenen Warenzeichen von Pantone, Inc., gedruckt werden.

**Umgangssprachliche Abwandlungen von „McDonald's". (vgl. [37])**

Golden Arches; Mickey D's (USA)

   Macca's (Australien)

   Mackey D's (Großbritannien)

   MakDo (Philippinen)

   MacDo (Kanada (frankophon), Frankreich)

   Makku, Makudo (Japan)

   Macki (Österreich, Bayern)

   Mac (Schweiz)

   McDreck, McDoof, Mac, Macces, Macki, „Gasthof zum Goldenen M", „Restaurant zur goldenen Möwe", „Schachtelwirt", McBrech, McKotz, MCD, McMatsch, McWürg (Deutschland)

   McD's (Schottland)

   Meki (Ungarn)

   Mec (Rumänien)

   Donken (Schweden)

In Großbritannien verzichtete McDonald's 2004 zum ersten Mal in der Unternehmensgeschichte in einer Werbekampagne auf das eigene Logo. Hintergrund dieses außergewöhnlichen Schritts waren die Bemühungen, die Marke neu zu positionieren. Neben der Einführung von Salat und vegetarischen Gerichten als Teil des Angebots war vor kurzem eine Kooperation mit der englischen Vegetarian Society bekannt gegeben worden. Diese hatte mit ihrem Gütesiegel vegetarischen McDonald's Produkten die Unbedenklichkeit attestiert.

In der Außenwerbung wurden die goldenen Bögen, das Logo der Fast-Food-Kette, durch ein Fragezeichen und den Slogan „McDonald's. But not as you know it." ersetzt. Dies war eine Anspielung auf die Kultserie Star Trek, wo Commander Spock in eine Folge zu Captain Kirk sagt: „It's life, Jim. But not as we know it." Die Kampagne umfasste auch eine Mailingaktion, bei der 17 Mio. britische Haushalte mit einem Booklet über die Änderungen in der McDonald's Speisekarte informiert wurden.

Die Werbeagentur Leo Burnett, die für die Kampagne verantwortlich zeichnete, wollte die Veränderung als einen Aufruf an die Konsumenten verstanden wissen, sich Gedanken über McDonald's und deren Speiseangebot zu machen. Dies wiederum könnte einen entsprechenden Wandel innerhalb des Fast-Food-Unternehmens nach sich ziehen.

Die McDonald's Kampagne war Teil der neuen Strategie, die der Fast-Food-Riese einschlagen musste, um den damaligen Gewinneinbrüchen entgegenzuwirken. In 2003 waren die Gewinne in Großbritannien von 120 Mio. € auf 33 Mio. € gesunken. McDonald's erhoffte sich dadurch eine Imageänderung und auch einen Wiederanstieg der Umsätze. Denn in Großbritannien machten und machen zahlreiche Interessensverbände u. a. auch die Fast-Food-Kette für die Gewichtszunahme bei Kindern verantwortlich (vgl. [114]).

**Proteste in Thailand: McDonald's wehrt sich gegen unerlaubte Nutzung seines Logos**

In Thailands Hauptstadt Bangkok ging der Konzern gegen Gäste vor, die gegen den Militärputsch in ihrem Land demonstrierten und sich dafür ein merkwürdiges Logo ausgesucht hatten: das gelbe, geschwungene M des Burger-Braters. Der fand das laut der Nachrichtenagentur AP gar nicht lustig – und forderte von den Aktivisten, „aufzuhören und sich zurückzuhalten".

Die Gegner der Armeeführung hatten sich regelmäßig im Herzen von Bangkok getroffen, um gemeinsam Pläne gegen das Militär zu schmieden. Einer ihrer Treffpunkte war eine McDonald's-Filiale in der bekanntesten Einkaufsgegend der Stadt. So wurde das Fast-Food-Restaurant zur Bastion der Demonstranten und der knallgelbe Buchstabe zu ihrem Symbol. Auf ihren Plakaten bei den von der Militärführung verbotenen Demonstrationen ersetzen viele Aktivisten das M in „Demokratie" durch das Firmenlogo.

Das Unternehmen McThai, das die McDonald's-Filialen in Thailand betreibt, distanzierte sich öffentlich von den Aktivisten. McDonald's nehme eine „neutrale Haltung" ein. Der Konzern drohte zudem mit „entsprechenden Maßnahmen" für den Fall, dass Demonstranten weiterhin das Emblem des Konzerns verwenden würden.

## 5.3   Die horizontale Strategie: Das Netz branchenübergreifender Allianzen

Im März 1998 kamen 18.000 McDonald's Mitarbeiter aus 109 Ländern zu ihrem Jahrestreffen nach Orlando. Die Veranstaltung zeigte auf eindrucksvolle Weise, wie eng McDonald's, Disney und Coca-Cola, drei der Top-Marken weltweit, miteinander verbunden sind. Der Vorstandsvorsitzende von Coca Cola war zur Stelle, um seinem größten Abnehmer Unterstützung zu versprechen. Und Disney gab den Mitarbeitern des Fast-Food-Giganten ein Sneak Preview in sein neues Animal Kingdom, wo McDonald's das Dinoland, eine der Hauptattraktionen, sponsert.

Auch außerhalb des Animal Kingdoms war das engmaschige Netzwerk zwischen den drei Unternehmen unverkennbar. Der in unmittelbarer Nähe des Parks ansässige McDonald's war als Disney-World-Themenrestaurant gestaltet. Das dort tätige Personal trug spezielle, von Disney gestaltete Uniformen, die McDonald's Charaktere darstellten. Und in der Mitte des Restaurants schenkte eine überdimensionale Coca-Cola-Flasche Softdrinks aus.

Die Wurzeln der Kooperation zwischen McDonald's und Disney gehen auf das Jahr 1917 zurück. Ray Kroc, der Gründer von McDonald's, und Walt Disney hatten in derselben Rot-Kreuz-Kompanie am Ersten Weltkrieg in Europa teilgenommen und sich dort kennen gelernt. 1954 – nach Jahrzehnten, in denen sich die beiden offensichtlich aus den Augen verloren hatten – schrieb Kroc seinem Kriegskameraden einen Brief, in dem er sich erkundigte, „… ob die Möglichkeit besteht, ein McDonald's in Ihrem Disneyland Development zu errichten." (Zitiert bei [122], S. 54).

Disney leitete das Anliegen Kroc's an die Abteilung weiter, die für die Vergabe der Konzessionen im bald eröffnenden Freizeitpark zuständig war. Einer Darstellung zufolge forderte Disney's Unternehmen von Kroc, den Preis für Pommes Frites von 10 auf 15 Cents anzuheben. Dieser Aufschlag sollte als Bezahlung für die Gewährung der Konzession dienen. Doch Kroc habe es abgelehnt, seine Kunden auszubeuten. Zweifel an dieser Darstellung scheinen angebracht, wirkt sie doch wie ein nachträgliches Bemühen der McDonald's Corporation, das Scheitern der Verhandlungen in einem positiven Licht erscheinen zu lassen. Als wahrscheinlicher gilt, dass Kroc zum damaligen Zeitpunkt noch nicht in der gleichen Liga wie Disney spielte und demnach kein adäquater Partner für ein solches Großprojekt war (vgl. [122], S. 54–55).

Interessant erscheint in diesem Zusammenhang, dass – ähnlich wie bei McDonald's – auch im Falle von Disney ein Teil des Unternehmenserfolgs darauf zurückzuführen ist, dass die Techniken der Massenproduktion und damit die Prinzipien von Henry Ford auf die Filmproduktion übertragen wurden. Disney führte in seinen Filmstudios Fließbandproduktion und Arbeitsteilung ein. Statt komplette Szenen anzufertigen, erhielt jeder Mitarbeiter genau definierte Aufgaben und zeichnete sowie colorierte einzelne Zeichentrickfiguren. Bei ihrer Arbeit wurden die Mitarbeiter beobachtet und die Zeit gestoppt, wie lange sie für die Anfertigung jeder einzelnen Folie benötigten (vgl. [4], S. 164–174).

Strategische Allianzen sind zumeist auf Zeit angelegt und unterlegen vergleichsweise geringen Restriktionen. McDonald's, Coca Cola und Disney, drei der Top-Marken weltweit, waren lange Zeit durch ein verborgenes Netz von Allianzen miteinander verbunden. Für diese Unternehmen bieten solche Allianzen einen wichtigen Ansatzpunkt für zukünftiges Wachstum.

▶ **Markenallianz (vgl. [12], S. 176)** Als Markenallianz (auch Markenpartnerschaft genannt) bezeichnet man eine langfristige, unternehmensübergreifende Form der Markenkombination. Hierbei bündeln mindestens zwei selbständige Marken ihre Kraft in einem gemeinsamen Auftritt am Markt, wobei Vorteile gegenüber der Nutzung einer einzelnen Marke angestrebt werden. Die Vorteile, die sich mit Markenallianzen erzielen lassen, hängen von der Art der gemeinsam bearbeiteten Märkte ab. Im Falle bisheriger Märkte sprechen für Markenallianzen:

- Gegenseitige Steigerung des Bekanntheitsgrades und Stärkung des Images
- Lizenzeinnahmen
- Kurzfristige Realisation von Preis- und Mengeneffekten
- Erweiterung der angebotenen Leistung um bestimmten Zusatznutzen

Bei der Erschließung neuer Märkte fällt Markenallianzen die Aufgabe zu, den Zugang zu neuen Kunden (z. B. regionale Märkte) zu erschließen.

Weitere Vorteile von Markenallianzen liegen im Aufbau neuer Kompetenzfelder sowie in der Erschließung von Absatzmittlern/-kanälen.

Mögliche Ausprägungsformen von Markenallianzen sind:

- Co-Promotions = gemeinsame Kommunikationsaktivitäten zweier Marken, z. B. McDonald's und Disney. Abweichend vom Co-Branding wird jedoch kein gemeinsames neues Produkt vermarktet.
- Co-Branding = gemeinsame Leistung von zwei Marken, wobei McDonald's sich hier des Ingredient-Branding (= gemeinsame Leistung zweier Marken auf vertikaler Ebene) bedient. Beispiel: McDonald's mit McFlurry, dem beispielsweise Smarties von Nestlé beigemischt werden.

Die Allianzen werden von zwei Ideen vorangetrieben: Globalisierung und Kernkompetenz. Zum einen sehen sich Unternehmen zunehmend gezwungen, nach Wegen zu suchen, ihre Produkte in möglichst vielen Ländern zu verkaufen. Dies erfordert nicht selten die Unterstützung von Unternehmen, die in diesen Ländern bereits Erfahrungen gesammelt haben. Zum anderen sind Unternehmen, die sich auf ihre Kernkompetenzen konzentrieren, immer häufiger auf die Hilfe von Partnern angewiesen, die sich auf anderen Feldern auskennen.

Die Beziehungen, die Coca Cola, McDonald's und Disney miteinander verbanden, waren vielfältig. 1997 schlossen McDonald's und Disney für einen Zeitraum von zehn Jahren eine formelle Allianz, die 2006 in beiderseitigem Vernehmen aufgelöst wurde. In diesem Zusammenhang unterstützte McDonald's die Filme von Disney durch Werbe-Kampagnen. Der Burger-Gigant verkaufte u. a Kinotickets in seinen Restaurants, legte seinen Happy Meal Spielzeugfiguren der Hauptdarsteller aus den Disney-Filmen bei und bot spezielle Disney-Menüs an. Ein typisches Beispiel hierfür ist die Astromeal, die im Zuge des Starts von Armageddon, einem 100 Mio. US-$-Film mit dem Hauptdarsteller Bruce Willis, angeboten wurde. Der Film hatte nicht Kinder, sondern Jugendliche im Visier – eine Zielgruppe, bei der McDonald's vergleichsweise schwächer vertreten ist.

Im Gegensatz dazu basiert die Allianz zwischen McDonald's und Coca-Cola nicht auf einer schriftlichen Vereinbarung, sondern auf „einer gemeinsamen Vision und viel Vertrauen", wie es einmal der Vorstandsvorsitzende von Coca-Cola bekundete. Schlosser sieht die Wurzeln dieser Verbindung in der in der Eisenhower-Ära (1953–1961) entstandenen Glorifizierung der Technik, die in Slogans wie „besser leben mit Chemie" oder „unser Freund, das Atom" Ausdruck fand. Die Errungenschaften des technischen Fortschritts, die Walt Disney im Fernsehen und Disneyland feierte, erreichen nach seiner Ansicht ihre Vollendung in den Küchen der Fast-Food-Restaurants. Die Unternehmenskultur von McDonald's sei „über die gemeinsame Ehrfurcht von glänzenden Maschinen, Elektronik und Automatisierung untrennbar mit dem Disney-Imperium verknüpft." [122], S. 16 f.

Einer der ersten Erfolge von Ray Kroc im Fast-Food-Geschäft bestand darin, in den 50er Jahren einen jungen Geschäftsführer von Coca Cola, Waddy Pratt, davon zu überzeugen, ihn mit Coca-Cola zu beliefern. Mr. Pratt, der in Orlando wie eine Berühmtheit begrüßt wurde, leitete die Geschäftsbeziehungen zu McDonald's bis 1984. Seither wird diese Aufgabe von lediglich einer anderen Person übernommen, nämlich John Gillin, der heute ein Team von einigen Hundert Mitarbeitern leitet. Dies ist ein Beleg für die Kontinuität der Beziehungen zwischen beiden Unternehmen.

Obwohl Coca-Cola seine Getränke auch an andere Restaurants verkauft, gehen die Beziehungen zu McDonald's weit über die zu einem gewöhnlichen Lieferanten hinaus. Coca-Cola half seinem Partner dabei, neue Geschäfte über den Erdball aufzubauen. Denn Coca-Cola wird in deutlich mehr Ländern verkauft als McDonald's Produkte. Die Liste der Kooperationsfelder ist lang und reicht von Beziehungen zu Banken bis hin zum Design von Geschäftsausstattungen. Es besteht auch ein intensiver Kontakt zwischen beiden Unternehmen auf der Vorstandsebene. Als Robert Goizueta, der Vorstandsvorsitzende von Coca-Cola starb, wehten die Fahnen bei McDonald's weltweit auf Halbmast.

Die Beziehung zwischen Coca-Cola und Disney war nachweislich die schwächste der drei, aber lange Zeit immer noch beträchtlich. Coca Cola war seit 1955 der einzige Lieferant von alkoholfreien Getränken in den Disney-Themenparks. Seit 1985 bestand eine Marketing-Allianz zwischen beiden Unternehmen. Und nicht zuletzt hat Coca-Cola Disney in Übersee und hier insbesondere in Europa unterstützt.

Alle drei Firmen betonten, dass die Kontrolle über die Allianzen größtenteils in der Hand der jeweiligen Ländermanager liege. Wenn beispielsweise eine Fußball-Weltmeisterschaft in Europa stattfand, ein Ereignis, bei dem sich Coke sehr stark als Sponsor engagierte, dann wurde die Zusammenarbeit mit Disney auf ein Minimum heruntergefahren. Gelegentlich gab es auch Interessenkonflikte. Beispielsweise zog sich Coca-Cola aus der Ausschreibung um die Exklusivbelieferung eines Baseball-Stadions in Kalifornien zurück, das Disney gehörte. Dies zeigt, dass die Zusammenarbeit nur vertieft wurde, wenn sie einen einfachen Test bestand: entweder Umsatzsteigerung oder Kostensenkung, ohne dem Anderen Kapital anzuvertrauen.

Ein Grund für den Erfolg des Coke-Disney-McDonald's Triumvirats lag darin, dass jedes Unternehmen in seiner Branche Marktführer ist. Oder wie Berater es formulieren würden: Die hübschesten Mädchen gehen mit den attraktivsten Jungs aus. Dies passiert auch kleineren Unternehmen. Starbucks, die größte amerikanische Kaffee-Kette, hat Restaurants in Filialen des Buchhändlers Barnes & Noble.

Warum aber erwarben die großen Drei keine Anteile ihrer Partner? Weil sie die Ansicht vertraten, dass es eine Verschwendung von Kapital wäre, wenn man in ein Geschäft investieren würde, in dem man keine Erfahrung hat. Denn grundsätzlich lässt sich nachweisen, dass bei Konsumgütern Allianzen häufig effizienter sind als Firmenübernahmen.

In der Tat scheint ein Erfolgsfaktor von Allianzen in ihrem informellen Charakter zu liegen. Selbst wenn die Vereinbarungen unterschrieben werden, sind sie normalerweise recht unpräzise formuliert. Michael Quinlan, ehemaliger Vorstandsvorsitzender von McDonald's, sagte einmal, dass er die Vereinbarungen mit Disney niemals eingehend studiert habe, bevor er sie unterzeichnete.

Des Weiteren lässt sich feststellen, dass Allianzen dann erfolgreich sind, wenn – wie im Falle von McDonald's, Coca-Cola und Disney – die Partner auf gleicher Augenhöhe miteinander verhandeln. Denn ansonsten hat der kleinere Partner immer die Befürchtung, aufgrund seiner guten Ideen ausgenutzt zu werden.

Schließlich scheitern Allianzen häufig dann, wie die zahlreichen Beispiele aus Silicon Valley belegen, wenn sie aufgrund technischer Neuerungen über Nacht obsolet werden.

Konsumgütergiganten wie McDonald's, Coca-Cola und Disney arbeiten jedoch in sich langsamer verändernden Märkten, in denen normalerweise keine kurzfristigen Umbrüche stattfinden.

---

**„Die Unglaublichen – The Incredibles" – ein Beispiel für die Strategische Allianz zwischen McDonald's und Disney**

Zum Start des Disney/Pixar-Films „die Unglaublichen – The Incredibles" (Dezember 2004) startete McDonald's eine entsprechende Promotionaktion. Vier Wochen lang erhielt jeder Gast zu einem mittleren und großen Getränk ein Handy-Spezial zum Film. Die Gäste mussten hierzu einen im Becherrand ihres Getränks versteckten Code per SMS verschicken. Der mobile Content, den sich die Gäste so per Zufallsprinzip auf ihr Handy holen konnten, umfasste mehr als 50 Wall-Papers, Sprach-Grußkarten, Java Games, Klingeltöne und SMS-Postkarten. Höhepunkte waren der „Message Creator", mit dem man Figuren aus dem Film in eigene Fotos einbinden und verschicken konnte, sowie der „Yella", mit dem man während des Telefonierens per Tastendruck verschiedene Sounds einspielen konnte. Die Mechanik funktionierte in allen deutschen Handynetzen. Bereits gewonnene Specials konnte der Kunde in einem virtuellen Sammelalbum ablegen, der Heldenzentrale, die nach Anforderung per SMS auf dem Handydisplay angezeigt wird. Hierzu war kein Code notwendig. Gleichzeitig wurde gewährleistet, dass man jeden Content nur einmal bekam.

Parallel dazu wurden entsprechende Produkte angeboten. Der Big Mac war während der Laufzeit der Promotion in drei Versionen erhältlich – in der klassischen Version, als Chicken Big Mac mit Hähnchenfleisch sowie als Bigger Big Mac, der 20 % größer ist. Als Extraangebot wurden Brie Spitzen, ein Schokoladen-Kuchen sowie ein Apfel-Zimt-Knusper-Eis angeboten.

Die Promotion wurde vier Wochen lang mit Werbemitteln im Restaurant und TV-Spots umworben. Partner der Aktion waren Buena Vista International, T-Mobile sowie Nokia. Die Aktion fand zeitgleich in Österreich, Italien, England und Spanien statt (vgl. [97]).

---

Doch was passiert, wenn McDonald's gegenüber seinen Konkurrenten an Boden verliert? Die Antwort liegt auf der Hand: Die Verbündeten werden die Allianz aufkündigen und nach neuen, attraktiveren Partnern Ausschau halten. Denn Allianzen werden solange aufrechterhalten, wie beide Partner Vorteile aus der Zusammenarbeit ziehen.

Und so kam es für Insider nur wenig überraschend, dass Disney und McDonald's ihr Exklusiv-Marketingabkommen nach zehnjähriger Zusammenarbeit in gegenseitigem Einvernehmen – so die offizielle Verlautbarung – zum Jahresende 2006 auflösten. Aus dem Promotion-Vertrag mit McDonald's hatte Disney dem Blatt zufolge 100 Mio. US-$ Lizenzgebühren pro Jahr erwirtschaftet. Dafür durfte McDonald's nicht nur die Figuren des Konzerns für seine Marketingzwecke nutzen, sondern auch Restaurants in den Disney-Themenparks eröffnen.

Die Entscheidung, so Disney, sei bereits zwei Jahre vorher gemeinsam getroffen worden. Der Medienkonzern wird aber weiterhin mit McDonald's zusammenarbeiten, allerdings auf einer flexibleren Basis. Disney weigerte sich, genaue Gründe für das Ende der exklusiven Zusammenarbeit zu nennen. Die „Los Angeles Times" hatte jedoch zuvor berichtet, Disney hätte den Vertrag nicht verlängern wollen, weil Fast-Food in den USA ein immer schlechteres Image habe. Nach Angaben des Blattes hatte Steve Jobs, damaliger Chef der von Disney übernommenen Pixar Animation Studios und damit größter Disney-Anteilseigner, in einer Telefonkonferenz bereits 2005 seine Zweifel gegenüber Fast-Food geäußert. Es könne durchaus sinnvoll sein, mit Fast-Food-Ketten zusammenzuarbeiten. „Aber es bestehen auch einige Bedenken, da in unserer Gesellschaft das Bewusstsein über manche Auswirkungen von Fast-Food gewachsen ist", sagte Jobs demnach.

Bei McDonald's bemühte man sich, die Bedeutung der Entscheidung von Disney herunterzuspielen. Die Zusammenarbeit sei keinesfalls beendet, betonte Marketing-Direktor Dean Barett. Das einzige, was sich geändert hätte, sei die Exklusivität der Kooperation. McDonald's sei nun flexibler und können auch mit anderen Partnern zusammenarbeiten (vgl. [130]). Tatsächlich schloss das Unternehmen 2006 einen zweijährigen Kooperationsvertrag mit Dream Works ab, in dessen Rahmen „Shrek 3" vermarktet wurde. Ironischerweise zeichnet sich der grüne Held dieses Zeichentrickfilms durch starkes Übergewicht aus (vgl. [146]).

## 5.4    Die vertikale Strategie: Kooperation auf dem „dreibeinigen Stuhl"

### 5.4.1    Die Basis: Efficient Consumer Response

Ein Eckpfeiler des Erfolgs von McDonald's bildet ein umfassendes Supply Chain Management. Zentrale Charakteristika eines solchen sind:

- eine durchgängige Optimierung aller Güter- und Informationsflüsse vom Rohstoff bis zum Endkunden, also zwischen Lieferant, McDonald's und den Restaurants,
- eine simultane Betrachtung der unternehmensinternen und -übergreifenden Versorgungsprozesse bei den Systempartnern sowie
- eine strategisch-langfristige Perspektive (vgl. im Folgenden [5, 157]).

Bei McDonald's spricht man in diesem Zusammenhang von „the 3 legged stool" („der dreibeinige Stuhl"): Nur wenn McDonald's, seine Lieferanten sowie die Franchise-Nehmer ihren jeweiligen Beitrag zur Wertsteigerung leisten, kann das propagierte Ziel, nämlich 100 % Total Customer Service erreicht werden.

Kroc entwickelte das System des „dreibeinigen Stuhls", das bis heute die Entwicklung des Fast-Food-Giganten bestimmt: Lokale, hoch motivierte Franchise-Nehmer betreiben das Geschäft vor Ort. Ihre Produkte beziehen sie von regionalen Zulieferern. Und das

Mutterunternehmen bestimmt Produktionsablauf, Corporate Identity, Menüplanung, Markenstrategie und Marketing.

Die Prinzipien von Kroc können als Vorläufer des Efficient Consumer Response (ECR), d. h. der effizienten Reaktion auf die Kundennachfrage, angesehen werden. Der Ansatz basiert auf dem Grundsatz: „Working together to fulfil consumer wishes better, faster and at less cost." (vgl. hierzu [141]). Konkret agieren hier die Unternehmen in der Wertschöpfungskette, im vorliegenden Fall Lieferanten, McDonald's und Franchise-Nehmer, gemeinschaftlich mit dem Kunden als Ausgangs- und Orientierungspunkt sowie unter dem Motto „Kooperation statt Konfrontation". Auf diese Weise sollen sich für alle Beteiligten Nutzenpotenziale erschließen, die im Alleingang nicht zu erreichen gewesen wären. Als wesentliche Ziele des ECR sind zu nennen:

• Abbau von Ineffizienzen entlang der Wertschöpfungskette (logistischer Aspekt)
• Erschließung von Umsatzpotenzial (Marketingaspekt)

Wie auch gegenüber seinen Franchise-Nehmern lässt sich McDonald's in der Beziehung zu seinen Lieferanten von der Überlegung leiten, dass beide Marktpartner durch Kooperation ihre Ziele gemeinsam besser erreichen und einen Nutzen aus der Zusammenarbeit ziehen können (sog. Win-Win-Strategie). Darin unterscheidet man sich von anderen Unternehmen, bei denen die Bargaining-Prozesse sprich Verhandlungen zwischen Lieferant und Abnehmer überwiegend konfliktär sowie aggressiv und damit als Nullsummenspiel verlaufen, bei dem es stets einen Gewinner und einen Verlierer geben muss.

## 5.4.2   Die Kooperation mit Lieferanten

### Der Ausgangspunkt: Supply-Chain-Management und Win-Win-Partnerschaft

Die Zusammenarbeit zwischen McDonald's und seinen Lieferanten basiert auf sog. „Handshake Agreements", d. h. die Übereinkünfte werden mittels Handschlag besiegelt. Eine solche Kooperation kann nur funktionieren, wenn sich die Vertragspartner gegenseitig vertrauen und auch bereit sind, etwaige Risiken zu teilen („risk sharing"). Fokussiert sich nämlich ein Lieferant auf die Geschäftsbeziehung zu McDonald's, so weisen die hierfür spezifischen Investitionen zumindest zum Teil Fixkostencharakter auf und können nur über häufige Transaktionen mit großen Volumina abgedeckt werden. Dies birgt erhebliche Gefahren für den Lieferanten in sich, die er nur durch eine enge, auf Vertrauen beruhende Zusammenarbeit abzumildern vermag. Denn erst so werden die Gefahren opportunistischer Verhaltensweisen begrenzt und eine schnelle, zur Koordination der interdependenten Aufgaben notwendige Kommunikation zwischen den Geschäftspartnern gewährleistet.

Ausgangspunkt der Zusammenarbeit sind genaue Spezifikationen der Produkte, wobei der Qualität zentrales Augenmerk geschenkt wird. McDonald's bewertet die Qualität seiner Lieferanten anhand des SQI, des Supplier Quality Indexes. Aus diesem lassen sich auch Ansatzpunkte für die Weiterentwicklung des jeweiligen Lieferanten ableiten.

Die von McDonald's eingeschlagene Kooperationsstrategie findet ihren Niederschlag u. a. darin, dass 29 Lieferanten, die konsequenterweise als Lieferantenpartner bezeichnet werden, seit mehr als 20 Jahren mit dem Unternehmen zusammenarbeiten. Dies entspricht rund 20 % der knapp 148 in- und ausländischen Lieferanten, von denen McDonald's Deutschland seine rund 1.000 Artikel aus dem Lebensmittel- und Verpackungsbereich bezieht.

„Diese langjährige Zusammenarbeit bringt beiden Seiten Vorteile", so Thomas Burscheidt, ehemaliger Assistant Vice President Einkauf und Qualitätssicherung bei McDonald's Deutschland. „Dazu gehören neben gegenseitigem Vertrauen die Nutzung von Synergien und ein stetiges gemeinsames Wachstum." (zitiert nach [99]). Durch die enge und langjährige Beziehung zu seinen Lieferanten gewährleistet das Unternehmen nicht zuletzt die Einhaltung der sich auferlegten Qualitätsmaßstäbe.

Wie wichtig strategische Geschäftsbeziehungen, die eine enge, auf Vertrauen beruhende Zusammenarbeit erfordern, für McDonald's sind, wird nachvollziehbar an der Neuentwicklung von Angeboten, wie sie zum Beispiel für Promotionaktionen anstehen. Egal, ob die Bäckerei Lieken nun ein Brötchen in Fußballform liefern soll, Develey eine eigene Soße für die Asia Wochen kreiert oder Agrarfrost an einer Kartoffelspezialität arbeitet: All dies wird erst möglich durch die schnelle, sich über Jahre hinweg eingespielte Kommunikation zwischen den Geschäftspartnern, welche die Koordination solch interdependenter Aufgaben erst ermöglicht.

**Die Beschaffungsstrategie: Vertrauen in heimische Markenartikler**
McDonald's unterscheidet zwei Arten von Lieferanten:

• Indirekte Lieferanten: Hierzu zählen Landwirte (Aufgaben: Aufzucht von Rindern, Schweinen und Geflügel; Anbau von Salat, Weizen und anderen Rohwaren) sowie betriebe und Produktionsstätten (etwa Betreiber von Getreidemühlen und Schlachthöfen)
• Direkte Lieferanten: Dies sind weiterverarbeitende Betriebe (etwa Produzenten von Pattys, Buns und Getränken) sowie die Distributionszentren, welche Beschaffung und Diostribution in die Restaurants koordinieren.

In Tab. 5.10 findet sich ein Ausschnitt aus der Lieferanten-Liste von McDonald's. Dabei zeigt sich, dass der überwiegende Teil der Produkt-Zutaten von Markenartikel-Herstellern geliefert wird, die der Verbraucher aus dem Lebensmitteleinzelhandel kennt: Hochland, Bonduelle, Schwartau oder Jacobs sind nur einige Beispiele. Dadurch will McDonald's gegenüber seinen Kunden zum einen den hohen Qualitätsanspruch kommunizieren, den das Unternehmen an seine Lieferanten stellt. Zum anderen zielt McDonald's darauf ab, dass das Image der Markenartikler positiv auf das Bild des eigenen Hauses ausstrahlt. Im Imagetransfer liegt wohl auch das größte Risiko dieser Einkaufsstrategie: Wandelt sich beispielsweise das Ansehen eines der Lieferantenpartner ins Negative (etwa durch schlechte Warentestergebnisse oder Verbraucherklagen), strahlt dies entsprechend auf McDonald's aus.

Die Beschaffungsstrategie von McDonald's erscheint unter zwei Aspekten interessant:

* Anzahl der Bezugsquellen sprich Lieferanten
Tabelle 5.10 ist zu entnehmen, dass McDonald's bei Produkt-Zutaten in 12 der 17 aufgeführten Fälle (= 70,1 %) Single-Sourcing betreibt, d. h. nur auf einen Lieferanten
zurückgreift. Durch eine solch intensive Zusammenarbeit will McDonald's individuell angefertigte Produkte mit hoher Qualität beziehen. Da diese Lieferanten durch die
hohen Produktionsvolumina Erfahrungskurveneffekte erzielen, ist dies auch mit Ein-
kaufsvorteilen für McDonald's bzw. seine Franchise-Nehmer verbunden. Allerdings
begibt sich der Lieferant in eine erhebliche Abhängigkeit, was das Investitions- und
Beschäftigungsrisiko beträchtlich steigert. Für McDonald's verringert sich die Liefer-
sicherheit.
Bei Kaffee, Konfitüren/Toppings und Fruit/Yogurt gibt es zwei Lieferanten (= Dual-
Sourcing), im Falle von Salat und Pommes Frites sogar drei Zulieferer (= Multiple-
Sourcing). Dass hier auf mehrere Bezugsquellen zurückgegriffen, dürfte u. a. an den
hohen Beschaffungsmengen in diesen Produktkategorien begründet liegen. Die in
Tab. 5.10 angeführten Lieferanten arbeiten entweder exklusiv für McDonald's, wie
z. B. der Fleisch- und Geflügel-Spezialist OSI Food Solutions in Günzburg und Duisburg oder es sind renommierte Markenartikler, darunter Develey, Meggle, Zott, Gold-
milch, Agrarfrost oder Coca-Cola.

**Tab. 5.10** Ausgewählte Lieferanten von McDonald's [100, 102]

| Produktkategorie | Lieferant/en |
| --- | --- |
| Fleisch/Geflügel | OSI Food Solutions |
| Brötchen | Lieken/FSB Backwaren |
| Eis/Milch-Shakes | Goldmilch |
| Ketchup/Senf/Soßen/Dressings/Gurken | Develey |
| Kaffee | Jacobs/Kraft Foods |
| Käse | Hochland |
| Käsespezialitäten | Alpenhain |
| Salat | Bonduelle/Eisberg/VanGorp |
| Eiprodukte | Ovofit |
| Konfitüren/Toppings | Schwartau/Nestlé |
| Pommes Frites | Agrarfrost/McCain/Lamb Weston |
| Soft Drinks | Coca-Cola |
| Butter | Meggle |
| Kaffeesahne | Zott |
| Fruit & Yogurt | Dirafrost/Danone |
| Frittieröl | Walter Rau Neusser Öl und Fett AG |
| Kindergeburtsagstorten | Erlenbacher |

- Beschaffungsareal

  Der lokale Einkauf von McDonald's, der auf Landesebene angesiedelt ist, koordiniert die Zusammenarbeit mit den nationalen Lieferanten. Im Falle multinationaler Lieferanten hingegen stimmt der europäische Einkauf die Beschaffung der einzelnen Länder aufeinander ab.

  Rund 75 % des Beschaffungsvolumens von McDonald's Deutschland in Höhe von 801 Mio. € pro Jahr (Stand: 2013) gehen an deutsche Produktionsstätten, 99,7 % der eingekauften Waren stammen aus der EU. An diesen Zahlen wird deutlich, dass McDonald's ein Domestic Marketing favorisiert, bei dem die Beschaffungsquellen im Inland angesiedelt sind. Neben den rein logistischen Vorteilen einer solchen Beschaffungsstrategie dürfen die damit verbundenen Auswirkungen auf das Image nicht vernachlässigt werden. Denn das Fast-Food-Unternehmen ist bestrebt, sein amerikanisches Image abzulegen und sich als deutsches Unternehmen zu positionieren. Getreu dem Motto: „Unser Name klingt zwar amerikanisch, wir aber sind ein deutsches Unternehmen."

McDonald's betont, dass Angebote aus Deutschland innerhalb des internationalen Unternehmensnetzwerks hohes Ansehen genießen. Dafür spricht die Tatsache, dass viele hiesige Stammlieferanten McDonald's Restaurants in mehr als 30 europäischen Ländern beliefern. Beispielsweise kommen die Gurken für sämtliche McDonald's Restaurants in Europa von der deutschen Firma Develey. Damit sichert der Fast-Food-Riese, wie er betont, über 6.000 zum Teil hoch qualifizierte Arbeitsplätze in den hiesigen Zulieferbetrieben.

### „Wie viel Deutschland steckt in Ihrem Essen?"

McDonald's achtet sehr darauf, möglichst viele Lebensmittel aus der Region zu beziehen.

Die Vorteile sind klar: Kurze Wege garantieren frischere Waren, niedrigere Kosten und mehr Qualität. Aktuell kommen rund 75 % unseres Einkaufsvolumens aus Deutschland.

Wir beziehen zum Beispiel unsere gesamte Vollmilch, rund 90 % unseres Rindfleisches, rund 90 % unseres Weizens und mehr als 80 % unseres Schweinefleisches aus Deutschland, Kartoffeln werden auf etwa 4.000 Hektar für uns angebaut. Und unser Salat stammt im Sommer vorwiegend aus Deutschland, größtenteils aus Freilandanbau. Wo wir unseren Bedarf nicht aus der Region decken können, beziehen wir sie in der Regel aus Staaten der EU. Nur 2 % unserer Rohwaren komme aus dem Rest der Welt." [102].

> **McDonald's Flagship Farms**
> Die Fast-Food-Kette McDonald's will mit dem europäischen Flagship-Farm-Programm nachhaltige Methoden in der Landwirtschaft fördern und zugleich einen Beitrag für mehr Nachhaltigkeit bei McDonald's leisten.
> Zwar unterhält die Fast-Food-Kette keine eigenen Höfe, ist jedoch als wichtiger Abnehmer landwirtschaftlicher Produkte mit vielen Agrarbetrieben eng verbunden

und kann demnach entsprechende Anforderungen an seine Zulieferer stellen. Die Flagship Farms seien Teil eines Netzwerks, in dem Landwirte ihre Ideen und Erfahrungen austauschen könnten, erläuterte McDonald's. Dabei handle es sich um ein europaweites Projekt, das McDonald's Deutschland zusammen mit internationalen Partnern entwickelt habe. Die Vorzeigebetriebe sollen nach dem Wunsch der Fast-Food-Kette auf unterschiedlichen Gebieten Standards für eine nachhaltige Landwirtschaft setzen. Die eingeschlagenen landwirtschaftlichen Praktiken sollen gezielt ökonomische, ökologische und ethische Aspekte berücksichtigen. Unter anderem gibt es Flagship Farms für Rinderzucht (Familie Leitner, Bayrisch Zell), Weizenanbau (Hubertus von Daniels, Gut Piesdorf), Salat (DexTerra, Schellerten, ein Zusammenschluss von elf Landwirten aus der Region) und Kartoffeln.

Das Unternehmen ist nach eigenen Angaben überzeugt, im Dialog und in Kooperation mit Landwirten und Agrarexperten bei der Nachhaltigkeit gemeinsame Standards setzen zu können, um die Zuverlässigkeit und Zukunft der Landwirtschaft in Deutschland und in Europa zu sichern.

Dazu dient auch das Modell des Bauernhofs von Kajetan Leitner bei Bayrischzell. Er betreibt eine der rund zehn Flagship Farms von McDonald's in Europa. Diese sollen besonders „nachhaltig" agieren und anderen Landwirten als Benchmark dienen.

Doch vieles, was McDonald's als vorbildlich präsentiert, sei branchenüblich, so Experten. Zum Beispiel, dass Leitners Kühe sich „im Stall frei bewegen" können. „Milchviehherden werden heute mehrheitlich in Laufställen gehalten, in denen die Tiere etwa zu den Tränken laufen können", sagte Frank Zerbe, Experte für Rinderhaltung beim bundeseigenen Friedrich-Loeffler-Institut für Tiergesundheit, gegenüber der taz. Genauso normal sei es, dass die Kühe selbst bestimmen, wann sie die von McDonald's hochgepriesene „automatische Bürstenmassage" nutzen.

Dass die Tiere von Mai bis November auf die Weide kommen, ist laut Zerbe für einen konventionellen Betrieb zwar tatsächlich selten, aber bei Biohöfen eher Standard. Ebenso branchenüblich sei, wenn der Vorzeigelandwirt Leitner laut McDonald's „einen Großteil" des Futters auf seiner eigenen Fläche erzeugt. Lediglich der Melkroboter der Flagship Farm, der es den Tieren erlaubt zu entscheiden, wann sie gemolken werden, sei bislang aufgrund der hohen Kosten dieser Technik noch nicht weit verbreitet.

Der Effekt, den der grüne Vorzeigehof auf die Tierhaltung von McDonald's insgesamt ausübt, muss als recht gering bezeichnet werden. Leitner teilte der taz mit, dass er nur „vier bis fünf Rinder im Jahr" an McDonald's liefere. Zum Vergleich: McDonald's kauft nach eigenen Angaben mehr als 40.000 Tonnen Rindfleisch pro Jahr von Tieren aus rund 90.000 Betrieben. Auch der Anteil anderer Flagship Farmen am Gesamtverbrauch sei verschwindend gering, und auch sie entpuppten sich als weniger fortschrittlich als behauptet, so die taz (vgl. [74, 75]).

### Warum McDonald's keinen Heinz-Ketchup mehr verkauft

Nach 40 Jahren hat sich McDonald's in 2013 von seinem Ketchup-Lieferanten Heinz getrennt. Grund dafür war ein Führungswechsel in der Konzernspitze des Ketchup-Herstellers, der in Verbindung mit Burger King steht.

Die „jüngsten Veränderungen im Management von Heinz" seien der Grund dafür, hieß es in einer Stellungnahme von McDonalds. Denn Heinz wird zukünftig von Bernardo Hees geführt, der zuvor CEO beim Konkurrenten Burger King war.

Die Änderung werde vor allem die Märkte außerhalb der Staaten betreffen, wie eine Sprecherin in den USA sagte. In den Vereinigten Staaten sei der Ketchup nur auf zwei Märkten verwendet worden. Auch Deutschland war von der Veränderung nicht betroffen, weil hierzulande Ketchup von der Firma Develey geliefert wird. Es ist nicht das erste Mal, dass McDonald's nicht mehr den Ketchup von Heinz verwendet: Bereits in den 70er Jahren wurde die Partnerschaft aufgekündigt. Die Begründung lautete damals, Heinz könne nicht so viel Ketchup liefern, wie benötigt werde (vgl. [77]).

### Wie Paddies und Buns entstehen

Wie die Ware für McDonald's hergestellt wird, soll am Beispiel der Hamburger Paddies, der Hackfleischscheiben, sowie der Buns, der Brötchen, demonstriert werden (vgl. im Folgenden [102, 113]). OSI Food Solutions ist ein international tätiges Unternehmen der fleischverarbeitenden Industrie. Am Standort Günzburg werden von 220 Mitarbeitern jährlich ca. 50.000 Tonnen verschiedene Rind- und Schweinefleischprodukte im Kundenauftrag hergestellt. Neben Standardprodukten werden auch maßgeschneiderte saisonale Aktionen für die Kunden entwickelt. OSI beliefert seinen einzigen Kunden, McDonald's Deutschland, seit 34 Jahren mit Fleischprodukten. Die Zusammenarbeit steht auf einer vertragslosen Basis ohne gegenseitige Unternehmensbeteiligungen.

Im Werk gelten strenge Hygienevorschriften. Der Weg zum Arbeitsplatz führt durch eine Hygieneschleuse. Ein Drehkreuz lässt automatisch nur Mitarbeiter in die Anlage, die vorher ihre Schuhsohlen gereinigt und die Hände desinfiziert haben. Das Herzstück der Anlage bilden zwei gigantische Fleischwölfe. Hier wird eine Mischung aus gefrorenem Fleisch und frischem Fleisch verarbeitet, da eine Mischung aus beiden Komponenten ein optimales Endprodukt mit optimalen Grilleigenschaften ergibt. Beim Mischen wird das Fleisch zusätzlich auf −1 Grad Celsius heruntergekühlt. So lässt sich das Hack besser in Burgerform bringen.

Im Fleischwagen wird das Hackfleisch zur Formmaschine transportiert. Hier verarbeitet man das Fleisch zu Scheiben, den sog. Paddies. In einem Gefriertunnel werden die Scheiben dann mit flüssigem Stickstoff bei −60 Grad schockgefrostet und ein letztes Mal untersucht, bevor sie tiefgefroren verpackt werden. Hierzu befindet sich am Ende der Produktionslinie ein Metalldetektor, der noch kleinste Metallteilchen im Produkt erkennen kann. Löst der Metalldetektor aus, wandert die komplette ausgeschleuste Charge in den Abfall. Insgesamt durchläuft das Rindfleisch für die Hamburger bei OSI rund 45 Kontrollschritte.

Das Werk stellt auf acht Produktionsstraßen täglich etwa zwölf LKW-Ladungen Rindfleisch-Paddies her. Die Fabrikation läuft im Drei-Schicht-Betrieb rund um die Uhr. Die Nachtschicht ist ausschließlich mit dem Säubern der Maschinen beschäftigt. Bis zum Morgengrauen wird die gesamte Anlage gesäubert und desinfiziert. Hierzu zerlegen die Arbeiter die Fleischwölfe in ihre Einzelteile und spülen sowie entkeimen sämtliche Produktionsstraßen. Über Nacht tauen auch die Gefriertrommeln ab. Der Großputz dauert ungefähr sechs Stunden. Danach übernimmt die Frühschicht das Werk wieder.

Die Brötchen zum Rindfleisch, in der Fachsprache Buns genannt, kommen ebenfalls aus der Food-Town in Günzburg. Sie werden von Europas größtem Bäcker Kamps hergestellt. Vier Lkws Mehl kommen täglich in die Silos der Großbäckerei und werden von dort direkt in die Rührmaschinen der automatisierten Anlage gepumpt. Das Werk arbeitet rund um die Uhr. Eine Tagesproduktion könnte die Einwohner einer Millionenstadt wie Köln oder Hamburg mit McDonald's Brötchen versorgen.

Die Buns werden ganz konventionell aus Hefe, Wasser, Öl, Zucker, Salz und Weizenmehl gebacken. Das Geheimnis liegt in der ausgetüftelten Mehlmischung und dem Vorteig, der sich durch stramme Klebestränge auszeichnet, was auf den speziellen Weizen zurückzuführen ist, der für das Mehl verwendet wird. Ein überdimensionaler Mixer knetet stündlich vier Tonnen Teig. Die portionierten Teiglinge rollen im Sekundentakt über das Fließband, bevor sie ihre zweieinhalbstündige Reise durch die Anlage beginnen. Unterwegs werden einzelne Teiglinge kontrolliert. Sie müssen exakt 83 g auf die Waage bringen, damit sie später die Standardbrötchengröße erreichen.

In einer Walze werden die Teiglinge dann geformt und in Backbleche verbracht. Für misslungene Teiglinge endet die Reise bereits hier. Alle übrigen bekommen eine gleichmäßige Sesamdusche und wandern bei 260 Grad in den Ofen. Millionen Brötchen werden kompromisslos auf Maß gefertigt. Die Buns müssen im Minimum 5,8 und im Maximum 6,4 Zentimeter vertikalen Durchmesser aufweisen. Und ca. 240 gleichmäßig verteilte Sesamkörner.

Saugnäpfe ziehen die noch heißen Brötchen aus ihren Blechen. Dann müssen die Buns exakt 25 min abkühlen, damit sie später beim Schneiden nicht bröseln. Am Ende der Produktionsstraße ist wieder eine Qualitätskontrolle angesiedelt. Die letzten unförmigen Brötchen werden aussortiert und enden als Tierfutter. Eine spezielle Säge zerteilt im Falle des Big Mac die Buns in drei, von der Höhe exakt vorgegebene Teile.

Einzelne Buns werden danach noch einmal nachgemessen. Jedes Ober-, jedes Unter- und jedes Mittelteil wird elektronisch mittels einer Laser-Optik auf Größe kontrolliert. Wenn die Stichprobe in Ordnung ist, bräunen die vermessenen Buns noch im Originaltoaster unter Restaurantbedingungen genau 35 Sekunden. Die gesamte Fläche der Buns muss hierbei 100 % geschlossen sein, damit später keine Soße durchsickern kann. Die Farbe muss golden-braun sein. Die Maßanfertigung ist wichtig, da alle Buns, die das Werk verlassen, ausschließlich im Standardtoaster gebacken werden. Wenn die Buns im Restaurant nicht in den Toaster passen, müsste die gesamte Produktion entsorgt werden.

### 5.4.3   Das Logistik-Konzept

**Efficient Replenishment durch Einbindung von Logistikdienstleistern**
Im Zuge seines Logistik-Konzepts verfolgt McDonald's zwei zentrale Ziele (vgl. im Folgenden [5, 10, 78]):

- Entlastung der McDonald's Restaurants von sämtlichen administrativen Logistik-Aufgaben. Nur so können sich die Restaurants auf ihre Kernkompetenz konzentrieren, gemäß dem Prinzip QSC&V (= Quality, Service, Cleanliness & Value) „Hamburger zu verkaufen".
- Hierbei übernimmt McDonald's in Eigenregie die strategischen Aufgaben im Einkauf. Dies sind im Wesentlichen:
  - Lieferantensuche (Sourcing) und -auswahl
  - Preisverhandlungen
  - Ausarbeitung und Abschluss von Rahmenverträgen
- Die taktischen und operativen Logistikaufgaben werden an externe Logistikdienstleister „outgesourct". Hierzu zählen:
  - Einkauf bei den Lieferanten (Bestellung und Abwicklung des Tagesgeschäfts)
  - Customer Service (Bestellwesen): Der Logistikdienstleister ist verantwortlich für das tägliche Bestellwesen und Ansprechpartner für alle Fragen, Anforderungen und Vorschläge seitens der McDonald's Restaurants. Des Weiteren werden Fragen zu individuellen Bestell- und Liefervereinbarungen sowie zu Reklamationen abgewickelt.
  - Demand- and Supply-Planning: Hier unterbreitet der Logistikdienstleister computergestützte Bestellvorschläge auf Basis jedes einzelnen Restaurants. Werden diese angenommen, erfolgt die Planung auf der Ebene einzelner Materialien und Lieferanten.
- „One-Stop-Shopping" für die McDonald's Restaurants
  Konkret werden Bestellwesen und Warenströme so gebündelt, dass das einzelne Restaurant „Alles aus einer Hand" erhält: ein/en Katalog/Sortiment, eine Bestellung, eine Lieferung, eine Rechnung und ein integriertes Qualitätsmanagement (= Sammeln, Analysieren und Überwachen sämtlicher Reklamationen durch den Logistikdienstleister, ungeachtet der Tatsache, wo diese in der Lieferkette verursacht wurden). Hierdurch reduziert sich der Aufwand auf der Ebene des einzelnen Restaurants hinsichtlich Bestellwesen, Anlieferungsunterstützung, Rechnungslegung, Buchhaltung etc. Der Logistikdienstleister beschafft hierbei die Food- und Non-Food-Produkte (Beschaffungslo-

gistik), bündelt, lagert sowie kommissioniert die Waren in den Distributionszentren und liefert diese bedarfsgerecht an die McDonald's Restaurants aus (Distributionslogistik).

Durch ein solches Efficient Replenishment (= effiziente Warenversorgung) bieten sich folgende Nutzenpotenziale:

- Abbau hoher Lagerbestände beim Hersteller, in Distributionszentren und bei den McDonald's Restaurants
- Reduzierte Überproduktion von MHD(Mindest-Haltbarkeits-Datum)-kritischen Artikeln
- Optimale Nutzung der Transportkapazitäten
- Reduzierung von Prozesszeiten und -aufwand
- Erhöhung der Produktverfügbarkeit am Point-of-Sale
- Effektive Neuprodukteinführung

Als Instrumente des Efficient Replenishment dienen:

- Electronic Data Interchange (= elektronischer Datenaustausch): Elektronische Datenübertragung per Fax, Email zwischen Produzent, Logistikdienstleister und McDonald's Restaurants
- Cross-Docking = Konsolidierung der Sendungen verschiedener Hersteller in einem vom Logistikdienstleister gesteuerten Distributionszentrum zu Lieferungen für die einzelnen McDonald's Restaurants
- Vendor Managed Inventory (VMI = vom Lieferanten geführte Bestände): Der Zulieferer (= Vendor), in unserem Fall der Logistikdienstleister, überwacht das Lager des Kunden, in unserem Fall das einzelne McDonald's Restaurant, und entscheidet selbstständig über Nachfüllzeitpunkte und optimale Wiederauffüllmenge. Somit ist der Zulieferer – und nicht etwa der Kunde – verantwortlich für das Verwalten und Wiederauffüllen der Bestände.

Es wird deutlich, dass die Logistikaufgaben zwar weitgehend outgesourct sind, der Logistikdienstleister aber in das McDonald's System integriert ist. Dessen Hauptaufgaben liegen in der Bündelung der Warenströme sowie der Optimierung der Versorgungskette zwischen Produzent und einzelnem Restaurant (Supply Chain Management). Das Spektrum der Serviceleistungen reicht vom Warenhandel einschließlich der Vorfinanzierung der Ware und den Vortransporten zu den Distributionszentren über das dortige Lagern und Hantieren der Ware sowie die Distribution zu den McDonald's Restaurants bis hin zur Bereitstellung diverser Informationsdienste (vgl. [118]).

### Distributionszentren und Food-Town-Konzept

Weltweit werden die McDonald's Restaurants aus über 150 Distributionszentren beliefert. Die Distributionszentren sind, vereinfacht ausgedrückt, zwischen Lieferant und

McDonald's Restaurant zwischengeschaltet. Hier findet das sog. Cross-Docking statt, d. h. die Sendungen verschiedener Hersteller werden in einem vom Logistikdienstleister gesteuerten Distributionszentrum zu Lieferungen für die einzelnen McDonald's Restaurants gebündelt.

Die Havi Logistics GmbH führt den Großteil der hierbei eingebundenen Distributionszentren, nämlich 55. Der Logistikdienstleister beschafft die Ware bei den Herstellern, lagert sie in den Distributionszentren ein, kommissioniert die Ware pro Restaurant und beliefert exklusiv die McDonald's Restaurants in 33 europäischen Ländern. Damit organisiert der Logistikpartner Beschaffung, Lagerung und Auslieferung nahezu aller Food- und Non Food Produkte.

Das Unternehmen beliefert heute nicht mehr ausschließlich die McDonald's Restaurants in Europa, sondern widmet sich seit 2001 auch der Gewinnung neuer Kunden aus den Bereichen Schnellrestaurants, Tankstellenunternehmen und Cateringunternehmen. Zu den Kunden zählen neben dem Hauptkunden McDonald's mittlerweile BP, die Compass Group, co (Asia-Restaurants, Domino's Pizza, IKEA, Nordsee, OMV, RIMI und Vapiano) (vgl. [53]).

HAVI beliefert sämtliche McDonald's Restaurants in Deutschland. Deren Versorgung gewährleisten sieben HAVI-Distributionszentren: Neu Wulmstorf (bei Hamburg), Wustermark (bei Berlin), Duisburg, Bingen (bei Frankfurt), Ilsfeld (bei Heilbronn), Günzburg (Raum Ulm/Augsburg) sowie Lederhose (in Thüringen).

Jedes Distributionszentrum in Deutschland versorgt rund 225 McDonald's Restaurants. Das einzelne Restaurant wird ein- bis dreimal pro Woche beliefert, wobei Einheiten in urbanen Zonen tendenziell häufiger angesteuert werden. Pro Tour legt der Fahrer zwischen zwei und drei Anlieferungsstopps ein.

Vom Vollei bis zum Verbandskasten, vom Salat bis zum Spülmittel – alles, was in den McDonald's Restaurants täglich ge- bzw. verbraucht wird, kommt aus den Distributionszentren des Logistikdienstleisters. Die durchschnittliche Entfernung eines Distributionszentrums zu den McDonald's Restaurants und den Produzenten der Ware beträgt rund 120 km.

Um zusätzliche Transportwege zu vermeiden, sind im Falle von McDonald's Produktion und Distribution im Rahmen des „Food-Town-Konzepts" am gleichen Standort angesiedelt. Solche Food-Towns befinden sich in Duisburg und Günzburg. Der Produzent übergibt die Ware, z. B. die Rindfleisch-Paddies, direkt an das Tiefkühllager (gleich nebenan) im Distributionszentrum des Logistikdienstleisters HAVI. Diese lagern dort bis zum Versand in die McDonald's Restaurants (vgl. [113]).

Neben einer Steigerung der Produktivität ermöglicht das „Food-Town-Konzept" Kosteneinsparungen durch Vermeidung von Transporten, Nutzung von gemeinsamen Flächen sowie gemeinsame Nutzung der Stromversorgung, des Energierecyclings und des Sicherheitsdienstes (vgl. [118]). Jedes Distributionszentrum verfügt über eine Lagerfläche von bis zu 10.000 qm. Dort sind über 2.000 verschiedene Artikel verfügbar: Lebensmittelprodukte wie Pommes Frites, Fleisch und Coca-Cola ebenso wie Werbematerial, Verpackungen, Restaurantausstattungsartikel usw.. Neben Hauptverwaltung, Reinigerraum, Batteriestation, Leergutaufbewahrung und den Docks, an denen die Produkte ein- und ausgeliefert werden, ist das Gebäude in drei Temperaturbereiche untergliedert:

- Frischelager: +1 bis +3 Grad Celsius; für z. B. Käse und Salat
- Trockenlager: +5 bis +25 Grad Celsius; für z. B. Faltschachteln und Soßen
- Tiefkühllager: −23 bis −20 Grad Celsius; für z. B. Brötchen, Croissants und Fleisch

## Die Belieferung der McDonald's Restaurants

Um die McDonald's Restaurants zu beliefern, unterhält HAVI eine Fahrzeugflotte, die speziell für den Bedarf der Fast-Food-Kette ausgelegt ist und das gesamte Spektrum von ganzen LKW-Ladungen bis hin zu Kleinstlieferungen abdecken kann. Ziel ist es, eine hohe Flexibilität beim Transport temperaturgefährdeter Güter zu erzielen und gleichzeitig eine hohe Warenqualität zu sichern. Hierzu verfügen die Lkws über zwei bis drei Verdampfer im Ladebereich des Motorwagens und zwei im Anhänger. Drei Verdampfer sind wegen der empfindlichen Ware, vor allem Salat, nötig, der an jedes Restaurant dreimal pro Woche ausgeliefert wird. Variable Trennwände unterteilen den Ladebereich in bis zu drei Temperaturzonen. Dadurch sind kombinierte Lieferungen unterschiedlich temperaturempfindlicher Produktgruppen möglich. Jede Kammer wird jeweils nur mit Waren für ein bestimmtes Restaurant gefüllt. Das hat den Vorteil, dass der Fahrer die auf −22 Grad Celsius heruntergekühlten Kammern nur einmal am Zielort öffnen muss und demnach kein Kälteverlust für die Waren der danach angesteuerten Kunden entsteht. Die strikte und durchgängige Einhaltung der Temperaturen sorgt für eine produktgerechte Lagerung und gewährleistet Frische und Produktqualität in der gesamten Lieferkette zwischen Produzent und Restaurant (vgl. [113]).

Sämtliche Wege der Waren lassen sich über das so genannte Alpha Traceability System verfolgen. Die HAVI-Auslieferfahrer scannen die Ware an jeder Schnittstelle wie Warenein- und -ausgang der Distributionszentren sowie bei der Ablieferung in den Restaurants. Daneben erfolgt eine Kontrolle der Waren über Hazard Analysis and Critical Control Points (HACCP) – eine Risikoanalyse mit dem Ziel, Gesundheitsgefährdungen durch den Lebensmittelverzehr auszuschließen. Seit 1997 ist HACCP in Deutschland Gesetz, Verstöße gegen die Lebensmittelhygieneverordnung können strafrechtliche Folgen nach sich ziehen.

Ein Critical Control Point liegt immer dann vor, wenn die Ware den Besitzer wechselt. Sobald also die HAVI-Mitarbeiter die Ware beim Lieferanten übernehmen, erfolgt der erste einer Vielzahl von Checks. Sie kontrollieren die Temperatur der Ware mit einem Stechthermometer und überprüfen den Zustand der Kartons sowie das Mindesthaltbarkeitsdatum. Der Fahrer dokumentiert sämtliche Daten, da die Verantwortung während des Transports bei ihm liegt.

Die sieben Distributionszentren, die HAVI für McDonald's in Deutschland bewirtschaftet, unterliegen strengen Sicherheitsvorkehrungen. Alle Gebäude sind eingezäunt, Zugang wird nur über einen Code gewährt. Um Lebensmittelsicherheit zu garantieren, setzt HAVI einen Gesamtverantwortlichen für HACCP ein, der ständig auf dem Laufenden sein muss, was gesetzliche Änderungen angeht. Daneben überprüft er die Verteilzentren, kontrolliert Mitarbeitertrainings und pflegt Kontakte zu McDonald's und den Lieferanten, um mögliche Schwierigkeiten an den Schnittstellen aufzudecken und zu beseitigen. Im Distributionszentrum ist der jeweilige Leiter dafür verantwortlich, dass Mitarbeiter mindestens einmal pro Jahr Schulungen erhalten und dass alles dokumentiert ist. Ein unabhängiges Institut besucht außerdem ohne Voranmeldung einmal jährlich HAVI und überprüft, ob dort alle Vorschriften eingehalten werden.

Sind die Fahrzeuge unterwegs, misst ein Gerät ständig die Temperatur und sendet die Daten auf ein Display ins Fahrerhaus. Mit kleinen mobilen Druckern können die Fahrer Etiketten ausdrucken, auf denen alles verzeichnet ist. Diese gelten als Garantie, dass auch wirklich alle wichtigen Sachverhalte überprüft wurden. In einem Quality Inspection Program (QIP) ist genau beschrieben, was zu kontrollieren ist, was dokumentiert werden soll und wie die Temperatur zu messen ist. Bei der Temperaturmessung beispielsweise muss der Fahrer ein Desinfiziertuch nehmen, die Nadel der Temperatursonde reinigen und in die Ware stechen. Hamburger beispielsweise sind Tiefkühlware und müssen zwischen $-20$ und $-23$ Grad Celsius transportiert werden.

Gemeinsam mit dem Spediteur überprüft jeweils ein Restaurantmitarbeiter die Temperaturen der gelieferten Tiefkühl- und Kühlprodukte und hält die einzelnen Werte auf dem Lieferschein fest. Erst wenn die Ablieferung im Restaurant mit einer Unterschrift besiegelt ist, endet für den Logistikdienstleister die Kontrollpflicht. Wird keine Unterschrift geleistet, ist der Fahrer angehalten, die Ware wieder mitzunehmen.

## Das Demand-and-Supply-Planning-Konzept

Neben der Belieferung zeichnet der Logistikdienstleister HAVI auch für die Beschaffung der Ware verantwortlich. Zu diesem Zweck wurde ein Demand-and-Supply-Planning-Konzept eingeführt, dessen vorrangiges Ziel es ist, über den zukünftigen Bedarf am Point of Sale die gesamte Lieferkette zu steuern. Indem man das herkömmliche Belieferungssystem (von den McDonald's Restaurants gemachte Bestellungen) durch einen an der tatsächlichen bzw. prognostizierten Nachfrage der Konsumenten orientierten, abgestimmten Prozess ersetzt, wird der Waren- und Informationsfluss entlang der Versorgungskette optimiert. Hierbei zeichnet der Logistikdienstleister im Idealfall selbst für die Bestellungen des Händlers verantwortlich.

Zunächst entwirft HAVI aus den Abverkaufsdaten Vorhersagen für den Bedarf der Restaurants (vgl. Abb. 5.3). Computergestützt wird hierzu artikelgenau berechnet, was in den vergangenen Tagen verbraucht wurde. Hierzu wird ein Materialkonto geführt, auf dem nachgeschaut werden kann, wie viele Produkte in den vergangenen Tagen verbraucht wurden. Die Bedarfsvorhersagen werden auf Basis mathematisch-statistischer Methoden erstellt, deren genauer Aufbau dem Außenstehenden aus Gründen der Geheimhaltung selbstverständlich nicht transparent gemacht wird. Zur Sicherstellung einer optimalen Erklärung der historischen Verkaufsdaten am Point of Sale werden von der HAVI Trends und saisonale Einflüsse – sog. Kausalfaktoren (etwa Ferienzeiten, Wettervorhersagen oder Promotions) – berücksichtigt. Auf Basis der zu erwartenden Entwicklung (z. B. Ferienbeginn) werden zukünftige Verkaufserwartungen und daraus abgeleitete Bedarfsvorhersagen

**Abb. 5.3** Das Demand-and-Supply-Planning bei McDonald's [118]

tagesgenau und individuell je Artikel und Verkaufsniederlassung ermittelt (Demand-Planning).

Die Berechnung der benötigten Rohmaterialien (Supply-Planning) erfolgt auf Basis der errechneten Verkaufserwartungen. Unter Berücksichtigung vorhandener Lagerbestände sowie der Waren, die aktuell unterwegs sind, wird dem jeweiligen Restaurant ein präziser Bestellvorschlag für benötigte Waren zur nächsten, geplanten Lieferung per EDV über das Weblog genannte System übermittelt. Die meisten McDonald's Restaurants sind diesem System angeschlossen und bestellen per Tastendruck. In der überwiegenden Zahl der Fälle werden die vom Logistikdienstleister unterbreiteten Bestellvorschläge angenommen.

Mit Hilfe des Demand-and-Supply-Planning-Konzepts gelingt es, „Out-of-stock"-Situationen, d. h. die Nichtverfügbarkeit von Waren, oder Fehlmengen nahezu auszuschließen. Darüber hinaus erhält die gesamte Lieferkette – bis hin zum Produzenten – verlässliche Informationen über zukünftige Bedarfe (Bedarfsvorhersage). Dies ermöglicht die effiziente Steuerung des Warenflusses (Nachschubplanung). Eine solche gemeinsame Informationsplattform ist eine wichtige Voraussetzung für eine besser abgestimmte Koordination aller Partner innerhalb der gesamten Lieferkette, also zwischen Lieferanten, Logistikdienstleister, Restaurants und McDonald's selbst. Dies gewährleistet geringere Lagerbestände, höhere Transporteffizienz und eine zuverlässigere Versorgung innerhalb der gesamten Lieferkette.

Als Vorteile eines solchen Systems gelten:

- Restaurants vermeiden Out-of-Stock-Situationen, so dass Kunden immer das bekommen, was sie wünschen.
- Das System verringert Unsicherheit im Bestellvorgang und ermöglicht es neuen Restaurant-Managern, von Beginn ihrer Tätigkeit an optimal zu agieren.
- Es wird Zeit eingespart, weil das System eigenständig kalkuliert, wie viel bestellt werden muss.
- Bestellungen basieren auf den tatsächlichen Lagerbeständen, die der Restaurant-Manager lediglich eingeben muss.
- Weniger Abfall durch Überlagerung spart Kosten, was letztlich in Form reduzierter Preise an die Kunden weitergegeben werden kann.
- Die eingelagerten Mengen sind exakter, weil sie sich an vergangenen Daten orientieren.
- Kurzfristige Not-Bestellungen werden reduziert, was Kosten einspart.
- Lagermengen sind immer auf einem optimalen Niveau, was Umsätze und Frische garantiert.
- Am Ende einer Promotion-Aktion können die Lagerbestände systematisch heruntergefahren werden, was Lagerhaltungskosten einspart (vgl. [27]).

Die McDonald's Restaurants geben einmal wöchentlich per Datenverbund ihre Bestellung bei der Zentrale der HAVI auf. In den Distributionszentren werden die Sendungen mit Hilfe der Etiketteninformationen zusammengestellt. Hierzu dienen sog. Stock Keeping Units (SKU), das sind Identifikationsnummern in der Lagerverwaltung. Jedes Produkt im Lager wird mit einer SKU versehen (im Gegensatz zu einer EAN = Europäische Artikel-Nummerierung, welche der Hersteller vergibt). Diese SKU wird dann benutzt, um ein Produkt aus dem Lager zu bestellen, den Standort zu bestimmen und den Bestand zu verwalten. Jedes Produkt und jede Variante eines Produkts haben eine eigene SKU, etwa für verschiedene Farben oder Modelle.

Jede Bestellung wird in bis zu drei temperaturkombinierte Anlieferungen pro Restaurant und Woche aufgeteilt, von denen die erste durchschnittlich 1,5 Tage nach Auftragseingang im McDonald's Restaurant eintrifft. 97 % aller Sendungen erreichen das Restaurant pünktlich zum vereinbarten Termin, wobei die Empfänger generell nur eine Toleranzspanne plus/minus 30 min akzeptieren. Wenn der Fahrer mehr als eine halbe Stunde zu früh oder zu spät kommt, gehen die Lebensmittel zurück. Die Verlässlichkeit der Lieferungen liegt bei rund 95 %. Liegt bei einer Lieferung auch nur ein Fehler vor, gilt die gesamte Lieferung als falsch (vgl. [113]).

**Abb. 5.4** Ein Beispiel für die
Planung der Nachfrage nach
Big Macs auf Restaurantebene
[5], S. 37

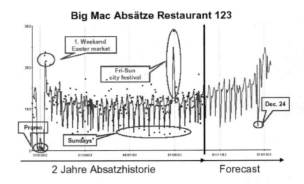

### Demand-Planning der Big Mac Absätze

Im Abb. 5.4 zu entnehmenden Beispiel werden die Absatzzahlen von Big Macs für das Restaurant 123 für den Zeitraum von November bis Dezember 2002 prognostiziert. Hierzu bedient man sich einer Absatzhistorie von zwei Jahren. In diese Ausgangsbasis werden Trends und sog. Kausalfaktoren (im vorliegenden Fall etwa Promotionaktionen, Veranstaltungen und Feiertage) eingerechnet. In Abb. 14 erkennt man beispielsweise, dass die Absatzzahlen an Sonntagen und an Weihnachten unterdurchschnittlich ausfallen. Im Gegensatz dazu können am ersten Wochenende des Ostermarktes sowie am Stadtfest, das von Freitag bis Montag stattfindet, Spitzenabsätze erzielt werden.

Die prognostizierte Nachfrage für Big Macs, genannt Forecast, wird anhand der Rezeptur in die einzelnen Materialien aufgespalten. So enthält 1 Big Mac 1 Bun Big Mac, XYg Salat, XYg Zwiebeln, 1 Scheibe Käse etc. Nunmehr kann der Bedarf an Materialien auf die jeweiligen Verkaufseinheiten hochgerechnet werden. Zur Bedarfsprognose gelangt man, indem die Vorhersage der Nachfrage am Point-of-Sale um etwaige Abfälle[1], vorhandene Lagerbestände sowie der Waren, die aktuell unterwegs sind, bereinigt wird. Jetzt kann ein Bestellvorschlag unterbreitet werden. Wenn bei einem Bestellvorschlag die Anzahl der Brötchen, in der Fachsprache Buns genannt, nicht zur Menge des georderten Fleischs passt, schlägt das System Alarm. Danach wird der automatisierte Bestellvorschlag geprüft. Die meisten Restaurants halten sich an diese Vorschläge.

### Efficient Promotion: Die Vernetzung der Promotion- und Produktplanung mit dem Supply Chain Replenishment

In den USA werden Efficient bzw. Supply Chain Replenishment (= effiziente Warenversorgung) mit Efficient Promotion (= effiziente Verkaufsförderung) bereits seit rund zehn Jahren miteinander verknüpft (vgl. im Folgenden [5], S. 41–43). Letztere zielt darauf ab, durch die partnerschaftliche Gestaltung der Verkaufsförderungsmaßnahmen mögliche Ineffizienzen bei Promotions sprich Verkaufsförderungsaktionen zu beseitigen. Dies bietet zwei wesentliche Vorteile: Abbau von Ineffizienzen entlang der Wertschöpfungskette (logistischer Aspekt) sowie Erschließung von Umsatzpotenzial (Marketingaspekt).

---

[1] Maximal 10 min darf z. B. ein Hamburger in der so genannten Produktionskontrolle zum Verkauf bereitliegen. Danach wird er entsorgt.

Konkret sind die Aktivitäten und Entscheidungen der Promotion- und Produktplanung in die Supply Chain Replenishment Funktionen integriert. Auf diese Weise ist es gelungen, Planung und Durchführung sämtlicher Promotionaktionen, Produkteinkauf und Bestandmanagement in allen Restaurants in den USA signifikant zu verbessern.

Am Beispiel der Spielzeuge in den Happy Meals, die jeweils nur für einen begrenzten Zeitraum im Angebot stehen, sollen die Vorteile für die einzelnen Marktpartner, nämlich Kunden, McDonald's Restaurants und Lieferanten, verdeutlicht werden:

- Die Kunden erhalten im Regelfall die aktuell beworbenen Spielzeuge, da 90 % aller Restaurants über die Waren während der Promotion voll verfügen können. Dies steigert sowohl die Kundenzufriedenheit als auch den Umsatz, da sog. „Lost Sales" (sprich verlorene Umsätze) vermieden werden.
- Automatischer Bestellvorschlag und Nachschub der Promotion-Produkte basieren auf einer produktspezifischen Vorhersage (Forecast), die von den tatsächlichen Verkäufen in jedem einzelnen Restaurant ausgeht. Auf diese Weise wird das Bestandsmanagement stark vereinfacht, so dass sich der Restaurantmanager auf seine Kernaufgaben, nämlich Betreuung der Kunden, Führen der Mitarbeiter und Steuerung der Arbeitsabläufe konzentrieren kann. Außerdem werden die Versorgungsbrüche (Breaks in Supply) im Restaurant reduziert, so dass es seltener zu Out-of-Stock-Situationen kommt. Schließlich wird das Auslaufen der Promotionaktionen (Runout Ranges) harmonisiert. Konkret wird vermieden, dass ein Restaurant keine Spielzeuge mehr vorrätig hat, während ein anderes Restaurant davon so viel auf Lager hat, dass diese während der Promotion überhaupt nicht abgesetzt werden können.
- Die Lieferanten bewegen sich auf einer höheren Serviceebene. Konkret können sie Out-of-Stock-Situationen aufgrund von Versorgungsbrüchen reduzieren und das Auslaufen der Promotions harmonisieren, ohne Produktionsvolumina und Bestände zu erhöhen. Aufgrund einer geringeren Überproduktion werden nicht zuletzt auch die variablen Kosten positiv beeinflusst.

Die IPL International Promotion Logistics GmbH zeichnet europaweit für die Happy Meal-Spielzeuge, Werbe- und Promotion-Artikel verantwortlich. IPL steuert im Auftrag von McDonald's die Spielzeugagenturen, welche ihrerseits die Kreation der Spielzeuge, die Bereitstellung der Produktionskapazitäten in Fernost sowie die Sicherstellung der Qualitätskontrollen verantworten. Das Unternehmen importiert die Ware per Seefracht und liefert sie innerhalb Europas bis in den Mittleren Osten in über 50 Länder zum gleichen Preis frei Distributionszentrum(vgl. [118]).

## 5.4.4   Das Geschäftsmodell Franchising

None of us is as good as all of us." (zitiert nach [56]) „Niemand ist allein so gut wie wir alle zusammen.

Ray A. Kroc, Gründer von McDonald's, im Zusammenhang mit „seinem" Franchise-System

### Das heutige McDonald's Franchising

Rund 80 % der weltweiten Restaurants von McDonald's werden im Franchise-System geführt (vgl. Franchise-Bewerbungsbogen Abb. 5.5). Deutlich niedriger ist die Quote allerdings in einzelnen Ländern und Märkten: In Europa und Asien liegt sie bei durchschnittlich rund 70 %. Folglich liegen McDonald's Restaurants zum größten Teil in der Hand von mittelständischen Unternehmern. McDonald's betreibt ein hybrides Franchise-System, das durch eine Doppelstrategie von Franchising und Filialisierung gekennzeichnet ist. Zukünftig sollen verstärkt eigene Restaurants im Zuge eines Refranchising-Prozesses in Franchise-Betriebe umgewandelt werden. Die Erhöhung des Franchise-Anteils ist eine übliche Methode, um die Netto-Einnahmen zu steigern, steht also im Zusammenhang mit der Steigerung des Shareholder Values.

Von den 1.468 Restaurants in Deutschland werden ebenfalls rund 80 % (=1.208 Restaurants) von selbständigen Unternehmern im Franchise-Modell betrieben (Stand: 2013). Die von Franchise-Nehmern geführten McDonald's Restaurants sind im Regelfall deutsche GmbHs. Der Franchise-Geber, im vorliegenden Fall McDonald's Deutschland Inc., erteilt seinen Franchise-Nehmern eine Franchise zur selbständigen Führung eines Betriebes. Übergreifende Leistungen wie Werbung oder Einkauf werden jedoch zentral vom Franchise-Geber erbracht.

In Deutschland werden Verträge mit neuen Franchise-Nehmern, von wenigen Ausnahmen abgesehen, nicht mehr abgeschlossen. Neue Lizenzen werden nahezu ausschließlich an Prominente, ehemalige Manager des Konzerns und Kinder von Franchise-Nehmern vergeben. Bei letzteren spricht McDonald's im offiziellen Jargon von der „Second Generation" (vgl. [37]). 50 Franchise-Nehmer führen ihre Restaurants in zweiter Generation, einer davon in dritter Generation.

- Das Franchise-System von McDonald's weist folgende Eigenschaften auf:
- Traditionell wurden im Regelfall keine Regionallizenzen, sondern nur einzelne Standortlizenzen vergeben. Von dieser Strategie ist McDonald's mittlerweile abgerückt. Heute betreibt ein Franchise-Nehmer in Deutschland im Durchschnitt fünf Restaurants.
- Potenzielle Franchise-Nehmer müssen sich einem Auswahlverfahren unterwerfen.
- McDonald's baut bzw. mietet die Objekte und verpachtet diese an die Franchise-Nehmer weiter.
- Sämtliche Betriebsabläufe sind in einem „Operations Manual", einem Arbeitshandbuch, im Detail geregelt.
- Die Franchise-Nehmer sind zu regelmäßigen Umsatz- und Kostenberichten verpflichtet.
- Die Franchise-Verträge enthalten eine Klausel, dass bei Verstoß gegen die Vertragsbedingungen automatisch der Vertrag erlischt. In einem solchen Fall werden die Lizenzverträge einfach nicht mehr verlängert (Abb. 5.5, 5.6, 5.7 und 5.8).

## McDonald's Deutschland Inc.
### Franchise-Bewerbungsbogen

---

Durch diese Bewerbung werden keine Verpflichtungen begründet.
Ihre Angaben werden von der für die Bearbeitung des Bewerbungsbogens zuständige Franchise-Abteilung absolut vertraulich behandelt und nur zu Zwecken des Bewerbungsverfahrens erhoben.

(Bitte ausdrucken, deutlich mit Schreibmaschine oder in Druckbuchstaben ausfüllen, unterschreiben und abschicken!)

---

Bitte

**Lichtbild**

neuerem Datums
einfügen

**Senden Sie den ausgefüllten Franchise-Bewerbungsbogen zurück an:**

McDonald's Deutschland Inc.
Zweigniederlassung München
Franchise
Drygalski-Allee 51
81477 München

---

Datum:

---

## Allgemeine Angaben

| Name: | Vorname: |
|---|---|
| Straße: | Hausnummer: |
| PLZ: | Ort: |

| | Dürfen wir Sie dort anrufen?: |
|---|---|
| Telefon (privat): | ☐ Ja    ☐ Nein |
| Telefon (geschäftlich): | ☐ Ja    ☐ Nein |
| Telefon (Mobil): | ☐ Ja    ☐ Nein |
| Geburtsdatum: | |

---

Sind Sie in Besitz der deutschen Staatsbürgerschaft oder besitzen Sie anderfalls einen unbefristeten Aufenthaltsstatus bzw. Aufenthaltstitel für Deutschland?

☐ Ja    ☐ Nein

---

Verfügen Sie über hinreichende Deutschkenntnisse in Wort und Schrift?

☐ Ja    ☐ Nein

---

1

**Abb. 5.5** Franchise-Bewerbungsbogen der McDonald's Deutschland Inc. [60]

## McDonald´s Deutschland Inc.
### Franchise-Bewerbungsbogen

---

Liegen Krankheiten (oder sonstige gesundheitliche Beeinträchtigungen) bei Ihnen vor, die eine Ausbildung in einem McDonald´s Restaurant oder die anschließende Wahrnehmung Ihrer Vertragspflichten als Franchise-Nehmer einschränken könnten?

*Hinweis:*
*Hier können zum Beispiel nicht nur unerhebliche Rückenbeschwerden, Blutkrankheiten oder bestimmte Hautkrankheiten eine Rolle spielen, wenn diese Sie von Tragen schwerer Gegenstände oder dem gastronmischen Kontakt mit Lebensmitteln abhalten würden.*

☐ Ja          ☐ Nein

---

Liegen Vorstrafen im Sinne des Gesetzes vor, die einen Hinderungsgrund für eine selbständige Tätigkeit darstellen?

*( Hinweis:  ggf. bitten wir Sie um ein Führungszeugnis)*

☐ Ja          ☐ Nein

---

Würden Sie - bei erfolgreicher Bewerbung - McDonald´s Ihre volle Zeit widmen?

☐ Ja          ☐ Nein

---

Sind Sie deutschlandweit einsetzbar?

☐ Ja          ☐ Nein

Wenn nicht, welche Gebiete kämen für Sie in Frage?
*(Bitte nennen Sie mindestens drei Bundesländer)*

| Bundesland 1 | |
| Bundesland 2 | |
| Bundesland 3 | |

---

Bitte bedenken Sie, dass Sie voraussichtlich Ihren Wohnort wechseln müssen, also die Umzugsbereitschaft unabdingbar ist.

Haben Sie bereits Erfahrungen mit dem McDonald´s System? Wenn ja, wie lange und in welcher Funktion waren Sie im McDonald´s System tätig?

☐ Ja          ☐ Nein

---

Liefern Sie oder Ihr Arbeitgeber Produkte und Waren oder erbringen Leistungen für McDonald´s oder Franchise-Nehmer von McDonald´s in Europa?

☐ Ja          ☐ Nein

Wenn ja, bitte detaillierte Beschreibung beifügen:

---

**Abb. 5.6**  Franchise-Bewerbungsbogen der McDonald's Deutschland Inc. (Fortsetzung)

## McDonald´s Deutschland Inc.
Franchise-Bewerbungsbogen

---

### Ausbildung

**Zuletzt abgeschlossene Ausbildung:**

☐ Volksschule ☐ Mittlere Reife ☐ Abitur

**Abschlüsse:**

☐ Fachhochschule ☐ Universität ☐ Sonstiges

| | |
|---|---|
| Name der Hochschule u. akademischer Grad: | |
| Erlernter Beruf: | |

---

### Frühere berufliche Tätigkeiten

| | Zeitraum | Unternehmen | Position / Funktion: |
|---|---|---|---|
| 1. von | | | |
| bis | | | |
| 2. von | | | |
| bis | | | |
| 3. von | | | |
| bis | | | |
| 4. von | | | |
| bis | | | |

---

Handelt es sich bei einer der vorgenannten Tätigkeiten um eine selbständige Tätigkeit?

☐ Ja ☐ Nein

Wenn ja, bitte erklären:

---

War oder ist ein Insolvenzverfahren (gegen Sie persönlich oder in Ihrer Eigenschaft als Geschäftsführer bzw. Prokurist) anhängig?

☐ Ja ☐ Nein

**Abb. 5.7** Franchise-Bewerbungsbogen der McDonald's Deutschland Inc. (Fortsetzung)

**McDonald´s Deutschland Inc.**
Franchise-Bewerbungsbogen

| Aktuelle berufliche Tätigkeit |
|---|

| derzeitige Beschäftigung: | |
|---|---|

| Unternehmen: | |
|---|---|

Beschreiben Sie Ihr Aufgabengebiet, Ihren Verantwortungsbereich und die Anzahl der von Ihnen geführten Personen.

| Finanzielle Angaben: |
|---|

Sind Sie im Besitz von frei verfügbarem Eigenkapital zum Erwerb einer oder mehrerer Franchise-Restaurants?
(mindestens € 500.000,-- Eigenkapital vorhanden)

☐ Ja        ☐ Nein

Dieser Betrag darf nicht durch Kredite, Darlehen bzw. öffentliche Fördermittel finanziert und nicht mit Zins und Rückzahlungsansprüchen Dritter belastet sein.
*Berücksichtigen Sie bitte auch, dass das Gesamtinvestment für die Übernahme bestehender McDonald´s Restaurants mehrere Millionen Euro betragen kann.*

Bestehen Ihrerseits Unterhalts- oder sonstige Unterstützungsverpflichtungen, die geeignet wären, Ihre finanzielle Leistungsfähigkeit zu beeinflussen?

☐ Ja        ☐ Nein

| Persönliche Referenzen *(außer Arbeitgebern oder Verwandten)* : |
|---|

Wir wollen Sie besser kennenlernen. Wenn Sie möchten, können Sie uns gerne persönliche Referenzen nennen. Dies könnten z.B. Gesprächspartner sein, mit denen Sie allgemein oder bei Projekten zusammengearbeitet haben.

*(Eine Kontaktaufnahme durch uns zu den von Ihnen genannten Personen, würde selbstverständlich erst nach Ihrer Zustimmung erfolgen).*

Datum: _____        Unterschrift: _____

**Abb. 5.8** Franchise-Bewerbungsbogen der McDonald's Deutschland Inc. (Fortsetzung)

Demnach handelt es sich bei McDonald's nicht um ein sog. Trademark-Franchising, bei dem der Franchise-Nehmer das Recht zu Nutzung des Markennamens erwirbt, bei seinen sonstigen unternehmerischen Entscheidungen aber freie Hand hat. Mit einem solchen System waren die McDonald's Brüder gescheitert, weil sie die angestrebten Qualitätsstandards bezüglich Produktionsabläufen, Marketing, Warenpräsentation und Produktinnovationen bei ihren Franchise-Nehmern nicht durchsetzen konnten. Hieraus zog Ray Kroc, der spätere Gründer der McDonald's Inc., die Konsequenz, künftige Franchise-Nehmer umfassend vertraglich zu binden.

Als das erste deutsche McDonald's Franchise-Restaurant 1975 eröffnete, war Franchising ein damals kaum bekanntes Geschäftsmodell in der neuartigen Branche Systemgastronomie. Dies hat sich gravierend geändert. So konnten 2013 13 Franchise-Nehmer ihr 10-jähriges, 16 ihr 20-jähriges, 3 ihr 25-jähriges, 2 ihr 30-jähriges und 2 ihr 35-jähriges Jubiläum feiern.

Als eines der ersten Unternehmen in Deutschland wurde McDonald's im November 2004 als „Geprüftes Mitglied" des Deutschen Franchise-Verbands e. V. (DFV) ausgezeichnet. Damit wird bestätigt, dass Konzept, Strategie, Produkte und Leistungen des Franchise-Systems sowie die Zufriedenheit der Franchise-Nehmer die Anforderungen des DFV System-Checks erfüllen. Das Zertifikat soll potenziellen Kapitalgebern, Lieferanten und Franchise-Nehmern zeigen, dass das Unternehmen vertrauenswürdig ist. Außerdem soll es Franchise-Geber dazu anregen, ihr Qualitätsmanagement zu optimieren.

Das Franchise-System bietet McDonald's folgende Vorteile:

- Durch die Gebühren der Franchise-Nehmer fließt dem Unternehmen Eigenkapital zu. Somit kann die Aufnahme von Fremdkapital, das für die Expansion und weitere Investitionen erforderlich ist, begrenzt werden. Auf diese Weise konnte McDonald's bis dato ein Expansionstempo einschlagen, das mit einem reinen Filialsystem niemals möglich gewesen wäre und mit dem die Konkurrenten mit ihren Systemen nicht Schritt halten konnten.
- Die „kulturelle" Nähe der Franchise-Nehmer trägt dazu bei, McDonald's „weniger amerikanisch und gigantisch" zu machen. Um ein mehr nationales und mittelständisches Image zu verleihen, weist das Unternehmen immer wieder darauf hin, dass mehr als 80 % der deutschen Restaurants von mittelständischen und damit heimischen Unternehmern betrieben werden, die selbständig unter dem Dach einer Weltmarke angesiedelt sind.
- Ein erheblicher Teil der Unternehmensrisiken (etwa Fixkostenaufbau durch Investitionen in das Restaurant, Konkursrisiko, Haftung für Fremdkapital) wird von den Franchise-Nehmern getragen. Im Vergleich zur Gründung eigener Filialen ist das unternehmerische Risiko des Franchise-Gebers beim Aufbau von Franchise-Betrieben demnach gering.
- McDonald's eröffnet sich das lokal spezifische Know-how der Franchise-Nehmer, das für den Erfolg vor Ort benötigt wird. Hinzu kommt, dass McDonald's Marktdaten erhält, die sonst nicht zur Verfügung stehen würden (etwa Absatzzahlen des lokalen

Partners). Schließlich stützt sich McDonald's bei der Weiterentwicklung des Systems auf die Informationen seiner Partner, die ihre Erkenntnisse und Erfahrungen ständig untereinander austauschen und an die Zentrale weiterleiten. Mit dem kontinuierlichen Informationsfluss aus den Franchise-Betrieben steht der Systemzentrale ein exzellentes Marktforschungsinstrument zur Verfügung.

- Aufgrund der engen Kontakte, die Franchise-Nehmer mit ihren Kunden pflegen, stoßen sie früher als die Experten in der Zentrale auf neue Strömungen. Somit kann McDonald's schnell, flexibel und angemessen auf veränderte Marktbedingungen und Verbrauchertrends reagieren.
- Aufgrund umfangreicher Kontrollrechte behält McDonald's die Kontrolle über „sein" Unternehmen.
- Da nur Standortlizenzen vergeben werden, liegen die Entscheidungen sowohl über die Expansionsgeschwindigkeit als auch über die Auswahl des jeweiligen Standorts in der Hand von McDonald's.
- Im Vergleich zu anderen Vertriebssystemen bietet Franchising die Möglichkeit, Personalkosten effektiver zu senken. Als selbstständige Unternehmer, die eigene Finanzmittel in den Betrieb investiert haben, sind die Franchise-Nehmer in der Regel hoch motiviert und engagiert. Dies führt in der Systemzentrale von McDonald's zu vergleichsweise schlanken Strukturen und niedrigen Personalkosten. Die dortigen Spezialisten bleiben von der Routine des Tagesgeschäftes weitgehend verschont und können sich auf strategische Fragen, die Entwicklung des Systems sowie die Einarbeitung und Beratung ihrer Partner vor Ort konzentrieren. Bei Personalproblemen des Franchise-Nehmers beschränkt sich die Systemzentrale grundsätzlich auf Hilfestellung, da diese Aufgaben im Rahmen der Arbeitsteilung sinnvoller von den Partnern vor Ort wahrzunehmen sind. Dadurch wird der Franchise-Geber mit den Kosten und Risiken des Personalwesens nicht selbst belastet (vgl. [51, 119], S. 35 ff.; [149], S. 331)

Für den Franchise-Nehmer birgt diese Form der Kooperation folgende Vorteile in sich:

- Zugriff auf bestehendes Know-how
- Begrenztes Geschäftsrisiko infolge Übernahme einer bewährten Konzeption bei gleichzeitiger Wahrung der unternehmerischen Selbständigkeit
- Profitieren vom Image des Franchise-Gebers
- Unterstützung in Marketing, Weiterbildung und Betriebsführung sowie bei der Beschaffung von Ressourcen (Güter, Kapital, Personal) durch den Franchise-Geber
- Gegebenenfalls Gebietsschutz und Anschubfinanzierung (vgl. [139]).

## Die konkrete Ausgestaltung des McDonald's Franchising

Eine Franchise wird nur an Einzelpersonen vergeben, die ihre gesamte unternehmerische Aktivität dem Betrieb ihres Restaurants widmen. McDonald's steht seinen Partnern dabei mit Beratung und Fortbildung in Fragen rund um die Führung eines Restaurants zur Seite. Darüber hinaus profitieren diese von der nationalen Werbung für die Marke, technischen

Innovationen, günstigen Konditionen beim Wareneinkauf und einem exklusiven Distributionssystem.

Um den Erfolg des Franchise-Nehmers langfristig zu gewährleisten, wird er unter anderem durch Fach-Departments des Hauptservicecenters sowie des jeweiligen regionalen Servicecenters unterstützt. Konkret stehen folgende Fachabteilungen sprich Departments zur Verfügung:

- „Corporate Affairs und Marketing: Der Franchise-Vertrag beinhaltet die Verpflichtung, mindestens 5 % des Umsatzes für Werbung, Absatzförderung und Public Relations/Öffentlichkeitsarbeit auszugeben. Dies geschieht in Form einer nationalen und regionalen Werbegemeinschaft, bei der die Franchise-Nehmer über die Verwendung der Werbegelder mitbestimmen. Darüber hinaus führt jedes Restaurant laufend im eigenen Einzugsbereich Marketingaktionen durch. Die Marketing-Abteilung entwickelt in Zusammenarbeit mit zum Teil internationalen Werbe- und PR-Agenturen Ideen und Konzepte, um McDonald's als Markenprodukt für unsere Gäste attraktiv zu positionieren. Sie überprüft durch Marktforschung die Wirkung der Werbung und gewinnt Daten, die jeden einzelnen Franchise-Nehmer wiederum bei der künftigen Gestaltung seiner Werbung unterstützen. Das integrierte Konzept von Image- und Produktwerbung, Verkaufsförderung und Public Relations hat McDonald's in rund 50 Jahren zu einer der bekanntesten Marken der Welt gemacht. Das Marketing arbeitet ebenfalls an der sinnvollen Weiterentwicklung der Produktpalette und nimmt dabei die Anregungen der Franchise-Nehmerschaft auf.
- Development: Die Teilbereiche Expansion und Construction planen und bauen oft mit Unterstützung örtlicher Handwerksunternehmen sowie ausgewählter Architekten und stützen sich dabei auf die Erfahrungen von über 33.000 Restaurants weltweit. Sie entwickeln den technischen Standard der Restaurants nach Produktivitäts-, Kosten- und Energiespar-Gesichtspunkten weiter, und legen dabei Wert auf umweltschutzorientierte und arbeitsphysiologische Aspekte. Unter Beteiligung des Franchise-Nehmers wird ständig an der Weiterentwicklung der Restaurantgestaltung im Innen- und Außenbereich gearbeitet, um den McDonald's Gästen immer eine freundliche und einladende Atmosphäre zu bieten. Diese Abteilungen beraten in fachlicher Hinsicht den Franchise-Nehmer auch während der Vertragslaufzeit bei der Instandhaltung und Erneuerung des Restaurants.
- Environment: Die Abteilung Environment beschäftigt sich in allen Geschäftsbereichen mit dem Aufbau eines umfassenden Umweltprogramms. Ausschlaggebend hierbei sind der sinnvolle Einsatz von Rohstoffen und Energie sowie die prinzipielle Minimierung von Umweltbelastungen. Gemeinsam mit den anderen Abteilungen sowie externen Experten setzt Environment diese Konzepte um.
- Expansion: Die Expansions-Abteilung sucht nach marktstrategischen Gesichtspunkten geeignete Standorte für die Errichtung neuer McDonald's Restaurants. Sie erwirbt oder mietet die Objekte und bemüht sich um die wirtschaftlichen Rahmenbedingungen für den langfristigen Erfolg des McDonald's Restaurants. McDonald's behält sich die

Standortwahl ausschließlich selbst vor. Es ist daher nicht erforderlich, dass ein Franchise-Bewerber selbst einen Standort mitbringt. Die Abteilung bearbeitet teilweise mit 2–3 Jahren Vorlauf verschiedene Standorte, um eine sinnvolle Expansion vornehmen zu können. Ergänzend zu den traditionellen Restaurants, größtenteils mit McDrive, werden auch sogenannte Satellites, Restaurants auf kleinerer Fläche mit einem reduzierten oder speziellen Produktangebot, eröffnet. Da McDonald's in gewissen Gebieten in Deutschland firmeneigene Restaurants betreibt, zum anderen aber rund 250 bestehende Franchise-Partner etabliert hat, sollte der Franchise-Bewerber geographische Flexibilität bei der Bewerbung berücksichtigen. Es wird in der Regel erforderlich sein, dass der Wohnsitz gewechselt wird.

- Field Service: Von Beginn der Ausbildung an wird der Franchise-Nehmer durch die Field & Operations Consultants der regionalen Field Service Abteilungen beraten und unterstützt. Der Field & Operations Consultant ist der direkte Ansprechpartner des Franchise-Nehmers in allen Fragen, die den Betrieb des Restaurants betreffen und unterstützt ihn auch bei der Zusammenarbeit mit den anderen Fachabteilungen. Darüber hinaus kontrolliert der Field Consultant die Einhaltung der verbindlichen Richtlinien, um ein einheitliches Auftreten der Marke McDonald's zu gewährleisten.
- Franchise: Die Franchise-Abteilung ist für die Auswahl der Franchise-Nehmer und die Betreuung der Franchise-Bewerber in den verschiedenen Phasen des Auswahlprozesses zuständig. Außerdem ist die Abteilung Ansprechpartner für alle Fragen, die mit den Beziehungen zwischen Franchise-Nehmer und Franchise-Geber zu tun haben.
- Franchise Controlling: Die Abteilung Franchise Controlling errechnet mit Hilfe der Expansions-Abteilung die Konditionen für neue Restaurants, um die Basis für einen wirtschaftlichen Erfolg zu schaffen. Darüber hinaus berät sie den Franchise-Nehmer bei der Entwicklung seiner Betriebsabrechnung und unterstützt ihn bei der Analyse seiner Finanzdaten.
- Human Resources: Die Mitarbeiter der Abteilung Human Resources unterstützen Franchise-Nehmer beratend. Der Franchise-Nehmer und sein Restaurant Management werden über alle arbeitsrechtlichen, tariflichen und firmenrechtlichen Bestimmungen informiert. Ebenfalls stehen Informationen und Hilfsmittel für die Bereiche Personalwerbung, -führung und -entwicklung zur Verfügung.
- Legal: Die Rechtsabteilung erstellt den Franchise-Vertrag sowie den Unterpachtvertrag für den jeweiligen Standort. Während der Vertragslaufzeit ist Legal auch der Ansprechpartner für alle rechtlichen Fragen, die das Vertragsverhältnis berühren.
- National Operations: Dieser Abteilung obliegen die Weiterentwicklung von Arbeitsverfahren und die Einhaltung der Richtlinien im Restaurant. Sie testet nicht nur neue Produkte, sondern ist auch verantwortlich für deren Einführung.
- Supply Chain: McDonald's verfügt über keine integrierte Lieferkette, sondern kauft bei renommierten Lieferanten wie z. B. Coca-Cola, Develey, Agrarfrost, McCain, Hochland oder Vita nach genauen Vorgaben ein. Dabei wird Wert auf beste Qualität und höchstmögliche Belieferungssicherheit gelegt. Alle McDonald's Restaurants profitieren in gleicher Weise von den Bemühungen der Abteilung Supply Chain, die besten

Produkte zu den günstigsten Preisen zu beschaffen. Die Franchise-Nehmer und die McDonald's eigenen Restaurants haben die gleichen Einkaufspreise und werden durch ein exklusives Distributionssystem beliefert. Alle Vorteile und Sonderkonditionen kommen so auch direkt dem Franchise-Nehmer in gleicher Weise zugute. Durch ständige Qualitätskontrollen wachen die Abteilungen Supply Chain und Quality Assurance darüber, dass die festgelegten Qualitätsstandards von unseren unabhängigen Lieferanten eingehalten werden.

- Training: Die Trainings-Abteilung organisiert die Aus- und Weiterbildung von Franchise-Nehmern und deren Mitarbeitern. Diese werden im McDonald's eigenen Trainingszentrum durchgeführt, das nach dem Vorbild der Hamburger University in den USA gestaltet ist. Die Aus- und Weiterbildung ist für Franchise-Nehmer verpflichtend und wird von McDonald's im Rahmen des Franchise-Vertrages kostenlos durchgeführt." [63].

Im Gegenzug für diese Leistungen verlangt McDonald's, dass sich jeder Franchise-Nehmer an die Grundsätze des Unternehmens hält. Hierzu gehören das Einhalten der Qualitätsnormen, „hundertprozentige Gästeorientierung", das Umsetzen des unternehmenseigenen Umweltschutzprogramms und soziales Engagement durch finanzielle oder organisatorische Unterstützung gemeinnütziger Anliegen.

**Anforderungen von McDonald's an künftige Franchise-Nehmer**

„Es kommt immer wieder vor, dass bestehende Franchise-Partner sich zur Ruhe setzen und ihre Restaurants, mit Zustimmung von McDonald's, im Rahmen einer Nachfolgeregelung veräußern möchten.

In diesem Fall können gleichzeitig 2–3 Restaurants zur Übernahme anstehen. Der Kaufpreis der Restaurants richtet sich nach dem sogenannten „Fair Market Value" (Marktwert) und kann je nach Lage der Restaurants mehrere Millionen Euro betragen. Gemäß der McDonald's Eigenkapitalanforderungen muss der Franchise-Bewerber über mindestens 25 % frei verfügbares, nicht gegenüber Dritten belastetes Eigenkapital, also mindestens 500.000 €, verfügen. Unternehmerische Qualitäten, die Fähigkeit und Erfahrung im Umgang mit Mitarbeitern sowie kundenorientiertes Handeln sind Qualifikationen, die McDonald's sich bei künftigen Partnern vorstellt. Unabhängig von der Branche, in welcher der Franchise-Bewerber jetzt tätig ist und/oder seiner Schulbildung, werden diese Fähigkeiten ihm helfen, gemeinsam mit McDonald's erfolgreich zu sein.

Wir suchen daher Franchise-Nehmer, die folgende Eigenschaften besitzen:
- Unternehmergeist, Streben nach Erfolg
- Kaufmännische Erfahrung, insbesondere im Bereich Personalführung und Kostenmanagement
- Bereitschaft zur persönlichen, direkten Restaurantführung unter Verzicht auf jede andere berufliche Aktivität

- Bereitschaft, den Wohnort zu wechseln
- Bereitschaft, ein umfangreiches Franchise-Nehmer-Ausbildungsprogramm zu absolvieren, wobei der zeitliche Ablauf individuell vereinbart werden kann
- Die Möglichkeit, die finanziellen Voraussetzungen aus eigenen Mitteln entsprechend den Richtlinien von McDonald's zu erfüllen.

Eine Franchise-Bewerbung bei McDonald's macht keinen Sinn, wenn:

1. ... der Franchise-Bewerber lediglich eine Kapitalanlage sucht, aber nicht bereit ist, sich persönlich um das Restaurant oder die Restaurants, die Mitarbeiter und um die Kontaktpflege zur jeweiligen örtlichen Geschäftswelt, zu Behörden und Vereinen zu kümmern.
2. ... der Franchise-Bewerber glaubt, dass es ausreicht, sich der erfolgreichen Marke McDonald's anzuschließen, ohne dass Leistungsbereitschaft, Kreativität, unternehmerisches Denken und Handeln erforderlich wären.
3. ... der Franchise-Bewerber die Eigenkapitalanforderung von mindestens 500.000 € nicht vollständig aus eigenen Mitteln erfüllen kann.
4. ... ein Umzug für den Franchise-Bewerber nicht in Frage kommt, weil er seinen derzeitigen Wohnort nicht wechseln möchte.
5. ... der Franchise-Bewerber in seinem bisherigen Berufsleben keine Erfahrungen in Personalführung bzw. Personalverantwortung hatte.
6. ... der Franchise-Bewerber in seinem bisherigen Berufsleben keine praktischen Erfahrungen und Verantwortung im Bereich Kostenmanagement hatte.
7. ... der Franchise-Bewerber plant, sich gemeinsam mit einer anderen Person, einem Freund oder Bekannten oder jetzigem Geschäftspartner selbstständig zu machen – es kann nur einen Vertragspartner geben.
8. ... der Franchise-Bewerber ein McDonald's Restaurant nur für 3–5 Jahre betreiben möchte, bevor er sich zur Ruhe setzt.
9. ... der Franchise-Bewerber nicht bereit ist, auch unternehmerische Risiken zu tragen." [62].

Die Verträge haben eine Laufzeit von 20 Jahren. McDonald's bot dem Franchise-Nehmer die Möglichkeit, zwischen zwei verschiedenen Franchise-Modellen auszuwählen: dem Kauf und dem Pacht-Modell (vgl. [24], S. 198). Die Wahl eines dieser Modelle ist insbesondere von der Liquidität des Franchise-Nehmers abhängig.

Die Investitionssumme des Pacht-Modells, auf das McDonald's nicht mehr explizit hinweist, lag bei ca. 70.000,- €, die in voller Höhe aus frei verfügbarem Eigenkapital gezahlt werden mussten. Die Investition in das bewegliche Anlagevermögen wird bis zur Ausübung der Kaufoption von McDonald's Deutschland getätigt und bleibt daher bis zu diesem Zeitpunkt deren Eigentum (vgl. [58]).

Beim Kaufmodell liegt die Investitionssumme für den Franchise-Nehmer bei durchschnittlich 760.000 €. Gemäß der McDonald's Eigenkapitalanforderungen muss der Fran-

**Tab. 5.11** Investitions-Beispiel: Pachtmodell eines McDonald's Restaurants mit McDrive – einmalige Kosten (in €)

| Gebühren | Restaurant mit McDrive |
|---|---|
| 1. Franchise-Gebühr (bei einem Vertrag von 20 Jahren einmalig) | 46.000,- |
| 2. Küche (Grills, Fritteusen, Getränkeanlage, Kassen etc.) ca. ab | 320.000,- |
| 3. Innenausstattung (Bestuhlung, Dekoration, Kühlhäuser etc.) ca. ab | 214.000,- |
| 4. Leuchtschriften/Werbeanlagen ca. ab | 70.000 |
| 5. Außenanlagen (Bestuhlung, Kinderspielplatz, Bepflanzung) ca. ab | 60.000,- |
| 6. Vorlaufkosten (Personalanwerbung und Personalausbildung vor Restauranteröffnung) ca. | 50.000,- |
| Summe ca. ab | 760.000,- |

chise-Bewerber über mindestens 25 % frei verfügbares, nicht gegenüber Dritten belastetes Eigenkapital, also mindestens 500.000 €, verfügen, d. h. diese Summe darf nicht mit Zins und Rückzahlungsansprüchen Dritter (z. B. Banken) belastet sein. Die restlichen 75 % können über Kreditinstitute finanziert werden. Die Inanspruchnahme öffentlicher Fördermittel ist möglich, sofern der Interessent die dafür erforderlichen Voraussetzungen erfüllt.

In Tab. 5.11 findet sich ein Beispiel für die einmaligen Investitionen, die für die Eröffnung eines McDonald's Restaurants einschließlich McDrive mit dem Kauf-Modell erforderlich sind. Die Position 1 ist für jedes Objekt gleich bleibend, während die Positionen 2–6 je nach Größe und Ausstattung des Objektes variieren können, insbesondere bei Integration eines McCafé.

Bei Übernahme eines bestehenden Restaurants fällt ein variabler Marktwert an, der sich nach dem sogenannten „Fair Market Value" berechnet und je nach Lage der Restaurants mehrere Millionen Euro betragen kann. Die Unternehmerinvestition, sprich der Marktwert des Restaurants, wird unter anderem unter Berücksichtigung folgender Kriterien ermittelt:

- Zur Verfügung stehende Restlaufzeit der aktuellen Verträge
- Umsatzvolumen des Restaurants pro Jahr
- Erwirtschafteter Cashflow pro Jahr

Bei Übernahme laufender Franchise-Verträge ist die einmalige Franchise-Gebühr bis zum Ablauf der Vertragslaufzeit im Kaufpreis enthalten (vgl. [59]).

Daneben fallen monatliche Kosten an, die sich drei Kategorien zuordnen lassen:

- Pachtkonditionen: McDonald's stellt den Standort zur Verfügung und trägt die Kosten für die Erstellung des Gebäudes oder den Umbau eines bestehenden Objektes in ein McDonald's Restaurant, bis auf die in Tab. 5.11 aufgeführten, vom Franchise-Nehmer zu bezahlenden Einbauten. Für die von McDonald's getätigten Standortinvestitionen wird ein Pachtzins als Mindestpacht in einer absoluten €-Summe vereinbart. Abhängig vom Standort des McDonald's Restaurants wird weiterhin eine Prozentpacht von mindestens 12,5 % vom Nettoumsatz (d. h. mehrwertsteuerbereinigt) festgelegt, wobei die Indexierung des von McDonald's zu zahlenden Mietzinses bei Mietobjekten weitergegeben wird. Je nach Höhe des Nettoumsatzes wird entweder der Pachtzins oder die Prozentpacht fällig.

- Franchise-Gebühr = 5 % vom Nettoumsatz (d. h. mehrwertsteuerbereinigt): Diese laufende Franchise-Gebühr wird aufgrund des Bekanntheitsgrades der Marke, des bereitgestellten Know-hows und aufgrund der verschiedenen Leistungen des Franchise-Gebers gegenüber dem Franchise-Nehmer erhoben.
- Werbegebühr = 5 % vom Nettoumsatz (d. h. mehrwertsteuerbereinigt): Ein Teil hiervon fließt in den gemeinsamen Werbefonds für nationale und regionale Absatzförderung. Ein weiterer Teil dieser Aufwendungen steht dem Franchise-Nehmer für lokale Werbung zur Verfügung. Über die Verwendung des nationalen und regionalen Werbefonds entscheiden Franchise-Nehmer und McDonald's gemeinsam (vgl. [61]).

Betrachten wir im Vergleich dazu die Standardkonditionen für eine Burger King® Franchise. Wie aus Tab. 5.12 ersichtlich ist, entsprechen Vertragsdauer, Franchise-Gebühr einmalig sowie Lizenzgebühren und Werbekosten weitgehend den Konditionen bei McDonald's. Der zentrale Unterschied liegt darin, dass der Erwerb sowie die Entwicklung eines Standorts ausschließlich dem Franchise-Nehmer obliegen. Burger King ist finanziell nicht an der Standortentwicklung beteiligt. Kann der Bewerber keinen Burger King geeigneten Standort vorweisen, ist die Immobilienabteilung von Burger King nach Erteilung der vorläufigen Genehmigung bei der Suche behilflich.

Der Erfolg scheint McDonald's Recht zu geben. Das Unternehmen führt regelmäßig die Rankings der besten Franchise-Systeme in Deutschland an (vgl. beispielhaft [15]). Ein wesentlicher Faktor des McDonald's Erfolgs liegt darin, dass das Unternehmen und insbesondere Kroc, der legendäre Unternehmensgründer, es verstanden haben, Konformität und Kreativität wirkungsvoll miteinander zu verknüpfen. Die einzelnen Komponenten des Systems – Franchise-Nehmer, Manager und Lieferanten – haben gemeinsame ökonomische Interessen und dieselben Standards hinsichtlich Qualität, Service und Sauberkeit. Letztlich handelt es sich um nichts anderes als eine Föderation von weltweit tausenden von autonomen Geschäftspartnern, die durch ein engmaschiges Netz miteinander verbunden sind. Doch trotz der gigantischen, den gesamten Globus umspannenden Organisation,

**Tab. 5.12** Die Standardkonditionen für eine Burger King Franchise [26]

| Vertragsdauer | 20 Jahre |
|---|---|
| Investitionssumme (je nach Restauranttyp und Investitionsmodell) | 500.000–2,5 Mio. €, davon 40 % als Eigenkapital (also mindestens ca. 200.000 €) |
| Franchise-Gebühr einmalig (Anzahlung von US-$ 5.000 fällig bei Abschluss der Zielgebietsvereinbarung) | US-$ 50.000 |
| Lizenzgebühr (monatlich fällig) | 5 % vom Nettoumsatz |
| Werbegebühr (monatlich fällig) | 5 % vom Nettoumsatz |

die ein solches System erfordert, wird die Initiative einzelner nicht durch bürokratische Regeln gehemmt. Innovationen jeglicher Art gehen bei McDonald's immer auf die Initiative einzelner zurück. Neue Pfade werden durch Trial-and-Error, durch Versuch und Irrtum erprobt. Ein charakteristisches Merkmal der Unternehmenskultur ist die Bereitschaft, Misserfolge in Kauf zu nehmen und Fehler zuzugeben (vgl. [83], S. 18 f.).

Doch der Ton zwischen McDonald's und seinen Franchise-Nehmern gewinnt in den letzten Jahren an Schärfe (vgl. [144]). Die Zentrale dränge die Franchise-Nehmer rüde zur Expansion, behauptet Horst Becker, Franchise-Anwalt aus München, der in den vergangenen Jahren bereits zwei Dutzend Franchisenehmer von McDonald's juristisch beraten hat. Restaurantbetreiber wiederum behaupten, McDonald's dränge expansionsunwillige Franchise-Partner sukzessive aus dem System. Ein Unternehmenskenner berichtet, den Franchise-Partnern, die das System verlassen sollen, werde häufig mit einer fristlosen Kündigung gedroht, manchmal werde diese auch ausgesprochen. Dabei verfolge McDonald's offenbar das Ziel, die Franchise-Nehmer dazu zu veranlassen, ihre Restaurants für einen geringen Preis abzugeben. Franchise-Experte Felix Peckert sagt: „McDonald's lässt bei schwachen Partnern zugunsten aller im System seine Muskeln spielen".

Ein Insider berichtet weiterhin, McDonald's habe in den letzten Jahren zahlreiche Maßnahmen getroffen, um die Umsätze nach oben zu treiben. Allerdings seien die Kosten häufig höher gewesen als die dadurch generierten Erlöse. Die McCafés (vgl. Abb. 5.9) etwa seien für den einzelnen Franchise-Nehmer nicht rentabel, brächten McDonald's aber Umsatz, da die an den Konzern zu entrichtenden Gebühren sich auf den Netto-Umsatz der Restaurants beziehen. Ein anderer berichtet, McDonald's verlange Mieten, die regelmäßig weit über dem Marktpreis lägen und bezeichnet diese als „wucherähnlich".

**Abb. 5.9** Außenansicht eines McDonald's einschließlich McCafé [124]

## 5.5    Die Zielgruppen: Kinder, Jugendliche und Familien

> Unsere Zielgruppe sind alle jungen Menschen, egal welchen Alters. Wir vereinen alle: die
> jungen Leute selbst, die Großeltern, die mit ihren Enkeln ausgehen, und die ganze Familie.
> (zitiert nach [17], S. 49)

Sabine Ullrich, Direktor Strategie Planning & Research bei McDonald's Deutschland Inc.
in 2004

### 5.5.1    Das soziodemographische Profil der McDonald's Kunden

Werfen wir nun einen Blick auf das Profil der McDonald's Kunden. Im Vergleich zur
Gesamtbevölkerung lässt sich feststellen, dass (vgl.[101]):

- Männer mit rund 55,7 % (Gesamtbevölkerung = 49,0 %) bei den Gästen leicht überrepräsentiert sind.
- Ledige mit 52,1 % (Gesamtbevölkerung = 27,9 %) deutlich überrepräsentiert sind, was
  im Zusammenhang mit dem vergleichsweise hohen Anteil jüngerer Verbraucherschich-
  ten zu sehen ist.
- Haushalte mit 1–3 Kindern mit 27,6 % (Gesamtbevölkerung = 18,9 %) deutlich überrepräsentiert sind, wohingegen Haushalte ohne Kinder mit 72,1 % (Gesamtbevölkerung
  = 80,7 %) unterrepräsentiert sind.
- Kunden bis 49 Jahre deutlich stärker und entsprechend solche ab 50 Jahren deutlich
  schwächer vertreten sind.
- Weiterhin gilt es festzuhalten:
- McDonald's Kunden stimmen im Vergleich zur Gesamtbevölkerung folgenden Aussagen unterdurchschnittlich häufig zu: „Ich lege Wert auf gesunde Ernährung, auch wenn
  es mehr kostet.", „Ich wäre wirklich froh, wenn ich etwas abnehmen könnte.", „Beim
  Lebensmittekauf achte ich auf Öko- bzw. Bio-Prüfsiegel.", „Ich lege sehr viel Wert
  darauf, dass Produkte, die ich kaufe, von Tieren aus artgerechter Haltung stammen.".
- Folgenden Aussagen stimmen McDonald's Kunden im Vergleich zur Gesamtbevölkerung überdurchschnittlich häufig zu: „Ich nutze viele Möglichkeiten, um mich fit zu
  halten.", „Ich bin immer auf der Suche nach Billigangeboten.".
- McDonald's Kunden nutzen im Vergleich zur Gesamtbevölkerung überdurchschnittlich
  häufig Lieferdienste (Pizza etc.), konsumieren überdurchschnittlich häufig Cola-Ge-
  tränke, wobei Coca-Cola mit deutlichem Abstand und auch im Vergleich zur Gesamtbevölkerung die beliebteste Getränke-Marke repräsentiert, essen überdurchschnittlich
  häufig bei Burger King (vgl. [32]).

Lässt man diese Befunde Revue passieren, wird deutlich, dass sich McDonald's auf drei Zielgruppen konzentriert:

- 14–17-Jährige: Die geringsten Ausgaben pro Person, die mit einem Anteil der Schüler und Azubis von nahezu 100 % zu erklären sind, werden hier durch die höchste Besuchshäufigkeit leicht überkompensiert. Demnach verwundert es nicht, dass die Heavy und Medium User hier überdurchschnittlich häufig zu finden sind. Im Vergleich zur gesamten Kundschaft ist dieses Segment in den Nachmittagsstunden von 14 bis 17 Uhr stark vertreten. Die Loyalität gegenüber McDonald's ist überdurchschnittlich stark ausgeprägt.
- 18–29-Jährige ohne Kinder: Dies ist das wichtigste Segment für McDonald's, was zum einen mit den höchsten Ausgaben pro Person und zum anderen mit der überdurchschnittlichen Besuchshäufigkeit zu erklären ist. Konsequenterweise sind die Heavy User hier im Vergleich zu den anderen Zielgruppen am stärksten zu finden. Diese Zielgruppe sucht die Restaurants überdurchschnittlich häufig von 20 bis 5 Uhr morgens auf. Nachdenklich stimmen muss die vergleichsweise geringe Loyalität in diesem Segment.
- Mütter mit Kindern bis 9 Jahre: Trotz seiner Stärke bringt es dieses Segment auf einen unterdurchschnittlichen Umsatz. Der relativ geringe Umsatzanteil ist im Wesentlichen auf die unterdurchschnittliche Besuchshäufigkeit, aber auch die vergleichsweise geringen Ausgaben pro Person zurückzuführen. Berücksichtig man hierbei flankierend, dass Frauen deutlich weniger als Männer ausgeben, lassen die Befunde zwei Schlussfolgerungen zu: Zum einen müssen die Mütter für den eigenen Konsum zu höheren Ausgaben bewegt werden, zum anderen gilt es, die Besuchshäufigkeit dieser Zielgruppe zu steigern. Das Segment bevorzugt die klassischen Mahlzeiten, nämlich von 11 bis 14 und von 17 bis 20 Uhr.

Interessant erscheint noch ein Blick auf die Besuchshäufigkeit: Hier unterscheidet McDonald's zwischen:

- Heavy Usern: Diese besuchen McDonald's 7,2-mal pro Monat und stellen 11,2 % der Kunden mit fallender Tendenz.
- Medium Usern: Diese kommen 1,7-mal pro Monat und repräsentieren 61,2 % der Gäste mit leicht steigender Tendenz.
- Light Usern: 23,4 % der Gäste essen im Durchschnitt 1-mal im Monat bei McDonald's. Insgesamt ist hier eine leicht steigende Tendenz auszumachen.
- Non Usern: 3,7 % der Gäste essen dort normalerweise nicht und gehen nur notgedrungen zu McDonald's – weil es gerade keine Alternative gibt oder weil sie mit anderen kommen. Deren Besuchshäufigkeit liegt bei 1-mal pro Monat. Dieses Segment weist ebenfalls eine leicht fallende Tendenz auf.

Insgesamt lässt sich festhalten, dass der Anteil der Heavy User an den Gästen zurückgeht. Waren es 2010 noch 63.000 Deutsche, die mehrmals pro Woche ein McDonald's Restaurant aufsuchten, belief sich deren Zahl 2013 auf nur noch 49.000 Personen (vgl. [32]).

## 5.5.2   Das Zielgruppenkonzept

Die Kernzielgruppen von McDonald's sind Kinder, Jugendliche und Familien. Konsequenterweise versucht McDonald's, seine Kunden in möglichst jungen Jahren an sich zu binden und ihnen in den einzelnen Phasen ihrer Entwicklung spezifische Konzepte zu bieten. Nachvollziehbar wird dieses Lebensphasen-Konzept an der folgenden Werbeanzeige „Dabei sein ist alles" von McDonald's Österreich. Die vorgestellten Angebote sind mit leichten Anpassungen auch in Deutschland zu finden. Hier unterscheidet man den Family-Club für Familien mit Kindern unter 6 Jahren, den Junior-Club für 6–9-Jährige und den j-club für 10–13-Jährige.

---

**Werbeanzeige „Dabei sein ist alles" von McDonald's Österreich [155]**

Ganz gleich ob Kinder, Teenager oder seit neuestem auch Familien – bei McDonald's finden alle ihren Club mit jeder Menge Vorteilen!

Der Junior Club

Alle Kinder im Alter von 3 bis 10 Jahren können kostenlos Mitglied werden. Derzeit gibt es 170.000 in ganz Österreich, die regelmäßig Informationen und Gutscheine mit der Post erhalten und so die Nase vorne haben. Nach der Anmeldung im Restaurant erfährt man exklusiv, was das Happy Meal Neues bringt, und wird mit lustigen, altersgerechten Spielen überrascht.

Die Junior Community

Ein Online-Club für Kinder ab dem 10. Lebensjahr. Dort erfährt man, was zurzeit angesagt ist, welche coolen Bücher oder neuen DVDs man haben muss oder welche aktuellen Filme sehenswert sind. Junior Community-User erhalten regelmäßig die Junior McNews per E-Mail und fischen sich tolle Gutscheine und Gewinnspiele aus dem Netz.

Die McCommunity

Der Club für McDonald's Fans ab 14 Jahren. Auch in der McDonald's Welt der Teens & Young Adults erfährt man regelmäßig alles Wissenswerte rund um McDonald's und kann tolle Preise gewinnen!

Der McFamily Club

Seit Februar 2005 gibt es den McFamily Club. Alle Vorteile dieses Clubs sind speziell auf Familien abgestimmt. Schließlich liegen die Familien McDonald's ganz besonders am Herzen! Freuen Sie sich auf Gutscheine, Online Newsletter und tolle Gewinnspiele. Der McFamily Club ist exklusiv für Familien.

Anmeldungen und Informationen auf www.mcdonalds.at

Eine in der Vergangenheit besonders problematische Zielgruppe waren Familien. Hierzu eine typische Szene aus einem McDonald's Restaurant: Eine Mutter kommt herein, kauft ihren Kindern eine Happy Meal und begnügt sich selbst mit einem Kaffee. Nunmehr, wo Salate und kalorienärmere Produkte der Speisekarte hinzugefügt wurden und McCafé das Angebot erweitert, konsumieren nunmehr auch Mütter, was den Bestellwert deutlich anhebt. Die leichteren Alternativen und die neu angebotenen Kombinationsmöglichkeiten ermutigen die vorhandenen Kunden und hier insbesondere die in der Vergangenheit rückläufige Zielgruppe der Heavy User dazu, öfters zu kommen, weil sich nun mehr Abwechslung im Speiseangebot bietet. Nichtsdestotrotz bleibt der Big Mac, zumindest bis heute, das mit deutlichem Abstand bekannteste McDonald's Produkt.

Wie die soziodemographische Analyse zutage gefördert hat, sind Kunden ab 50 Jahren bei McDonald's deutlich schwächer vertreten. Außerdem liegt der Anteil der männlichen Kunden unter dem des Hauptkonkurrenten Burger King. Vor diesem Hintergrund wird verständlich, warum McDonald's seit Mai 2004 im Pressevertrieb tätig ist und in seinen Restaurants die Bild-Zeitung verkauft.

Das Boulevardblatt hatte in der Vergangenheit an Auflagenstärke verloren, u. a. weil unrentable Vertriebswege geschlossen worden waren. Die Kooperation bietet für beide Partner Vorteile: Die McDonald's Restaurants werden insbesondere von jüngeren Menschen frequentiert, was der Bild-Zeitung neues Kundenpotenzial erschließt. Umgekehrt könnte McDonald's neben dem Mehrumsatz durch den Verkauf von Zeitungen davon profitieren, dass nun mehr und/oder neue Kunden das Frühstücksangebot nutzen.

Der Erfolg dieser Kooperation lässt sich u. a. daran ablesen, dass die Presse-Vertriebsgrossisten gerne noch mehr Titel in den Restaurants des Fast-Food-Giganten verkaufen würden. Gründe für die Attraktivität dieses Absatzmittlers sind in der hohen Kundenfrequenz (rund 2,7 Mio. Menschen täglich in Deutschland) sowie den Besonderheiten des Fast-Food-Verzehrs zu finden. Denn nicht wenige Kunden kommen alleine in die Restaurants und lesen während des Essens Zeitungen und Zeitschriften.

### 5.5.3 Der Vorwurf: Manipulation von Kindern und Jugendlichen

Eine Umfrage unter amerikanischen Schulkindern ergab, dass 96 % Ronald McDonald erkannten. Einen höheren Wiedererkennungswert hatte nur Santa Claus. Die goldenen Bögen sind mittlerweile bekannter als das Kreuz Christi (vgl. [122], S. 14, sowie die dort angeführten Untersuchungen).

In Deutschland kann McDonald's als erstes Gastronomie-Unternehmen gelten, das sich von Anfang an auf Kinder und Jugendliche als Zielgruppe fokussierte (vgl. Abb. 5.10). Ein in diesem Zusammenhang immer wieder vorgetragener Kritikpunkt ist, dass McDonald's Kinder und Jugendliche instrumentalisiere. Das Operations and Training Manual von McDonald's, die vor der Öffentlichkeit geheim gehaltene „McBible" für jeden lokalen Restaurantmanager, gibt folgende Anweisungen, um die Zielgruppe kleine Kinder anzusprechen: „Ronald liebt McDonald's und das Essen von McDonald's. Und das tun

**Abb. 5.10**  In den USA angebotenes McKids™ Kinderspielzeug [123]

auch Kinder, weil sie Ronald lieben. Denken Sie daran, Kinder üben einen phänomenalen Einfluss aus, wenn es um die Auswahl eines Restaurants geht. Dies bedeutet, dass Sie alles Mögliche tun sollten, um die Liebe der Kinder für Ronald und McDonald's anzusprechen."[2]

Exemplarisch für alle Kritiker kann Eric Schlosser, der US-amerikanische Autor des Buchs „Fast Food Nation" angeführt werden. Er erklärt, wie McDonald's die Marketing-Instrumente der Walt Disney Company gegenüber Kindern zum Vorbild nahm, was darin mündete, dass Ikonen wie Ronald McDonald und die ihn unterstützenden Figuren geschaffen wurden. Die Theorie, die hinter dem Wandel zu einem auf die Zielgruppe „Kinder" ausgerichteten Marketing steht, ist die, dass hierdurch nicht nur Kinder, sondern auch deren Eltern und Großeltern angezogen wurden. Des Weiteren entsteht Markenloyalität, die bis ins Erwachsenenalter anhält und auf Assoziationen mit der der eigenen Kindheit basiert. Schlosser übt scharfe Kritik an dieser Marketing-Strategie: das Ausnutzen der naiven, unkritischen Natur von Kindern und der Umstand, dass Kinder in den USA rund 21 h in der Woche Fernsehen schauen.

Doch trotz aller Kritik an der Werbung für Kinder geben die Gerichte McDonald's Recht, wenn das Unternehmen im Falle von Vorwürfen in Bezug auf die McDonald's Werbung Verleumdungsklagen einleitet. Beispielsweise in der vom McDonald's Konzern angestrebten Verleumdungsklage vor dem High Court in England fiel das Urteil von Richter Bell entschieden zugunsten von McDonald's aus. Die Beklagten hatten ein Flugblatt

---

[2] Auszug aus dem Operations and Training Manual von McDonald's, zitiert nach: [104]. Übersetzung des Verfassers aus dem Englischen.

verteilt, das eine große Zahl von Vorwürfen gegenüber McDonalds enthielt, darunter auch Anschuldigungen in Bezug auf die McDonald's Werbung, die das Gericht für diffamierend und unwahr befand. Trotzdem sieht der Richter die Werbung von McDonald's, die sich speziell an Kinder richtet, recht kritisch, wie der folgende Auszug aus dem Gerichtsurteil belegt:

„…; der im Flugblatt enthaltene Vorwurf, die Kläger benutzten Kinder als empfänglichere Werbeadressaten, um ihre Eltern unter Druck zu setzen, damit sie mit den Kindern zu McDonald's zu gehen, ist jedoch berechtigt. Es stimmt.

Meinem Urteil nach benutzen die Werbung und das Marketing von McDonalds beeinflussbare kleine Kinder in erheblichem Umfang dazu, um sowohl die Kinder als auch die sie begleitenden Eltern zum Konsum von McDonald's Produkten zu bewegen, indem die Kinder ihre Eltern bedrängen, mit ihnen zu McDonald's zu gehen. Es mag gesagt werden, dass dies das unweigerliche Ergebnis aller Werbung an Kinder, die nicht selbständig einkaufen können, ist. Dem mag so sein. Schließlich hat McDonald's aufgrund dieser Behauptung eine Klage eingereicht." [42].

### 5.5.4   … und wie McDonald's darauf reagiert

**Ronald McDonald – der Hauptverantwortliche für Fröhlichkeit**
Ronald McDonald spielte lange Zeit eine zentrale Rolle in der Kommunikationsstrategie von McDonald's (vgl. Abb. 18). Mit diesem, den Kindern meistens auch aus Werbespots bekannten Firmenmaskottchen wollte McDonald's seine jüngste Zielgruppe direkt ansprechen und auf der emotionalen Ebene einen Bezug zum Unternehmen herstellen. Ronald trägt den offiziellen Titel eines „Hauptverantwortlichen für Fröhlichkeit" (Chief Happiness Officer) der Fast-Food-Kette.

Nach seiner Erschaffung als Werbemaskottchen 1963 trat Ronald McDonald regelmäßig in Fernsehspots im Kinderprogramm auf, wo er sich als stets freundlich lächelnder Clown präsentierte. Er lebte in einem imaginären McDonald's Land, wo er mit seinen Freunden, anderen McDonald's bezogenen Kunstcharakteren wie Grimace, Hamburglar und Birdie, diverse Abenteuer erlebte. Da Kinder dieses Konzept in den vergangenen Jahren zunehmend als realitätsfern und albern wahrnahmen, beginnen sich die Spots mit Ronald zunehmend zu ändern. Aktuell erlebt man ihn immer häufiger mit normalen Kindern in Alltagssituationen. Fernsehspots, die ihn beim Synchronschwimmen und Turmspringen zeigen und die während der von McDonald's gesponserten Olympischen Spiele 2004 in Athen geschaltet wurden, sind von der Werbeindustrie mit viel Beifall bedacht worden.

Des Weiteren animierte Ronald die Kinder auf den Verpackungen der Happy Meals im Rahmen der Kampagne „Spielend fit!" zu Bewegungsspielen wie Luftmalerei, Superschwinger und Flotter Hüpfer. Außerdem sind – auch in Deutschland – im Auftrag des Unternehmens mehrere Darsteller unterwegs und führen in Kindergärten, Grundschulen und Krankenhäusern Auftritte als Ronald durch. Nicht zuletzt besuchen die Ronald-Darsteller auch kranke Kinder in den Ronald-McDonald-Häusern der McDonald's Kinderhil-

**Abb. 5.11** Ronald McDonald – Wandverkleidung in einer Passage am Flughafen Frankfurt am Main [123]

fe. Die unterschiedlichen Darsteller müssen sich nach einem strikten Vorschriftenkatalog verhalten. Dieser deckt so unterschiedliche Bereiche wie einen detaillierten Verhaltenskodex, Schminkvorschriften, aber auch Sprachregelungen ab. Auf diese Weise will man die Illusion vermitteln, dass es nur einen einzigen Ronald gebe. Um Nachahmer auszuschalten, hat sich McDonald's unterschiedlichste Schreibweisen des Namens „Ronald McDonald" sowie das Design des verwendeten Kostüms etc. als eingetragene Warenzeichen rechtlich schützen lassen (Abb. 5.11).

Bei sämtlichen Ronald betreffenden Fragen hält sich der Konzern traditionell sehr bedeckt. Offenkundig will man Kritikern nur wenig Angriffsfläche bieten. Diese vergleichen Ronald nicht selten mit Joe Camel, dem ehemaligen Maskottchen der Zigarettenmarke Camel. Und so schottet der Konzern, wie es ein Autor bezeichnet, seine Werbefigur ab „wie der Verfassungsschutz seine V-Leute" [80].

Trotz der häufig geäußerten Kritik scheint die Konkurrenz daran interessiert zu ein, das Image von Ronald McDonald zu schädigen bzw. „sich mit fremden Federn zu schmücken". Dies belegen die folgende Werbekampagne von Burger King sowie die daraus resultierenden Reaktionen von McDonald's.

**Burger King versus McDonald's: Ronald kauft beim Konkurrenten ein (vgl. [145])**

Wie umkämpft der deutsche Burger-Markt ist und war, zeigt eine in 2002 stattgefundene Auseinandersetzung zwischen McDonald's und Burger King. Ein TV-Spot von Burger King zeigte das McDonald's Maskottchen Ronald McDonald als heimlichen

Konsumenten der Burger King-Hamburger. Gleichzeitig behauptete Burger King, die eigenen Hamburger seien billiger, enthielten aber dennoch mehr Fleisch. Daraufhin erwirkte McDonald's vor dem Landgericht Köln eine Einstweilige Verfügung gegen die Ausstrahlung dieses TV-Spots sowie der flankierenden Werbung.

## Modifikation der Happy Meals

Werbe- und PR-Kampagnen, in deren Zentrum die Jüngsten stehen, zielen darauf ab, Kinder und ihre Eltern dazu zu bringen, McDonald's Produkte und insbesondere das bekannte Happy Meal zu kaufen, das erstmals 1979 in Kansas City verkauft wurde. Happy Meal (früher in Deutschland unter dem Namen Junior-Tüte vertrieben) ist der Produktname des Kinder-Menüs der Fast-Food-Kette und beinhaltete traditionell entweder einen Hamburger, einen Cheeseburger oder vier Chicken Nuggets, dazu eine kleine Portion Pommes Frites und einen Softdrink sowie eine ständig wechselnde kleine Spielzeug-Überraschung.

Die den Menüs beigelegten Spielzeuge bedienen sich beliebter Kindermotive, die monatlich variieren. Häufig handelt es sich bei den Spielzeugen um Serien, die Kinder zum Sammeln und damit zu weiteren Restaurant-Besuchen animieren sollen. So gab es zum Beispiel Figuren von Barbie, den Schlümpfen, Mickey Mouse und Tarzan. Durch die lang angelegte Partnerschaft mit Disney, die in 2006 aufgelöst wurde, ergaben sich lange Zeit regelmäßig Angebote, die mit den jeweils aktuellen Disney-Film-Produktionen abgestimmt waren.

Bereits der Firmengründer von McDonald's, Ray Kroc, betonte, kein Kind solle seine Restaurants ohne Geschenk („freegifts") verlassen. Das ist auch heute noch das erklärte Ziel des Unternehmens. So stieg McDonald's im Lauf der letzten Jahrzehnte zum größten Spielwarenvertreiber der Welt (1,2 Mrd. Spielwaren pro Jahr) auf. Happy Meals sind ein wesentlicher Bestandteil dieses Erfolgs und dienen zugleich der Kundenbindung der jungen Gäste (vgl. [34, 36]).

Hierbei wechseln die Happy Meal-Spielzeuge (Seriencharakter) in regelmäßigen Zyklen. Beispielsweise gibt es in einem Monat sechs verschiedene Spielzeuge in einer Serie. Will das Kind die komplette Serie sammeln, muss es mit seinen Eltern und/oder Verwandten sowie alleine 6mal in dem entsprechenden Monat ein McDonald's-Restaurant aufsuchen und dort etwas konsumieren. Das Spielzeug der Serie, das voraussichtlich am stärksten nachgefragt wird (etwa Wicky, der Wickinger-Sohn aus dem gleichnamigen Spielfilm, oder Super-Mario), wird Kritikern zufolge absichtlich knapp produziert und damit auch knapp angeboten, so dass es nach kurzer Zeit ausverkauft wird. Dies ruft eine entsprechende Enttäuschung bei den Kindern hervor. Bei der nächsten Spielzeug-Serie werden die Kinder dann so lange quengeln, bis die Begleiter möglichst frühzeitig das McDonald's-Restaurant aufsuchen, um auf jeden Fall ein Exemplar des am heißesten begehrten Spielzeugs zu erhalten (Abb. 5.12).

Um der Kritik an McDonald's, seine Produktauswahl fördere die Fettleibigkeit bei Kindern, und damit der ursprünglichen Zusammensetzung der Happy Meals entgegenzuwirken, wurden Milch, Obst und kalorienärmere Getränke als mögliche Alternativen aufgenommen und beworben. Seit Mitte 2014 bietet McDonald's neben Hauptspeise, Beilage

**Abb. 5.12**  Happy Meal von McDonald's [157]

und Getränk zusätzlich einen Frucht-Kick in jedem Happy Meal (Preis: 3,99 €) an. Zur Auswahl stehen der Frucht-Quatsch (ein Früchte Püree), ein Bio Trink-Joghurt, ein Stück Melone und die Bio Apfeltüte. McDonald's macht grundsätzlich keine Angaben darüber, wie gut diese Alternativen bei Kindern sowie Jugendlichen ankommen und wie häufig bestimmte Kombinationen nachgefragt werden. Außerdem werden dem Happy Meal seit 2012 mehrmals jährlich ausgewählte Kinderbücher beigelegt, um auf diese Weise bei den Kindern das Interesse am Lesen zu wecken. Das Burger King-Äquivalent zum Happy Meal ist das Kids Menu, das vergleichbare Produkte und Portionen sowie eine Spielzeug-Überraschung enthält.

### McDonald's als Corporate Citizen: die McDonald's Kinderhilfe

> Gebt der Gemeinschaft, in der Ihr lebt, etwas von dem zurück, was sie Euch gibt.[3]

Ray Kroc, Gründer der McDonald's Corporation

Corporate Citizenship bezeichnet das Engagement von Unternehmen für gesellschaftliche Anliegen im Kontext einer langfristig ausgerichteten Public Relations-Strategie (vgl. hierzu [126]). Das verantwortungsvolle Handeln eines „guten (Unternehmens-)Bürgers" geht hierbei über die eigentliche Geschäftstätigkeit hinaus.

Ein typisches Beispiel für ein solches über die eigentliche Geschäftstätigkeit hinausreichendes Engagement ist die McDonald's Kinderhilfe (vgl. Abb. 5.13), die in Deutschland 1987 gegründet wurde. Die gemeinnützige Gesellschaft unterstützt schwer kranke Kinder auf drei verschiedenen Wegen: Mit den gesammelten Spenden baut und betreibt die McDonald's Kinderhilfe Ronald McDonald Häuser. In den derzeit 19 Ronald McDo-

---

[3] "We have an obligation to give something back to the community that gives so much to us." Zitiert nach [64].

**Abb. 5.13**  Das Logo der
McDonald's Kinderhilfe [57]

nald Häusern (weltweit über 300; Stand: 2013) in der Nähe von großen Spezialkliniken finden Eltern und Geschwister von kleinen Patienten ein „Zuhause auf Zeit". Während ein Kind im Krankenhaus behandelt wird, kann die Familie in unmittelbarer Nähe sein. Des Weiteren finden in den derzeit drei Ronald McDonald Oasen (weltweit über 160; Stand: 2013) schwerkranke Kinder mit ihren Familien direkt in der Kinderklinik einen Rückzugsort. Dort können sie Wartezeiten gemeinsam überbrücken. Außerdem unterstützt die Stiftung ausgesuchte Forschungsprojekte, die der Gesundheitsförderung der Kinder dienen. Schließlich wird die Anschaffung medizinischer Geräte in großen Kliniken finanziell gefördert.

Jeder Gast im Restaurant kann eine Spende für die McDonald's Kinderhilfe in ein Spendenhäuschen an der Kasse werfen. Diese beliefen sich in 2012 auf rund 2,8 Mio. €. McDonald's Deutschland Inc., seine Franchise-Nehmer und Lieferanten spenden selbst rund 3,4 Mio. € jedes Jahr für die McDonald's Kinderhilfe (vgl. [159]).

Kritiker führen gegen ein solches Corporate Citizenship folgende Argumente ins Feld:

- Häufig handle es sich um punktuelle Aktivitäten ohne nachhaltige Wirkung. Der Volksmund spricht in einem solchen Zusammenhang vom „Tropfen auf den heißen Stein".
- Das Engagement sei ein reines Ablenkungsmanöver mit dem Ziel, das schlechte Image eines Unternehmens zu korrigieren und reine PR-Effekte zu erzielen.

- Die gewählten Tätigkeitsfelder seien unter den Aspekten „Langfristigkeit" und „Verlässlichkeit" in staatlicher bzw. kirchlicher Hand besser aufgehoben (vgl. zum Themenkomplex „Corporate Citizenship" insgesamt [22, 126, 147, 138]).

## 5.6    Die Marketing-Strategie: Der „Plan to Win"

Die Welt hat sich verändert. Unsere Gäste haben sich verändert. Wir müssen uns auch verändern. (zitiert nach [137])

Jim Cantalupo, Vorstandsvorsitzender von McDonald's 2003–2004

Rund vier Millionen € geben die Deutschen pro Jahr für Fast-Food aus – mit steigender Tendenz. In den USA hingegen, dem weitaus größten Absatzmarkt von McDonald's, stagniert der Verkauf von Fast-Food seit dem Ende des Wirtschaftsbooms im Jahr 2000. Hinzu kommt, dass sich die Bedürfnisse bei zumindest einem Teil der Konsumenten hin zu einer gesünderen Ernährung gewandelt haben, ein Trend, der längst auch in Deutschland angekommen ist.

Diese Umbrüche sollten den Tiefpunkt der bis dahin makellosen Erfolgsgeschichte von McDonald's einleiten. 2001 belegten Kundenzufriedenheitsuntersuchungen, dass McDonald's hinter seine Rivalen, Wendys und Burger King, zurückgefallen war. Außerdem wechselten Kunden zu gesünderen Angeboten, etwa zu den frisch zubereiteten Sandwiches von Subway's. Viel Geld wurde investiert, um noch mehr Restaurants zu eröffnen, aber die Gewinne sanken weiterhin und die Beschwerden über schmutzige Restaurants und gleichgültige Mitarbeiter nahmen zu. Die Firmenphilosophie von QSC&V – Quality, Service, Cleanliness and Value – funktionierte nicht mehr in der traditionellen Weise. Im Jahr 2002 musste McDonald's 175 Restaurants schließen und sich aus drei Ländern ganz zurückziehen (vgl. [110]). Das Geschäft stagnierte und die verschärfte Wettbewerbssituation sowie verändertes Verbraucherverhalten führten im letzten Quartal 2002 dazu, dass der Konzern erstmals in der Unternehmensgeschichte rote Zahlen schrieb.

McDonald's hatte mehr als nur die Richtung verloren. Eine Welle anti-amerikanischer Gefühle im Ausland hatte die weltbekannten „Golden Arches", die goldenen Bögen und damit das Firmensymbol von McDonald's, von einem Aktiv- in einen Passivposten gewandelt. Und die Sorge über Sucht und Junk-Food wuchs in der Bevölkerung. Außerdem wurde McDonald's angeklagt (bis heute erfolglos), Menschen übergewichtig zu machen.

Vor dem Hintergrund stagnierender Umsätze und sinkender Gewinne aufgrund einer weitgehenden Sättigung des Fast-Food-Marktes in den USA und Europa suchten die Konzernstrategen nach weiteren neuen Absatzmärkten. 2002 gründete McDonald's mit der Pasta-Kette Fazoli's ein Joint Venture. Fazoli's betrieb zum damaligen Zeitpunkt 400 italienische Bistros in 32 Bundesstaaten und bot dort vor allem Pasta-Gerichte, aber auch italienische Sandwiches und Salate an. Die beiden Unternehmen wollten zunächst gemeinsam 20 bis 30 Fazoli's Restaurants eröffnen. Die Übereinkunft zwischen beiden Unternehmen ermöglichte auch eine vollständige Übernahme der Fazoli's Bistros durch McDonald's.

Des Weiteren stieg McDonald's 2002 in Deutschland mit seiner Pizza-Tochter Donatos ins Pizza-Geschäft ein. Geplant war, bis 2005 rund 200 Restaurants zu eröffnen. 1999 hatte McDonald's die Pizzakette Donatos, die 1963 von Jim Grote in Columbus (Ohio), USA, gegründet worden war, erworben. Zum damaligen Zeitpunkt betrieb McDonald's rund 200 Restaurants in den USA. Die Eröffnung der Deutschland-Filialen war der erste Vorstoß von Donatos auf einen Markt im Ausland.

Donatos sollte in Deutschland völlig unabhängig von den Hamburger-Restaurants von McDonald's agieren. Hierdurch wollte man verhindern, dass die McDonald's Produkte durch das Pizza-Geschäft kannibalisiert würden. McDonald's reagierte mit dem Start der Pizza-Kette auf die Umsatzrückgänge in 2001 infolge der BSE-Krise sowie auf den verschärften Wettbewerb mit dem Konkurrenten Burger King.

Nicht zuletzt gab es Überlegungen, weitere McDonald's Tochtergesellschaften in Deutschland zu etablieren. Hierzu zählen die Sandwich-Kette Pret A Manger, Chipotle Mexican Grill und Boston Market. Darüber hinaus wurde bei McDonald's weiter darüber nachgedacht, das Angebot über das reine Essen hinaus zu erweitern. So kündete der Finanzvorstand Matthew Paull (2001–2008) an: „Wir müssen uns verstärkt auch als Einzelhändler verstehen." Beobachter werteten diesen Schritt als einen Versuch von McDonald's, die Abhängigkeit vom Burgergeschäft zu verringern und durch Diversifikation zu wachsen (vgl. [84]). Doch die etwas planlos wirkenden Aktivitäten führten nicht zum Erfolg, und offenkundig fehlte es McDonald's an einer Gesamtstrategie.

Viele Unternehmen hätten versucht sich weiter durchzuwursteln. Nicht so McDonald's. Im Januar 2003 wurde Jim Cantalupo, ein McDonald's Veteran, der internationale Operationen des Konzerns geleitet hatte und bei der Besetzung des Top Jobs übergangen worden war, aus dem Ruhestand zurückgerufen, um Jack Greenberg zu ersetzen, der von beunruhigten Anteilseignern als Vorstandsvorsitzender abgesetzt worden war. Cantalupo kommentierte die für das erfolgsverwöhnte Unternehmen unbefriedigende Situation mit folgenden Worten: „Wir haben wohl unser Kern-Geschäft aus den Augen verloren. … Die Welt hat sich verändert. Unsere Gäste haben sich verändert. Wir müssen uns auch verändern."

Jim Skinner, Vorstandsvorsitzender der McDonald's Corporation von 2004–2012, charakterisierte die damalige Situation im Rückblick mit folgenden Worten: „In den Achtzigern und Anfang der Neunziger war ein zehnprozentiges Wachstum durchaus realistisch. Am Ende der 90er-Jahre und Anfang des dritten Jahrtausends waren wir so erpicht darauf, die Vorgaben zu erreichen, möglichst schnell zu expandieren und Beteiligungen an anderen Ketten zu erwerben, dass wir das Kerngeschäft beinahe vernachlässigt hätten. Die Essgewohnheiten der Kunden hatten sich verändert, und auch das Design unserer Restaurants war nicht mehr zeitgemäß." (zitiert nach [115], S. 161–162).

Um dem Negativtrend entgegenzutreten, leitete Cantalupo mit dem „Plan to Win" einen fundamentalen Strategiewechsel ein, der sich auf die fünf Bereiche „people, products, place, price, promotion" erstreckt und folgendermaßen charakterisieren lässt:

- Fokussierung der Marketingaktivitäten auf die Zielgruppen Kinder, Jugendliche und Frauen
- Verbesserung der bisherigen Produkte und Erweiterung des Sortiments um Salatmenüs, frische Früchte, Apfelsaftschorle, Milchprodukte etc.
- Verbesserung der Atmosphäre in den Restaurants durch neue Einrichtungsdesigns
- Gleichzeitige Ansprache unterschiedlicher Preisbereitschaften durch „Deluxe Linie" (Premiumsegment) und die Preisaktion „McDeal" (Preissegment)
- Propagierung eines ausgewogenen Lebensstils (z. B. mit Tipps zur Verbesserung der eigenen Fitness)
- Stärkung der Kernmarke McDonald's und Modifikation des Markenauftritts unter dem Slogan ich liebe es™

Mit der Stärkung der Kernmarke wurden die bislang betriebenen Diversifikationsbestrebungen zurückgenommen. So war es nur konsequent, dass im Dezember 2003 der Ausflug ins Pizzageschäft beendet war. Die drei erst im Sommer 2002 in Deutschland eröffneten Donatos-Restaurants wurden geschlossen, die restlichen 182 Pizzerias gingen an Jim Grote, den Donatos-Gründer zurück.

Der Verkauf von Donatos lässt den damaligen Wechsel in der Marketingstrategie erkennen: Die Trennung von Nicht-McDonald's Restaurants wurde weiter betrieben und das Unternehmen konzentrierte sich ab diesem Wendepunkt verstärkt auf die Kernmarke. Über den Verkauf einiger oder aller der sog. Partner-Marken von McDonald's (etwa Chipotle und Boston Market in Kanada sowie Australien) wurde bereits seit geraumer Zeit spekuliert. Denn die Partner-Marken steuerten vergleichsweise wenig zum Konzernumsatz bei (vgl. [85]). Doch der Börsengang der US-Restaurantkette Chipotle Mexican Grill am 26.01.2006 erinnerte so manchen Beobachter nicht an Fast-Food, sondern an Fast-Money. Der Kurs der Aktie verdoppelte sich am ersten Handelstag. Hiervon profitierte nicht zuletzt auch McDonald's. Doch mittlerweile reduziert McDonald's seine Anteile an Chipotle und nutzt die hieraus resultierenden Einnahmen, um eigene Anteilsscheine zurückzukaufen (vgl. [14]). Auch hieran wird deutlich, dass sich McDonald's mittlerweile voll und ganz auf seine Kernmarke fokussiert.

Der „Plan to Win", wie die Genesungsstrategie des Unternehmens genannt wird, wurde weitgehend von Cantalupo entwickelt. Doch weitere Rückschläge blieben dem Unternehmen nicht erspart. Im April 2004 erlag Cantalupo, der in der Firmenzentrale in Chicago hohe Popularität genoss, während einer McDonald's Veranstaltung in Florida mit 60 Jahren einer Herzattacke. Viele Unternehmen wären beim Verlust ihrer Führungsfigur in solch einer Umbruchsituation im Chaos versunken. Aber McDonald's reagierte schnellstmöglich. Innerhalb von Stunden richte Charlie Bell, ein 43-jähriger Australier, der von

Cantalupo gefördert worden war, als erster Nicht-Amerikaner an der Spitze des Unternehmens das Wort an die Belegschaft.

Bell, der als 15-jähriger Restaurant-Mitarbeiter (McDonald's spricht von „Crew Members") in das Unternehmen eintrat, charakterisierte auf drastische Weise, was falsch gelaufen war. „Es gibt viele Unternehmen, die fett, blöde und glücklich werden und das Geschäft aus den Augen verlieren." Die Leute dachten, dass McDonald's nicht mehr länger in der Lage wäre, eindrucksvolle Ergebnisse zu erzielen. Doch im ersten Halbjahr 2004 stiegen die Umsätze um 13 % auf 9,1 Mrd. US-\$, und die Nettogewinne erhöhten sich im Vergleich zur gleichen Periode gegenüber dem Vorjahr um 38 % auf 1,1 Mrd. US-\$. Der Gewinn pro Aktie stieg um 42 % und die Absatzzahlen wuchsen wieder stark an (vgl. [137]).

Cantalupo und Bell war es im Wesentlichen zu verdanken, dass sich das Unternehmen auf dem Weg der Genesung befand. Doch ein Großteil des Wachstums war aus den USA gekommen. Europa hatte bis zu diesem Zeitpunkt noch keinen entscheidenden Wandel zum Besseren vollzogen. Und die gesundheitlichen Probleme der Führungsspitze blieben bestehen. Am 23. November 2004 trat Bell wegen einer Darmkrebserkrankung, der er 2005 erlag, von seinem Posten zurück. Vorstandsvorsitzender wurde der damals 60-jährige Jim Skinner, der den Weg seiner Vorgänger fortsetzte und sich gleichzeitig neuen Herausforderungen stellen musste. Ihm folgte 2012 als Vorstandsvorsitzender Don Thompson. In den Kap. 5.7–5.11 werden wir uns der operativen Umsetzung des „Plan to Win" und damit den fünf Bereichen people, products, place, price und promotion intensiver zuwenden.

## 5.7 People

### 5.7.1 Die Arbeitsbedingungen

Vier der acht Firmenchefs, die McDonald's bislang hatte, haben sich aus der Küche auf den Chefsessel hochgearbeitet. Und der fünfte, Mike Quinlan, kam aus dem Postraum. Wenn Sie mich fragen, sieht so der klassische amerikanische Traum aus. (zitiert nach [115], S. 161–162)

Jim Skinner, Vorstandsvorsitzender der McDonald's Corporation von 2004–2012

Zu Beginn dieses Abschnitts sei noch einmal darauf hingewiesen, dass hier nicht die objektive Qualität der Arbeitsbedingungen bei McDonald's beurteilt wird. Vielmehr steht im Mittelpunkt der weiteren Ausführungen die Marketingperspektive, d. h. wie präsentiert sich McDonalds als Arbeitgeber in der Öffentlichkeit.

### 5.7.2 Der Arbeitgeber McDonald's

Analysiert man die Wissensstruktur von Unternehmen und gruppiert diese nach der Höhe ihres Management- sowie fachlichen Know-how, so lassen sich vier Wissenstypen unterscheiden. Wie Tab. 5.13 zeigt, gehört die Systemgastronomie, deren nach Umsatz und Ge-

**Tab. 5.13** Typen von wissensintensiven Unternehmen [134]

| Management-Know-how<br>Fachliches Know-how | Gering | Hoch |
|---|---|---|
| Gering | „Büro"<br>Erledigung von Aufträgen<br>Kaum Entscheidungsspielraum<br>Kein Aufbau von Expertise<br>Beispiel: Verwaltungen | „Dienstleistungsfabrik"<br>Hochgradig standardisierte<br>Prozesse<br>Rückgriff auf niedrig-qualifizier-<br>tes Personal<br>Beispiel: Systemgastronomie |
| Hoch | „Agentur"<br>Hohe Kreativität<br>Hoher Wissensstand der<br>Fachkräfte<br>Gute Teamarbeit<br>Geringe Steuerung durch das<br>Management<br>Beispiel: Marketing- agenturen | „Organisation"<br>Hoch-qualifizierte Mitarbeiter<br>Großer Entscheidungsspielraum<br>Ständige Weiterentwick-<br>lung der Arbeitsprozesse und<br>Unternehmensstrukturen<br>Beispiel: Beratungsunternehmen |

winn weltweit größter Vertreter McDonald's ist, zur Gruppe der Dienstleistungsfabriken. Charakteristisch hierfür ist das Leitbild des Taylorismus mit strikter Trennung zwischen Anweisung und Ausführung sowie weitgehender Aufspaltung der Tätigkeiten in kleinste, hochgradig standardisierte Teilverrichtungen. Dadurch wird es möglich, auf gering-qualifiziertes Personal zurückzugreifen.

**Mitarbeiter- und Arbeitsstruktur**

Mit rund 64.000 Arbeitnehmern im Jahresdurchschnitt (Stand: 2013) zählt McDonald's zu den größten Arbeitgebern in Deutschland. Das Konzept des Fast-Food-Giganten lässt sich folgendermaßen charakterisieren: leicht und schnell erlernbare Tätigkeiten mit flexiblen Arbeitszeiten und standardisierten Arbeitsabläufen.

In einem McDonald's Restaurant (ausgenommen der Satellites) arbeiten zwischen 30 und 100 Menschen. Rund 30 % der Beschäftigten sind Vollzeitkräfte, der überwiegende Teil der Mitarbeiter arbeitet auf Teilzeit- oder 400 €-Basis. Mehrheitlich werden ungelernte Tätigkeiten ausgeübt, die Anlernzeit beträgt rund vier Wochen.

McDonald's unterscheidet drei Gruppen von Mitarbeitern:

- Angestellte mit Managementfunktion nehmen in der Betriebshierarchie die höchste Position ein, nämlich die des Restaurantleiters sowie des Ersten und Zweiten Assistenten. Diese Gruppe vereint 10 % der Gesamtbelegschaft auf sich.
- Arbeiter mit Managementfunktion bekleiden die Position des Schichtführers sowie des Vorarbeiters.
- Arbeiter ohne Managementfunktion stellen 85 bis 90 % der McDonald's Belegschaft und verteilen sich auf die Positionen des Crewtrainers sowie der Rotationskräfte (Crew) (vgl. [119], S. 57).

Der Kunde erkennt diese Betriebshierarchie an einer abgestuften Uniformierung der Mitarbeiter mittels unterschiedlicher Kleidung und Symbole: Papierhütchen oder nicht, T-Shirt oder Hemd, Namenschilder in unterschiedlichen Qualitäten (Plastik, Bronze, Silber, Gold) (vgl. [108], S. 13 f.).

**Wandelnde Marken – McDonald's steckt die Mitarbeiter in neue Kleider (vgl. [98, 106])**

McDonald's stattet seine Mitarbeiter seit 2005 mit neuen Outfits aus und führte in der Vergangenheit aus diesem Grund Gespräche mit diversen Modefirmen (u. a. Tommy Hilfiger). Wie das amerikanische Werbefachblatt „Advertising Age" berichtete, sollten sich die Modedesigner an der „hippen Straßenkleidung" orientieren. Das zentrale Anliegen der rund 80 Mio. US-$ teuren Aktion war die Veränderung der Einstellung an der Basis.

Die Fast-Food-Kette wollte den Kunden keine uniformierten und anonymen Hamburger-Brater vorsetzen, sondern Mitarbeiter, die sich als „walking brand billboards" in der Kernzielgruppe bewegen – wenn möglich auch außerhalb des Arbeitsplatzes. „McDonald's hat sich zur Lifestyle-Marke gewandelt, und deshalb gehen wir einen Schritt weiter und machen die Mitarbeiter nun zu einem Teil dieses Lifestyles", kommentierte Steve Stoute, der mit der Umsetzung beauftragte Chef von Translation Consulting & Brand Imaging, New York. Inzwischen tragen die Mitarbeiter in Deutschland modische Jeans und in den Firmenfarben gehaltene Polo-Hemden, auf denen das Logo von McDonald's aufgedruckt ist.

Die meisten Mitarbeiter werden abwechselnd in sämtlichen Bereichen des Restaurants eingesetzt (= Job Rotation). Hierzu gehören Grill und Fritteuse, Garniertisch, Kasse und Lobby (Tabletts abräumen, Tische säubern, Aschenbecher leeren, Tablettwagen wegfahren). In vielen Restaurants gehört auch die Reinigung der Toiletten zum Aufgabenbereich. Zunehmend ist jedoch zu beobachten, dass diese Tätigkeit an Externe „outgesourct" wird.

Vertreter der Gewerkschaft NGG berichten, dass man für eine Rotationskraft, also dem typischen Arbeitnehmer bei McDonald's, für sämtliche vier Tätigkeitsbereiche (Kasse, Lobby, Grill und Fritteuse sowie Garniertisch) mit einer Anlernzeit von rund vier Wochen kalkuliert, unabhängig davon, ob es sich um eine Vollzeit- oder eine Teilzeitkraft handelt (vgl. [108], S. 25).

Sämtliche Beschäftigte arbeiten im Schichtdienst, die Länge der Schichten kann vier, sechs oder acht Stunden betragen. Zu Arbeitsbeginn werden die Hände desinfiziert, im Anschluss betritt der Mitarbeiter seinen jeweiligen Arbeitsbereich (etwa Stationen in der Küche, Kasse, Lobby). In der Küche werden morgens um 6 Uhr sämtliche Stationen eingeschaltet. Die Geräte sind bis 23 Uhr und – je nach Geschäftsschluss – länger in Betrieb. Der Frühschicht obliegt die Aufgabe, die Kühlschränke an ihren jeweiligen Stationen (etwa Fisch-, Pommes-, Hamburger-, Garnierstationen) mit den Vorräten für einen Tag aufzufüllen. Dies gilt auch für den Thekenbereich (Becher, Tüten, Servietten, Free Gifts, also die Gratisbeigaben bei den Happy Meals für Kinder) (vgl. [108], S. 20–21).

**Taylorismus und „Operations and Training Manual"**

Sämtliche Arbeitsabläufe in einem Restaurant sind hochgradig standardisiert. Jede Tätigkeit ist in kleine Arbeitsschritte zerlegt, mit minutiösen Planvorgaben zur Erledigung versehen und in einem 600seitigen, bebilderten und illustrierten „Operations and Training Manual" (Arbeits- und Trainingshandbuch) dokumentiert. Dort wird nahezu alles festgelegt: wie groß der Vorrat an Pommes Frites an der entsprechenden Station zu sein hat, wie ein Beutel Pommes Frites auf verschiedene Fritteusen zu verteilen ist etc. Sämtliche Bereiche der Arbeitsorganisation – von den Kleidungsvorschriften über die Zubereitungsvorschriften (etwa Garzeiten, Garniervorschriften, Hygienevorschriften) bis hin zu den Verkaufsvorschriften – sind schriftlich fixiert.

Für den Kassenbereich schreiben Skripte, deren Inhalt die Mitarbeiter erlernen müssen, vor, wie Kunden zu begrüßen, zu befragen, zu bedienen, abzukassieren und zu verabschieden sind. Konkret werden sechs Schritte aufgeführt, die ein Mitarbeiter an der Kasse durchzuführen hat:

- Freundliche Begrüßung des Kunden
- Frage, welche Produkte er haben möchte
- Evtl. Hinweis auf bestimmte Angebote
- Nennen des Rechnungsbetrags
- Legen der Produkte auf das Tablett
- Freundliche Verabschiedung des Kunden

Die Formalisierung, d. h. schriftliche Fixierung, sowie Standardisierung und damit Vereinheitlichung des Kassiervorgangs ermöglichen es, in Mitarbeiterschulungen auch ausländischen Mitarbeitern mit Sprachdefiziten das Bedienen an der Kasse zu vermitteln. Die Computerkassen sind mit Produktpiktogrammen (z. B. das Symbol eines Produkts, etwa eines Big Mac) ausgestattet, so dass Fehler bei der Berechnung des zu zahlenden Betrags nahezu ausgeschlossen sind. An diesem Beispiel wird deutlich, dass einzelne Tätigkeiten in ihrem Anforderungsprofil soweit reduziert sind, dass sie auch von nicht qualifizierten Arbeitskräften innerhalb kürzester Zeit erlernt werden können. Beispielsweise war es möglich, Analphabeten an der Kasse bei McDonald's anzulernen.

Ein Mitarbeiter an der „Kontrolle" (Warmhalteregal zwischen Kassen- und Küchenbereich) registriert den Kundenandrang, überprüft, wie viel von welchem Produkt noch im Regal vorhanden ist, schätzt den Bedarf ab und fordert die Mitarbeiter an den einzelnen Stationen gemäß den erforderlichen Mindestbeständen auf, eine entsprechende Anzahl von Produkten zuzubereiten. Die Zeitspanne, die zwischen Bestellung und Auslieferung an den Kunden vergehen darf, ist auf maximal drei Minuten festgelegt.

In jüngster Zeit experimentiert McDonald's mit einem neuen System, in dem Bestellung und Ausgabeschalter voneinander getrennt sind. Der Kunde gibt an der Kasse seine

Bestellung auf, bezahlt und erhält eine Quittung, auf der eine Nummer steht. Erscheint diese Nummer auf einem Monitor, kann er seine Bestellung, die nach Reihenfolge zubereitet und ausgegeben wird, an einem Schalter abholen. Ziel des Systems soll sein, die Wartezeit zu verkürzen, frischere Speisen zu servieren und die Zahl der Entsorgungen von Speisen durch zu lange Warmhaltung zu reduzieren. Außerdem können Kunden nunmehr in den Restaurants an sog. „Easy Order"-Terminals ihre Bestellung selbst eingeben und bargeldlos bezahlen. In naher Zukunft dürfte es auch die Möglichkeit geben, per Smartphone oder Tablet zu bestellen.

Die Arbeitsschritte an den Stationen sind in der Abfolge genau vorgegeben. Die Küchenmaschinen sind so konstruiert, dass sie mit Warntönen und Stoppsignalen die Mitarbeiter steuern, was nichts anderes bedeutet, als dass sie ähnlich einem Fließband den Arbeitstakt vorgeben. Wenn ein Zwischenprodukt fertig ist, ertönt ein Signal, das den Mitarbeiter auffordert, es abzuholen und weiterzuverarbeiten. Sämtliche Arbeitsschritte wiederholen sich ständig, Fehlbedienungen werden maschinell ausgeschlossen. Alle zwei Stunden haben die Mitarbeiter die Gelegenheit, fünf Minuten Pause zu machen. Wer Durst hat, kann sich an der Getränkestation bedienen. Kritiker weisen darauf hin, dass hier wie bei der industriellen Produktion alter Prägung Pausen nur als minimale Arbeitsunterbrechungen pro Stunde sowie als ablösungspflichtige Pausen mit Genehmigung des Schichtführers festgelegt sind (vgl. [108], S. 14 f. sowie 20 f.).

Die Menge der einzelnen Zutaten zu einem Gericht, besser gesagt zu einem Produkt, sind genormt. Beispielsweise wird im „Operations and Training Manual" die korrekte Platzierung von Ketchup und Senf mit jeweils fünf im Kreis angeordneten Spritzern illustriert und gefordert (vgl. [119], S. 59).

Sollte ein Mitarbeiter nicht ausgelastet sein, so sieht das Arbeitshandbuch vor, dass dieser seinen Arbeitsplatz reinigt. Oder wie der Firmengründer Ray Kroc es ausdrückte: „Time to lean means time to clean." (vgl. [108], S. 14–15).

Die Standardisierung führt zu steigender Produktivität und ist das Ergebnis einer Tätigkeitsanalyse und Planung, die von McDonald's eigenen Industrieingenieuren sekundengenau ausgearbeitet wird. Die besonderen Fähigkeiten des einzelnen Mitarbeiters spielen konsequenterweise eine zu vernachlässigende Rolle. Ein derartiges Produktionsmuster ermöglicht es, gering qualifizierte Beschäftigte, zum Teil mit Sprachdefiziten oder Lernstörungen, effektiv einzusetzen.

Außerdem ist es McDonald's durch die hohe Standardisierung gelungen, sowohl die Ausbildungs- und Anlernzeiten als auch die Qualitätsanforderungen zu verringern. Ob es sich hierbei um eine Entwertung und Entqualifizierung der Arbeit handelt oder ob auf diese Weise Mitarbeitern, die ansonsten nur geringe Chancen auf dem Arbeitsmarkt hätten, überhaupt erst eine Beschäftigungsmöglichkeit geboten wird, bleibt dem Urteil des Lesers überlassen.

### Der Bachelor of Hamburgerology

Trotz oder gerade wegen Taylorismus und „Operations and Training Manual" verfügt McDonald's über ein ausgeklügeltes Aus- und Weiterbildungssystem, in dessen Mittelpunkt die Hamburger-Universität (im Folgenden HU) steht (vgl. im Folgenden [21, 23, 127]). Diese McDonald's eigene Bildungseinrichtung wurde 1961 im Keller eines McDonald's Restaurants in Elk Grove, Illinois, gegründet. Ray Kroc, der Gründer des Unternehmens, war ein fanatischer Verfechter von Schulungsmaßnahmen. Er unterrichtete seine Franchise-Nehmer selbst in Dingen wie sauberen Toiletten. Mittlerweile befindet sich die HU in einem 12.000 Quadratmeter großen Gebäude auf einem 320.000 Quadratmeter großen Campus, der in der Firmenzentrale in Oak Brook, Illinois, einer Vorstadt von Chicago, angesiedelt ist.

Einen ersten Eindruck der HU vermittelt der folgende Bericht eines Besuchers: „Legt man die Standards an eine moderne Bildungseinrichtung an, muss die Umgebung als idyllisch bezeichnet werden. Ein flaches Steingebäude mit einer schönen Kunstsammlung steht am Ufer eines Sees. Auf der anderen Seite des Sees befinden sich die Studentenunterkünfte, eine komfortable Lodge, die von der Hotelkette Hyatt geführt wird. Im Gebäude begrüßen leuchtende Vorlesungsräume, wo ein Team von Dolmetschern sitzt, die darauf warten, die Vorlesungen in 28 Sprachen zu übersetzen. Überall strotzt es von Computern, Kameras und anderen Technologien. Sogar die Studierenden bestechen durch ihre Aufmerksamkeit. Erst wenn man hört, was hier gelehrt wird – „und vergessen Sie nicht das Cola und die Pommes Frites", realisiert man, wo man ist." [23].

Der Trend zu Firmenuniversitäten kommt aus den USA, wo 1955 die erste dieser Einrichtungen gegründet wurde. Doch McDonald's sticht unter diesen Bildungseinrichtungen heraus durch seinen Ehrgeiz, sämtliche Mitarbeiter weltweit daran ausrichten zu wollen, nach einer einzigen Pfeife zu tanzen (vgl. [23]).

Die folgenden Fakten verdeutlichen die Dimension der HU:

- 64 Vollzeit-Professorinnen und -Professoren internationaler Herkunft unterrichten Studierende aus mehr als 119 Ländern.
- Das Gebäude, das auf dem neusten Stand der Lern-Techniken ist, verfügt insgesamt über 220 Räume, davon 13 Vorlesungsräume, ein Auditorium mit 300 Sitzplätzen, zwölf spezielle Gruppenarbeitsräume, drei Labor-Küchen und diverse „State-of-the-art service training labs".
- Die Dolmetscher der HU sind in der Lage, die Veranstaltungen gleichzeitig in mehr als 28 verschiedene Sprachen zu übersetzen.
- Mehr als 5.000 Studierende besuchen jedes Jahr Vorlesungen an der HU.
- Bislang haben mehr als 80.000 Studierende die HU mit dem „Bachelor of Hamburgerology" absolviert.
- Die durchschnittliche Klassengröße beläuft sich auf 200 Studierende.
- Pro Jahr werden rund 85 Schulungswochen angeboten.
- In der Hamburger-Universität werden Trainingsprogramme angeboten, die auf verschiedene Managementebenen abzielen. Diese reichen vom Restaurant-Manager über Abteilungsleiter bis hin zum Geschäftsführer.

- Die Trainingsprogramme können in 28 Sprachen durchgeführt werden, wobei hauptsächlich folgende Sprachen zum Einsatz kommen: Chinesisch (vereinfacht und traditionell), Englisch (sowohl international/Commonwealth als auch US-amerikanisch), Französisch, Deutsch, Italienisch, Japanisch, Portugiesisch, Spanisch.
- Neben dem Hauptcampus gibt es in den USA 22 regionale Training-Teams sowie sechs internationale Niederlassungen der Hamburger University in Sydney, München, London, Tokio, Brazil und Peking. Diese sind vernetzt mit mehr als 100 Trainingszentren sowie 300 hauptberuflich beschäftigten Trainern (vgl. [45]).

Die HU ist zum Teil Business School und zum Teil technischer Workshop, aber in erster Linie eine Trainingseinrichtung für Trainer. Die Studierenden rekrutieren sich aus Managern, die in ihre Unternehmen zurückgehen, um dort andere Mitarbeiter zu schulen. Intensive Schulung beginnt bei McDonald's bereits auf der ersten Hierarchiestufe. Wenn die Restaurant-Manager nach Opak Brook kommen, haben sie bereits mindestens 2.000 Schulungsstunden absolviert.

Trotz aller Tradition kann sich auch die Hamburger-Universität nicht der Herausforderung verschließen, weniger amerikanisch zu werden. Denn die Zahl ausländischer McDonald's Restaurants hat die Zahl amerikanischer Filialen mittlerweile überstiegen. Über die Hälfte der Studierenden an der HU kommt aus Übersee, und die Zahl nicht amerikanischer Professoren wurde konsequenterweise von 20 % auf knapp 40 % erhöht.

Viel fundamentaler jedoch ist die Erkenntnis, dass der zukünftige Erfolg des Unternehmens davon abhängt, inwieweit die ausländischen Restaurants neue Ideen einbringen und nicht nur als bloße Vertriebspunkte agieren. Trotz aller Kritik hat es McDonald's bislang immer verstanden, seine Produkte nationalen Geschmacksvorlieben anzupassen. Als Beispiele können der in Süd-Korea verkaufte Bulgogi-Burger oder das Angebot von Teryaki-Soße in Japan gelten. Aber das Unternehmen ist immer dann gescheitert, wenn es nicht amerikanische Ideen in globale umsetzen wollte.

Und in einigen Phasen der Geschichte schien das Unternehmen zu stark auf die Prozesse konzentriert zu sein, was zu Lasten der Produkte ging. Während man bei McDonald's etwa damit beschäftigt war, das von Kroc geliebte Arbeitshandbuch zu verfeinern, hatte Burger King (Slogan: „Weil's besser schmeckt.") aufgeholt. Dies hat sich mittlerweile geändert. Ein Beispiel hierfür ist der McFlurry, ein Eis, das in Kanada entwickelt wurde und mittlerweile in über 40 Ländern verkauft wird.

In diesem Zusammenhang hat der Vorstand erkannt, dass die Frage-und-Antwort-Runden in den HU-Vorlesungen ein hervorragender Weg sind, um Informationen von der Basis zu bekommen. Des Weiteren hat man beschlossen, die Ausbildungsstätte stärker mit den Forschungslaboren zu vernetzen. Dieser Herausforderung sehen sich auch andere Corporate Universitys gegenüber. Aber es muss eine richtige Balance gefunden werden. Trotz ihrer akademisch anmutenden Namen sind Unternehmensuniversitäten Institutionen der Propaganda und weniger Ausbildungsstätten. Und so dürfte die Zukunft von McDonald's auch davon abhängen, inwieweit es der HU gelingen wird, den Schulungsteilnehmern die Corporate Identity des Unternehmens zu vermitteln.

Das Trainings-Material besteht aus zwei Elementen:

* Kerninhalte, die weltweit gelten, um einheitliche Produktqualitäts- und Servicestandards international durchzusetzen (etwa Restaurant Management)
* National ausgerichtete Inhalte, die auf landesspezifischen Menükomponenten, Hygienevorschriften und Arbeitsgesetzen basieren (etwa Lebensmittelsicherheit und Hygiene)

In Firmenuniversitäten wollen Unternehmen ihre Mitarbeiter passgenau ausbilden, allgemeine Inhalte auf die Bedürfnisse des Unternehmens herunter brechen, Mitarbeiter an den Konzern binden. Gerade bei Unternehmen wie McDonald's, wo die Standardisierung von Arbeitsabläufen und Geschäftsprozessen wesentlich zum Erfolg beiträgt, kommt einer solchen Corporate University zentrale Bedeutung zu.

In Deutschland unterhalten mittlerweile 80 Unternehmen eigene Bildungsstätten. Den Anfang machte vor über 15 Jahren McDonald's mit seiner „Hamburger University" in München. In den USA ist es Tradition, unternehmenseigene Weiterbildungsinstitutionen als „University" zu bezeichnen. Dieser Titel wird für die sieben großen Schulungszentren weltweit von McDonald's verwendet. In München werden Mitarbeiter aus Deutschland, Österreich, der Schweiz und allen Ländern Osteuropas zu Themen wie „Restaurant Management" oder „Lebensmittelsicherheit und Hygiene" geschult. Insgesamt werden 95 Kurse angeboten. Zur Verfügung stehen 1.800 Quadratmeter Fläche mit Auditorium und Testküche.

Das Seminar „Business Leadership Practice" beispielsweise wird in sieben Sprachen für Teilnehmer aus 18 Ländern simultan gedolmetscht. Vermittelt werden Inhalte wie kreatives Denken, Geschäftsplanung und Marketingstrategien, u. a. von Dozenten der Ludwig-Maximilian-Universität in München.

Rund 40.000 Mitarbeiter besuchten Kurse in der Hamburger University sowie deren Dependancen. Verliehen werden Titel wie „Assistant Manager" oder „Restaurant-Schichtführer" (vgl. [23]).

## Kontrollinstrumente

McDonald's versucht, Abweichungen von der Norm frühzeitig zu erkennen und entsprechend gegenzusteuern. Hierzu bedient sich das Unternehmen dreier Instrumente:

1. Entpersonalisierte Kontrolle über die Einschränkung des individuellen Handlungsspielraums durch in Skripten und dem „Operations and Training Manual" genau festgelegte Arbeitsschritte und -anweisungen, flankiert mit einer durch Maschinen vorgegebenen Arbeitstaktung.
2. Personalisierte Kontrolle durch die Überwachung von Standards und Verfahrensweisen seitens in der Hierarchie übergeordneter Mitarbeiter. Denn bei der Vielzahl von Standards und Arbeitsanweisungen kann es nicht ausbleiben, dass selbst ein noch so gewissenhafter Mitarbeiter einmal eine Regel verletzt. Die Schichtführer kontrollieren dabei

die Vorarbeiter und Crewtrainer, die Vorarbeiter die Crewtrainer und diese wiederum die normale Crew.

3. Ständiges Monitoring des gesamten Restaurants durch interne und externe Kontrollen. Beispielsweise verfügen McDonald's Restaurants über ein elektronisches System zur Mitarbeiterorganisation (MEOS). Mit dessen Hilfe lässt sich feststellen, wie viel Umsatz an einem Tag zu erwarten ist und wie viele Mitarbeiter dafür in welchen Arbeitsbereichen benötigt werden. Auch Umsatzzahlen pro Stunde, Personalkosten und eine Gewinn- und Verlustrechnung stehen auf Knopfdruck zur Verfügung. Die externe Kontrolle geschieht in sog. „Blitzen". Hierunter versteht man unangekündigte Besuche der Lizenzberater bzw. Bezirksleiter, die als Gast das Restaurant aufsuchen und Kundenaufkommen, Hygiene, Parkplatzsauberkeit, Bedienungsgeschwindigkeit etc. bewerten. Die Benotung erfolgt nach amerikanischem Muster: A ist die beste, E die schlechteste Note. Die Benotungen werden den Franchise-Nehmern und Filialen mitgeteilt. Im Falle schlechter Zensuren werden Verbesserungen angemahnt. Zum anderen gibt es angekündigte jährliche Untersuchungen (sog. FCC), die zwei Tage dauern und in deren Mittelpunkt betriebswirtschaftliche Aspekte sowie die Überprüfung der Personalunterlagen stehen (vgl. [108], S. 23 f.).

### 5.7.3 Die Vorwürfe: Ausbeutung schlecht bezahlter, meist ausländischer Arbeitskräfte

Zu den Vorwürfen, mit denen sich McDonald's immer wieder konfrontiert sieht, gehören die der Ausbeutung schlecht bezahlter, meist ausländischer Arbeitskräfte („McJobs") und – damit verknüpft – der Behinderung von Gewerkschaften und Betriebsräten.

▶ **McJob (vgl. [49])**
Der Begriff McJob wurde am 16. Mai 1984 von McDonald's als Warenzeichen eingetragen als Begriff für die Ausbildung behinderter Menschen zu Restaurant-Mitarbeitern. Das Warenzeichen lief im Februar 1992 aus und wurde vom Patentamt der Vereinigten Staaten für erloschen erklärt.

McJob wurde von Douglas Coupland in seinem Kultroman „Generation X. Geschichten für eine immer schneller werdende Kultur" umgedeutet. Dort findet der Leser zu McJob: „Ein niedrig dotierter Job im Dienstleistungsbereich mit wenig Würde, wenig Nutzen und ohne Zukunft. Oftmals als befriedigende Karriere bezeichnet von Leuten, die niemals eine gemacht haben." Als die Publikation Generation X als Taschenbuch im Oktober 1992 auf den US-amerikanischen Markt kam, setzte McDonald's das Warenzeichen wieder ein.

McJob hat sich infolge als umgangssprachlicher Begriff für einen niedrig bezahlten Job mit geringem Sozialprestige, der kaum Fähigkeiten erfordert, etabliert. Ursprünglich auf das Unternehmen McDonald's gemünzt, wird der Begriff mittlerweile auf jede Art von Tätigkeit angewendet, die eine geringe Schulung erfordert und in hohem Maße von den Führungskräften gesteuert wird.

Jim Cantalupo, der frühere Vorstandsvorsitzende von McDonald's, sagte einmal, es sei unpassend, die Arbeit in der Fast-Food-Industrie als langweilig und hirnlos einzustufen. Denn über 1.000 Männer und Frauen, die nunmehr Franchise-Nehmer seien, hätten ihr Leben in der Arbeitswelt hinter der Theke begonnen und dort Kunden bedient. Führt man sich vor Augen, dass McDonald's zum damaligen Zeitpunkt 400.000 Menschen beschäftigte, dürfte eine solche Karriere jedoch eher die Ausnahme als die Regel darstellen. Im Jahre 2003 wurde das Wort McJob in das weltweit am meisten verkaufte Wörterbuch, Merriam-Webster, gegen die Einwände von McDonald's aufgenommen.

Einen Aufsehen erregenden, aber auch heftig kritisierten Einblick in die Arbeits- und Hygienesituation in den Restaurants von McDonald's vermittelte der Journalist Günter Wallraff, der sich für die Recherchen an seinem Buch „Ganz unten" (Köln 1985) als Türke „Ali" verkleidete und unter anderem für kurze Zeit bei McDonald's arbeitete. Er prangerte in seinem Buch die (angeblich) katastrophalen Verhältnisse an (vgl. [142]). Ungeachtet der Tatsache, ob es sich um richtige oder vermeintliche Vorwürfe handelt, gilt es zu berücksichtigen, dass seine Erfahrungen über 20 Jahre zurückliegen. In der Folgezeit wurde in den Filialen verstärkt auf Sauberkeit und Transparenz gegenüber den Kunden geachtet.

### Diskussionsrunden und Schulungen: Wallraff erhielt Honorare von McDonald's

Wallraff gehörte seit den achtziger Jahren zu den schärfsten Kritikern von McDonald's. In jüngerer Zeit konzentrierte sich die Kritik des Enthüllungsjournalisten aber auf Burger King. In der Sendung „Team Wallraff" hatte der Fernsehsender RTL in 2014 über Missstände bei dem McDonald's-Rivalen berichtet. Daraufhin wurden mehrere Filialen der Fast-Food-Kette vorrübergehend geschlossen. Der Konzern klagte in Folge über Umsatzeinbußen. Bei einer Protestveranstaltung gegen Burger King in Essen sagte Wallraff sogar, McDonald's habe seit Jahren „die besseren Standards".

Wallraff sei nach eigenem Bekunden in die Recherche bei Burger King eingestiegen, um auf das Vorgehen des Franchise-Partners Yi-Ko Holding gegen Betriebsräte aufmerksam zu machen. Die Yi-Ko Holding betreibt als größter Partner für Burger King 91 Filialen und beschäftigt rund 3.000 Mitarbeiter in Deutschland. Die Wallraff-Recherchen haben auch die deutsche Führung von Burger King aufgeschreckt. Sie wolle nun energisch durchgreifen. „Die Yi-Ko Holding wird künftig nach Tarif bezahlen. Das werden wir rasch umsetzen", sagte Deutschland-Chef Andreas Bork der Welt am Sonntag. Zudem sollen zwei neue Mitglieder in der Geschäftsführung die Umsetzung überprüfen.

Die Recherchen verlieren jedoch an Glaubwürdigkeit, seitdem bekannt wurde – dass Wallraff mit der Fast-Food-Kette McDonald's zusammengearbeitet und dafür Honorare erhalten hat. Nach Informationen des Nachrichten-Magazins SPIEGEL nahm Wallraff im Jahr 2010 an zwei Treffen teil, die von Burson-Marsteller, der PR-Agentur von McDonald's, organisiert wurden.

Einmal diskutierte er bei einer internen Runde mit Managern von McDonald's und Gewerkschaftern und erhielt dafür ein Honorar von 5.000 €. Bei einer Veranstaltung der

PR-Agentur in Frankfurt sprach er für 3.000 € zum Thema „PR und investigativer Journalismus". Beide Honorare wurden an die Stiftung von Günter Wallraff überwiesen.

Darüber hinaus stellte sich Wallraff 2010 für ein internes Schulungsvideo von McDonald's zur Verfügung, die Aufnahmen wurden dann aber nicht verwendet. Das Honorar von ebenfalls 5.000 € wurde auf Wallraffs Wunsch an eine hilfsbedürftige Person überwiesen. 2011 beteiligte sich Wallraff an der Ausarbeitung einer internen Befragung der Mitarbeiter von McDonald's.

Wallraff wies jeglichen Zusammenhang zwischen der Zusammenarbeit mit McDonald's und den Enthüllungen über Burger King zurück. McDonalds begründete die Zusammenarbeit mit Wallraff mit dem 25-jährigen Jubiläum des Erscheinens seines Buches „Ganz Unten". Man habe dies zum Anlass genommen, auf Kritiker des Konzerns zuzugehen (vgl. [72]).

Der überwiegende Teil der Belegschaft in Deutschland und Österreich setzt sich aus ausländischen Mitarbeitern zusammen (vgl. [108], S. 30; [119], S. 75). Die Mitarbeiter arbeiten nach einer ca. zweiwöchigen Anlernphase in einem so genannten Rotationssystem, d. h. sie übernehmen sämtliche im McDonald's Restaurant anfallenden Tätigkeiten ohne weitere Spezialisierung.

Die Gewerkschaft Nahrung-Genuss-Gaststätten (NGG) warf dem Unternehmen in der Vergangenheit wiederholt vor, die in den Tarifverträgen vorgesehene automatische Lohnerhöhung nach einjähriger Betriebszugehörigkeit an vielen Standorten nicht umzusetzen, sondern erst auf Nachfrage die entsprechenden Mitarbeitergehälter zu erhöhen. Weiterhin bemängelte die NGG, dass beim McDonald's Toplohn die Lohnstrukturen vieler anderer Systemgastronomie-Betriebe erst beginnen. Schließlich unterstellte die Gewerkschaft McDonald's, die Gründung von Betriebsräten an einzelnen Standorten zu behindern bzw. aktiv zu verhindern. So seien im Rhein-Main-Gebiet Restaurants mit Betriebsrat nach längeren Rechtsstreitigkeiten geschlossen und nach einigen Monaten unter einem neuen Betreiber ohne Betriebsrat wieder eröffnet worden (vgl. [37]).

### 5.7.4 ... und wie McDonald's darauf reagiert

**Argumente gegen die Vorwürfe der Gewerkschaft**

Wie die angeführten Vorwürfe vermuten lassen, scheint das Verhältnis zwischen McDonald's und der Gewerkschaft NGG nicht ungetrübt zu sein. Seit Ende der 90er Jahre ist es immer wieder zu Auseinandersetzungen zwischen der deutschen Geschäftsleitung und der Gewerkschaft NGG gekommen, wenn es um die Gründung von Betriebsräten in deutschen McDonald's Restaurants ging.

Dem Vorwurf der Be- bzw. Verhinderung von Betriebsräten tritt das Unternehmen regelmäßig mit dem Hinweis entgegen, dass es über einen Gesamtbetriebsrat verfügt. Außerdem würde die überwiegende Zahl der Restaurants von Franchise-Nehmern in Form selbständiger GmbHs geführt. Diese seien letztlich nichts anderes als selbstständige Unternehmer, die selbst darüber entscheiden könnten, wie sie sich gegenüber einem Betriebsrat verhielten. Sowohl der Konzern selbst als auch einzelne Franchise-Nehmer prozessierten in der Vergangenheit mit Betriebsräten an Einzelstandorten. Die von Franchise-Nehmern als selbständige GmbHs geführten Restaurants weisen zumeist keinen eigenen Betriebsrat auf.

Den Vorwürfen der Gewerkschaft bezüglich der gezahlten Löhne und Gehälter begegnet McDonald's ebenfalls mit dem Argument, dass die überwiegende Zahl der Restaurants von Franchise-Nehmern und damit selbständigen Unternehmern mit entsprechender Handlungsfreiheit betrieben würden. Außerdem seien die entsprechenden Tarifverträge von einem Branchenverband ausgehandelt worden, in dem auch die anderen großen Systemgastronomen wie z. B. Burger King, Pizza Hut und Kentucky Fried Chicken vertreten sind (vgl. [37]).

Nicht zuletzt kontert McDonald's die Vorwürfe der Gewerkschaft NGG durch die Veröffentlichung der Befunde unabhängiger Studien. Nach den Ergebnissen der jährlich von TNS Infratest bei den Mitarbeitern durchgeführten Meinungsumfrage zählt McDonald's zu den Top 30 % der Unternehmen mit sehr guten Ergebnissen bezüglich Mitarbeiter-Zufriedenheit, -Motivation und -Engagement. Auch die Treue zum Unternehmen wird hervorgehoben: So sind mehr als 56,4 % der Mitarbeiter im Restaurantmanagement sechs und mehr Jahre bei McDonald's beschäftigt.

Außerdem gehörte McDonald's nach der Studie „Top-Arbeitgeber in Deutschland 2005" der Corporate Research Foundation zu den besten Arbeitgebern in Deutschland. Für die Untersuchung stellten 51 führende Unternehmen verschiedener Branchen einem unabhängigen Journalisten-Team ihre Modelle und Strategien für ein erfolgreiches Personalmanagement vor. Die Studie analysierte in den Porträts die zentralen Kriterien Arbeitsklima, Aufstiegschancen, Entwicklungsmöglichkeiten, Unternehmenskultur, Führungsstil und Work-Life-Balance. McDonald's nimmt im Gesamt-Ranking den zehnten Platz ein.

Die Corporate Research Foundation ist nach eigenen Angaben eine unabhängige Organisation, die bereits seit 1992 internationale Research-Projekte für die Wirtschaft initiiert, koordiniert und national oder weltweit herausgibt. „Top-Arbeitgeber in Deutschland 2005" entstand in Zusammenarbeit mit unabhängigen Wirtschaftsjournalisten, dem Magazin „karriere" und dem geva-Institut (vgl. [160]). Schließlich weist McDonald's auf die zahlreichen Auszeichnungen hin, die das Unternehmen als Arbeitgeber insbesondere für Minderheiten erhalten hat (vgl. [92]).

## Work-Life-Balance

Als zentrales Argument für eine Tätigkeit beim Fast-Food-Giganten führt McDonald's an, dass Arbeitnehmer berufliche und private Bedürfnisse miteinander vereinbaren können. Neben Vollzeitarbeitsplätzen bietet das Unternehmen auch Teilzeitstellen sowie Beschäftigungsverhältnisse auf 400-€-Basis an. Das Unternehmen betont, dass gerade im Restaurantbereich bedingt durch die Öffnungszeiten ein hohes Maß an Beweglichkeit bei der Gestaltung der täglichen Arbeitszeit entgegengebracht und in vielen Fällen ein auf die individuellen Bedürfnisse des Arbeitnehmers abgestimmtes Beschäftigungsverhältnis angeboten werden kann. Während Arbeitnehmer im Restaurantbereich fast rund um die Uhr tätig werden können, stehen ihnen in den Service-Centern verschiedene Arbeitszeitmodelle zur Verfügung, wie z. B. Jahresarbeitszeit oder auch Vertrauensarbeitszeit.

Parallel zur tarifvertraglich festgelegten Vergütung entlohnt McDonald's seine Mitarbeiter mit leistungsorientierten, übertariflichen Bonifikationen. Deren Struktur und Höhe bleibt jedoch intransparent.

Nach Unternehmensangaben ist bei McDonald's jeder Mitarbeiter für seine berufliche Entwicklung mitverantwortlich. In der Verantwortung der Vorgesetzten liegt es, den Mitarbeitern regelmäßig Feed-Back über ihre Leistung zu geben. Darauf abgestimmt erfolgt die betriebliche Aus- und Weiterbildung.

Neben den Schulungsangeboten für die gewerblichen Mitarbeiter vor Ort in den einzelnen Restaurants bietet McDonald's für das Restaurant-Management Schulungen in den regionalen Service-Centern an. Darüber hinaus runden weiterführende Kurse im unternehmenseigenen Schulungszentrum, der Hamburger-Universität in München, das Angebot ab. Dasselbe gilt für die Mitarbeiter in den Service-Centern.

## Das propagierte Selbstverständnis: Ausbildung aus gesellschaftlicher Verantwortung

McDonald's ist mit 64.000 Arbeitnehmern im Jahresdurchschnitt nicht nur einer der größten Arbeitgeber in Deutschland, sondern zählt sich selbst auch zu einem der großen Ausbilder. „Als Marktführer der Gastronomie stellt sich McDonald's auch seiner gesellschaftlichen Verantwortung. Insbesondere bedeutet dies für das Unternehmen, jungen Menschen eine sichere berufliche Perspektive zu geben." Im Haupt-Service-Center bildet das Unternehmen derzeit zum Bürokaufmann und zum Fachinformatiker – Fachrichtung Systemintegration – aus. Der Schwerpunkt der Ausbildungstätigkeit liegt aber seit Einführung des neuen Ausbildungsberufsbildes im Jahr 1998 auf der Ausbildung „Fachfrau/Fachmann für Systemgastronomie". Die zwei- bis dreijährige Ausbildung wendet sich an junge Erwachsene mit gutem mittlerem oder höherem Bildungsabschluss.

## Fakten zur Berufsausbildung/Fortbildung

An der Entwicklung des Berufsbildes Systemgastronom war McDonald's nach eigenem Bekunden maßgeblich beteiligt. Heute ist McDonald's der größte anerkannte Ausbilder für diesen Ausbildungsberuf. Insgesamt stehen mehr als 1.000 von den Industrie- und Handelskammern geprüfte Ausbilder zur Verfügung, die allesamt ihre Qualifikation in der staatlichen Ausbildereignungsprüfung nachgewiesen haben. Sie vermitteln in Theorie und Praxis die Inhalte des Berufsbildes: Gästebetreuung und Verkauf, Produktherstellung und Qualitätssicherung, die Organisation von Arbeitsabläufen, Marketing, den Einsatz von Warenwirtschaftssystemen und das Personalwesen.

Um Interessierten ein detailliertes Bild über den Beruf „Fachfrau/Fachmann für Systemgastronomie" zu vermitteln, führt McDonald's seit 2004 in regelmäßigen Abständen sog. Roadshows durch. Hierbei besucht ein McDonald's Info-Bus Ausbildungsmessen, öffentliche Plätze und McDonald's Restaurants in ganz Deutschland. Dabei geben Franchise-Nehmer, Mitarbeiter der Personal- und Trainingsabteilung sowie Auszubildende Interessierten Auskunft über Ausbildungsinhalte und Perspektiven bei Mcdonald's. Unterstützt wurde die Aktion von der Bundesvereinigung der Deutschen Arbeitgeberverbände und der Bundesagentur für Arbeit (vgl. [158]).

Für Quereinsteiger aus anderen Branchen bietet McDonald's zudem ein Programm für Management-Trainees an. Nach der Ausbildung fördert das Unternehmen den Nachwuchs nach eigenen Angaben durch gezielte Trainingsmaßnahmen und eröffnet somit Perspektiven für eine Karriere, die „sogar über die Position eines Restaurantleiters hinausgeht". Des Weiteren bieten sich Aufstiegsfortbildungen wie zum Beispiel zum Fachwirt im Gastgewerbe oder zum Betriebswirt (vgl. [90])[4].

Doch so gerne andere Firmen vom McDonald's-Führungspersonal profitieren, ein langfristig guter Arbeitgeber für einfache Angestellte ist McDonald's heute nicht. In den Restaurants ist das Unternehmen jedes Jahr mit einer Personalabwanderung von bis zu 40 % konfrontiert. Das ist für die Systemgastronomie zwar ein sehr guter Wert. Doch bei anderen deutschen Unternehmen wechseln pro Jahr lediglich rund 15 % der Mitarbeiter den Job (vgl. [121]).

## 5.8   Product

### 5.8.1   Die Speisekarte

Die Gäste von McDonald's in Deutschland können unter rund 100 Produkten auswählen. Neben rund 15 Burgern zählen hierzu Wraps, Salate, Getränke, Frühstück, Beilagen, Desserts und mehr. Vieles davon wird in verschiedenen Portionsgrößen angeboten. Im McMenü und Happy Meal können die Produkte unterschiedlich miteinander kombiniert werden. Hinzu kommt die Auswahl durch das Angebot im McCafé (vgl. [102]). Die in Deutschland am meisten verkauften Produkte sind der Cheeseburger, gefolgt vom Chickenburger und dem Big Mac.

Der Big Mac ist das Flaggschiff von McDonald's. Er ist, zumindest bis heute, das mit deutlichem Abstand bekannteste McDonald's Produkt. Erstmalig tauchte er 1967 auf dem amerikanischen Markt auf, als Antwort auf die Werbeinitiative „Je größer der Burger, desto besser der Burger" der Hamburgerkette Burger King für ihren Whopper. In der Werbekampagne für den Big Mac argumentierte man dann auch sowohl mit Größe als auch mit Qualität: „It's as good as it is big. Under scoops of our own special sauce are two patties of lean 100 % beef. There's a slice of melty Cheddar-blend cheese; some fresh crisp lettuce; and a crunchy dill pickle slice. All wrapped up in a freshly toasted sesame seed bun." (vgl. Abb. 5.14)

---

[4] Broschüre liegt in den Restaurants aus.

**Abb. 5.14** Der Big Mac [65]

Zwei Hackfleischscheiben, Spezialsoße, Salat, Käse, Pickles, Zwiebeln und ein mit
Sesamkörnern bestreutes Brötchen (vgl. [41])
Bei „Two all beef patties, special sauce, lettuce, cheese, pickles, onions on a sesame
seed bun." handelt es sich um ein Warenzeichen, das McDonald's seit 1975 nutzt.
Die Redewendung ist eine Liste der Basiszutaten eines Big Mac. Dieser Ausspruch
ist über Jahrzehnte hinweg populär geblieben, obwohl ihn McDonald's über lange
Zeit nicht offiziell in der Werbung eingesetzt hat.
   In 2003 belebte McDonald's die Redewendung wieder, und zwar sowohl in einer
Werbekampagne als auch auf einem Lizenzprodukt. In einem englischsprachigen
Werbespot der internationalen „i'm lovin' it"-Kampagne von McDonald's hört man
den von einem Rapper vorgetragenen Slogan in der Hintergrundmusik. Ebenfalls
in 2003 war auf in den USA eingesetzten Grußkarten, die einen mit Weihnachts-
schmuck verzierten Big Mac zeigten, der Slogan aufgedruckt. Zog man außerdem
an einer Schnur, wurde der Slogan laut abgespielt.
   In der Dokumentation Super Size Me wurden verschiedene Frauen interviewt.
Zu ihrem eigenen Bedauern konnte jede von ihnen den McDonald's Slogan korrekt
rezitieren.

Die Vorlage für den Big Mac liefert offensichtlich der Big Boy, der bereits 1937 von Bob
Wian an seinem Ein-Mann-Stand „Bob's Pantry" einer Anekdote zur Folge als Spaß ent-
wickelt wurde. In der Folgezeit wurde durch den Erfolg des Big Boy der Stand zu einem
Restaurant und später zu einer Restaurantkette namens Bob's Big Boy. Ein Big Mac be-
steht von oben nach unten (Herstellungsreihenfolge von unten nach oben) aus folgenden
Komponenten: Deckel, Hamburgerbrötchen (bzw. Softbrötchen oder „bun") mit Sesamsaat
bestreut; Klecks Soße (ähnlich einer Remoulade); Zwiebelwürfel aus rehydrierten, durch
Gefriertrocknung hergestellten Zwiebelflocken; zwei große oder drei kleine Gewürzgur-

**Abb. 5.15** Hamburger während der Hüttengaudi-Aktionswochen [157]

kenscheiben; Eisbergsalat, zerkleinert; Patty (Scheibe gebratenes Rinderhack); Mittelteil des Hamburgerbrötchens; Klecks Soße; Eisbergsalat; Käsescheibe; Patty; Boden.

Für die Fertigung des Big Mac wurde ein spezieller Toaster entwickelt, der sowohl die Unter- und Oberseite (einseitig) als auch die Zwischenscheibe (beidseitig) geringfügig toastet. Dabei werden parallel meistens vier bis sechs Big Macs gefertigt und anschließend in eine Pappschachtel verpackt. Es können nur maximal 6 Big Macs gleichzeitig hergestellt werden, da in den Toaster nur 6 Buns passen.

Neben verschiedenen Burgern mit Rind-, Schweine- und Geflügelfleisch gibt es bei McDonald's auch Fisch- und Gemüseburger. Der einzig fleischlose Burger („Gemüse Mac") wurde Anfang 2005 aus dem Sortiment genommen. Weitere wichtige Produktgruppen sind Wraps, Salate, verschiedene frittierte Speisen (vor allem Pommes Frites) und die verschiedenen Getränke der Coca-Cola-Company. Nachspeisen sind das McFlurry, ein mit festen Toppings angereichertes Milchspeiseeis, sowie die heiß servierte Apfeltasche, ein frittiertes Blätterteiggebäck mit Apfelfüllung. Außerdem werden Frühstücksprodukte offeriert.

Daneben werden immer wieder Aktionsprodukte (etwa Bigger Big Mac, Mini Mac, Texas Nacho Chicken, Chicken Sticks, Steakhouse Classic, American fries, 1955 Burger oder Salsa Tomaten Sauce) angeboten und Aktionswochen (etwa Asia Wochen, Hüttengaudi; vgl. auch Abb. 5.15) durchgeführt. Auf diese Weise bringt man zum einen Abwechslung ins Angebotsprogramm, was insbesondere den Heavy Usern gefallen dürfte. Zum anderen lassen sich auf diese Weise Produkte identifizieren, die bei entsprechendem Erfolg ins Standardsortiment aufgenommen werden können.

In einigen Ländern wie beispielsweise in den USA hängt das Speiseangebot von der Tageszeit ab. Am Morgen (normalerweise von 5:00 bis 10:30 Uhr) werden die Frühstücksgerichte serviert, wohingegen andere Produkte wie der Big Mac nicht erhältlich sind.

### 5.8.2   Die Quelle für Prozess- und Produktinnovationen

Seine Innovationen schöpft der Fast-Food-Gigant im Wesentlichen aus fünf Quellen:

- Lieferanten
- Kooperation mit Prominenten, die auch Lieferantenstatus haben
- Franchise-Nehmer und Restaurant-Manager mittels Bottom-Up-Top-Down-Ansatz
- Kunden mittels Crowdsourcing
- Wettbewerber mittels Benchmarking

**Abb. 5.16** Uli Hoeneß und Alfons Schuhbeck bei der Präsentation „ihrer" McDonald's-Produkte [157]

Bei der Neuentwicklung von Angeboten, wie sie zum Beispiel für Promotion-Aktionen benötigt werden, bedarf es zunächst einer intensiven Kooperation mit den Lieferanten. Egal, ob die Bäckerei Lieken nun ein extra großes Brötchen für den Big Tasty backen soll, Develey eine spezielle Sauce für die Asia Wochen kreiert oder Agrarfrost eine neue Kartoffelspezialität entwickelt: Solche Innovationen können nur in enger Abstimmung mit den Lieferanten erfolgen.

Nicht zuletzt kooperiert McDonald' bei der Entwicklung von Innovationen mit Prominenten, die zwar einen Lieferantenstatus besitzen, denen aber auf den ersten Blick keine starke Affinität zum Fast-Food-Giganten zu unterstellen ist. Ein Beispiel hierfür geben die Aktionen Hüttengaudi mit Uli Hoeneß, dem damaligen Präsidenten des FC Bayern München, und dem 3-Sterne Koch Alfons Schuhbeck (vgl. Abb. 5.16). Heraus kamen die Aktions-Produkte wie der „Nürnburger" (= Burger mit Nürnberger Rostbratwürstchen, die im Unternehmen HoWe von Uli Hoeneß produziert wurden; vgl. Abb. 5.17), „Schuhbecks Apfel-Chicken" (= Burger mit Hähnchenfleisch und einer Apfel-Ingwer-Sauce) und „Schuhbecks Feines Zweierlei" (= Burger aus Rindfleisch, drei Nürnberger Rostbratwürsten, Hüttenkraut und einer Tomaten-Chili-Vanille-Sauce).

In Italien kreierte der legendärere Starkoch Gualtiero Marchesi zwei Hamburger und ein Dessert für McDonald's. Er war der erste Drei-Sterne-Koch Italiens, hat unzählige Kochbücher geschrieben, weltweit Preise und Medaillen erhalten. Ihm gehören Restaurants in Rom, Mailand und Paris. Ein Hauch von Mayonnaise zwischen Senfkörnern, angereichert mit einer knusprigen Scheibe Schinken, umhüllt vom warmen Brötchen mit Sonnenblumenkernen: „Vivace ist geboren", verkündet die Werbung zu klassischer Musik, eine „Kreation des Meisters", „eine Sinfonie für deine Zunge", verspricht McDonald's (vgl. [71]).

**Abb. 5.17**  Der Nürnburger von McDonald's [157]

Wenn man die Geschichte von McDonald's studiert, fällt unweigerlich die große Bedeutung der Basis, also der Franchise-Nehmer und Restaurant-Manager für den Unternehmenserfolg auf. Lange bevor der Bottom-Up-Ansatz in Wissenschaft und Praxis einzog, hatte McDonald's ihn im eigenen System schon praktiziert. Obschon Ray Kroc, der Unternehmensgründer, einen autoritären Führungsstil praktizierte und auf die strikte Einhaltung von Richtlinien achtete, nahm er Verbesserungsvorschläge von der Basis stets ernst.

Während Kroc die Größe und Zusammensetzung des Burgers diktierte, räumte er seinen Franchise-Nehmern auf anderen Gebieten große Freiheiten ein. Er wusste, dass McDonald's gleichzeitig die unternehmerische Energie von Hunderten von Mitarbeitern anzufachen und die Standards sowie Regeln genau einzuhalten hatte, um so die Arbeitsabläufe in einem weitverstreuten Industrieunternehmen effizient zu steuern. John Love, der eine Chronik über McDonald's erfasste, beschrieb dieses Phänomen folgendermaßen: „Das Genie von Ray Kroc lag darin, ein System aufzubauen, das von allen Mitarbeitern die strikte Einhaltung der gemeinsamen Regeln fordert und zur gleichen Zeit diejenigen belohnt, die ihre individuelle Kreativität einbringen." [83].

Und so vermag es kaum zu verwundern, dass zahlreiche der wichtigsten Prozess- und Produktinnovationen von Franchise-Nehmern stammen. Das wohl berühmteste Beispiel dafür ist der Big Mac, der nicht in der McDonald's Zentrale in Chicago, sondern von einem Franchise-Nehmer entwickelt wurde.

Auch heute noch werden Innovationen bei McDonald's nach dem Bottom-Up-Top-Down-Ansatz sprich Gegenstromverfahren entwickelt. Kristallisationspunkt ist das McDonald's Innovations-Zentrum in Illinois. Im Inneren gibt es zahlreiche voll funktionsfähige Restaurants. Während eine Gruppe der Schulungsteilnehmer die Mahlzeiten zubereitet und kocht, fungieren die anderen als Kunden. Jedes der weltweit 35.000 McDonald's Restaurants kann hier nachgebildet werden.

Beispielsweise wurden in einem vielfrequentierten britischen Restaurant mit Hilfe von Videokameras Bewegungsstudien durchgeführt. Positioniert man die Senf- und Ketchup-Verteiler an einem Ort, kann dies zur Folge haben, dass der Mitarbeiter in der Essenzubereitung sich die bislang halbe Körperdrehung sparen kann. Die hierdurch eingesparte Sekunde führt dazu, dass der Kunde seinen Hamburger schneller bekommt. Ob dies aber nicht Probleme an einer anderen Stelle im System verursacht, wird im Innovationszentrum analysiert. „Niemand nimmt Hamburger wichtiger als wir", pflegte Ray Kroc zu sagen.

Oder im Innovations-Center wird ein neues Restaurant entworfen, das zwei Systeme miteinander kombiniert: das japanische McDonald's System, Schöpfer des Teryaki-Burgers, mit einem neuen Konzept aus Schweden, bei dem die Burger nicht mehr horizontal, sondern senkrecht gegrillt werden. Dieser neue Grill-Typ bietet ganz neue Möglichkeiten, Platz einzusparen – was im dicht-bevölkerten Japan extrem nützlich sein kann.

Aber wirklich Revolutionäres passiert im McDonald's Innovations-Zentrum beim Speiseangebot: Unter einem halben Dutzend von Innovationen gibt es Sandwiches wie einen „New York Reuben", einen „Grilled Veggie" (gegrilltes Gemüse) und einen „Leaning Tower Italian" (schiefer italienischer Turm). Wie in jeder Experimentiereinrichtung, betont McDonald's, dass nicht alle Ideen, an denen man hier arbeitet, jemals in den Markt eingeführt werden. Aber die Anzeichen sprechen dafür, dass sich McDonald's ernsthafte Gedanken über das Thema „Sandwiches" macht. Die Experimentier-Sandwichreihe „Oven Selects", die bei Bestellung frisch zubereitet und getoastet wird, wurde in 2004 versuchsweise in 400 US-amerikanischen Restaurants eingeführt. Sollten sich die Sandwiches, die zu einem Preis von 4 US-$ angeboten werden (was für McDonald's relativ teuer ist), als ein Verkaufsschlager herausstellen, könnten sie zu einem weltweiten Produkt werden. Dass dies nicht immer gelingt, belegen die später beschriebenen Beispiele (vgl. [137]).

McDonald's bedient sich des Weiteren des sog. Crowdsourcing, indem das Aufspüren von Innovationen an Kunden delegiert wird. Seit 2011 können Kunden in regelmäßigen Abständen im Rahmen der Aktion „Mein Burger" ihre eigene Burgerkreation erschaffen. Kunden stellen online mit einem „Burgerkonfigurator" aus mittlerweile über 100 unterschiedlichen Zutaten ihren individuellen Burger zusammen (vgl. Abb. 5.18). Statistisch ergeben sich hierbei mehr als sieben Millionen Kombinationsmöglichkeiten. Bei der Aktion im Jahr 2012 entwickelten Kunden insgesamt 327.000 Burger-Kreationen.

Die Burger-Kreationen werden dann mit einem klangvollen Namen versehen und auf der McDonald's Website in einer Galerie veröffentlicht. Anschließend kann eine individuell gestaltete Werbekampagne über soziale Netzwerke verbreitet werden. Auf diese Weise gelingt es McDonald's, zigtausend Menschen zu kontaktieren. Am Ende der Aktion entscheidet eine Kombination aus Online-Voting und der Bewertung einer prominent besetzten Jury darüber, welcher Burger Platz eins belegt. Der Gewinner-Burger kommt dann deutschlandweit als Promotion-Produkt in die Restaurants.

Mittels Benchmarking schließlich spürt McDonald's erfolgreiche Konzepte und Produkte von Wettbewerbern auf und entwickelt daraus Innovationen für das eigene Unternehmen (sog. Betriebsneuheiten). Mit McCafé etwa will McDonald's offenkundig der

**Abb. 5.18**  Die Aktion „Mein Burger" [157]

Starbucks-Kette Paroli bieten bzw. diese überflügeln. Integriert in ein McDonald's-Restaurant, bietet McCafé den Gästen Kaffeespezialitäten – von Cappuccino und Espresso über Iced Coffee bis hin zu verschiedenen Frappés. Des Weiteren werden Kuchen, Muffins und Cookies sowie herzhafte Bagels, Müsli-Früchte-Joghurt, Kaltgetränke (etwa Apollinaris) kredenzt. Sämtliche Speisen und Getränke werden in bzw. auf Porzellangeschirr serviert.

Charakteristisch für das neue Konzept ist außerdem die Lounge-Atmosphäre (vgl. Abb. 5.19). Das erste McCafé wurde 1993 in Australien errichtet, das erste McCafé in Deutschland öffnete seine Pforten 2003 in Köln. Momentan werden in Deutschland 847 McCafés betrieben (Stand: 2013).

**Abb. 5.19**  Blick in ein McCafé [157]

Ein weiteres – wenn auch weniger erfolgreiches – Beispiel für erfolgreiches Benchmarking ist der sich mittlerweile nicht mehr im Sortiment befindende Bubble Tea. Dieses Kultgetränk wurde in den 1980er Jahren in Zentraltaiwan erfunden. Tee ist in den meisten asiatischen Ländern ein Nationalgetränk. Da Kindern und Jugendlichen der klassische Tee nicht schmeckte, wurde der Bubble Tea entwickelt, der mittels bunter Perlen gesüßt wird.

2012 wurde der inzwischen wieder aus dem Sortiment genommene Bubble Tea bei McCafé eingeführt. Dieser bestand aus Wasser, Sirup mit Tee-Extrakt, Eiswürfeln und verschiedenen Sirup-Sorten. Je nach Geschmack wurde Vollmilch hinzugefügt. Zum Schluss wurden Bobas, das sind kleine Perlen mit Fruchtsaftanteil, die im Mund platzen, und Jellies, also kleine Geleewürfel, hinzugefügt. McDonald's begründete den höheren Preis mit der hohen Qualität der Zutaten von speziell ausgewählten Lieferanten.

Durch Kombination von Tee-Basis (etwa Green Tea), Geschmack (etwa Granat-Apfel) und Bobas (etwa Mango) oder Jellies (etwa Coffe-Jellies) boten sich 250 Kombinationsmöglichkeiten. McDonald's bediente sich bei Bubble Tea demnach des „Mass Customizing". Hierbei handelt sich um eine Strategie, die differenziertes und undifferenziertes Marketing und damit zwei scheinbar unüberwindbare Gegensätze miteinander vereint. Hierbei werden normalerweise standardisierte Produkte mit Hilfe neuer Produktionstechnologien differenziert, so dass sowohl Standardisierungs- (z. B. Stückkostenreduktion) als auch Differenzierungspotenziale (z. B. höhere Preisbereitschaft des Konsumenten) ausgenutzt werden können.

Auf den Punkt gebracht nutzt McDonald's beim Aufspüren von Innovationen die gesamte Wertschöpfungskette (Lieferanten/Franchise-Nehmer/Restaurant-Manager/Kunden) sowie Wettbewerber im engeren (etwa Starbucks) und weiteren Sinn (etwa im Falle von Bubble Tea). Des Weiteren bietet das Unternehmen Produktmodifikation in Form der Produktdifferenzierung (= Fortbestand der Ausgangsvariante und zusätzliches Angebot einer oder mehrerer veränderter Versionen für eine bestimmte Zeit) an, was Abwechslung ins Sortiment bringt. Dass Innovationen jedoch auch bei McDonald's nicht immer von Erfolg gekrönt sind, belegen die folgenden Produkt-Flops.

**Produkt-Flops von McDonald's**
Hulaburger: Die Produkt-Idee von Ray Kroc, das Fleisch durch eine Ananas-Scheibe zu ersetzen, scheiterte bereits in der Testmarkt-Phase 1969.

Arch Deluxe: Hierbei handelt es sich um den gescheiterten Versuch, einen Luxus-Hamburger zu produzieren und mit einer zielgruppenspezifischen Werbekampagne zu promoten (1996).

McLobster: Der Hummer-Burger scheiterte in erster Linie wegen des hohen Preises von rund 6 US-$.

McPizza galt als fade und konnte nicht mit der vorhandenen Pizza-Konkurrenz mithalten.

McSpaghetti – es gab übrigens auch eine Lasagne von McDonald's

McLean, ein kalorienarmer Viertelpfünder mit Algen, der mit dem Slogan „zu 91 % fettfrei" umworben wurde (1991)

Beefsteak Sandwich, der in New York und anderen Märkten der Ostküste 1980 getestet wurde

McHotDog, der scheiterte, weil es aus Sicht der Konsumenten nicht zur Marke McDonald's passte

Der McAfrica scheiterte weniger wegen seines Geschmacks, sondern wegen des ungünstigen Timings bei seiner Markteinführung: Als er beworben wurde, waren die Nachrichtensendungen voller Berichte über die zunehmende Hungersnot in Afrika.

McDLT, einem Viertelpfünder, der in einer Styroporverpackung serviert wurde mit dem heißen Fleisch auf der einen und den kalten Komponenten (Salat, Tomaten) auf der anderen Seite (1985)

McGratin Croquette (in Japan als Gurakoro bekannt) beinhaltete tief gefrorene Makkaroni, Shrimps und Kartoffelbrei.

### 5.8.3 Der Vorwurf: Fettleibigkeit durch ungesunde Produkte

Kritiker werfen McDonald's vor, stark fett- und zuckerhaltige Produkte zu führen, die entsprechend viele Kalorien enthielten. Auf diese Weise würden die Geschmacks- und vor allem die Ernährungsgewohnheiten weiter Bevölkerungskreise negativ beeinflusst. Verstärkend käme hinzu, dass die Bündelung von Produkten in sog. Sparmenüs und die Vergrößerung der Mahlzeiten in sog. Maximenüs in erheblichem Maße zu einem verstärkten Absatz insbesondere der hochprofitablen, aber auch kalorienreichen Produkte Pommes Frites und Softdrinks beitragen. Hierbei weist beispielsweise das von McDonald's angebotene Maxi-Menü in seiner „klassischen" Kombination (ein Big Mac, eine große Portion Pommes Frites und ein 0,5 l-Becher Coca Cola) nach Unternehmensangaben einen Energiegehalt von 1.181 Kcal auf, wobei allein über 200 g auf Kohlenhydrate und Fette entfallen. Dies entspricht mehr als 50 % des Tagesbedarfs eines erwachsenen Mannes (vgl. [37]).

Mittlerweile beschreitet McDonald's den umgekehrten Weg. Grundsätzlich wird das McMenü (entspricht dem früheren Maxi-Menü) angeboten und auch werblich hinter den Kassen herausgestellt. Dieses besteht aus einem Klassiker (Big Mac, Hamburger Royal, Chicken McNuggets, Wrap) und zwei Beilagen nach Wahl (Cola, Fanta, Sprite, Cola-Light, Lift, O-Saft oder Mineralwasser (0,5 l), Shakes (0,5 l), Heißgetränke, stilles Wasser, große Portion Pommes Frites inkl. Majo oder Ketchup oder Gartensalat; es können auch zwei gleiche Beilagen sein). Will der Kunde das kleinere und nicht mit Bildern angepriesene McMenü Small (bestehend aus einem Klassiker, einer mittleren Portion Pommes Frites inkl. Majo oder Ketchup sowie Cola, Fanta, Sprite, Cola- Light, Lift, O-Saft oder Mineralwasser (0,4 l), muss er dieses explizit bestellen. Hierbei hat er außerdem eine kleinere Auswahl bei den Beilagen und ist auch von den alljährlich wiederkehrenden Ak-

**Tab. 5.14** Ein Vergleich der Portionsgrößen für ausgewählte Fast-Food-Produkte 1950–2006. (Ad Age, zitiert nach [116], S. 150)

| Jahr<br>Fast-Food-Produkt | 1950 | 2006 |
|---|---|---|
| Hamburger | 110 g | 357 g |
| Pommes Frites | 68 g | 202 g |
| Softdrink | 0,2 l | 1,24 l |

tionen, während denen man beim Erwerb eines Menüs ein Coca Cola-Glas in verschiedenen Farben (Blau, Gelb, Türkis, Rosa, Lila oder Grau) oder Varianten gratis erhält, ausgeschlossen.

Die Tendenz zu größeren Portionen lässt sich Tab. 5.14 entnehmen. Im Vergleich zu 1950 brachten Fast-Food-Produkte bereits 2006 im Extremfall das Dreifache auf die Waage.

Vor dem Hintergrund der skizzierten Kritik verwundert es nicht, dass das Unternehmen seit geraumer Zeit mit der in weiten Bevölkerungskreisen um sich greifenden Fettleibigkeit in Verbindung gebracht wird. Verstärkt werden solche Assoziationen nicht zuletzt durch Gerichtsprozesse, in denen übergewichtige Menschen McDonald's verklagen. Symptomatisch hierfür ist ein Verfahren aus den USA, in dem acht stark übergewichtige Kinder und ihre Familien der Fast-Food-Kette vorgeworfen hatten, nicht darüber informiert zu haben, dass ihre Mahlzeiten wahre Kalorienbomben seien. McDonald's habe die gesundheitsschädlichen Folgen seiner Produkte verheimlicht, argumentierte deren Anwalt Samuel Hirsch.

Er kritisierte des Weiteren, dass McDonald's mit Geschenken (Spielzeuge in Happy Meals, Luftballons etc.) und Rabatten gezielt Kinder als Kunden zu gewinnen versuche. Die juristischen Vertreter von McDonald's argumentierten dagegen, jedermann wisse, welche Bestandteile Produkte wie Hamburger und Pommes Frites enthalten. Zudem sei der Verzehr dieser Mahlzeiten eine individuelle Entscheidung.

Einer der Kläger war ein 15-jähriger Schüler, der bei einer Größe von 1,68 m zum damaligen Zeitpunkt rund 180 kg auf die Waage brachte. „Ich habe immer geglaubt, das Essen bei McDonald's ist gesund für meinen Sohn", sagte seine Mutter Ruth Rhymes. Seit Gregory sechs Jahre alt sei, sei sie mit ihm nahezu jeden Tag bei der Fast-Food-Kette gewesen. Ihr Sohn habe meist die „Super Size"-Menüs bestellt, bei denen es für einen geringen Aufpreis extra große Portionen gibt.

Die Kinder und ihre Eltern scheiterten mit ihrer Klage. Es gebe keine Beweise, dass die Produkte des Hamburger-Konzerns Abhängigkeit bei den Konsumenten erzeugten, so der New Yorker Bundesrichter Robert Sweet. Für McDonald's noch wichtiger war die Entscheidung des Richters, dass die Fast-Food-Produkte nicht in direkten Zusammenhang mit ernsthaften Gesundheitsproblemen wie Diabetes und Bluthochdruck in Verbindung gebracht werden können. Die Entscheidung wurde von dem Unternehmen als großer Erfolg gewertet. Der Fall sei nun ein für alle Mal vom Tisch, schrieb McDonald's in einer Stellungnahme (vgl. [86, 161]).

Der Richterspruch kann als großer Erfolg für McDonald's gewertet werden. Ansonsten hätte das Fast-Food-Unternehmen damit rechnen müssen, von einer ähnlichen Klagewelle wie die Tabakindustrie überrollt zu werden. Trotzdem dürfte sich die Diskussion um Fettleibigkeit und die diesbezügliche Rolle von Nahrungsmittelanbietern zukünftig noch erheblich verschärfen.

Denn Schätzungen zufolge sind weltweit rund 250 Mio. Menschen klinisch übergewichtig, wobei deren Zahl mit jedem Jahr steigt. 1997 erklärte die Weltgesundheitsorganisation (WHO) Adipositas (= Fettleibigkeit: übermäßiger Körperfettanteil, der die Gesundheit und Lebensqualität der Betroffenen stark beeinträchtigt) zur globalen Epidemie und damit zu einem ernst zu nehmenden Problem der öffentlichen Gesundheit. Denn mit dem Körpergewicht steigt auch das Risiko von Begleiterkrankungen wie Diabetes vom Typ II, Herzkrankheiten, Bluthochdruck und Hirnschlag. Adipositas gilt weltweit gleich nach dem Rauchen als Todesursache Nummer zwei (vgl. [70]).

In Europa sind ungefähr 20 % aller Kinder im schulfähigen Alter übergewichtig. Ein Viertel der übergewichtigen Kinder gilt als fettleibig. Damit ist für sie das Risiko deutlich erhöht, noch vor Erreichen des Erwachsenenalters oder als junge Erwachsene an Herz-Kreislauf-Erkrankungen, Typ-2-Diabetes und anderen Leiden zu erkranken (vgl. [13], S. 2–3).

### 5.8.4   Super Size Me

Die negativen gesundheitlichen Folgen einer einseitigen Ernährung bei McDonald's sind auch Thema des im Jahr 2004 in Deutschland erstmals ausgestrahlten, satirisch geprägten Dokumentarfilms Super Size Me des US-Regisseurs Morgan Spurlock. Für seinen Film setzte sich Spurlock einem ungewöhnlichen Selbstversuch aus: Nachdem ihm verschiedene Ärzte und Gesundheitsberater seine absolute körperliche Fitness attestiert hatten, ernährte er sich 30 Tage lang ausschließlich von McDonald's Produkten. Dabei legte er sich folgende Regeln auf:

- Keine Ausnahmen. Gegessen wird nur, was es bei McDonald's gibt.
- Jedes Gericht, das auf der Karte steht, muss mindestens einmal gegessen werden.
- „Super Sizing" der Menüs nur dann, wenn es von den Mitarbeitern am Counter angeboten wird, dann aber ein Muss („Super Size" = preiswerte, extra-große Variante).
- Keine Entschuldigungen. Aufessen ist Pflicht.
- Frühstück, Mittagessen, Abendessen – keine Mahlzeit darf ausgelassen werden.

Der Film zeigt Spurlock's Vorbereitungen auf das Experiment und dessen Folgen, so z. B. seine Untersuchungen bei drei Ärzten und seine Gespräche mit einer Ernährungsberaterin. Bei einer solch einseitigen Ernährung, verbunden mit Bewegungsmangel, ließen gesundheitliche Probleme nicht lange auf sich warten: Der Regisseur nahm innerhalb eines Monats 25 Pfund zu. Sein Körperfett-Anteil stieg von 11 auf 18 %, der Cholesterinspiegel lag bei 230 (vorher 168) und seine Leberfettwerte hatten sich verschlechtert, so dass ihm ein Arzt zum vorzeitigen Abbruch seines Selbstversuchs riet. Außerdem klagte er über Depressionen, Kopfschmerzen Antriebslosigkeit und Potenzprobleme. Daneben berichtete Spurlock über generelle gesundheitliche und gesellschaftliche Folgen des übermäßigen Fast-Food-Konsums (vgl. [131]).

Im Stil, der dem eines Michael Moore ähnelt, vermischt Spurlock eigene Erfahrungen mit Fakten und schafft damit eine Mixtur aus satirischer Unterhaltung und gesellschaftskritischer Dokumentation, die nicht bei jedem auf positive Resonanz stößt. Zu den Anfang 2005 auftauchenden Kritikpunkten zählen:

- „Super Size Me" sei von Subjektivität geprägt und betreibe vorwiegend einseitige Aufklärung.
- Spurlock habe die Produktion seines Films offensichtlich von der Sandwiches verkaufenden Fast-Food-Kette Subway unterstützen lassen (z. B. halte der junge Mann im Film, der sehr übergewichtig gewesen war und stark abgenommen hatte, im Auftrag von Subway Vorträge über gesunde Ernährung).
- Die von Spurlock praktizierte Ernährung sei wohl nicht nur im Hinblick auf McDonald's & Co. problematisch: Wer täglich drei große warme Mahlzeiten verzehren und obendrein jegliche Bewegung aufgeben würde, könne wohl kaum gesund leben.
- Problematisch sei ebenso die gezielte Einseitigkeit der Ernährung. Würde jemand beispielsweise nach 30 Tagen ausschließlicher Ernährung mit Obst Symptome eines Zinkmangels verspüren, käme niemand auf die Idee, Obst als grundsätzlich gesundheitsschädlich einzustufen. Allerdings muss dazu angemerkt werden, dass McDonald's für sich selbst in Anspruch nimmt, vollwertige Mahlzeiten anzubieten. Demnach muss es auch zulässig sein, die angebotenen Produkte an diesem Standard zu messen.
- Eine Ungenauigkeit unterlaufe den Machern von „Super Size Me" mit der Definition einer Kalorie. Die von Spurlock befragte Expertin Marion Nestle, Professorin für Ernährungslehre und Hygiene an der Universität von New York, definiert diese im Film als die Menge Energie, die man benötigt, um die Temperatur eines Liters Wasser um ein Grad Celsius zu erhöhen. Es handelt sich bei einer Kalorie aber um die Erwärmung von einem Gramm Wasser. Allerdings gilt es zu beachten, dass umgangssprachlich das Wort Kalorie auch für eine Kilokalorie stehen kann.
- Der Lebensmittelchemiker Udo Pollmer deutet an, dass die im Film dokumentierte Gewichtszunahme so extrem sei, dass sie künstlich, z. B. durch Einnahme von Anabolika, verstärkt worden sein könnte. Typische Nebenwirkungen von Anabolika seien auch die im Film dokumentierten Leberschäden und die Impotenz. Diese Auswirkungen seien allein durch die einseitige Ernährung nicht zu erwarten. Weiterhin sei der am Ende des Films gemessene Cholesterinspiegel für einen Mann diesen Alters als normal anzusehen, möglicherweise habe Spurlock vor Beginn des Experiments den Cholesterinspiegel senkende Medikamente eingenommen, um die im betrachteten Zeitraum gemessene Differenz der Werte zu erhöhen. Die Richtigkeit solcher Vorwürfe ist jedoch bis zum heutigen Zeitpunkt nicht stichhaltig belegt (vgl. [38]).

**Fette Fakten – Angaben zum Thema Gesundheit und McDonald's im Film Super Size Me von Morgan Spurlock [131]**

Die Zahl der Übergewichtigen und Fetten in den USA hat sich seit 1980 verdoppelt. Fast 37 % der Amerikaner sind übergewichtig, bei den Erwachsenen sogar 2/3 der Bevölkerung.

5 % der Erwachsenen haben mehr als 100 Pfund Übergewicht. Dann empfehlen Ärzte für gewöhnlich eine Magen-Verkleinerung („Stomach Stapling"), die ca. 25.000 US-$ kostet.

Fettreiche Ernährung ist nach dem Rauchen in Amerika die zweithäufigste vermeidbare Todesursache.

Jedes dritte im Jahr 2000 in den USA geborene Kind wird im Laufe seines Lebens Diabetiker werden. Zurzeit hat einer von 20 Amerikanern Diabetes, im Ganzen 17 Mio. Menschen.

Die Kosten für Diabetes-Behandlungen in den USA haben sich in den letzten 5 Jahren verdoppelt: von 44 Mrd. US-$ (1997) auf 92 Mrd. US-$ im Jahr 2002.

Wenn Diabetes schon vor dem 15. Lebensjahr beginnt, dann verkürzt sie das Leben um 17 bis 27 Jahre. (William Klish, MD Head of Dept. of Medicine, Texas Children's Hospital)

Jeden Tag sitzt einer von vier Amerikanern in einem Taco-, Pizza- oder Burger-Restaurant.

Weltweit gibt es 30.000 McDonald's Restaurants, in denen täglich 46 Mio. Menschen essen. In den USA hat McDonald's 43 % Marktanteil.

2001 hatte McDonald's ein weltweites Werbebudget von 1,4 Mrd. US-$. Zum Vergleich: Hershey Foods (Süßigkeiten) gab dafür nur 200 Mio. US-$ aus. In ihrem besten Jahr hatte die „Five a Day Fruit and Vegetable Campaign" nur ein Werbeetat von bescheidenen 2 Mio. US-$.

„Heavy Users" nennt man bei McDonald's Kunden, die einmal pro Woche kommen (immerhin 72 %). „Super Heavy Users" essen drei bis viermal pro Woche bei McDonald's (das sind 22 % des Kundenstamms).

Ein Crispy Chicken Ranch Salad (368 kcal) mit Caesar-Dressing (161 kcal) hat mehr Kalorien hat als ein Big Mac (ca. 500 kcal).

Fast-Food-Portionen sind im Laufe der Jahre immer größer geworden. McDonald's bot sie zunächst nur in einer Größe an. Die normale Portion Pommes von früher ist heute die kleinste (Small French Fries) und hat 200 kcal. Die French Fries Super-Sized haben ca. 600 kcal.

Die Colagetränke in Fast-Food-Restaurants sind Zucker pur. Eine halbe Gallone (1,89 L, die größte Größe in den USA) enthält, je nach Eiswürfelanteil, bis zu 48 Teelöffel Zucker (ca. 600–800 kcal).

US-Amerikaner geben jährlich 32 Mrd. US-$ für diätetische Lebensmittel und Diätkuren aus.

Ca. 60 % der US-Amerikaner treiben keinen Sport.

US-Amerikaner essen ca. 40 % ihrer Mahlzeiten außer Haus.

Das Schulfach Sport ist nur noch in einem einzigen US-Bundesstaat Pflicht: In Illinois, einem der „fettesten" Staaten.

Relativ schnell wird man Kalorien mit Bewegung los. Für 1200 Geh-Schritte braucht man 10 min und verbraucht dabei etwa 50 kcal. Vernünftiges Bewegungspensum: 10.000 Schritte pro Tag.

In Deutschland ist jedes fünfte Kind und jeder dritte Jugendliche zu dick. (BMG = Bundesministerium für Gesundheit)

In Deutschland gibt es etwa fünf Millionen Menschen, die an Diabetes leiden. Ursache sind vor allem Übergewicht und Bewegungsmangel. Daher sind auch zunehmend Kinder gefährdet. Von der Diabetes-Häufigkeit her liegt Deutschland mit an höchster Stelle in Europa. (BMG)

Weltweit gibt es mehr als eine Milliarde übergewichtige Erwachsene. (WHO = Weltgesundheitsorganisation)

Zur Gewichtserhaltung sind täglich ca. 60 min leichte bis mittlere körperliche Aktivität zu empfehlen. Kinder und Jugendliche sollten zusätzlich ca. 3 Mal pro Woche für 20 min durch Sport ins Schwitzen kommen. (WHO)

## 5.8.5   … und wie McDonald's darauf reagiert

Wir haben die Übergewichtigkeit nicht verursacht, aber wir wollen Teil der Lösung sein. (zitiert nach [107])

Jim Skinner, Vorstandsvorsitzender der McDonald's Corporation von 2004–2012

McDonald's steht vor einer der größten Herausforderungen in der Unternehmensgeschichte: Wie soll man mit dem Vorwurf umgehen, dass die Speisen und Getränke des Unternehmens dick und krank machen. Der Fast-Food-Gigant zeigt keine Anzeichen, dieser Herausforderung aus dem Weg zu gehen.

### Pressearbeit

McDonald's reagierte auf die im Film „Super Size Me" geäußerten Vorwürfe mit der folgenden Presseerklärung:

**Pressetext MCD 03-0020/06-04 – Statement von McDonald's Deutschland zum Film „Super Size Me: Ein Selbstversuch wie ihn Herr Spurlock durchgeführt hat ist unverantwortlich und realitätsfremd.**

München, den 22. Juni 2004. Jeder Mensch, der täglich 5.000 Kalorien zu sich nimmt und sich einseitig ernährt, wie im Film von und mit Morgan Spurlock geschehen, sowie zusätzlich auf nahezu jede Form körperlicher Betätigung verzichtet, wird zwangsläufig an Gewicht zunehmen und gesundheitliche Probleme bekommen.

Dabei spielt es keine Rolle, ob z. B. Nudeln, Pizza, Brot, Wurst, Käse oder Kuchen konsumiert werden. Einseitige Nahrungsaufnahme und mengenmäßig weit über den von Ernährungsexperten empfohlenen notwendigen Bedarf wird immer negative Folgeerscheinungen nach sich ziehen.

Der Film ist offensichtlich ein Marketing- und PR-Instrument, um den Autor selbst und seinen vordergründigen Selbstversuch öffentlichkeitswirksam bekannt zu machen. Der Film ist ebenso einseitig, wie die Ernährung des Autors, lässt den extremen Bewegungsmangel unserer Gesellschaft außer Acht, zielt auf schnelle Aufmerksamkeit durch effekthaschende Bilder und wird von uns deswegen auch nicht weiter kommentiert.

Nur Informationen und Aufklärung über eine ausgewogene Lebensweise können zur Lösung des vielschichtigen, gesamtgesellschaftlichen Problems beitragen. Das ist das erklärte Ziel von McDonald's Deutschland. Dies wird auch in einer Mail von Morgan Spurlock an die McDonald's Corporation in Oak Brook, Illinois, bestätigt:

„… I believe your involvement will show what most people are witnessing: that McDonald's is committed to a healthy future of America." (Mail vom 21.04.2003)

Informationen über eine ausgewogene Ernährung und die Qualitätsansprüche von McDonald's finden Sie unter www.mcdonalds.de oder erhalten Sie telefonisch unter: 089/785 94 447.

Die Presseerklärung verdeutlicht den Standpunkt des Unternehmens: Mr. Spurlock, der Protagonist von Super Size Me, habe sich unverantwortlich verhalten, indem er absichtlich so viel Fast-Food konsumiert und seine sportlichen Aktivitäten eingeschränkt habe. Trotzdem hat McDonald's erkannt, dass mit der um sich greifenden Fettleibigkeit nicht nur für die Gesellschaft, sondern auch für das eigene Unternehmen ein fundamentales Problem heranwächst. Und McDonald's glaubt, zur Lösung beitragen zu können bzw. zu müssen, indem man einen aktiveren Lebensstil fördert und eine ausgeglichenere Nahrungswahl anbietet. Larry Light, der 2002 zum Leiter des weltweiten Marketing berufen wurde, formuliert das so: „Wenn wir uns verantwortungsvoll verhalten, werden wir eines Tages nicht mehr als das Problem, sondern als Teil dessen Lösung wahrgenommen." Wenn McDonald's dies gelingen soll, muss es einen beachtlichen Umwandlungsprozess durchlaufen. Und das Unternehmen arbeitet bereits intensiv daran.

Dass die Pressearbeit von McDonald's durchaus Erfolge verzeichnen kann, belegt eine Untersuchung des Medienbeobachtungsservice Agent25. Hierbei wurden mehr als 2.000 Online-Medien daraufhin analysiert, wie häufig sie über die Thematik des Übergewichtes berichten und wie oft in diesem Zusammenhang die Unternehmen McDonald's und Burger King genannt werden. Des Weiteren untersuchte die Studie, welchen Anteil die Meldungen über Fettsucht an den gesamten Berichterstattungen über McDonald's bzw. Burger King haben.

Von Februar bis Juni 2004 wurde McDonald's in jedem Monat häufiger genannt als Burger King. Investitionen in Olympia-Sponsoring, eine Unterstützung der deutschen Chart-Show, aber auch die Kooperation mit BILD schlugen sich beispielsweise in Spitzenwerten mit bis zu 645 Artikeln über McDonald's im April nieder. Burger King's Topwerte im Juli und August waren auf eine Blutspendenaktion mit dem Deutschen Roten Kreuz und vor allem auf die Nachricht über den damals geplanten Börsengang zurück zu führen.

Generell zeigt die Untersuchung, dass die Medien weitaus häufiger McDonald's als Burger King mit Fettleibigkeit und ungesunder Ernährung in Verbindung brachten. Im März bezogen sich 8% aller Beiträge über McDonald's auf ungesunde Ernährung. Burger King wurde in max. 3% aller Berichte, die das Unternehmen behandelten, mit der Thematik Fettleibigkeit in Zusammenhang gebracht.

Beim Verlauf der Berichterstattung „Fettleibigkeit" für McDonalds zeigt sich jedoch, wie das Unternehmen das Thema in den Griff bekamm. Während anfänglich die Schlagzeilen noch negativ geprägt waren, konnten die Artikel des Augusts, welche die neue Kampagne des Unternehmens gegen Fettleibigkeit propagierten, als positiv bewertet werden (vgl. [2]).

## Modifikation des Angebots

Die „Super Size"-Portionen wurden aus dem Angebot genommen, obwohl dies nach Aussage des Unternehmens in keinem Zusammenhang mit dem Film stehe. Seit 2003 bietet das Unternehmen auch Biomilch an. Verkaufszahlen zu Milch werden nicht veröffentlicht. Die entsprechende Packungsgröße wurde inzwischen reduziert und die Haltbarkeit durch eine Umstellung erhöht.

Außerdem haben McDonald's und andere Fast-Food-Ketten in Amerika und Deutschland Menüs mit kalorienärmeren Komponenten eingeführt. Beispielsweise ist es nunmehr möglich, Pommes Frites durch einen Salat zu ersetzen.

Auch Kindern bietet McDonald's im Rahmen des Happy Meal Menüs zusätzliche Beilagen und ein Dessertprodukt als Alternativen. Anstelle von Pommes Frites kann man sich nun für eine Frucht Tüte (80 g Apfelschnitze sowie Trauben; vgl. Abb. 27), einen Garten Salat oder ein Fruit&Yogurt Dessert entscheiden. Auch bei den Getränken zum Happy Meal gibt es mehr Auswahl: Neben den bekannten Softdrinks, dem Orangensaftgetränk oder Apfelschorle werden nun Erdbeer-Drinks und Bio-Milch mit nur noch 1,5% Fettgehalt in einer wieder verschließbaren Schraubflasche angeboten.

Mit diesem erweiterten Angebot verfolgt McDonald's nicht nur das Ziel, mehr Auswahl und Vielfalt zu bieten, sondern griff auch eine Untersuchung der Stiftung Warentest auf. Diese hatte in einem Burger-Vergleich den McDonald's Cheeseburger zum Testsieger gekürt. Mit einem Energiegehalt von 284 kcal verfüge der Cheeseburger für alle Altersklassen über gute Nährwerte pro Portion, so das Ergebnis der Stiftung. Das Institut konstatierte weiterhin, dass die Happy Meal Kombination mit Cheeseburger, Garten Salat und Apfelsaftschorle eine ideale Mahlzeit für Kinder darstelle.

**Stiftung Warentest: Cheeseburger als Testsieger**

Die Zeitschrift test hat 19 Burger untersucht, fünf aus Fast-Food-Ketten, elf gekühlte und drei aus dem Tiefkühlfach. Das Ergebnis: Acht wurden mit „gut", 10 mit „befriedigend" und einer mit „ausreichend" bewertet. Für viele überraschend: Platz 1 belegt der Cheeseburger von McDonald's. Das Unternehmen gewinnt damit den Kampf der Burger-Giganten knapp vor Burger King.

Als einziger Burger bekam der Cheeseburger von McDonald's hinsichtlich der „Nährwerte pro Portion" für sowohl Kinder und Jugendliche als auch für Erwachsene gute Noten. Er enthält „nur" 300 kcal und 11 g Fett. Die Tester merken jedoch an, dass das Problem am Fast-Food nicht unbedingt die Burger sind. Zum Happy Meal von McDonald's etwa gehören neben dem Cheeseburger auch Pommes Frites. Und wenn man dazu noch Mayonnaise bestellt, summiert sich die Mahlzeit auf rund 800 kcal. Das ist nahezu doppelt so viel, wie etwa für eine Hauptmahlzeit einer Grundschülerin angebracht wäre.

Am schlechtesten schnitt der Chicken Supreme von Burger King ab, mit 228 g auch der größte aller 19 getesteten Burger. Für Kinder sei er zu kalorienreich, fett und salzig. Außerdem enthält er reichlich Transfettsäuren (55 % der für Kinder tolerierbaren Tageszufuhr), die sich ungünstig auf Herz und Kreislauf auswirken.

Die Burger aus dem Kühlregal bestehen meist aus fettreicherem Schweinefleisch. Dennoch erhielten immerhin drei das Gesamturteil „gut". Bei den tief gefrorenen Burgern schnitten alle drei „gut" ab, auch wenn Burger aus der Mikrowelle nicht so gut schmecken dürften wie im Restaurant (vgl. [132]).

2005 wurde das Programm „Salads plus" eingeführt. Seither gibt es fünf verschiedene neue Salate, die auch ohne warme Hähnchenstreifen erworben werden können, Fruit & Yogurt, eine Frucht Tüte und ein Grilled Chicken Sandwich. Kritiker bemängeln hierbei, dass einige Salatangebote ziemlich kalorienreich seien, weil sie Schinkenstreifen, Feta-Käse oder kalorienreiche Salatsoßen enthalten.

Nicht zuletzt werden Joghurts (Fruit & Yogurt), Fruchttüten (diese enthalten bereits beim Lieferanten vorgeschnittene Apfelstückchen und Trauben; vgl. Abb. 5.20), ein Grilled Chicken Sandwich sowie zeitweise Aktionsgerichte wie gebackener Camembert oder „Gemüse-Käse-Snacks" offeriert.

**McDonald's Fruchttüte und nationale Geschmacksvorlieben**

Trotz der weit verbreiteten Ansicht, McDonald's Restaurants seien geklont, gibt es eine Vielzahl von Unterschieden – insbesondere auf der nationalen Ebene. Ein typisches Beispiel hierfür sind die Früchte, die McDonald's in jüngerer Zeit seinen Kunden serviert: Für die Amerikaner gibt es Päckchen mit geschälten Apfelstücken, in Europa dagegen bleibt die Schale dran. Die Australier wiederum bekommen einen ganzen Apfel.

**Abb. 5.20** Fruchttüte von McDonald's mit vom Lieferanten bereits vorgeschnittenen Apfelstückchen und Trauben [156]

Lokale Geschmäcker und Vorlieben haben offensichtlich einen hohen Stellenwert bei McDonald's.

Hinter solchen Produktoffensiven stehen natürlich nicht nur altruistische Motive. McDonald's will sich mit dem Vorstoß gegen rechtliche Restriktionen oder mögliche Sammelklagen wappnen, nachdem Gesundheitsexperten und Verbraucherschützer im Laufe der Zeit den Druck immer weiter erhöht hatten.

Außerdem können auf diese Weise neue Zielgruppen gewonnen werden bzw. der durchschnittliche Rechnungsbetrag gesteigert werden. Letzterer lag bei McDonald's vor der Produktoffensive in den USA unter 5 US-$. Nunmehr, wo Salate und andere leichtere Gerichte der Speisekarte hinzugefügt wurden, kaufen auch Mütter eine Mahlzeit, was den Bestellwert auf rund 12 US-$ anhebt (vgl. [137]). Die leichteren Alternativen ermutigen die vorhandenen Kunden dazu, öfters zu kommen, weil sich nun mehr Abwechslung im Speiseangebot bietet. Nichtsdestotrotz dürfte der Big Mac, zumindest bis heute, das mit deutlichem Abstand bekannteste McDonald's Produkt sein.

McDonald's veröffentlicht keine auf einzelne Produkte herunter gebrochenen Umsätze und Gewinne. Aber alles, was mit frischen, leichtverderblichen Produkten verbunden ist, die nicht in einer standardisierten und leicht lagerbaren Form angeliefert werden (etwa Blattsalat im Vergleich zu einer tiefgefrorenen Hackfleischscheibe), steigert Komplexität und Kosten. Die McDonald's Offiziellen bestehen darauf, dass ihre Salate mit einem gewinnbringenden Preis kalkuliert sind. Wäre dies nicht der Fall, würden die Franchise-Nehmer diese Produkte nicht verkaufen wollen. Aber auch in Supermärkten können Verlustbringer letztlich profitabel sein, wenn sie Kunden in die Geschäfte bringen, die dort andere Produkte erwerben (sog. Mischkalkulation).

Ungeachtet der Profitabilität übermitteln die angebotenen Salate Millionen von Kunden eine Botschaft: Jetzt ist es wieder annehmbar/akzeptabel/gesellschaftsfähig, bei

McDonald's zu essen, weil die Speisen gesünder sind – auch wenn die weit überwiegende Mehrheit weiterhin Burger und Pommes Frites bestellt. Dabei bedient sich McDonald's des „Halo-Effekts" dergestalt, dass die gesünderen Produktoptionen positiv auf das klassische Sortiment ausstrahlen.

Nicht unerwähnt bleiben soll, dass McDonald's seinen Kunden anbietet, sich kostenlos von Ernährungsexperten beraten zu lassen. Hierzu liegen in den Restaurants Karten aus, die der Kunde ausfüllen, abtrennen und an die angegebene Adresse senden muss. Er erhält dann einen persönlichen Tagesspeiseplan, aufgebaut nach den Referenzwerten der Deutschen Gesellschaft für Ernährung (DGE) (vgl. [101]).

**Transparenz**

Die Kernkompetenz des Unternehmens sind nach wie vor Burger, Pommes und Coca-Cola, ein Getränk, das McDonald's an Endverbraucher so häufig verkauft wie kein anderes Unternehmen der Welt. Um auch hier der öffentlichen Kritik entgegenzuwirken und sich juristisch besser abzusichern, veröffentlicht McDonald's Listen mit Kalorienangaben und wird zukünftig weltweit alle Produkte mit Angaben über Kalorien- und Fettgehalt versehen. In Deutschland erfolgte die Kennzeichnung ab Spätsommer 2006.

Laut der Nährwert-Tabelle von McDonald's, erstellt nach dem Bundeslebensmittelschlüssel, ergeben sich für einen Big Mac (211 g): 503,0 kcal, 25,3 g Fett, 43,5 g Kohlenhydrate, 26,2 g Eiweiß. Die Nährwerte eines Döner (350 g-Portion) zum Vergleich: 665 kcal, 17,2 g Fett, 84,1 g Kohlenhydrate und 41,9 g Eiweiß. Pro 100 g hat ein Döner demnach 190,0 kcal, ein Big Mac dagegen 238,4 kcal (vgl. [32, 135]).

**Nährwertangaben – Transparenz oder Etikettenschwindel?**

Einer der Kritikpunkte in der Dokumentation „Super Size Me" war der Umstand, dass McDonald's in den US-Filialen keine Angaben zum Nährwert seiner Produkte macht. Auf diese Kritik reagierte das Unternehmen umgehend, indem es in Zeitschriften wie Spiegel, Stern etc. doppelseitige Anzeigen schaltete. Auf der einen Seite wurde beispielsweise eine junge, sportliche Frau präsentiert mit den Worten: „Ich weiß, was Kalorien sind. Sagt mir einfach, wie viele drin sind, dann kann ich damit auch vernünftig umgehen." Auf der anderen Seite finden sich Nährwerttabellen. Diese wurden nach dem Bundeslebensmittelschlüssel berechnet und stellen das hauseigene Sortiment anderen Produkten (etwa Kalorien-, Fett-, Eiweiß- und Kohlenhydratgehalt des Big Mac im Vergleich zu einer Curry-Wurst, einem Döner-Kebab, Spaghetti Carbonara etc.) vergleichend gegenüber.

Die Aktion stieß auf geteilte Resonanz. Die Befürworter sehen darin eine vorbildliche Kampagne, „welche die Karten auf den Tisch legt und den Konsumenten ernst nimmt". Eine solche offene und sachliche Gegenüberstellung erlaube es dem Leser, „sich seine eigene Meinung zu bilden und die entsprechenden Schlüsse zu ziehen, wie oft und wie viel von den einzelnen Produkten ‚vernünftig' ist." Die Kritiker hingegen werfen McDonald's vor, mit ‚tückischen Nährwerttabellen' zu werben, da erst genaues Hinsehen ‚die fettigsten McProdukte' entlarve.

„Diese Einträge (Anmerkung des Verfassers: die der Vergleichsprodukte) sind grau unterlegt, die McSnacks dagegen kommen freundlich in Orange daher. Und siehe da: Kalorisch liegt der graue Döner satt über Big Mac-Niveau, 665 zu 503, um genau zu sein. Natürlich stimmen alle Werte, und doch ist es Etikettenschwindel. Denn die farblich hervorgehobenen Spalten der Tabelle künden immer vom Kaloriengehalt einer Portion – und die fallen logischerweise unterschiedlich aus. 350 g wiegt beispielsweise der für die Tabelle vermessene Standarddöner. Der Bic Mac dagegen gerade mal 211 g.

Zieht man also den Kaloriengehalt je 100 g heran, steht es plötzlich 190 zu 238,4 für den Döner. Vom Fettgehalt ganz zu schweigen: Je 100 g ergeben sich 12 g (Big Mac) und 4,9 (Döner).

Auch diese Werte finden sich in der Tabelle – farblich aber nicht hervorgehoben. Totaler Durchblick sieht anders aus. Und auch mit dem Salat ist es so eine Sache. Klar hat der Grilled Chicken Caesar Salad je 100 g nur 2,7 g Fett, steht blöderweise aber ‚ohne Dressing' dahinter. Und wer isst schon nackte, kalte Zellulose? Das Caeser Dressing (75 ml) wiederum findet sich unten einzeln aufgeführt: Macht 17,3 g Fett je 100 g. Ergibt für die ganze Portion auf Caesaren-Art (294 g plus 75 ml Dressing) den hübschen Wert von 21,4 g Fett – knapp unter Mac-Niveau. Der verblüffendste Fettkloß in der Tabelle ist übrigens der ja vermeintlich auch irgendwie gesündere GemüseMac: Mit 12,3 g Fett je 100 g Gesamtgewicht schlägt er sogar knapp seinen fleischlastigen Namensvetter." [117], S. 18.

Im Rahmen der Öffentlichkeitsarbeit veröffentlicht McDonald's u. a. eine Broschüre zum Thema „Qualität & Nährwert bei McDonald's" (vgl. [101]). Hier werden Brennwert, Eiweiß-, Kohlenhydrat- (davon Zucker-) sowie Fettanteil (davon gesättigte Fettsäuren), Ballaststoffe, Kochsalz jeweils je 100 g sowie Portion der einzelnen McDonald's-Produkte aufgeführt. Außerdem wird aufgelistet, welche Hauptallergene in den Produkten enthalten sind und welchen Anteil des empfohlenen Tagesbedarfs (Guideline Daily Amount = GDA) an Nährstoffen die einzelnen McDonald's Produkte abdecken. Das Ganze ähnelt einem Zahlenfriedhof, der eher abschreckt als das Interesse an Informationen weckt. Etwas übersichtlicher gestaltet war die ehemals veröffentlichte Broschüre „McDonald's & Nährwert" (vgl. [94–96]). Nach einer Einführung in die Grundlagen der Ernährung wurden Inhalt, Gewicht sowie Brennwert und Eiweiß-, Kohlenhydrat- und Fettanteil je 100 g der einzelnen McDonald's-Produkte aufgeführt. In der Mitte des Heftes fand sich eine Nährwert-Tabelle, welche die einzelnen Produkte noch detaillierter aufführte. Zum

**Abb. 5.21** Die Verpackung
eines Big Mac [157]

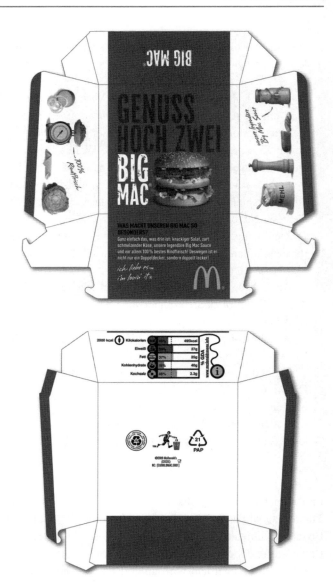

Abschluss wurden beispielhafte Tagesernährungspläne für ein Kind, eine junge Frau und einen jungen Mann vorgestellt. Diese setzten sich aus verschiedenen Baukästen zusammen, die kombiniert werden konnten und in denen an der einen und anderen Stelle natürlich auch McDonald's-Produkte nicht fehlen durften. Nährwertangaben finden sich heutzutage auch auf den Verpackungen (vgl. Abb. 5.21). Diesen kann der Kunde entnehmen, welcher Anteil des empfohlenen Tagesbedarfs (Guideline Daily Amount = GDA) an Nährstoffen, z. B. Eiweiß, Fett oder Kohlenhydrate (jeweils bezogen auf die entsprechende

Beispielperson) durch die einzelnen McDonald's Produkte abgedeckt wird. Dabei werden zwei Beispielpersonen unterschieden:

- Beispiel Erwachsener: Weibliche Person zwischen 20 und 30 Jahren mit wenig Bewegung (kein Sport, geht weniger als 30 min am Tag zu Fuß).
- Beispiel Kind: Mädchen zwischen 4 und 7 Jahren mit normalem Bewegungsprofil (mindestens 1 Stunde aktive Bewegung pro Tag).

Zum Bemühen um Transparenz gehört auch die Einrichtung eines Corporate Blogs. Corporate Blog bezeichnet das Weblog eines Unternehmens. Ein Weblog (engl. Kontamination aus Web und Log), oft einfach nur Blog genannt, ist eine Webseite, die periodisch neue Einträge enthält. Neue Einträge stehen an oberster Stelle, ältere folgen in umgekehrt chronologischer Reihenfolge.

Corporate Blogs treten in unterschiedlichen Formen auf und können unterschiedliche Funktion haben. Charakteristisch für Corporate Blogs ist, im Gegensatz zu anderen, im Marketing genutzten Weblogs, dass sie gebrandet sind, d. h. dass sie z. B. das Logo des Unternehmens tragen oder anderweitig klar ersichtlich wird, dass das Unternehmen das Weblog herausgibt.

McDonald's hat 2006 einen Corporate Social Responsibility Blog gestartet. Mit „Open For Discussion" will der Fast-Food-Konzern die offene Kommunikation mit seinen Kunden und der Öffentlichkeit intensivieren. Der erste Beitrag wurde von Bob Langert, Senior Director for Corporate Social Responsibility bei McDonald's, verfasst. Er erklärt u. a.:

„Wir wollen von Ihnen/Euch hören, denn wir lernen ständig dazu und versuchen, uns immer weiter zu verbessern. Und man kann nicht lernen – oder sich verbessern -, wenn man nicht zuhört. Wir leben in einer sich ständig wandelnden Welt, in der Problemstellungen komplex und Lösungen alles andere als einfach sind. Bei derart komplexen Zusammenhängen werden wir nicht notwendigerweise immer einig sein, was Ursachen oder beste Lösungen betrifft, aber wir können uns darüber austauschen." [43], Übersetzung von M. Oetting.

Wie offen McDonald's den Kundendialog in Zukunft führen wird, wenn in den Kommentaren die Kritik am Unternehmen überhand nehmen sollte, wird sich erst in Zukunft zeigen. Denn bislang gibt es erst wenige Einträge und einige Kommentare dazu. Jedenfalls versucht das Unternehmen mittels eines solchen Corporate Blogs, verloren gegangenes Vertrauen seiner Kunden zurück zu gewinnen und selbst aktiv Agenda Setting zu betreiben.

Für McDonald's ist das Bloggen selbst seit längerer Zeit kein Neuland mehr. Der neue CSR-Blog ist Teil einer breiter angelegten Kommunikationsstrategie. So bloggt Steve Wilson, Director of Global Web Communications von McDonald's, bereits seit längerem in einem privaten Blog. Darüber hinaus gibt es bei McDonald's laut Blogspotting auch noch interne Mitarbeiterblogs (vgl. [43, 50]).

Des Weiteren bot McDonald's seit 2004 sog. „Qualitäts Scouts" die Möglichkeit, hinter die Kulissen des Fast-Food-Unternehmens zu blicken. McDonald's hatte im Juni 2004 auf seiner Homepage dazu aufgerufen, sich als Qualitäts Scout zu bewerben. Die 13 Teilnehmer waren – nach welchen Kriterien bleibt offen – unter den zahlreichen Bewerbern ausgewählt worden. Sie bekamen die Möglichkeit, eine von vier verschiedenen Lieferanten-Touren (Kartoffel-, Salat-, Brötchen- oder Rindfleisch-Tour) zu begleiten und sich über die Qualitätsrichtlinien und -standards, die McDonald's fordert, zu informieren. Schritt für Schritt konnten sie die Verarbeitung der einzelnen Rohstoffe zum fertigen McDonald's Produkt mitverfolgen. Über ihre Erfahrungen bei den McDonald's Lieferanten berichteten sie später im Internet sowie auf den Papierauflagen der Tabletts in den Restaurants.

Außerdem bietet McDonald's auf Vouchern eine App an. Mit McMission kann der Kunde in vier Spielen erfahren, wie sich McDonald's für Umwelt und Gesellschaft engagiert. Hat der Nutzer mit seinem Smartphone das Ziel des jeweiligen Spiels erreicht, also die Mission erfüllt, winken Preise.

Nicht zuletzt hat McDonald's ein aus Müttern bestehendes globales Team gebildet, um in seinem ersten globalen Mutter-Ausschuss mitzuwirken. Die Frauen von unterschiedlicher Herkunft und mit verschiedenen Einstellungen werden bezüglich einer Reihe von Themen das Unternehmen darin unterstützen, – so McDonald's – den Bedürfnissen von Müttern und Familien sowohl innerhalb als auch außerhalb seiner Restaurants weltweit nachzukommen. Der globale Mutter-Ausschuss konzentriert sich auf Themen wie aktive Lebensführung, Restaurantkommunikation und das Wohlergehen der Kinder. Repräsentiert sind die Länder Argentinien, China, Deutschland, Italien, Großbritannien und die USA. Die Mitglieder bekleiden dieses Amt für die Dauer von einem Jahr. Weitere nationale Mutter-Ausschüsse sind bereits in Planung, so in China, Japan, Großbritannien und den USA (vgl. [7]).

## Sport- und Bildungssponsoring

Generell heißt es bei McDonald's, neben einer ausgewogenen Ernährung sei Bewegung der entscheidende Faktor für eine gesunde Lebensweise. Das Credo des Konzerns lautet: „Die Balance zwischen einer ausgewogenen Ernährung und körperlicher Bewegung ermöglicht eine gesunde Lebensweise. Gerade die Ausgewogenheit in der Auswahl der Produkte und körperliche Aktivität sind entscheidend für eine gesunde Lebensweise."[5] Entsprechende Sponsoringengagements im Bereich Sport (zum Beispiel ehemals Michael Ballack als Werbeträger, Sponsor von Fußball-Welt- und Europameisterschaften sowie Olympischen Spielen) sollen diesen Gedanken im Bewusstsein der Öffentlichkeit verankern und werden mit erheblichem finanziellen Aufwand vorangetrieben.

McDonald's bündelt sämtliche Aktivitäten rund um den Sport unter dem Dach der Initiative GO ACTIVE!™. Im Zentrum der Initiative steht das Sponsoring großer Sportevents wie z. B. der Fußball-Welt- und Europameisterschaften sowie der Olympischen

---

[5] Kritiker bemängeln hierbei, dass der Konzern mit dieser Linie die Verantwortung von sich und seinem Produktsortiment weg hin zu den Verhaltensweisen und -defiziten seiner Kunden führt.

**Abb. 5.22**  Die McDonald's Fußballeskorte [57]

Spiele. Flankiert wird das Sponsoring von Fußballgroßveranstaltungen durch vielfältige Aktionen, die von der Ausbildung von Fußballtrainern über die Verlosungen von Eintrittskarten für Sportveranstaltungen, das DFB & McDonald's Fußball-Abzeichen und die McDonald's Fußball Camps bis hin zur Fußballeskorte reichen, bei der die Kinder im Alter von sechs bis zehn Jahren die Nationalspieler auf das Spielfeld begleiten dürfen (vgl. Abb. 5.22). Dafür gibt es in allen teilnehmenden McDonald's Restaurants Bewerbungskarten, wobei die Kreativität der Kinder gefragt war. Die gleiche Teilnahmechance haben auch Fußballmannschaften in dieser Alterskategorie.

**Die Sponsoren der FIFA Fußballweltmeisterschaften**
In Tab. 5.15 finden sich die Sponsoren der Fußballweltmeisterschaften von 1982 bis 2014. McDonald's gehört diesem Kreis ohne Unterbrechungen seit 1994 an. Angesichts der hohen Werbe- bzw. Sponsoringaufwendungen sowie des gesteigerten Werbedrucks rund um das Thema Fußball im Vorfeld und während der FIFA-WM erhoffen sich viele Unternehmen ökonomische Vorteile aus ihrem Sponsoring-Engagement. Doch die Ergebnisse sind eher ernüchternd. So nannte den offiziellen Partner Visa etwa jeder fünfte Befragte in Deutschland, ebenso wie den Konkurrenten MasterCard, der gar kein Fußball-Sponsoring betreibt. Der Sponsor Hyundai-Kia Motors kam auf 17 % der Nennungen, wohingegen der DFB-Pokal-Sponsor Volkswagen, der bei der FIFA-WM überhaupt nicht finanziell engagiert war, 19 % der Nennungen auf sich verbuchen konnte. Ähnlich sieht es bei Samsung (18 %) und Sony (19 %) aus, wobei nur letzterer für das Recht, mit der FIFA-WM zu werben,

bezahlt hat. Von den deutschen Befragten konnten sich 42 % keinen einzigen FIFA-Partner oder Sponsor nennen, weltweit waren es 29 %.

Mehr als vier von zehn deutschen Befragten (44 %) nannten auf die ungestützte Frage nach offiziellen FIFA-Partnern und Sponsoren Coca-Cola, 36 % Adidas und 34 % McDonald's. Der hohe Bekanntheitsgrad deutet auf einen Erfolg des Sponsoring-Engagements zumindest dieser drei Unternehmen hin (vgl. [55]).

Neben Fußball-WM und -EM haben die Olympischen Spiele für die McDonald's Corp. eine zentrale Bedeutung. Im Rahmen des TOP (The Olympic Partners)-Programms trat der US-Konzern für die Winterspiele 2006 in Torino (Italien), die Sommerspiele 2008 in Beijing (China), die Winterspiele 2010 in Vancouver (Kanada), die Sommerspiele 2012 (Großbritannien) sowie die Winterspiele 2014 (Russland) als offizieller Sponsor auf. Darüber hinaus setzt sich McDonald's als offizieller Sponsor des Bundeswettbewerbs der Schulen „Jugend trainiert für Olympia" aktiv für die Sport- und Nachwuchsförderung an Schulen ein (vgl. [44]).

Das Engagement von McDonald's und seinen Franchise-Nehmern beschränkt sich jedoch nicht nur auf den Spitzensport, sondern erstreckt sich auch auf die regionale Ebene. Unterschiedlichste Sportarten werden dabei finanziell oder durch Sachleistungen unterstützt. Ebenso leisten McDonald's und seine Franchise-Nehmer einen Beitrag zur regionalen Nachwuchsarbeit, etwa im Fußball. Ein Beispiel hierfür sind die McDonald's Cups. Diese Fußball-Turniere finden in Zusammenarbeit mit örtlichen Vereinen statt. Das Unternehmen will sich auf diese Weise noch stärker als Familienrestaurant positionieren.

Doch nicht nur Kinder und Jugendliche, sondern auch Erwachsene sollen zu mehr körperlicher Bewegung animiert werden. McDonald's arbeitete zu diesem Zweck mit dem Fitness Experten Slatco Sterzenbach zusammen. Beispielsweise wurde in den Restaurants der Step-o-meter angeboten. Der Schrittzähler wird am Hosenbund befestigt, und zusammen mit Tipps von Slatco Sterzenbach sollte er zu mehr Bewegung im Alltag motivieren (Tab. 5.15).

Daneben betreibt McDonald's aber auch Bildungssponsoring: In der Kindergartentournee „Mein Körper, der Schatz" soll Ronald McDonald, das Maskottchen von McDonald's, Kinder davon überzeugen, dass Bewegung zu Musik Spaß macht und fit hält. Das nach Unternehmensangaben garantiert werbefreie Programm wurde von Pädagogen entwickelt und setzt sich zusammen aus von Musik begleiteten Spielen, Bewegung und Zauberei. Besonders sollen dabei die Bereiche Wahrnehmung und Motorik gefördert werden.

## Markenbotschafter

Die Botschaft der Marke, dass neben einer ausgeglichenen Ernährung vor allem Bewegung für die Gesundheit wichtig ist, sollte durch sog. Markenbotschafter verstärkt und glaubwürdig verankert werden. Von diesem Konzept rückte McDonald's – zumindest zeitweilig – in 2010 ab und betonte, nunmehr wieder die Produkte verstärkt in den Vordergrund zu stellen.

**Tab. 5.15** Die Sponsoren der FIFA Fußballweltmeisterschaften 1982–2014 [35]

| Fußballwelt-meisterschaft | Sponsoren |
|---|---|
| 1982 | Canon, Coca-Cola, Fujifilm, Gillette, Iveco, JVC, Metaxa, R.J.Reynolds (Winston) |
| 1986 | Bata, Budweiser (Anheuser-Busch), Canon, Cinzano, Coca-Cola, Fujifilm, Gillette, JVC, Opel, Philips, R.J.Reynolds (Camel) |
| 1990 | Alfa Romeo, Budweiser (Anheuser-Busch), Canon, Coca-Cola, Fujifilm, Gillette, Masterfoods (Mars/M&Ms), JVC, Opel, Philips, Vini d'Italia |
| 1994 | Canon, Coca-Cola, Energizer, Fujifilm, Gillette, JVC, MasterCard, *McDonald's*, Opel, Philips |
| 1998 | Adidas, Budweiser (Anheuser-Busch), Canon, Casio, Coca-Cola, Fujifilm, Gillette, JVC, La Poste, MasterCard, *McDonald's*, Opel, Philips. Snickers |
| 2002 | Adidas, Avaya, Budweiser (Anheuser-Busch), Coca-Cola, Fujifilm, Fuji Xerox, Gillette, Hyundai, JVC, MasterCard, *McDonald's*, NTT DoCoMo, Philips, Toshiba, Yahoo! |
| 2006 | Adidas, Avaya, Budweiser (Anheuser-Busch), Canon, Coca-Cola (Powerade), Continental, Deutsche Telekom, Emirates, Fujifilm, Gillette (Braun und Duracell), Hyundai, MasterCard, *McDonald's*, Philips, Toshiba, Yahoo! |
| 2010 | Adidas, Budweiser, Castrol, Coca-Cola, Continental, Emirates, Hyundai/Kia, *McDonald's*, MTN, Mahindra Satyam, Seara, Sony, Visa, Yingli. |
| 2014 | Adidas, Anheuser-Busch InBev (Bandenwerbung mit Budweiser und Hasseröder), Castrol, Coca-Cola, Continental, Emirates, Hyundai/Kia, Johnson & Johnson, *McDonald's*, Moy Park, Oi, Sony, Visa, Yingli |

**Michael Ballack**

Michal Ballack, Markenbotschafter bis zur Fußball-WM 2006, sollte zum Aufbau eines figurbewussten und gesunden Images von McDonald's beitragen und dabei unterstützen, die gegründete Initiative für mehr Bewegung und Sport von Kindern und Jugendlichen bekannt zu machen. Übrigens war diese Ausgangssituation nahezu identisch mit der von Coca Cola, einem der weiteren ehemaligen Hauptsponsoren von Michael Ballack (vgl. im Folgenden [138]).

Folgende Kriterien sprachen für die Entscheidung von McDonald's, Michael Ballack als Markenbotschafter zu engagieren:

- Sympathie- und Bekanntheitswerte: Meinungsumfragen folgend war Michael Ballack der faszinierendste aktive Fußballspieler (17 %), gefolgt von Oliver Kahn mit 13 %. Sein Bekanntheitsgrad stieg in einem Jahr (2001–2002) von 40,6 % auf 91,8 %. In diesem Zeitraum verbuchten die Sympathiewerte ein Wachstum von 13,6 % auf 71,6 %.
- Branchen-/Produktaffinität: Fußball genießt unter Kindern und Jugendlichen – also den hiermit anvisierten Zielgruppen von McDonald's – hohe Attraktivität.
- Attraktive Story (Erfolge und Image): Als Kapitän der Fußballnationalmannschaft und – bis 2006 – des erfolgreichsten deutschen Fußballvereins, Bayern München, waren diese Voraussetzungen gegeben.

- Nationale und internationale Popularität: Die bei Ballack damals gegebene ständige Medien-Präsenz war eine Grundvoraussetzung für erfolgreiche Werbung mit Prominenten.
- Glaubwürdigkeit/Kommunikationskompetenz: Michael Ballack vermittelte gesamtgesellschaftliche Ideale und emotionale Wertvorstellungen wie Erfolg, Leistung und Dynamik.
- Aktualität: Diese war durch die beiden Fußballgroßereignisse EM 2004 und WM 2006 in Deutschland gegeben.

Um die Marketingziele – Erhöhung der Bekanntheit und Emotionalisierung der Marke – erfolgreich zu erreichen, integrierte McDonald's den Fußballstar in folgende Bereiche:

- Werbung: Der Prominente wurde in TV-Spots, Radio, Kino-Spots, auf Plakaten, in Printanzeigen sowie im Internet eingesetzt.
- Promotions: Der Prominente wurde am Point of Sale und in Gewinnspielen präsentiert.
- Events: Charity, interne Auftritte, Performances, Messen.
- PR: redaktionelle Arbeit, Fotostrecken, exklusive Interviews, TV-Auftritte.
- Incentives: Merchandising, Mitarbeitermotivation, Einbindung in Kongresse und Tagungen, Instruktionsvideos.

Bei der Auswahl des Fußballstars musste auch ins Kalkül gezogen werden, in welche anderen Werbestrategien dieser eingebunden war. In diesem Zusammenhang lassen sich drei Arten von Sponsoren identifizieren:

- Primary Sponsors: Dies ist eine limitierte Anzahl von globalen Unternehmen, in die der Fußballer persönlich eingebunden war und die Partner der FIFA, der UEFA sowie des FC Bayern München waren. Neben McDonald's waren dies:
  - Coca Cola: Die ehemals wertvollste Marke der Welt ist langjähriger Partner des Fußballs (FIFA, UEFA, FC Bayern München, Bundesliga).
  - ADIDAS: Die globale Marke besitzt eine im Produkt begründete starke Nähe zum Fußball. Das Unternehmen ist Partner von FIFA, UEFA sowie FC Bayern München und ist stark auf dem asiatischen Markt vertreten, was den Aufbau des Markenwertes von Ballack auf dem dortigen Markt unterstützte. Ballack war Mitglied des globalen Teams, dem auch Beckham, Zidane und Raul angehörten.
  - SONY (einschließlich SONY PLAYSTATION): Die Marke, die auf Jugendliche fokussiert, verbindet Sport, Entertainment und Musik miteinander. Das Unternehmen war Partner des FC Bayern München und unterstützte Events wie MTV Music Awards sowie Film-Premieren.
- Secondary Sponsor: Hierunter fasst man den Sponsor des Deutschen Fußballbundes und des FC Bayern, an den Ballack als Mitglied des jeweiligen Teams gebunden war. Konkret war dies die Deutsche Telekom, größter Netzbetreiber in Deutschland und Hauptsponsor des FC Bayern München.

• Additional Sponsors: Hierzu gehörten alle kleineren Partnerschaften, die geringen zeitlichen Aufwand erforderten, aber trotzdem das Image unterstützten. Dies waren u. a. Revell (u. a. Hersteller von Figuren), Tauschkarten-Anbieter und Hersteller von Lizenzprodukten.

**Heidi Klum**

Top-Model Heidi Klum war von 2005 bis 2010 als Werbepartner und Markenbotschafter für McDonald's aktiv. Hierbei wurde sie in unterschiedlichen Kommunikationsmaßnahmen eingebunden, die von klassischer Werbung (TV-Spots und Anzeigen u. a. in Publikums- und Frauenzeitschriften) über PR-Maßnahmen bis hin zu Events reichen.

Ihr Engagement sollte dazu beitragen, das Image von McDonald's in Richtung eines Unternehmens zu verändern, das einen ausgewogenen Lifestyle mit ausreichend Bewegung unterstützt. Hierzu wurde sie als prominente junge Mutter positioniert, die für modernen Lebensstil steht. „Essen muss für mich vor allem ausgewogen sein und schmecken", so Heidi Klum in einem Pressetext von McDonald's. „Ich gönne mir zwischendurch gerne mal einen Big Mac, ein andermal dafür zum Beispiel wieder einen der Salate von McDonald's – Hauptsache, die Balance stimmt."

Ihrem Image als Topmodel entsprechend setzte McDonald's Heidi Klum schwerpunktmäßig für die Linie „salads plus" (Salate, Frucht-Tüten, Fruit & Yogurt sowie Bio-Milch und Apfelsaftschorle) ein. Die geborene Rheinländerin galt als locker, unkompliziert sowie humorvoll und verzeichnete hohe Sympathiewerte. Als Top-Model achtete sie auf eine ausgewogene Ernährung und passte dementsprechend zum anvisierten Image von McDonald's.

**Ronald McDonald**

Den hohen Bekanntheitsgrad des Firmenmaskottchens will McDonald's dazu nutzen, um Kinder zu mehr sportlicher Betätigung zu motivieren. Fernsehspots, die ihn beim Synchronschwimmen und Turmspringen zeigen und die während der von McDonald's gesponserten Olympischen Spiele 2004 in geschaltet wurden, brachte dem Unternehmen seitens der Werbeindustrie viel Beifall ein.

Im Zusammenhang der Neupositionierung des Unternehmens musste auch Ronald McDonald Pfunde lassen. Und der klassische Schlabberlook musste einem figurbetonten Kostüm Platz machen. Zuletzt war der Clown 2005 für McDonald's im Fernsehen zu sehen. Damals geriet das Maskottchen massiv in die Kritik der Verbraucherschützer, die dem Markenbotschafter vor allem eine Manipulation von Kindern vorwarfen, mehr Fast-Food zu konsumieren. McDonald's reduzierte den Wirkungskreis des Clowns daraufhin auf das karitative Engagement des Unternehmens, nämlich die Ronald-McDonald-Häuser. Hier können Eltern wohnen, wenn ihre an Krebs erkrankten Kinder in einem vom Heimatort weit entfernten Krankenhaus untergebracht sind.

In 2014 gab McDonald's bekannt, seinen Markenbotschafter wieder offensiver nutzen zu wollen. Der rotgelb gewandete Clown bekommt nicht nur ein neues Outfit (vgl. Abb. 5.23 und 5.24) verpasst, auch seine Rolle ändert sich: Künftig soll Ronald McDonald

**Abb. 5.23** Das Maskottchen
Ronald McDonald in altem
Outfit [157]

**Abb. 5.24** Das Maskottchen Ronald McDonald in neuem Outfit [156]

**Abb. 5.25**  Das neue Happy
Meal Logo [156]

vor allem die sozialen Netzwerke und damit nicht nur Kinder bespaßen. Ronald McDonald wird nicht mehr schwerpunktmäßig in kindorientierten Werbeumfeldern auftreten, sondern vielmehr für den Unterhaltungs- und Eventaspekt der Marke McDonald's stehen. Als Blogger und Sprecher in großen Netzwerken wie Facebook und Twitter soll Ronald McDonald künftig den Claim „Fun makes great things happen" mit Leben füllen (vgl. [8]).

Happy ist das neueste Maskottchen von McDonald's. Die Figur wird Markenbotschafter des Kindermenüs Happy Meal (vgl. Abb. 5.25).

## 5.9  Price

### 5.9.1  Preisdifferenzierung

Legt ein Unternehmen für das gleiche Produkt unterschiedliche Preise fest, spricht der Marketing-Experte von Preisdifferenzierung. McDonald's bedient sich dieses Instruments auf mannigfache Weise. Dabei lassen sich folgende Spielarten identifizieren:

#### Räumliche Preisdifferenzierung
Hier wird der Preis nach Absatzgebieten differenziert (etwa Länder, Regionen). Wie der in Abschn. 4.3.2 vorgestellte Big Mac-Index eindrucksvoll belegt, variieren die Preise für einen Big Mac von Land zu Land zum Teil erheblich. Hierfür sind im Wesentlichen Wettbewerbsstruktur und Positionierung von McDonald's sowie die Preisbereitschaft der Konsumenten ausschlaggebend. Nehmen wir das Beispiel Argentinien, einem der weltweit größten Produzenten von Rindfleisch. Dass hier der Preis für einen Big Mac mit einem umgerechneten US-$-Preis von 3,03 US-$ rund 34 % unter dem Preisniveau von 4,62 US-$ in den USA liegt, erscheint unmittelbar einsichtig, wenn man sich die dort vergleichsweise geringen Preise für Rindfleisch vor Augen führt.

**Abb. 5.26** Couponaktion von
McDonald's [157]

Weiterhin experimentiert McDonald's in einigen lateinamerikanischen Städten mit unterschiedlichen Preisen. Je nach relativem Wohlstand in der Nachbarschaft der McDonald's Standorte werden unterschiedlich hohe Preise verlangt (vgl. [137]). Hier macht man sich den Umstand zu Nutze, dass der Spielraum für eine räumliche Preisdifferenzierung mit abnehmender Arbitrageneigung der Konsumenten steigt. Im vorliegenden Fall dürfte es nämlich recht unwahrscheinlich sein, dass die Konsumenten eine größere Strecke zu der Filiale zurücklegen, die einen geringeren Preis als „zu Hause" verlangt.

### Zeitliche Preisdifferenzierung

Hierbei werden je nach Absatzzeitpunkt unterschiedliche Preise gefordert. Bei den immer wieder in auslastungsschwachen Zeiten durchgeführten Couponaktionen stößt man auf zwei Arten von Preisnachlässen: Naturalrabatte („Buy one, get one free") und Preisrabatte (etwa Menüs zu einem günstigeren Preis). Der 50 %-Rabatt in Form von „Buy one, get one free" wird immer an erster Stelle des Couponblatts positioniert, um einen Halo-Effekt (halo = Heiligenschein) im Sinne einer positiven Ausstrahlung auf die anderen Coupons, die weniger als 50 % Rabatt auf den ursprünglichen Preis gewähren, auszuüben (vgl. Abb. 5.26).

Die Coupons liegen den gratis verteilten Wochenzeitungen bei oder sind in den verschiedenen Filialen von McDonald's kostenlos erhältlich. Die Gutscheine finden sich auch im Internet im PDF-Format und können einfach ausgedruckt oder aufs Handy geladen werden. Sie sind innerhalb eines festgelegten Zeitraums einzulösen und gelten nur

**Tab. 5.16** Ausgewählte McDonald's Coupons

| *Angebot 1*: | *Angebot 2*: |
|---|---|
| 1 Big Mac, | 1 Hamburger Royal TS, |
| 1 × 6er Chicken McNuggets, | 1 × 6er Chicken McNuggets, |
| mittlere Portion Pommes Frites, | mittlere Portion Pommes Frites, |
| 0,4 Kaltgetränk | 0,4 Kaltgetränk |
| Preis: 6,49 € | Preis: 6,49 € |
| *Angebot 3*: | *Angebot 4*: |
| 2 Big Mac, | 2 Hamburger Royal TS, |
| mittlere Portion Pommes Frites, | mittlere Portion Pommes Frites, |
| 0,4 Kaltgetränk | 0,4 Kaltgetränk |
| Preis: 6,49 € | Preis: 6,99 € |

in den teilnehmenden Restaurants, da Franchise-Nehmer in ihrer Preisgestaltung grundsätzlich frei sind.

Beispielsweise gehen in den ersten Kalenderwochen des neuen Jahres, in der Fastenzeit sowie in der Grillsaison im Regelfall die Absatzzahlen von Hamburgern zurück, so dass hier Preisnachlässe bzw. Naturalrabatte mittels Coupons gewährt werden. Dabei handelt es sich um ein sog. antizyklisches Pricing: Geht der Absatz zurück, werden die Preise gesenkt, um dadurch den Absatz anzukurbeln. Außerdem werden Konsumenten durch rabattierte Angebote wie beispielsweise einen Big Mac, 6er Chicken McNuggets, eine mittlere Portion Pommes Frites sowie ein 0,4 Kaltgetränk – also ein Produkt mehr als beim normalen McMenü – mittels entsprechend ausgestalteter Coupons systematisch an größere Essensportionen herangeführt.

Des Weiteren nutzt man die Möglichkeit, mittels Coupons neue Angebote wie Bubble Tea oder Frühstücksangebote in den Markt einzuführen. Nicht zuletzt drängt sich der Eindruck auf, dass mittels der Coupons die Attraktivität einzelner Produkte und damit die Preisbereitschaft der Kunden analysiert werden. McDonald's bietet etwa eine mittlere Portion Pommes Frites sowie ein 0,4 Kaltgetränk mit verschiedenen Kombinationen von Klassikern (zwei Big Mac, Hamburger Royal TS/6er Chicken McNuggets, zwei McChicken, McChicken/6er Chicken McNuggets, Big Mac/6er Chicken McNuggets, zwei McRib, McRib/6er Chicken McNuggets, Big Mac/McChicken) zum gleichen Preis an, obwohl diese einzeln zu unterschiedlich hohen Preisen offeriert werden. Die in Tab. 5.16 aufgeführten Beispiele sollen dies verdeutlichen.

Werden Angebot 1 und 2 zum gleichen Preis angeboten, müssten konsequenterweise auch Angebot 3 und 4 zum gleichen Preis offeriert werden. Angebot 4 ist aber um 50 Cent teurer. Wird nun Angebot 4 trotz dieses höheren Preises häufig/selten nachgefragt, lässt sich daran ablesen, dass der höhere Preis für einen Hamburger Royal TS gerechtfertigt/nicht gerechtfertigt ist. Die Nachfrager der Angebote 1 und 2 fungieren hierbei als Kontrollgruppe, da die unterschiedliche Nutzung dieser Coupons hier nicht auf den Preis, sondern auf die Attraktivität der jeweiligen Produkte zurückzuführen ist.

Des Weiteren nutzt McDonald's die Coupon-Aktionen für Preiserhöhungen, da der Kunde hier nicht auf den Ausgangspreis, sondern auf die Preisersparnis fokussiert. Nicht zuletzt lenkt McDonald's mittels Coupons Kundenströme in ertragsreiche Vertriebskanä-le. Während die Take-away-Umsätze von McDonald's mit 7% MwSt. belegt sind, müs-sen auf im McDonald's-Restaurant konsumierte Speisen und Getränke bei identischem Bruttopreis 19% MwSt. entrichtet werden. Dies hat zur Konsequenz, dass McDonald's mit extern konsumierten Speisen und Getränken 12% (=19%−7%) mehr Rendite erwirt-schaftet und demnach daran interessiert ist, möglichst viel Umsatz auf Take-away-Ge-schäfte zu verlagern.

Sieht man einmal von in Fußgängerzonen angesiedelten Restaurants ab, basiert der Erfolg eines Standorts demnach u. a. darauf, über einen McDrive zu verfügen, weil die dort realisierten Umsätze im Endeffekt 12% mehr Rendite bedeuten. Um Kunden dazu zu motivieren, Take-away-Umsätze über den McDrive zu realisieren, bietet McDonald's seinen Kunden im Rahmen von Couponaktionen spezielle Gutscheine an, die ausschließ-lich im McDrive einlösbar sind.

„Einlösbar nur im McDrive. Gegen Abgabe erhalten Sie: 1 Big Mac und 1 Hamburger Royal TS mit mittlerer Portion Pommes Frites und 0,4 l Coca-Cola, Fanta oder Sprite für nur 5,99 €. Gültig vom 10.–28.11.2008 bei allen teilnehmenden McDonald's Restaurants mit McDrive in Hessen, Saarland, Rheinland-Pfalz und Baden-Württemberg."

Mittlerweile hat McDonald's Deutschland eine offizielle McDonald's iPhone App ein-gerichtet. Damit können Coupons auf Smartphones geladen werden. Beim Restaurantbe-such werden die Coupons dann mittels eines entsprechenden Lesegeräts in das Kassier-system eingelesen.

## Personenbezogene Preisdifferenzierung

Ein Beispiel hierfür ist die Preisdifferenzierung nach der Zugehörigkeit zu bestimmten Gruppen. McDonald's bot Familien in der Vergangenheit für einen bestimmten Zeitraum eine sog. Familiensparkarte an. Mit dieser konnten Familien in unbegrenztem Umfang drei alternative Familienangebote zu einem reduzierten Preis erwerben.

Interessant erscheint ein genauerer Blick auf die gewährten Preisnachlässe. Mittels einer solchen Preisdifferenzierung verfolgte man zwei Ziele. Zum einen steigerte man die Besuchsfrequenz von Familien. Zum anderen steuerte man einer typischen Situation in McDonald's Restaurants entgegen: Eine Mutter kommt ins Restaurant, kauft ihren Kin-dern eine Happy Meal, für sich selbst aber nur einen Kaffee. Durch die reduzierten Fami-lienangebote kaufte die Mutter nun auch eine Mahlzeit. Auf diese Weise gelang es, den durchschnittlichen Kaufbetrag deutlich anzuheben.

Aus der Sicht des Marketing sind noch zwei weitere Aspekte interessant. Zum einen wurden hier bewusst sog. gebrochene Preise gewählt: 4,98 €, 5,99 € sowie 6,49 €. Zum anderen wird deutlich, dass beim Erwerb zweier Happy Meals mit 23,4% (6,50 € auf 4,98 €) der Preisnachlass am höchsten ausfällt, was im Wesentlichen darauf zurückzufüh-ren sein dürfte, dass zwei Kinder nur in Ausnahmefällen alleine zu McDonald's kommen und somit noch ein zusätzlicher, nicht von einer Preisreduzierung geschmälerter Gewinn über den Verzehr von einem oder mehreren Erwachsenen erwirtschaftet werden dürfte. Der Erwerb einer Happy Meal mit einem Chicken Caesar Salad nach Wahl hingegen fällt

**Abb. 5.27**  Beispiel für ein
McDonald's Menü [157]

mit 16,1 % (7,74 auf 6,49 €) am geringsten aus, was darauf schließen lässt, das man hier die geringste Preissensibilität bei den Käufern vermutet. Die dritte Variante, eine Happy Meal mit einem Spar Menü nach Wahl, liegt mit einem Preisnachlass von 21,2 % (7,64 auf 5,99 €) zwischen den beiden anderen angesiedelt.

### Preisbündelung

Eine Sonderform der Preisdifferenzierung bildet die Preisbündelung (auch Preisbaukasten, Paketpreislösung, Packaging oder Bundling). Sie liegt vor, wenn ein Unternehmen verschiedene Produkte und/oder Dienstleistungen zu einem Paket zusammenfasst und diese zu einem Gesamtpreis anbietet. Dabei ist der Gesamtpreis in der Regel günstiger als die Summe der Einzelpreise. McDonald's hat die Preisbündelung perfektioniert.

Der Fast-Food-Konzern bietet eine Vielzahl von Menüs an, die immer billiger als die Summe der Einzelbestandteile sind. Die Menüs sind nicht nur bei den Kunden beliebt, sondern für McDonald's auch entsprechend rentabel (vgl. Abb. 5.27). Hierbei bedient sich McDonald's der Form der gemischten Preisbündelung, bei der sowohl das Bündel als auch die Einzelprodukte zum Verkauf angeboten werden. Der Fast-Food-Anbieter verfolgt damit im Wesentlichen zwei Ziele: das Abschöpfen der Preisbereitschaften sowie die Steigerung der Absatzmenge.

Zum einen erlaubt es die Preisbündelung dem Unternehmen, die Preisbereitschaften von Kunden besser abzuschöpfen als der Verkauf von Einzelpreisen. Das Sparmenü von McDonald's setzt sich beispielsweise aus einem Big Mac, einer mittleren Portion Pommes Frites sowie einem mittleren Getränk (0,4 l) zusammen. Durch die gemischte Preisbündelung teilt sich der Markt in sieben Segmente auf: Segment 1 kauft das ganze Bündel, die Segmente 2, 3, 4 erwerben lediglich ein Produkt (Big Mac, mittlere Portion Pommes Frites oder mittleres Getränk) und die Segmente 5, 6 und 7 zwei Produkte (Big Mac und mittlere Portion Pommes Frites; Big Mac und mittleres Getränk; mittlere Portion Pommes Frites und mittleres Getränk). Segment 1 setzt sich aus zwei Untergruppen zusammen: Zum einen Kunden, die auch alle drei Komponenten zu den höheren Einzelpreisen gekauft hätten, nun aber den niedrigeren Paketpreis zahlen müssen, und Kunden, die das Paket nur erwerben, weil der Paketpreis unter der Summe der Einzelpreise liegt. Die Segmente 2 bis

7 wollen nicht das ganze Bündel, sondern nur einzelne Teile daraus erwerben und sind bereit, dafür einen höheren Einzelpreis zu zahlen.

Außerdem bedient sich McDonald's sog. gebrochener Preise. Bei beispielsweise 4,99 € handelt es sich um einen sog. gebrochenen Preis („odd pricing" = ungerade Preise), der sich dadurch auszeichnet, dass er knapp unter der nächst höheren Dezimalstufe (5,00 €) liegt. Eine solche Preisgestaltung basiert auf der Hypothese, dass der Verbraucher den Preis von 4,99 € eher dem 4 €-Bereich als dem 5 €-Bereich zuordnet. Eine derartige Wahrnehmungsverzerrung lässt sich damit erklären, dass Verbraucher diejenige Information, die zuerst präsentiert wird, am ehesten aufnehmen (sog. Primacy-Effekt). Auf diese Weise suggerieren Anbieter dem Verbraucher Preisgünstigkeit, was zu sog. Preisschwellen führt, bei deren Unterschreiten der Absatz sprunghaft ansteigt. Im vorliegenden Fall liegt die Preisschwelle bei 5,00 €. Eine Durchsicht der Literatur zeigt, dass die mit der gemischten Preisbündelung erzielten Gewinnsteigerungen gegenüber der Einzelpreisbildung zwischen knapp acht und 45 % liegen (vgl. [129], S. 1213–1235; [151, 152], S. 1301–1303).

Zum anderen erwerben durch den günstigen Paketpreis nunmehr Kunden, die vorher nur einzelne Komponenten und damit weniger gekauft hätten, das ganze Paket. Dadurch erhöht sich die Absatzmenge von McDonald's, was zu sog. Erfahrungskurveneffekten führt, d. h. die Kosten für Beschaffung, Zubereitung und Verkauf des einzelnen Produkts sinken. Verstärkt wurde dieser Effekt traditionell durch das flankierende Angebot sog. Maxi-Menüs, bei denen der Kunde für einen Aufpreis auf das Spar-Menü statt einer mittleren eine große Portion Pommes Frites und statt einem mittleren ein großes Getränk erhielt.

Mittlerweile beschreitet McDonald's den umgekehrten Weg. Grundsätzlich wird das McMenü angeboten und auch werblich hinter den Kassen herausgestellt. Dieses besteht aus einem Klassiker (Big Mac, Hamburger Royal, Chicken McNuggets, Wrap) und zwei Beilagen nach Wahl (Cola, Fanta, Sprite, Cola- Light, Lift, O-Saft oder Mineralwasser (0,5 l), Shakes (0,5 l), Heißgetränke, stilles Wasser, große Portion Pommes Frites inkl. Majo oder Ketchup oder Gartensalat; es können auch zwei gleiche Beilagen sein). Will der Kunde das kleinere und nicht mit Bildern angepriesene McMenü Small (bestehend aus einem Klassiker, einer mittleren Portion Pommes Frites inkl. Majo oder Ketchup sowie Cola, Fanta, Sprite, Cola- Light, Lift, O-Saft oder Mineralwasser (0,4 l), muss er dieses explizit bestellen. Hierbei hat er außerdem eine kleinere Auswahl bei den Beilagen und ist auch von den alljährlich wiederkehrenden Aktionen, während derer man beim Erwerb eines Menüs ein Coca-Cola-Glas in verschiedenen Farben (Blau, Gelb, Türkis, Rosa, Lila oder Grau) oder Varianten gratis erhält, ausgeschlossen (vgl. Abb. 5.28).

## 5.9.2  Dauerniedrigpreispolitik

Bis vor kurzem beobachtete man sowohl bei McDonald's als auch bei seinem Konkurrenten Burger King ein Preismanagement, bei der neben den schon „rabattierten" Bündelpaketen zusätzlich die einzelnen im Bündel enthaltenen Produkte als Sonderangebote

**Abb. 5.28** Coca-Cola-Glas-
Aktion von McDonald's [157]

offeriert wurden. Hierzu ein Beispiel aus den USA aus dem Jahre 1998: Burger King bot in den USA das Menü „große Portion Pommes Frites plus mittleres Getränk (0,4 l) plus Whopper" für 2,97 US-\$ an. Gegenüber der Summe der Einzelpreise sparte der Kunde 1,00 US-\$. Gleichzeitig bewarb Burger King circa alle zwei Wochen den „Whopper" für 0,99 US-\$ (statt 1,99 US-\$) und das Getränk für 0,49 US-\$ (statt 0,99 US-\$). Ein solches Preismanagement birgt die Gefahr von Kannibalisierungseffekten in sich, da zahlreiche Kunden statt des Bündelangebots die Sonderangebote der einzelnen Produkte erwerben. Auf diese Weise gefährdet der Anbieter Gewinnpotenziale, da die Bündelangebote in der Regel größere Gewinnmargen besitzen als die Summe der Gewinnmargen der Sonderangebote.

  Zum einen kann durch Sonderangebote der Marktanteil gesteigert werden, indem Kunden von der Konkurrenz abgeworben werden. Zum anderen werden Kunden an das eigene Unternehmen gebunden. In beiden Fällen betreibt das Unternehmen einen sukzessiven kalkulatorischen Ausgleich, d. h. das Unternehmen verzichtet aufgrund der günstigen Preise kurzfristig auf Gewinne, wird diese aber zu einem späteren Zeitpunkt durch eine Preisanhebung ausgleichen bzw. gar überkompensieren.

  Zeitlich begrenzte Preissenkungen weisen jedoch zwei nicht ganz unproblematische Eigenschaften auf:

- Einbahn-Charakter: Es gestaltet sich schwer, Preissenkungen zu einem späteren Zeitpunkt rückgängig zu machen. Denn der Verbraucher gewöhnt sich i. d. R. an das niedrige Niveau und empfindet das Anheben auf den ursprünglichen Preis wie eine Preiserhöhung.
- Sensitivität: Preissenkungen sind ist mit einer gewissen Sensibilität zu nutzen. Im Falle eines aggressiven Wettbewerbsumfeldes etwa muss mit entsprechenden Reaktionen der Wettbewerber gerechnet werden, was nicht selten in einem ruinösen Preiswettbewerb endet.

Vor diesem Hintergrund bot McDonald's mit dem „Einmaleins" seit 2005 ein Dauernied-
rigpreissortiment an. Konkret bietet das Unternehmen elf Produkte dauerhaft zu je 1 € an.
Mit diesem Dauerniedrigpreis-Sortiment verbanden sich für McDonald's folgende Vorteile:

- Gewinnung von Glaubwürdigkeit beim Verbraucher, der es im Zuge einer kurzfristigen
  Preisvariation nicht nachvollziehen kann, dass ein Produkt heute günstig und morgen
  teurer ist.
- Kosteneinsparungen aufgrund eines regelmäßigeren Warenflusses und eines geringeren
  Aufwandes für die Durchführung von Werbe- bzw. Verkaufsförderungsmaßnahmen
- Ansprache preissensibler Kunden im Rahmen der Marktsegmentierung (vgl. [127]).
- Preisoptik durch Entbündelung des Preises, d. h. die Kunden sehen den Preis für das
  Einzelprodukt, der vergleichsweise günstig wirkt. Sie kombinieren aber im Regelfall
  mehrere Produkte (etwa Hamburger, Pommes Frites, Getränk, Dessert) zu einer Mahl-
  zeit, so dass der Gesamtbetrag nicht unbedingt niedrig ausfallen muss.

▶ **Preisoptik durch Zerlegungsmethode**  Hier wird die angebotene Gesamtleistung (im
vorliegenden Fall eine Mahlzeit) in Teilkomponenten mit entsprechend geringen Einzelpreisen zerlegt. Genannt werden lediglich die jeweils relativ attraktiv erscheinenden Teil-
preise, nicht jedoch der Gesamtpreis.

Die „Einmaleins"-Kampagne schuf nach Unternehmensangaben die Grundlage für das
profitable Wachstum des Unternehmens, so dass im Geschäftsjahr 2005 die höchsten Umsätze und den größte Gästezuwachs seit Bestehen von McDonald's Deutschland verzeichnet werden konnten.

Mittlerweile betreibt McDonald's seine Dauerniedrigpreispolitik unter der Bezeichnung „SMS – Schnell mal sparen". Während nämlich ursprünglich jedes der beteiligten
Produkte 1 € kostete, werden mittlerweile beispielsweise der Chickenburger für 1,10 €,
ein kleiner Soft-Drink 1,10 €, der Chicken TS sowie der McDouble für 1,49 € und eine
kleine Portion Pommes Frites für 1,79 € angeboten, so dass der ursprüngliche Name „Einmaleins" unweigerlich abgelöst werden musste.

## 5.9.3    Mischkalkulation

Betrachten wir die Preisgestaltung bei einer Happy Meal, einem speziell für Kinder ge-
schnürten Mahlzeiten-Paket, das zu einem Paketpreis von 3,99 € angeboten wird. Konkret besteht eine Happy Meal beispielsweise aus einem Hamburger, einer kleinen Portion
Pommes Frites und einem kleinen Getränk sowie einer weiteren Zugabe (Frucht-Quatsch,
ein Früchte Püree, ein Bio Trink-Joghurt, ein Stück Melone oder die Bio Apfeltüte). Zusätzlich können die Kinder aus verschiedenen Spielzeugen auswählen. Stellt man den

Paketpreis von 3,99 € der Summe der Einzelpreise gegenüber, bleibt für das Spielzeug (fast) nichts übrig. Beobachter vertreten die Ansicht, dass die Incentives sprich Beigaben zu einem solchen Preis nicht kostendeckend erworben werden können und demnach von McDonald's subventioniert werden.

Dies würde Sinn machen im Zuge einer sog. Mischkalkulation. Da nämlich Kinder in diesem Alter nicht alleine zu McDonald's kommen, sondern von zumindest einem Erwachsenen begleitet werden, findet im Regelfall ein Verbundkauf statt, bei dem neben der Happy Meal noch weitere Produkte erworben werden. Die Happy Meal spielt in diesem Fall die Rolle des sog. Ausgleichsnehmers, bei dem bestimmte Preisuntergrenzen unterschritten werden. Diese Verluste bzw. geringeren Gewinne werden durch die Ausgleichsträger, also die Produkte, welche der oder die Erwachsenen verzehren, (über-)- kompensiert. Auf diese Weise entsteht dem Unternehmen in Summe ein Gewinnzuwachs, bei der die subventionierte Happy Meal als Frequenzbringer fungiert.

Im Regelfall werden die Incentives für einen begrenzten Aktions-Zeitraum von vier Wochen angeboten, wobei die Kinder aus rund sechs Produkten auswählen können. Da die Kinder gemeinhin die vollständige Kollektion besitzen möchten, werden sie einen mehr oder minder starken bzw. wirksamen Druck auf ihre Eltern, Großeltern oder sonstige Bezugspersonen ausüben, in diesen vier Wochen entsprechend häufig ein McDonald's Restaurant aufzusuchen. Und nach vier Wochen beginnt das Ganze von neuem.

### 5.9.4  Preisnachlässe durch Naturalrabatte

Zahlreiche McDonald's Restaurants boten in der Vergangenheit ihren Kunden auf der Rechnungsquittung folgenden Naturalrabatt an: „Quittung mitnehmen – 50% sparen! Gegen Abgabe Ihrer McDonald's Quittung erhalten Sie bei Ihrem nächsten Besuch: Bei einem Quittungsbetrag ab 5,00 €: Cheeseburger zum Preis von einem. Bei einem Quittungsbetrag ab 10,00 €: Big Mäc™ zum Preis von einem. Bei einem Quittungsbetrag ab 20,00 €: Spar Menü nach Wahl zum Preis von einem. Gültig ab dem nächsten Tag bis 1 Monat nach Ihrem Besuch bei Ihrem McDonald's Restaurant (siehe Vorderseite) (© 2004 McDonald's Corp.)".

Mit dieser Form des Naturalrabatts verfolgt McDonald's folgende Ziele:

- Der Rabatt bindet die Kunden an das jeweilige McDonald's Restaurant.
- Die Besuchsfrequenz soll gesteigert werden, da der Naturalrabatt an den Besuch des Restaurants innerhalb des nächsten Monats gekoppelt ist.
- Die Kunden erhalten einen Anreiz, ihren Rechnungsbetrag zu erhöhen. Beispielsweise kosten ein Maxi-Menü, bestehend aus einem Big Mac, einer großen Portion Pommes Frites sowie einem großen Getränk (0,5 l) 4,79 €. Da die erste Rabattstufe jedoch erst ab einem Quittungsbetrag von 5,00 € erreicht wird, muss der Kunde noch etwas konsumieren, wenn er diese erklimmen will.

## 5.10  Place

### 5.10.1  Die Standortpotenzialanalyse

**Der Ausgangspunkt: Kannibalisierung aufgrund rapider Expansion**

Der Standort hat für die Gastronomie und hier insbesondere für McDonald's herausragende Bedeutung. Denn im Gegensatz zu den meisten anderen Fast-Food-Ketten ist das Geschäftsmodell der McDonald's Corporation darauf ausgerichtet, neben den Franchising-Gebühren auch durch Mieten zu verdienen. Konsequenterweise befinden sich 75 % der Gebäude und 40 % der Grundstücke im Eigentum von McDonald's. Da die Entscheidung für einen Standort für McDonald's in der überwiegenden Zahl der Fälle mit dem Erwerb von Immobilien verbunden ist, wird die Standortpotenzialanalyse mit entsprechend hohem Aufwand betrieben.

Hinzu kommt, dass McDonald's etwa 1995 erstmals Beschwerden seiner Franchise-Nehmer erhielt, dass der Konzern zu viele neue Franchise-Verhältnisse eingehe und so Kunden von bestehenden Restaurants abziehe. Man reagierte hierauf, indem in der Folge nur noch nach vorheriger Marktuntersuchung und Standortanalyse Franchise-Verträge abgeschlossen wurden.

Während der 70er Jahre entwickelten sich zunehmend Spannungen in der Beziehung zwischen Franchise-Geber und -Nehmern, die auf das massive Expansionsprogramm des Unternehmens zurückzuführen waren (vgl. im Folgenden [83], S. 380 ff.). Die rund 50 Franchise-Nehmer, die sich zum McDonald's Franchise-Nehmer-Verband (McDonald's Operators Association, MAO) zusammengeschlossen hatten, um gemeinsam gegen McDonald's vorzugehen, und mit denen rund ein Drittel der Franchise-Nehmer sympathisierte, handelten nach Ansicht des Chronisten des Unternehmens, John F. Love, aus ganz unterschiedlichen Motiven:

- Nach 20 Jahren rückte das Vertragsende für die Veteranen unter den McDonald's Franchise-Nehmern näher. Deshalb zielten einige leistungsschwache Unternehmer darauf ab, auf Konfrontationskurs zu gehen, damit der Konzern ihnen eine Abfindung zahlen würde, bevor der den Franchise-Vertrag nicht mehr verlängerte.
- Infolge der Expansion und der damit einhergehenden Dezentralisierung wurden 1965 fünf neue Verwaltungszentren außerhalb Chicagos aufgebaut. 1975 war deren Anzahl auf zehn angewachsen. Zudem wurden Grundstückserwerb und Eröffnung neuer Restaurants in die Hände von Regionalmanagern gelegt, die zum Teil ihre Macht missbrauchten und in Einzelfällen sogar zum Nachteil der Franchise-Nehmer Schmiergelder und verdeckte Provisionen annahmen. Die daraus resultierenden bürokratischen Barrieren erschwerten den direkten Kontakt zwischen Franchise-Nehmern und Top-Managern. Viele Veteranen hatten deshalb das Gefühl, nicht mehr zum engeren Kreis zu gehören.
- Der Konzern warb jährlich mehr als hundert neue Franchise-Nehmer an, wodurch sich die Situation noch verschärfte. Mit diesem Konzept, das heute noch Gültigkeit hat, will

McDonald's das System verjüngen und mit neuer Energie und kreativen Ideen versorgen.

- Seit 1960 gab es sog. McOpCo-Filialen (McDonald's Operating Company), die von McDonald's erworben und selbst geführt wurden. Das Wachstum der McOpCos – von 9% im Jahre 1968 auf 31% im Jahre 1975 – war in erster Linie auf den Rückkauf von Franchises zurückzuführen. Manche Franchise-Nehmer, die im System verbleiben wollten, befürchteten, dass der Konzern den Rückkaufkurs beibehalten sowie sich mehr und mehr vom Franchising verabschieden würde.

- Besonders problematisch waren die Umsatzeinbußen, welche die bestehenden durch die Eröffnung neuer McDonald's Restaurants hinnehmen mussten. Bis 1975 wurden Restaurants nur an exklusiven Standorten eröffnet, die ein Potenzial von mindestens 50.000 Kunden besaßen. Infolge des massiven Expansionskurses änderte sich dies. Schätzungen gehen davon aus, dass 30% der Neueröffnungen den Umsatz bereits bestehender Restaurants erheblich beeinträchtigten (sog. Kannibalismus).

Im Wesentlichen forderte die MOA, die Entwicklung der McOpCo-Filialen und die Expansion des Franchise-Systems zu stoppen. Sie verlangten Wachstumsgarantien, lebenslange Franchise-Rechte und einen Schutz vor Wettbewerb. Hierbei beschränkte sich der Konflikt nicht nur auf die außergerichtliche Ebene. Mitte der 70er Jahre strengten Franchise-Nehmer rund ein halbes Dutzend Gerichtsverfahren gegen McDonald's an.

Um die Konflikte zwischen Franchise-Nehmern und McDonald's zu entschärfen, führte Ray Kroc das System des Ombudsman ein. Das Konzept geht auf die skandinavischen Königshäuser zurück und lässt sich bis in das 3. Jahrhundert n. Chr. zurückverfolgen. Die Herrscher von Schweden, Norwegen und Dänemark hatten Berater, sog. Ombudsmen, welche die Freiheiten des Volkes vor der Willkür der Minister schützen sollten. Übertragen auf McDonald's sollten die Ombudsmen als neutrale Vermittler fungieren und die Beschwerden der Franchise-Nehmer über (vermeintlich) willkürliche Entscheidungen des Regionalmanagements – in erster Linie bei der Vergabe neuer Franchise-Verträge und des daraus resultierenden Umsatzrückgangs – prüfen. Obwohl das McDonald's Management nicht verpflichtet war und ist, den Empfehlungen der Ombudsmen Folge zu leisten, wurden diese von McDonald's höchster Entscheidungsinstanz, dem Vorstandsvorsitzenden, nur selten verworfen.

Führende Mitarbeiter räumten später ein, dass es der Konzern in den Zeiten der massiven Expansion versäumt hatte, empirische Kriterien zu entwickeln, mit denen sich die Auswirkungen für ein bestehendes Restaurant aufgrund einer neuen Einheit messen ließen (vgl. [83], S. 392 f.).

### Standortanalyse auf Basis fundierter Marktforschung

Zum ersten Mal entwickelte McDonald's klare Kriterien, die für eine Expansion einzelner Franchise-Nehmer zugrunde gelegt wurden (vgl. im Folgenden [83], S. 398 f.). Chancen auf eine weitere Lizenz hatten nur Franchise-Nehmer, die bei der QSC-Bewertung (Quality, Service, Cleanliness) mindestens die Note B erreichten. Außerdem wurden ausreichende finanzielle Ressourcen, Führungsqualitäten, soziales Engagement und Koope-rationsbereitschaft gegenüber Konzern und anderen Franchise-Nehmern vorausgesetzt. Franchise-Nehmer und Regionalmanager trafen nunmehr einmal im Jahr zusammen, um über das Leistungsniveau und die jeweiligen Expansionschancen zu sprechen. Im Falle von Leistungsdefiziten wurden Maßnahmen entwickelt, um die Schwächen abzubauen und expansionswürdig zu werden.

Das Wachstum durch Marktdurchdringung erforderte fundiertere Umsatzanalysen und -prognosen für bestehende und geplante Restaurants. Bis Mitte der 70er Jahre bediente man sich hierzu ausschließlich Statistiken über Verkehrsaufkommen und Bevölkerungs-dichte im Umkreis der Restaurants. Außerdem ging man von der Annahme aus, dass ein erfolgreicher Standort ein Potenzial von 50.000 Kunden haben müsse. Konkret vermutete man den Wendepunkt in der Umsatzkurve bei ca. 50.000 potenziellen Kunden. Solche Standortpotenzialanalysen wiesen folgende Schwachstellen auf:

- Anfänglich wurden Standorte an beispielsweise Hauptverkehrsstraßen bevorzugt, die zu Flughäfen führten. Menschen auf dem Weg zum und vom Flughafen werden aber nur in seltenen Fällen die Muße haben, bei McDonald's einzukehren.
- Dünnbesiedelte Regionen wurden trotz des vorhandenen Kundenpotenzials nur unzu-reichend berücksichtigt.
- Selbst in Gebieten, die als gesättigt galten, ließ sich noch genügend Marktpotenzial für neue Restaurants erschließen.

Wollte McDonald's an seiner aggressiven Expansionspolitik festhalten, waren detaillierte Standortanalysen und umfassende statistische Erhebungen vor Ort erforderlich. Statisti-sche Untersuchungen waren in der Fast-Food-Branche bislang unbekannt. Aber vor dem Hintergrund der Kritik der Franchise-Nehmer begann McDonald's, ähnlich wie die gro-ßen Supermarktketten demoskopische Studien anhand standardisierter Interviews durch-zuführen, mit denen sich die Infra- und Marktstruktur im Umkreis der Restaurants bestim-men ließen. Hierbei wurde nicht nur nach dem Wohnort, sondern auch nach dem Besuchen anderer Einrichtungen vor und nach dem Essen bei McDonald's gefragt. Des Weiteren wurden sozio-demographische Daten wie Alter, Geschlecht, Familienstand etc. erhoben. Mit Hilfe von Clusteranalysen konnten nunmehr Gruppen mit gemeinsamen Merkma-len zusammengestellt werden. Außerdem wurden Kundenfrequenzanalysen durchgeführt, bei denen die Kundenbewegungen, differenziert nach demographischen und soziographi-schen Merkmalen, am Verkaufspunkt gemessen werden konnten. Nicht zuletzt wurden die Auswirkungen von nahe gelegenen Schulen, Büros und Einkaufszentren auf den Kunden-strom ermittelt.

Mittels dieser Informationen ließen sich Karten erstellen, auf denen die verschiedenen Kundensegmente farbig markiert waren und die eine grafische Darstellung der Umsätze ermöglichten. Es ließ sich beispielsweise feststellen, wie viele Kunden aus einem Wohn-gebiet innerhalb eines Drei-Meilen-Radius pro Monat ein McDonald's Restaurant auf-suchten und wie viel Geld sie dort ausgaben, wie viele einen Einkaufsbummel mit einem

Abstecher zu McDonald's verknüpften und wie viele Menschen aus den nahe gelegenen Büros McDonald's Restaurants frequentierten.

Mittels solcher Potenzialanalysen konnten nicht nur bessere Standorte identifiziert werden, sondern auch die Zahl der durch Kannibalisierung umsatzgeschädigten Restaurants deutlich verringert werden. Und mittels der neuen Marktforschungstechniken wurden nunmehr Märkte mit erheblich weniger als 50.000 potenziellen Kunden erschlossen (vgl. [83], S. 400 ff.).

## Das Softwaresystem McGIS

Die erfolgreiche Expansion von McDonald's hängt im Wesentlichen von der Fähigkeit ab, potenzielle Lagen schnell und sorgfältig zu überprüfen. McGIS (Geo-Informations-System) hat die Effizienz dieses Prozesses erheblich gesteigert, da man nunmehr die Minimalumsätze, die ein Restaurant benötigt, sowie die Faktoren, welche die Nachfrage beeinflussen, genau kennt. Seit 1999 wird McDonald's bei der Standortpotenzialanalyse von dem auf Marktanalysen und Standortgutachten spezialisierte Unternehmen GENI mit diesem Softwaresystem unterstützt (vgl. [52]). Geodaten wie Straßendaten und topographische Daten, aber auch demographische Basisdaten (etwa Altersverteilung im Zielgebiet) oder Kaufkraftzahlen werden dabei von der DDS (Digital Data Streets) GmbH bezogen. Dabei stützt man sich auf das gesamte Kartenmaterial von Europa und erweitert diese Datenbasis um zusätzliche Informationen von Dritten. Somit lässt sich beispielsweise feststellen, ob ein interessantes Grundstück an einer Auf- bzw. Abfahrt einer Autobahn oder in einem Industriegebiet liegt.

Zu Beginn der Analyse wird zunächst ein Gebiet ausgewählt, das auf potenzielle McDonald's Standorte hin untersucht werden soll. Ein solches Makrogebiet hat einen Radius von bis zu 30 km. Mit McGIS kann nunmehr eine Vielzahl von Informationen abgerufen werden, die für die Standortentscheidung relevant sind. Im Zentrum steht dabei die Analyse der Konkurrenzsituation: Wie viele Fast-Food-Restaurants welcher Kette sind bereits im Makrogebiet ansässig? Aber auch: Wie viele McDonald's Restaurants gibt es dort bereits? Wirtschaftswissenschaftler nennen diesen nicht mehr wegzudenkenden Teil der Standortpotenzialanalyse Kannibalismusforschung, denn schnell kann die Eröffnung eines neuen McDonald's Restaurants zu Lasten einer bereits ansässigen Filiale gehen.

Im Zuge der Analyse werden nicht nur Name und Adresse der im Makrogebiet ansässigen Restaurants angegeben, sondern auch, wie viele Sitzplätze es dort gibt, ob man auch unter freiem Himmel sitzen kann oder wie hoch die Zahl der Mitarbeiter ist. Ähnlich detaillierte Aussagen lassen sich über im Makrogebiet angesiedelte Schulen, Freizeiteinrichtungen (etwa Kinos) und Einkaufsmöglichkeiten abrufen. Beispielsweise spielt es bei der Standortbewertung durchaus eine Rolle, ob in der Nähe eine Filiale von Polster-Trösser angesiedelt ist, deren Kunden gutbürgerlich essen, oder ein IKEA-Markt, der mit seinem breit gefächerten, eher jüngere Publikum potenzielle Fast-Food-Konsumenten anspricht.

In einem etwa zwölfseitigen Dossier werden die Abfrageergebnisse in Karten sowie Tabellen dargestellt und das Makrogebiet anhand von Kennzahlen bewertet. Auf Basis dieser Daten entscheidet der Expansionsexperte von McDonald's, ob im ausgewählten Makrogebiet die Neueröffnung eines Restaurants ökonomisch sinnvoll erscheint.

**Abb. 5.29** Standortwahl – McDonald's und Burger King in aneinander angrenzenden Gebäuden [124]

Die Standortentscheidungen von McDonald's zeichnen sich durch folgende Eigenschaften aus (vgl. [143]):

- McDonald's wächst mit höherer Wahrscheinlichkeit in solchen Gegenden, in denen McDonald's oder andere Wettbewerber bereits präsent ist (vgl. Abb. 5.29).
- Je mehr McDonald's Restaurants sich in benachbarten Bezirken befinden, desto schneller wird ein weiteres Outlet eröffnet. Dies kann als Hinweis darauf gewertet werden, dass Economies of Scale (Kostenersparnisse, die aufgrund von Größenvorteilen entstehen), lokale Erfahrungen und Wissen eine große Rolle spielen.
- Für McDonald's spielen bei der Standortwahl die Eigenschaften des Bezirks eine entscheidende Rolle. Hierzu zählen Bevölkerungsdichte sowie ein vergleichsweise geringer Bevölkerungsanteil älterer Menschen.

### 5.10.2  Das Spektrum an Betriebstypen

Es gibt drei Hauptvarianten von McDonald's Restaurants:

- In-Store: Meist in bereits vorher existierenden Gebäuden in Innenstädten, Einkaufszentren oder Bahnhöfen angesiedelte Restaurants. Die häufig als McWalk bezeichneten zusätzlichen Fußgängerschalter findet man oft an einzelnen Filialen in Stadtzentren (In-Stores), d. h. zumeist in Fußgängerzonen.

**Abb. 5.30**  Der erste McDrive, eröffnet 1975 in Sierra Vista, Arizona [157]

- Freestander: Restaurants in häufig zu diesem Zweck errichteten, standardisierten Neu-bauten am Stadtrand, in Autobahnnähe oder an Hauptverkehrsstraßen. Wo immer möglich, werden diese mit einem McDrive, d. h. einem zusätzlichen Autoschalter und einem Werbeturm (Pylon) ausgestattet.
- McDrive bzw. Drive-In: Die Bezeichnung stammt nicht aus den USA, dort heißt es Drive Thru (Drive Through). Als Drive-In-Restaurant bezeichnet man ein Schnellres-taurant, bei dem man mit dem Auto an einem eigens dafür errichteten Schalter bestel-len kann sowie die Speisen und Getränke ins Auto gereicht bekommt. Demnach sind Drive-Ins in drei Stationen untergliedert: Bestellung, Bezahlung, Entgegennahme der bestellten Mahlzeit, wobei die letzten beiden Schritte häufig zusammengefasst werden. Der erste McDrive war der Drive-In eines McDonald's Restaurants, und wurde im Jahre 1975 in Sierra Vista, Arizona, errichtet (vgl. Abb. 5.30). In Deutschland eröffnete das erste Drive-In Anfang der 80er Jahre. Das erste Schweizer Drive-In entstand 1990. McDrive Verkäufe sind in Deutschland als Außerhausverkäufe steuerlich begünstigt, d. h. sie werden als Lebensmittelverkäufe mit dem ermäßigten Umsatzsteuersatz von 7 % belegt. Konsumiert ein Kunde sein Essen hingegen im Restaurant, gilt der normale Umsatzsteuersatz von 19 %. Die somit erheblich höhere Gewinnspanne der Drive-Ins von 19 % − 7 % = 12 % trägt demnach erheblich zur Profitabilität der einzelnen Stand-orte bei.
- Im Frühjahr 2005 wurde verkündet, dass McDonald's ein Call-Center in Fargo, North Dakota, eingerichtet habe. Dieses nehme die Drive In-Bestellungen von mehr als einem Dutzend Restaurants aus den Staaten Oregon und Washington entgegen. Der Hinter-grund für dieses Experiment dürfte wohl darin zu finden sein, dass die Mindestlöhne in North Dakota deutlich unter denen in Oregon und Washington liegen (vgl. [109]).

**Abb. 5.31** Der erste McDonald's in Deutschland, eröffnet 1971 in München [157]

- Satellites: Um den Markt noch weiter zu durchdringen, hat McDonald's dieses eigene Restaurantkonzept für Standorte mit begrenzter Fläche entwickelt. Hierbei handelt es sich um sehr kleine Restaurants ohne Sitzmöglichkeiten. Aufgrund des limitierten Raumangebots ist das Produktangebot leicht eingeschränkt. Satellites sind logistisch angekoppelt, d. h. sie werden in enger Zusammenarbeit mit einem traditionellen Restaurant aus der näheren Umgebung betrieben. Die Satellites sind u. a. in U-Bahnhöfen und Einkaufszentren angesiedelt. Von den rund 1.440 McDonald's Restaurants in Deutschland sind 184 (Entwicklung: 2001: 32; 2002: 62; 2003: 90; 2004: 107) und damit rund 13 % Satellites (Stand: 2012). Die ursprünglich verwendete Bezeichnung McExpress wird in Deutschland in der Regel nicht mehr verwendet.
- Angebundene Restaurants: Hierbei handelt es sich um sehr kleine, aber dennoch mit Sitzplätzen ausgestattete Restaurants, die zumeist an eine Tankstelle oder Autobahnraststätte angebunden sind. Die Angebotspalette ist leicht eingeschränkt (Abb. 5.31).

Darüber hinaus sind einige Restaurants bestimmten Themen gewidmet und entsprechend eingerichtet. Beispiele sind Restaurants, die einen architektonischen Bezug zu Themen wie Rock'n'Roll, bestimmten Sportarten, lokalen Fußballvereinen oder bestimmten Zeitperioden wie z. B. den 1950er Jahren aufweisen. Zahlreiche Restaurants besitzen Spielmöglichkeiten für Kinder – in den USA häufig die einzigen Spielplätze in der weiteren Umgebung – sowie Sitzmöglichkeiten unter freiem Himmel.

In jüngster Zeit experimentiert McDonald's in Österreich mit einem Lieferservice. Nach einer Testphase in ausgewählten Bezirken Wiens wurde der Service im Sommer

2014 auf ganz Wien ausgedehnt. Bestellung und Auslieferung erfolgen über den Partner Mjam, der auch noch mit anderen Restaurants kooperiert. Die gewünschten Speisen und Getränke können täglich zwischen 11 und 23 Uhr nach Hause bestellt werden (vgl. [68]). Besteller bemängeln die Qualität der Pommes Frites sowie die lauwarmen Heißgetränke (vgl. [25], S. 56–60).

Weitere Versuche, neue Vertriebsformen zu erschließen, waren z. B. der McTrain, ein Speisewagen von McDonald's für die SBB (Schweizerische Bundes-Bahnen) sowie die DB (Deutsche Bundesbahn), das McPlane, ein Flugzeug mit McDonald's Angeboten, sowie in der Schweiz der McBus. Dort unterhielt McDonald's zudem Golden Arch Hotels entlang der Autobahnen [11].

Das erste McDonald's-Hotel eröffnete am 18. März 2001 in der Schweiz in Sichtweite des Züricher Flughafens und verfügt über 211 Zimmer. Als Logo wurde statt des „ $\mathcal{M}$ " wie bei den Schnellrestaurants ein goldenes „h" auf rotem Grund gewählt. Drei Wochen später startete das zweite „Golden Arch Hotel" („Goldener Bogen") mit 80 Zimmern in der Westschweiz.

Die Ausstattung der Zimmer war von der McDonald's-Philosophie bestimmt: Qualität, Service, Sauberkeit und Preiswürdigkeit. Funktionalität statt Gemütlichkeit sollte den Übernachtungsgast empfangen: Parkett statt Teppich, offene Fächer und eine Garderobenstange statt Schubladen und Schrank, Dusche und WC waren getrennt. Der Gast betrat das Zimmer durch den Nassbereich – vorbei am Waschtisch, der räumlich nicht abgeteilt ist. Die Matratze im zum Sessel umwandelbaren Bett hatte aus Hygienegründen ein Verfallsdatum.

Vom McDonald's-Logo wurden nur die geschwungenen Bögen des „ $\mathcal{M}$ " am Kopfende der Doppelbetten sowie das „h" im Design des Stuhls übernommen. Die Hotelgäste wurden im Fast-Food-Restaurant verpflegt, das auch Nicht-Hotelgästen offen stand. Neben dem klassischen McDonald's-Sortiment bot das Hotel fünf Extragerichte, und abends an der Hotelbar wurden auch Wein und Cocktails kredenzt. Zielgruppe der „Golden Arch Hotels" waren junge Leute und Familien mit Kindern, aber in erster Linie Geschäftsleute der so genannten Airport-Hotellerie, die zu Businesstreffen anreisen und am nächsten Tag wieder abfliegen. Konsequenterweise war das Hotel nicht auf Dauergäste eingerichtet, die Gäste bleiben im Regelfall ein bis höchstens zwei Nächte. Die Hotels waren nach Unternehmensangaben im Vier-Sterne-Bereich anzuordnen, wurden aber offiziell nicht klassifiziert. Das Konzept scheiterte, und die Hotels wurden nach nur zwei Jahren veräußert.

Mit dem Restaurantkonzept „McCafé" diversifiziert McDonald's in neue Märkte. Integriert in ein McDonald's Restaurant, bietet McCafé den Gästen Kaffeespezialitäten – von Cappuccino und Espresso über Iced Coffee bis hin zu verschiedenen Frappés (vgl. Abb. 5.32 und 5.33). Des Weiteren Kuchen, Muffins und Cookies sowie herzhafte Focaccia und Panini. Sämtliche Speisen und Getränke werden in bzw. auf Porzellangeschirr serviert. Charakteristisch für das neue Konzept ist außerdem die Lounge-Atmosphäre. Das erste McCafé wurde 1993 in Australien errichtet, das erste McCafé in Deutschland öffnete seine Pforten 2003 in Köln. Momentan werden in Deutschland 847 McCafés betrieben (Stand: 2013). Mit diesem Restaurantkonzept will McDonald's offenkundig der Starbucks-Kette Paroli bieten.

**Abb. 5.32** Das McCafé-Logo
[157]

**Abb. 5.33** Die Verkaufstheke
eines McCafé [157]

McCafé gilt nach dem Scheitern der so genannten Partner-Brands (in Deutschland etwa Donatos) und der dadurch ausgelösten Rückbesinnung auf die Kernmarke McDonald's als strategisches Standbein, um weiter zu expandieren. Das Unternehmen erhebt den Anspruch, in kürzester Zeit zu den führenden Coffeeshop-Betreibern in Deutschland und damit auf einem gegenüber dem Stammgeschäft noch recht neuen sowie ungesättigten Markt zu gehören.

Die Statistiken belegen, dass McDonald's seinem Anspruch bislang gerecht geworden ist. Die Anzahl der McCafés stieg im Zeitraum von 2006 bis 2012 von 213 auf 817 (+383,6%), wohingegen Starbucks im gleichen Zeitraum von 68 auf 160 Coffeeshops (+235,3%) wuchs (vgl. [81], S. 29).

### 5.10.3  Die Architektur

Früher, in den achtziger Jahren, war die McDonald's Gestaltung fest in architektonischer Hand. Deshalb sehen die meisten der etwas anderen Buden eben auch so aus: etwas anders. Nämlich, nach dem Generalentwurf der amerikanischen Architektengruppe ,Site', wie ein zerdeppertes Angler-Käppi, das mit den Mitteln des Lego-Baukastens rekonstruiert und mit ein paar überzähligen Pommesstangen stabilisiert wurde.

Doch inzwischen versucht McDonald's, immer noch etwas anderer zu werden: Die New Yorker Filialen geben sich wie Lofts, die in Paris wie Bistros und in München glaubt man sich in Westernspelunken oder im Inneren eines Gummibärchens, das zu lange in der Sonne lag. [133]

Die Marketingstrategie von McDonald's besitzt auch eine architektonische Komponente. Die Brüder Richard und Maurice McDonald versahen ihr Restaurant in San Bernardino mit zwei Bögen, welche die Aufmerksamkeit der Autofahrer auf sich lenken sollten. Die Golden Arches, die goldenen Bögen ergeben in ihrer Überlagerung das ⋔, das sich im Laufe der Zeit zu einem der weltweit bekanntesten Logos entwickelte. Die Brüder ließen sich bei der Entwicklung ihres Logos vermutlich von einem Wettbewerb für das Jefferson National Expansion Memorial in St. Louis inspirieren, den 1947 Eero Saarinen gewonnen hatte und dessen Entwurf damals landesweit veröffentlicht wurde. Mit einem einfachen Bogen sollte die Bedeutung von Jeffersons Urbanisierung des Westens symbolisiert werden. Die McDonald's Brüder entwickelten daraus im Sinne des ⋔ von McDonald's zwei Bögen (vgl. Abb. 5.34).

Im Verlauf der Jahre passte McDonald's die Architektur seiner Restaurants der eingeschlagenen Zielgruppenstrategie an. Um familienfreundlicher zu wirken, wurden neue Elemente eingesetzt: rote Dächer, die den Fast-Food-Restaurants eine heimelige Atmosphäre verleihen sollten, und Klettergerüste für Kinder. Insbesondere musste die Architektur kostengünstig wirken, um das Image eines preisbewussten, breiten Bevölkerungskreisen verpflichteten Unternehmens zu verfestigen bzw. zu verstärken (vgl. [3], S. 8–12).

Doch das Plastik-Aussehen ist Geschichte, ein klares, einfaches Design hat Einzug in die McDonald's Filialen gehalten: komfortable Sessel, Hängelampen, Graphiken und Photographien an den Wänden, Wi-Fi-Zugang und Premium-Kaffee (vgl. im Folgenden [20]).

Das neue Design birgt erhebliche Risiken in sich und zahlreiche Franchise-Nehmer sind aufgrund der hohen Umbaukosten aufgebracht. Aber die Führungsspitze des Unternehmens ist davon überzeugt, dass eine Überarbeitung des Designs dringend erforderlich war. McDonald's hat in den vergangenen drei Jahren intensiv daran gearbeitet, sein Speiseangebot zu erneuern und neue Zielgruppen anzusprechen. Aber umso mehr höherwertigere Produkte angeboten werden, desto stärker steht der typische Plastik-Look im Gegensatz zum anvisierten Image.

Trotz aller Veränderungen werden die zur Ikone gewordenen zwei goldenen Bögen, die Golden Arches weiterhin eine gewichtige Rolle im Markenmanagement des Unternehmens spielen. McDonald's hat aber 2009 bekannt gegeben, zumindest in Europa die Firmenfarbe zu verändern. Das gelbe Logo wird beibehalten, allerdings ersetzt Grün das bislang als Hintergrundfarbe eingesetzte Rot.

Nach einem weltweiten Wettbewerb unter Designerfirmen nahm der Burger-Gigant im Sommer 2004 die in New York ansässige Agentur Lippincott Mercer unter Vertrag. Diese hatte sich einen Namen gemacht, indem sie Unternehmen bei einer Veränderung des Images und der Markenidentität beriet. Bis zum Vertragsabschluss mit McDonald's hatte Lippincott Mercer nur wenige Kunden aus der Restaurant-Branche. Beispielsweise

**Abb. 5.34**  Die Goldenen Bögen an einem McDonald's Restaurant in Orlando, Florida, USA [123]

unterstützte die Agentur die Nissan Motor Company dabei, die Händlerfilialen so umzugestalten, dass sie das Image einiger neu in den Markt eingeführten Oberklassenfahrzeuge widerspiegelten. Innerhalb eines Jahres konnten die umgestalteten Händler ein durchschnittliches Umsatzwachstum von 57 % verzeichnen, während es die Händler mit dem „alten" Design auf „nur" 33 % brachten.

Gemeinsam mit der Agentur entwickelte und testete ein Team aus unternehmensinternen Architekten und Designern das neue McDonald's Design, das 2006 offiziell vorgestellt wurde. Traditionell dominierten bei McDonald's Restaurants die Farben Rot und Gelb. Eine moderne Legende besagt, dass das Unternehmen mit dieser Farbkombination die Gäste unterbewusst dazu bewegen wollte, das Restaurant schnell wieder zu verlassen und so Platz für neue Kunden zu machen (vgl. [37]). Gelb und Rot sind geblieben, aber das Rot wurde zu Terrakotta gedämpft und Oliv- sowie Salbeigrün wurden dem Mix zugefügt. Um eine wärmere Atmosphäre zu schaffen, werden in den Restaurants weniger Plastik und dafür mehr Stein und Holz eingesetzt. Mittels moderner Hängelampen wird ein warmes, stimmungsvolles Licht erzeugt. Zeitgenössische Kunst und gerahmte Photographien hängen an den Wänden. Auf diese Weise will man McDonald's als Restaurant positionieren, welches sich für das Pflegen sozialer Kontakte anbietet.

Der Essbereich wird in drei Zonen mit verschiedenen Persönlichkeiten untergliedert:

- Die Verweilzone („linger zone") bietet bequeme Sessel, Sofas und Wi-Fi-Anschlüsse. Der Schwerpunkt liegt auf jungen Erwachsenen, die Kontakte knüpfen, entspannen und verweilen wollen. Fachleute vertreten die Ansicht, dass Starbucks hier Maßstäbe gesetzt hat: das Erlebnis bequemer Stühle und einer sauberen Umgebung, in der sich Menschen wohl fühlen – und wenn es nur bei einer Tasse Kaffee ist.
- Die Single-Zone („grab and go-zone") ist gekennzeichnet durch hohe Tische und Barhocker für Kunden, die alleine essen. Plasma-TVs bieten hier Nachrichten und Wetterberichte.
- In der Familienzone („flexible zone") finden Familien „Zellen" vor, die mit Stoffen in farbigen Mustern ausgepolstert sind und flexible Sitzanordnungen erlauben.

Das neue Restaurant-Design ermöglicht es, in jeder Zone auf die jeweilige Zielgruppe abgestimmte Musik zu spielen.

Während des Gestaltungsprozesses achtete die Marken-Ikone darauf, das mühsam und vorsichtig aufgebaute Image nicht auszuradieren, auch wenn man versuchen müsse, sich ein neues Aussehen zu Eigen zu machen. Alle neu errichteten Restaurants wurden nach den neuen Bauplänen erstellt.

In Deutschland begann der Konzern vor rund zehn Jahren, seine Standorte nach und nach mit erheblichem finanziellem Aufwand umzubauen, um so sein Erscheinungsbild zu modernisieren. Hierzu wurden die neuen internationalen Standarddesigns auf deutsche Bedürfnisse angepasst. Mit den vier Stilrichtungen „Generation" (= jugendlich), „New World" (= modern), „Country" (= ländlich) und „America" (= elegant) hat McDonald's hochwertige Inneneinrichtungen und damit eine angenehme, einladende Atmosphäre zum Wohlfühlen geschaffen. Hierzu bedient man sich hochwertiger Materialien, innovativer Formen und warmen Lichts. Die neue Innenarchitektur soll den Verbraucher auf mehreren Sinnesebenen ansprechen, Abwechslung bieten und sich den örtlichen Gegebenheiten anpassen.

Die vier verschiedenen Einrichtungsstile wurden von dem französischen Innenarchitekten Philippe Avanzi kreiert: „Wir haben Lebensräume geschaffen, die man nach Lust und Laune verändern kann. Zur Entspannung allein oder zu zweit sind die kleinen gemütlichen Ecken sehr geeignet. Das Essen im Familien- oder Freundeskreis findet an großen, einladenden Tischen statt."

Ein Beispiel für die neue Innenarchitektur ist das McDonald's Restaurant am Karlsplatz/Stachus in München, die umsatzstärkste Filiale in Deutschland. Musik zieht sich

**Abb. 5.35**  Innenansicht McDonald's am Karlsplatz/Stachus, München [157]

als Thema durch das ganze Restaurant: Aktuelle Videoclips werden gezeigt, Künstler aus der Musikbranche zieren die Wände, und der Fußboden ist im Stil von Fußnoten gestaltet (vgl. Abb. 5.35).

**Bits, Bites und Big Mac®! – Hot Spot bei McDonald's**

Unter diesem Slogan bietet McDonald's in Kooperation mit T-Com und T-Mobile in seinen Restaurants einen Hot Spot an. Der Begriff Hot Spot stammt aus dem englischen und bedeutet wörtlich übersetzt: Heißer Punkt. Bei Computernetzen wird die Bezeichnung Hot Spot für einen per Wireless LAN (Wireless Local Area Network, lokales Netzwerk)[6] versorgten Bereich verwendet. Diese Bereiche dienen üblicherweise dem drahtlosen Zugang zum Internet.

Konkret können McDonald's Kunden, die sich für diesen Service angemeldet haben, mit ihrem WLAN-fähigen Endgerät (etwa Laptop, PDA, Handy oder Spielehandheld) in den Restaurants eine Stunde kostenlos ihre E-Mails lesen, im Internet surfen und chatten, online spielen oder die neuesten Filme anschauen (vgl. [140]).

---

[6] Wireless LAN bezeichnet ein „drahtloses" lokales Funknetz, wobei meistens ein Standard der IEEE 802.11-Familie gemeint ist. Das Kürzel „Wi-Fi" wird häufig fälschlicherweise mit WLAN gleichgesetzt.

## 5.11  Promotion

### 5.11.1  Das traditionelle Kommunikationskonzept

Die Liste der jährlichen Werbeausgaben weltweit sowie in den USA führt Procter + Gamble an (vgl. Tab. 5.17). McDonald's belegt mit 2,693 Mrd. US-$ Rang neun. Betrachtet man die Werbeausgaben in den USA, so belegt der Fast-Food-Gigant mit 0,957 Mrd. US-$ ebenfalls Position 9. Damit investiert das Unternehmen rund 35,6 % seines Werbebudgets auf dem Heimatmarkt USA. Yum! (Pizza Hut, KFC, Taco Bell u. a.) rangiert mit deutlichem Abstand bei den Werbeausgaben weltweit auf Platz 23 (1,657 US-$, das entspricht 61,5 % des Budgets von McDonald's). Der Abstand zwischen beiden Fast-Food-Unternehmen auf dem Heimatmarkt USA ist jedoch deutlich geringer. Hier wendet Yum! mit 0,786 Mrd. US-$ rund 82,1 % des Budgets von McDonald's auf (Tab. 5.17).

Laut Nielsen Media Research investierte Procter + Gamble in 2013 in Deutschland knapp 551 Mio. € in Werbung. Auf den Plätzen zwei und drei der werbestärksten Unternehmen folgten Ferrero (414 Mio. €) und L'Oréal (knapp 400 Mio. €) vor der Media-Saturn-Holding auf dem vierten Rang. McDonald's nimmt mit rund 200 Mio. € Rang 11 ein (vgl. Tab. 5.18). Bei Unternehmen mit den höchsten Investitionen in Out-of-Home- sprich Plakat-Werbung belegte McDonald's 2013 Rang 10. Und hinsichtlich der Anzahl der Fans der deutschen Facebook-Seiten von Franchise-Unternehmen rangierte McDonald's 2013 mit deutlichem Abstand auf Rang 1 (vgl. [30, 31]).

Über die Jahre hinweg gab es eine Vielzahl von McDonald's TV-Kampagnen und Slogans. Lässt man die Werbekampagnen Revue passieren, fällt auf, dass diese immer auf das „Gesamterlebnis McDonald's" fokussierten und weniger das einzelne Produkt in den Vordergrund stellten. Die Bilder zielten immer darauf ab, Wärme und einen realen Ausschnitt aus dem täglichen Leben (Slice-of-Life-Technik) zufällig ausgewählter Menschen zu zeigen. In den Kampagnen spiegeln sich im Regelfall Jahreszeit und Zeitperiode wieder.

▶ **Slice-of-Life-Werbespot (Slice-of-Life-Technik) (vgl. [66])**
Hierunter versteht man einen Werbespot, in der eine Szene aus dem Alltagsleben nachgespielt und gezeigt wird, wie jemand, der das umworbene Produkt nutzt, ein gesetztes Ziel erreicht oder eine unangenehme Situation meistert. Dabei wird das Produkt in einem alltäglichen, glaubwürdigen Kontext präsentiert, etwa durch Einbeziehen von Familienmitgliedern, Freunden oder Nachbarn. Die Stärken der Slice-of-Life-Technik liegen in der hohen Glaubwürdigkeit, Natürlichkeit und Wirklichkeitsnähe der präsentierten Informationen.

In Tab. 5.19 findet sich eine Auswahl der ehemaligen und derzeitigen englischsprachigen Slogans von McDonald's.

**Tab. 5.17** Die Rangliste der Unternehmen mit den höchsten Werbeausgaben weltweit und in den USA 2012/2011 (in Mrd. US-$) [1], S. 9

| Rang 2012 | Unternehmen | Werbeausgaben weltweit 2012 (in Mrd. US-$) | Werbeausgaben weltweit 2011 (in Mrd. US-$) | Veränderung (in %) | Werbeausgaben USA 2012 (in Mrd. US-$) | Werbeausgaben USA 2011 (in Mrd. US-$) | Veränderung (in %) |
|---|---|---|---|---|---|---|---|
| 1 | Procter + Gamble | 10,615 | 11,252 | −5,7 | 3,143 | 3,147 | −0,1 |
| 2 | Unilever | 7,413 | 7,317 | 1,3 | 0,858 | 0,678 | 26,5 |
| 3 | L'Oréal | 5,643 | 5,593 | 0,9 | 1,507 | 1,386 | 8,8 |
| 4 | Toyota | 3,310 | 2,881 | 14,9 | 1,245 | 1,102 | 13,0 |
| 5 | General Motors | 3,206 | 3,346 | −4,2 | 1,655 | 1,787 | −7,4 |
| 6 | Coca-Cola | 3,029 | 2,913 | 4,0 | 0,385 | 0,391 | −1,7 |
| 7 | Nestlé | 2,987 | 2,937 | 1,7 | 0,840 | 0,837 | 0,4 |
| 8 | Volkswagen | 2,971 | 2,857 | 4,0 | 0,546 | 0,533 | 2,3 |
| 9 | McDonald's | 2,693 | 2,656 | 1,4 | 0,957 | 0,965 | −0,8 |
| 10 | PepsiCo | 2,470 | 1,837 | 34,5 | 0,844 | 0,658 | 28,3 |
| 23 | Yum! | 1,657 | 1,507 | 10,0 | 0,786 | 0,673 | 16,7 |

**Tab. 5.18** Die Rangliste der Unternehmen mit den höchsten Werbeausgaben in Deutschland 2013 [29]

| Rang | Unternehmen | Ausgaben (in Mio. €) |
|---|---|---|
| 1 | Procter + Gamble | 550,7 |
| 2 | Ferrero | 414,0 |
| 3 | L'Oréal | 399,8 |
| 4 | Media-Saturn | 372,0 |
| 5 | Axel Springer | 313,6 |
| 6 | Telekom | 271,3 |
| 7 | Unilever | 265,1 |
| 8 | Lidl | 248,0 |
| 9 | Volkswagen | 241,2 |
| 10 | Beiersdorf | 225,2 |
| *11* | McDonald's | *200,1* |

**Tab. 5.19** Ehemalige und derzeitige englischsprachige Slogans von McDonald's [37]

| Einführungsjahr | Slogan |
|---|---|
| 1960s | Look for the Golden Arches |
| 1967 | McDonald's is Your Kind of Place |
| 1971 | You Deserve a Break Today |
| 1975 | We Do it All for You |
| 1975 | Two all beef patties special sauce lettuce cheese pickles onions on a sesame seed bun |
| 1976 | You, You're The One |
| 1979 | Nobody Can Do It Like McDonald's Can |
| 1980 | You Deserve a Break Today |
| 1981 | Nobody Makes Your Day Like McDonald's Can |
| 1983 | McDonald's and You |
| 1984 | It's a Good Time for the Great Taste of McDonald's |
| 1994 | Make every day a McDonald's Day (*South Africa* only) |
| 1995 | Have You Had your Break Today? |
| 1997 | My McDonald's |
| 1997 | Did Somebody Say McDonald's? |
| 2000 | We Love to See You Smile |
| 2000 | Put a Smile On |
| 2001 | There's a little McDonald's in Everyone (*Canada* only) |
| 2001 | Things that make you go ‚mmm' (*Australia, UK* and *New Zealand*) |
| 2002 | Every time a good time |
| 2003 | *i'm lovin' it* |

**Tab. 5.20** Ehemalige und derzeitige Slogans von McDonald's in Deutschland [40]

| Einführungsjahr | Slogan |
|---|---|
| 1971 | Das etwas andere Restaurant. |
| 1978 | Essen mit Spaß. |
| 1982 | Gut, daß es McDonald's gibt. |
| 1991 | McDonald's ist einfach gut! |
| 1999 | Everytime a good time. |
| 2003 | Ich liebe es (deutscher Markt) |
| 2003 | I'm lovin' it (international, incl. Österreich) |

In Deutschland kamen bislang ca. 15 Slogans (Claims) unterschiedlich lange zum Einsatz. Die bekanntesten Slogans sind Tab. 5.20 zu entnehmen.

Stellt man die Spots in den USA und Deutschland einander gegenüber, so wird deutlich, dass bis in das Jahr 2003 auf Landesebene unterschiedliche Slogans zum Einsatz kamen (= Differenzierung). Doch mit dem Start der „I'm lovin' it™"-Kampagne wurde erstmals in der Unternehmensgeschichte eine weltweite standardisierte Kommunikationskampagne ins Leben gerufen.

## 5.11.2 Die „I'm lovin' it™"-Kampagne

2003 startete McDonald's eine weltweite Marketingkampagne, deren Ziel es ist, in der Öffentlichkeit das Image des Anbieters von gesünderen und qualitativ höherwertigen Produkten zu erlangen. Im Vorfeld hatte die Konzernzentrale ihre 14 größten Werbeagenturen rund um den Erdball dazu aufgerufen, ein einzigartiges, neues und international umsetzbares Werbekonzept zu entwickeln. Den Wettbewerb gewann die Münchner Werbeagentur Heye & Partner, deren Konzept als Basis aller internationalen McDonald's Kampagnen herangezogen wurde (, und die übrigens in 2014 um ihren Deutschland-Etat bei McDonald's fürchten musste, da der Vertrag mit Heye gekündigt und der Etat neu ausgeschrieben wurde). Die Kampagne steht unter dem Slogan „I'm lovin' it™" (in Deutschland: Ich liebe es) (vgl. Abb. 5.36) und wurde zeitgleich in über 100 Ländern rund um den Globus gestartet. Damit erhielt das Unternehmen erstmals einen weltweit einheitlichen Markenauftritt.

Eine zentrale Bedeutung in der Werbung nehmen Bildwelten ein, die menschliche Geschichten humorvoll und lebendig erzählen und die Botschaft ich liebe es™ erlebbar machen sollen. Zu diesem Zweck werden Szenen gezeigt, in denen Menschen das Leben genießen. Im Zentrum steht dabei eine persönliche, individuelle Perspektive. McDonald's bezeichnet diesen Blickwinkel als „I-Attitude": eine Botschaft, von der sich jeder angesprochen fühlt, in der sich jeder wieder finden und die jeder in jedem Land verstehen soll.

Erstmalig in der Geschichte von McDonald's kamen damit eine Werbespot-Reihe und eine zentrale Markenbotschaft parallel rund um den Globus zum Einsatz. Mit dem Start

**Abb. 5.36** Das „I'm lovin'
it™"-Logo [157]

der Kampagne (im Fachjargon Launch genannt, d. h. vom Stapel laufen lassen) wurde in allen McDonald's Ländern das i'm lovin' it™-Thema in Werbung, Promotion, Public Relations, Restaurant-Merchandising und Markenkommunikation integriert.

Die fünf neuen i'm lovin' it™-Spots wurden in 12 Sprachen produziert und an verschiedenen Orten gedreht, wie z. B. in Tschechien, Brasilien, Südafrika und Malaysia. Die Spots zeigen, wie Verbraucher rund um den Globus über die Marke denken und welche Rolle McDonald's in ihrem Leben spielt. Entwickelt wurden drei generische Brand-Spots (junge Erwachsene, Familien und allgemein), ein Spot mit McDonald's World Famous Fries™ und ein weiterer mit Ronald McDonald™.

Jedes Land hat die Möglichkeit, Claim und musikalische Gestaltung an die jeweiligen sprachlichen und kulturellen Gegebenheiten anzupassen. In Deutschland ist die Kampagne darauf ausgerichtet, McDonald's als Lifestyle-Company zu präsentieren: jugendlich, energiegeladen, voller Lebensgefühl und Genuss. Bei der Einführung des neuen Markenauftritts bediente man sich eines Mediamix aus TV-Spots auf fast allen deutschen Sendern, Anzeigenkampagnen, Beiheftern und eines neuen Internetauftritts.

Dass auch der Mediamix den Gegebenheiten in den einzelnen Ländern angepasst wurde, zeigen die folgenden Beispiele für Aktivitäten rund um den Globus, die zum Start der i'm lovin' it™-Kampagne geplant waren:

- 1,5 Millionen Handybesitzer in ganz Österreich erhielten im Rahmen eines SMS-Marketingprogramms i'm lovin' it™-Botschaften: Die Empfänger wurden eingeladen, die i'm lovin' it™-Botschaft zurückzuschicken und sich zur Belohnung einen kostenlosen Cheeseburger bei jedem McDonald's Restaurant in Österreich zu holen.
- In Australien tauchten zu Beginn i'm lovin' it™-Botschaften auf. Gleichzeitig wurde der Slogan an interessanten, hochfrequentierten Schauplätzen platziert und war in Form von „Sky Art" unter Einsatz von Flugzeugen auch bei großen Sportveranstaltungen zu sehen.

- Brasilien setzte bei der Umsetzung der Kampagne auf Marketing vor allem im städtischen Raum: Geplant waren die Plakatierung der Botschaft, Werbeträger an großen Straßen und Autobahnen, Mautstationen und Austragungsorten sportlicher Wettkämpfe.
- Zum Start der Kampagne in China gehörten ein groß angelegtes SMS-Programm mit der Botschaft i'm lovin' it™, die Plakatierung des Slogans auf großen Plakatwänden an stark befahrenen Straßen, die Dekoration der Restaurants, auf die Musik abgestimmte Tanzschritte für die Restaurantmitarbeiter unter dem Motto i'm lovin' it™ sowie Aufkleber und Schilder mit dem Slogan.
- In Großbritannien wurden die ersten Werbespots bei einem populären Radiosender für junge Erwachsene sowie in einem großen Fernsehsender geschaltet, die als Partner für die Kampagne gewonnen wurden. Dabei war auch ein Bildlaufprogramm mit dem Slogan i'm lovin' it™ für die Zuschauer vorgesehen.
- In Japan wurden auf Großleinwänden an zentralen Plätzen und Treffpunkten in ganz Tokio zum Start der Kampagne i'm lovin' it™-Spots präsentiert. Zur Einführung von i'm lovin' it™ waren außerdem vorgesehen: eine Initiative mit Virgin Cinemas zur Ausstrahlung der Spots bei Kinovorstellungen, eine SMS-Aktion und eine Internetkampagne.
- In Litauen wurden ausgewählte Restaurants nach dem Motto i'm lovin' it™ dekoriert. Auf Straßenbahnen und Bussen wurden spezielle i'm lovin' it™-Designs angebracht.
- In Russland waren im Rahmen der Feierlichkeiten für die Stadtfeste Plakate mit i'm lovin' it™-Slogans bei einem landesweiten Fußballturnier für Schulkinder, einer Parade auf dem Roten Platz und einem Konzert im Gorky Park in Moskau geplant (vgl. [96]).

Wie Tab. 5.21 zu entnehmen ist, wird auch der Slogan länderspezifisch differenziert. In Österreich wird statt des deutschsprachigen „ich liebe es" die englische und weltweit am häufigsten verwendete Version „I'm lovin' it" eingesetzt. Dies ist möglich, weil es bislang den Marketingverantwortlichen in jedem Land überlassen bleibt, ob sie den Slogan in der jeweiligen Landessprache oder im Original verwenden. Die entsprechenden Kampagnen für Österreich und Deutschland werden beide von der gleichen Münchner Werbeagentur Heye & Partner betreut, welche die entsprechende Kampagne auch für den weltweiten Einsatz entwickelte. Spots werden für beide Länder gemeinsam gedreht und jeweils angepasst bzw. auf den lokalen Dialekt synchronisiert (vgl. [37]; Tab. 5.21).

Die globale Dimension der i'm lovin' it™-Kampagne wiederum wird deutlich an der Aktion „Online Global Casting", die Kunden die Möglichkeit bot, weltweit auf den McDonald's Verpackungen abgebildet zu sein. Um am Casting teilzunehmen, mussten die Verbraucher mit maximal 100 Wörtern beschreiben, für was sie sich begeistern können, und diesen Text zusammen mit einem Digitalfoto via Internet einsenden. Die Auswahl erfolgte auf Grundlage der eingereichten Beiträge, die den Slogan „Ich liebe es™" am besten widerspiegeln sollten. Mittels dieser Verpackungskampagne will McDonald's – wie das Unternehmen betont – den „Ich liebe es™"-Spirit mit Leben füllen, indem Menschen aus dem Alltagsleben, Leidenschaft und Geschichten aus der ganzen Welt im Mittelpunkt stehen (vgl. [6]).

**Tab. 5.21** Die Anpassung des McDonald's Slogans in ausgewählten Ländern [40]

| Titel | Sprache | Englischsprachige Bedeutung | Länder, in denen der Slogan eingesetzt wird |
|---|---|---|---|
| i'm lovin' it | *Englisch* | „I'm loving it" | *Australien*, Österreich, Weiß-Russland, Bulgarien, Volksrepublik China (nur Hongkong und Makao), Taiwan, Tschechische Republik, Indien, Indonesien, Irland, Israel, Italien, Japan, Südkorea, Niederlande, Polen, Singapur, Südafrika, Surinam, Schweden, Großbritannien, USA |
| أنا أحبه (ana uhibbuhu) | Arabisch | „I love it" | Arabisch-sprechende Regionen im Mittleren Osten |
| 我就喜欢 | *Chinesisch* | „I just like" | Volksrepublik China (nur auf dem Festland) |
| c'est tout ce que je veux | *Französisch* | „it is all that I love" | Frankreich, französisch sprechende Länder in West-Afrika |
| c'est ça que j'm | Französisch | „it's that which I love" | Kanada |
| ich liebe es | Deutsch | „I love it" | Deutschland |
| love ko 'to | Tagalogisch | „This is what I love" | Philippinen |
| amo muito tudo isso | Portugisisch | „I love all that" | Brasilien |
| me encanta | Spanisch | „I love it" | Spanien und die meisten Spanisch-sprechenden Länder in Latein-Amerika und den Vereinigten Staaten von Amerika |
| me encanta todo eso | Spanisch | „I love all that" | Argentinien, Chile |
| işte bunu seviyorum | Türkisch | „I love it" | Türkei |
| вот что я люблю | Russisch | „That's what I love" | Russland |
| я це люблю | Ukrainisch | „I love it" | *Ukraine* |
| man tas patīk | *Lettisch* | „I like it" | Lettland (wenn auch gemeinsam mit der englischen Version) |

### 5.11.3  Verkaufsförderung: Monopoly

In regelmäßigen Abständen und in Anlehnung an das beliebte Familienspiel führt McDonald's das Monopoly-Gewinnspiel durch. Hierbei sind diverse Produkte mit einem oder mehreren Monopoly-Stickern versehen. Je teurer die Produkte sind, desto mehr Sticker befinden sich auf der Verpackung. Ein McMenü beispielsweise ist mit neun Gewinnstickern ausgestattet. Auf diese Weise soll der Kunde dazu motiviert werden, teurere Produkte zu erwerben. Grundsätzlich gibt es zwei Arten von Gewinnen:

- Sofortgewinne in Form von McDonald's-Produkten (Cookie, Apfeltasche, Softeis etc.), Gutscheinen von Pearl, MyDays, Planet Sports oder Hauptpreise wie Autos, Mountainbikes, Motorroller, iPhones und iPads. Diese lassen sich mit nur einem Sticker gewinnen.
- Sammelgewinne: Hierzu werden die Sticker gesammelt, bis man eine vollständige Straße hat. Welche Sticker zu welcher Straße gehören, ist auf einem kostenlosen Spielblatt zu erkennen. Mit einer kompletten Straße lassen sich Geld- (etwa 100.000 €) und Sachpreise (etwa Häuser, Reisen) gewinnen.

Mit solchen Verbraucherpromotions verfolgt McDonald's im Wesentlichen drei Ziele:

- Erhöhung der Kundenfrequenz, da die Aktion nur einen begrenzten Zeitraum läuft und die Kunden einen Sammelgewinn einstreichen wollen
- Steigerung des Durchschnittsbons, da teurere Produkte mit überproportional vielen Gewinnstickern ausgestattet sind
- Motivierung zu Wiederholungsbesuchen, da Sofortgewinne in Form von McDonald's-Produkten beim nächsten Restaurantbesuch eingelöst werden

### 5.11.4  Dialog-Marketing: die Dialog-Plattform „Unser Essen. Eure Fragen."

Ziel der Dialog-Plattform „Unser Essen. Eure Fragen." ist es, Fragen zu beantworten, Gerüchte aus der Welt zu schaffen und zu zeigen, was hinter Mythen wirklich steckt. Auf die Fragen der Verbraucher will McDonald's nicht nur mit Textantworten reagieren, sondern zur Veranschaulichung auch Fotos sowie hin und wieder ein Video einbinden. User können ihre Fragen über Facebook oder Twitter stellen und die Antworten direkt auf ihren eigenen Profilen teilen.

Auf der Plattform werden Fragen zu Produkten („Woher kommen die Kartoffeln für Eure Pommes?") und Aktionen („Wann kommt wieder die Curry Wurst?") gestellt, aber es finden sich hier auch durchaus kritische („Warum schmecken die Äpfel bei McDonald's nicht frisch? Ich meine, wenn man sie im Laden kauft schmecken sie viel besser!!!") und mehr oder weniger humorvolle Fragestellungen („Darf ich eigentlich mein Einhorn mit ins Restaurant bringen?"). Die Antworten wirken insgesamt transparent, kreativ und auch humorvoll. Aber es ist wie auch bei anderen Dialog-Plattformen zu vermuten, dass hier gezielt Fragestellungen von vermeintlichen Verbrauchern platziert werden, um gezielt Unternehmensinformationen zu streuen.

Dieser Eindruck drängt sich insbesondere auf, wenn man die in den Restaurants ausgelegte Broschüre „Unser Essen. Eure Fragen." liest. Wer wird als Interessent schon folgende Fragen an ein Unternehmen richten?

- Alle reden von Sicherheit. Sie auch?
- Wie viel Deutschland steckt in Ihrem Essen?
- Wie steht's mit der Abwechslung auf der Speisekarte?
- Was hat McDonald's mit Qualität am Hut?
- Können Sie Ihren Lieferanten vertrauen?
- Wie „frisch" ist eigentlich „frisch"? (vgl. [102])

Zukünftig wird sich McDonald's verstärkt dem Mobile Advertising zuwenden. Hierunter versteht man die Durchführung von Kommunikationsaktivitäten über mobile Endgeräte (= Werbeträger) wie Handys, PDAs (= Handhelt-Computer mit Organizerfunktion), Smartphones (, die Funktionen eines Mobiltelefons mit denen eines PDAs vereinigen) sowie Laptops mit WLAN-Anschluss, was eine kabellose Internetverbindung ermöglicht.

Angesichts zunehmender Marktpenetration von Handys und der schrittweisen Etablierung leistungsfähiger Übertragungsstandards steigt das Interesse von Unternehmen, dieses Medium zum Zwecke der werblichen Kommunikation mittels u. a. Apps zu nutzen. Hierbei handelt es sich um kleine, i. d. R für wenig Geld aus dem Internet herunterzuladende Programme für Multimedia-Handys wie das I-Phone von Apple. Durch die Miniprogramme bietet sich dem Smartphone-Nutzer unabhängig von Zeit und Raum Zugang zu Markenanwendungen wie Produktinformationen, Nährwertangaben, Rezeptservices, Einkaufslisten oder elektronischen Spielen. Auf diese Weise eröffnen sich den Marketing-Treibenden ganz neue Kommunikationswege.

Zu diesem Zweck hat sich McDonald's mit einem Digital Incubator-Programm im Zentrum Silicon Valleys in Kalifornien niedergelassen. Hierzu hat McDonald's Entwickler von Facebook, Paypal, Yahoo sowie AOL engagiert und will noch weitere 20 Mitarbeiter aufnehmen. In diesem „Brutkasten" sollen die Experten an der digitalen Strategie des Unternehmens arbeiten.

### 5.11.5 Product Placement: Platzierung in Filmen und Songs

Product Placement bezeichnet die Integration von Markenprodukten in die Handlung von Filmen und – seltener – die Platzierung von Produkten in der darstellenden Kunst (Literatur, Theater, Musik). Zentrale Eigenschaften sind die werbliche Zielsetzung, die vom

**Tab. 5.22** Die Charakterisierung des Product Placement von McDonald's. (in Anlehnung an [87], S. 1387–1389)

| Klassifikationsmerkmal | Form des McDonald's Product Placements |
|---|---|
| Art der Informationsübertragung | Verbal |
| Art des beworbenen Produkts | Markenartikel |
| Grad der Integration | Kreative Einbindung in den Song |
| Grad der Anbindung an den Künstler | Eng |

Empfänger nicht erkannt werden soll, sowie die Entgeltlichkeit (= Geld- und Sachzuwendungen des Unternehmens).

McDonald's nutzt dieses innovative Kommunikationsinstrument in zweierlei Form. Zum einen positioniert das Unternehmen seine Produkte in Spielfilmen, die auf eine der zentralen Zielgruppen, nämlich Familien, ausgerichtet sind. Als Beispiel sei die Actionkomödie Spy Kids (USA 2001) angeführt, in der Antonio Banderas eine der Hauptrollen spielt. In einer Szene sitzen die Kinder des ehemals erfolgreichen Agentenehepaars vor dem Computer und recherchieren. Carmen steht auf und „beamt" ihrem Bruder Juni mit Hilfe eines futuristischen Apparates ein Tablett herbei, auf dem sich ein Big Mac, eine Portion Pommes Frites mit dem deutlich sichtbaren McDonald's Logo sowie ein Softdrink befinden.

Zum anderen hat McDonald's in der Vergangenheit auf verbales Product Placement in Rap-Musik gesetzt. Diese Form des Product Placement lässt sich anhand der in Tab. 5.22 aufgeführten Kriterien klassifizieren. Die Kampagne zielte darauf ab, Rapper dafür zu gewinnen, den Big Mac in ihre Liedtexte einzubauen. Im Gegenzug erhielten die Künstler jedes Mal, wenn ihr Track im Radio oder TV gespielt wird, eine Prämie zwischen 1 und 5 US-$. Nach Angaben des Musiksenders MTV gingen schon 24 h nach der Ankündigung von McDonald's Zusagen von Busta Rhymes und Kanye West, zwei bekannten Rappern, ein. Die Musiker durften rappen, worüber sie wollten, lediglich der Big Mac musste in den Texten vorkommen. Die Burger-Kette hatte sich jedoch das Recht vorbehalten, die Rap-Texte zu genehmigen. Ein Unternehmenssprecher sagte: „Diese Partnerschaft demonstriert unseren Respekt vor der wichtigsten Jugendkultur der Welt."

Für McDonald's bietet das Product Placement neben möglichen Kosteneinsparungen im Vergleich zu anderen Werbeoptionen folgende Vorteile:

- Der Zapping-Effekt (= Ausweichen der Werbung durch Wechseln des Senders) wird durch die Einbindung in Lieder vermieden, wodurch werbeaversive und damit schwer zugängliche Zielgruppen erreicht werden können.
- Das Produkt wird als selbstverständlicher Teil des täglichen Lebens gezeigt.
- Das Produkt wird durch einen bekannten Künstler glaubwürdig präsentiert. Folglich profitiert das Produkt von der Leitbildfunktion der Idole oder Vorbilder.
- Die Aufmerksamkeit des Zuhörers ermöglicht eine intensive Verankerung des Produkts in der sinnlichen Wahrnehmung des Konsumenten.

- Das Produkt wird in emotionale Erlebniswelten eingebunden.
- Die Präsentation des Produkts wird nicht durch andere Marken gestört (vgl. [87], S. 1387–1389).

## Literatur

1. AdvertisingAge. 2013. Marketing Fact Pack, Edition 2014. http://gaia.adage.com/images/bin/pdf/MFPweb_spreadsv2.pdf. Zugegriffen: 16. Juli 2014.
2. Agent25. 2004. Fette Burger in den Online-Medien (Stand 16. September). http://www.medien-handbuch.de/prchannel/details.php?callback=index&id=360&branch_id=2. Zugegriffen: 23. Feb. 2006.
3. Angelil, M. 2003. Architektur ge-brand-markt. *Archithese o. Jg.* (6):8–15.
4. Boas, M., und S. Chain. 1976. *Big Mac: The unauthorized story of McDonald's*. New York.
5. Buchheim, M. 2005. Globale Netzwerksteuerung in einem Franchise-Unternehmen, Vortrag auf der Fachmesse „Transport und Logistik" der Bundesvereinigung Logistik, 31. Mai. München.
6. Business Wire. 2006a. McDonald's(R) ruft erstmalig Online zum Global Casting auf; Die ganze Welt ist eine Bühne für die zukünftigen Gesichter auf den Verpackungen von McDonald's (Stand 3. April). http://www.finanznachrichten.de/nachrichten-2006-04/artikel-6231242.asp. Zugegriffen: 24. Juli 2006.
7. Business Wire. 2006b. McDonald's(R) kündigt globalen Mutter-Ausschuss an; Gruppe soll Unternehmen hinsichtlich wichtiger Schlüsselthemen in Bezug auf Mütter weltweit beraten (Stand 11. Mai). http://www.finanznachrichten.de/nachrichten-2006-05/artikel-6414151.asp. Zugegriffen: 24. Juli 2006.
8. Campillo-Lundbeck, S. 2014a. McDonald's Markenbotschafter: Weshalb Ronald McDonald jetzt Teil der digitalen Bohème wird (Stand 24. April). http://www.horizont.net/aktuell/marketing/pages/protected/McDonalds-Markenbotschafter-Weshalb-Ronald-McDonald-jetzt-Teil-der-digitalen-Bohme-wird_120268.html. Zugegriffen: 13. Juli 2014.
9. Campillo-Lundbeck, S. 2014b. Vergleichende Werbung: Burger King inszeniert McDonald's erneut als zweite Wahl (Stand 30. Januar). http://www.horizont.net/aktuell/marketing/pages/protected/Vergleichende-Werbung-Burger-King-inszeniert-McDonalds-erneut-als-zweite-Wahl_118927.html. Zugegriffen: 14. Juli 2014.
10. De Jong, N. o. J. Hamburger sind ihre Spezialität. http://www.transaktuell.de/Bonusbericht_trans_aktuell_22006.sw. Zugegriffen: 18. Jan. 2006.
11. Die Welt. 2001. McDonald's öffnet sein erstes Hotel. 24. Februar. www.welt.de. Zugegriffen: 14. Sept. 2005.
12. Esch, F. R., T. Tomczak und J. Kernstock. 2004. *Corporate brand management*. Wiesbaden.
13. European Heart Network. 2005. Werbung und Marketing „ungesunder" Lebensmittel für Kinder in Europa – Ein Bericht über Phase 1 des Projekts „Kinder, Adipositas und damit verbundene vermeidbare chronische Erkrankungen". Brüssel.
14. FinanzNachrichten. 2006a. Dow Jones News: McDonald's will sich von Chipotle-Aktien bis Ende 2006 trennen. http://www.finanznachrichten.de/nachrichten-2006-04/artikel-6342904.asp. Zugegriffen: 27. Juli 2006.
15. FinanzNachrichten. 2006b. ‚impulse'-Ranking der 100 besten Franchise-Systeme in Deutschland: McDonald's, Fressnapf und Burger King sind die drei besten Franchise-Systeme. 20. Juni. http://www.finanznachrichten.de/nachrichten-2006-06/artikel-6590742.asp. Zugegriffen: 24. Juli 2006.

16. Frankfurter Allgemeine Zeitung. 2005. Rangliste – Amerika beherrscht die Markenwelt. 23. Juli. http://www.faz.net/s/RubC8BA5576CDEE4A05AF8DFEC92E288D64/Doc~EAB-DEA37311894568BF5C2A0A324D3535~ATpl~Ecommon~Scontent.html. Zugegriffen: 11. Sept. 2006.

17. GfK Nürnberg. 2004. Mit neuen Ideen die Gunst der Kunden erringen. In *GfK. Growth from Knowledge,* Hrsg. GfK Nürnberg, 46–53. Nürnberg.

18. Gibson, R. 2002. Wounded Burger KingFranchises mull a 99c whopper, news for McDonald's® franchise owners, Dow Jones Newswires. www.licenseenews.com. Zugegriffen: 24. Juni 2005.

19. Giersberg, G. 2005. Amerika beherrscht die Markenwelt. *Frankfurter Allgemeine Zeitung.* Juli 23.

20. Gogoi, P., M. Arndt, und A. Moiduddin. 2006. Mickey D's McMakeover (Stand 15. Mai). http://www.businessweek.com/magazine/content/06_20/b3984065.htm. Zugegriffen: 16. Juni 2006.

21. Gollmitzer, M. 2005. Wie die „Hamburger-Uni" Klopsbrater schlauer macht. *Spiegel Online.* 26. April. http://www.spiegel.de/unispiegel/jobundberuf/0,1518,343265,00.html. Zugegriffen: 29. Juni 2005.

22. Habisch, A. 2003. *Corporate Citizenship: Gesellschaftliches Engagement von Unternehmen.* Berlin.

23. Hartung, M. J. 2004. Bildung aus der Fabrik. *Die Zeit* 35.

24. Herz, P. 1997. *Selbständig mit Franchise, Finanzierung – Erfolgskonzepte – Risiken.* Bonn.

25. Hirzel, J., J. Schuster, und M. Halpert. 2014. Geht McDonald's die Luft aus. *Focus* 7: 56–60.

26. http://burgerking.de. Zugegriffen: 8. Juli 2014.

27. http://businesscasestudies.co.uk/mcdonalds-restaurants/managing-stock-to-meet-customer-needs/bene-fits-to-customers-and-restaurants.html#axzz37XAaFPpH. Zugegriffen: 17. Juli 2014.

28. http://de.statista.com/statistik/daten/studie/162524/umfrage/markenwert-der-wertvollsten-unternehmen-weltweit/. Zugegriffen: 28. Juni 2014.

29. http://de.statista.com/statistik/daten/studie/164632/umfrage/groesste-werbungtreibende-nach-werbeausgaben-2010/. Zugegriffen: 14. Juli 2014.

30. http://de.statista.com/statistik/daten/studie/237039/umfrage/die-am-staerksten-in-der-plakat-werbung-beworbenen-produkte/;   http://de.statista.com/statistik/daten/studie/261309/umfrage/fans-der-deutschen-facebook-seiten-von-franchise-unternehmen/. Zugegriffen: 14. Juli 2014.

31. http://de.statista.com/statistik/daten/studie/261309/umfrage/fans-der-deutschen-facebook-seiten-von-franchise-unternehmen/. Zugegriffen: 14. Juli 2014.

32. http://de.statista.com/themen/275/mcdonalds/. Zugegriffen: 28. Juni 2014.

33. http://de.wikipedia.org/wiki/Big_M%C3%A4c. Zugegriffen: 21. Sept. 2005.

34. http://de.wikipedia.org/wiki/Bild:Mcdonals_logo.png. Zugegriffen: 23. Juli 2006.

35. http://de.wikipedia.org/wiki/Fußball-Weltmeisterschaft/Spon-soren#Fu.C3.9Fball-Weltmeister-schaft_2014. Zugegriffen: 10. Juli 2014.

36. http://de.wikipedia.org/wiki/Happy_Meal. Zugegriffen: 16. Juli 2006; http://de.wikipedia.org/wiki/Bild:Mcdonals_logo.png. Zugegriffen: 23. Juli 2006.

37. http://de.wikipedia.org/wiki/McDonald%E2%80%99s. Zugegriffen: 15. Juli 2006.

38. http://de.wikipedia.org/wiki/Super_Size_Me. Zugegriffen: 18. Mai 2006.

39. http://en.wikipedia.org/wiki/Burger_King. Zugegriffen: 20. Juli 2006.

40. http://en.wikipedia.org/wiki/McDonald%27s_TV_campaigns_and_slogans. Zugegriffen: 17. Juni 2006.

41. http://en.wikipedia.org/wiki/Twoallbeefpattiesspecialsaucelettucecheesepicklesonionsonasesa-meseedbun. Zugegriffen: 17. Aug. 2006.

42. http://europa.eu.int/comm/internal_market/comcom/newsletter/edition10/page09_de.htm. Zugegriffen: 15. Feb. 2006.

43. http://klauseck.typepad.com/prblogger/2006/01/mcdonalds_hat_c.html. Zugegriffen: 16. Aug. 2006.
44. http://shortnews.stern.de/shownews.cfm?id=503569&CFID=2871494&CFTO-KEN=90483600. Zugegriffen: 17. April 2006.
45. http://www.aboutmcdonalds.com/mcd/corporate_careers/training_and_development/hamburger_university.html. Zugegriffen: 16. Juli 2014.
46. http://www.absatzwirtschaft.de. Zugegriffen: 28. Juni 2006.
47. http://www.burgerking.de. Zugegriffen: 10. Juli 2014.
48. http://www.burgerking.de/submenu/unternehmen/ueber-uns. Zugegriffen: 14. Juli 2014.
49. http://www.cnn.com/2003/SHOWBIZ/books/11/11/offbeat.mcjob.ap/. Zugegriffen: 10. Feb. 2006.
50. http://www.connectedmarketing.de/cm/2006/01/neuer_corporate.html. Zugegriffen: 16. Aug. 2006.
51. http://www.franchiseportal.de/ITmaxxPortalManager/Eingang.asp?Aktion=AnzeigeArtikel&Artikel=28&Filiale=2. Zugegriffen: 18. Jan. 2005.
52. http://www.geni.de/knowledge/pdf/Seite%209.pdf. Zugegriffen: 2. Sept. 2005.
53. http://www.havi-logistics.com. Zugegriffen: 8. Juli 2014.
54. http://www.interbrand.com/surveys.asp. Zugegriffen: 8. März 2006.
55. http://www.markenartikel-magazin.de/no_cache/unternehmen-marken/artikel/details/1008589-wm-coca-cola-adidas-mcdonalds-bekannteste-sponsoren/. Zugegriffen: 13. Juli 2014.
56. http://www.mcdonalds.com. Zugegriffen: 30. Juli 2006.
57. http://www.mcdonalds.de. Zugegriffen: 27. Juli 2005.
58. http://www.mcdonalds.de/data/downloads/pdf/franchise.html. Zugegriffen: 18. Juli 2006.
59. http://www.mcdonalds.de/data/downloads/pdf/voraussetzungen.pdf. Zugegriffen: 18. Juli 2006.
60. http://www.mcdonalds.de/documents/10180/2777001/Franchise-Bewerbungsbogen1.pdf/a27da8b4-7a97-4c51-8f87-d0b917d2f162. Zugegriffen: 16. Juli 2014.
61. http://www.mcdonalds.de/documents/10180/2777001/Konditionen+bei+McDonalds.pdf/42a0998c-85f3-49f4-bcdc-317d72077a2a. Zugegriffen: 16. Juli 2014.
62. http://www.mcdonalds.de/documents/10180/2777001/Was+ein+Fanchise-Nehmer+mitbringen+sollte.pdf/f2cf65f1-c1ab-442d-86ac-1e0017c38140. Zugegriffen: 16. Juli 2014.
63. http://www.mcdonalds.de/documents/10180/2777001/Was+McDonalds+dem+Franchise-Nehmer+bietet.pdf/910cbbf6-5db-4599-bdba-db97b3feb129. Zugegriffen: 16. Juli 2014.
64. http://www.mcdonalds.de/html.php?&t=History. Zugegriffen: 17. Juni 2006.
65. http://www.mcdonalds.de/uber-uns/geschichte. Zugegriffen: 21. Juli 2014.
66. http://www.medialine.de/hps/client/medialn/tfext/call_mdln/WCKjs41iaW7HqqaaX5f@rcsBxwZxbntr2VEDC5RShDZHji/medialn_article_wissen/wissen/medialexikon/HXCORE_NAV_5000039.hbs?snr=5106. Zugegriffen: 2. Juni 2006.
67. http://www.metafilter.com/mefi/38901. Zugegriffen: 17. Juni 2006.
68. http://www.mjam.net/mcdonalds/. Zugegriffen: 13. Juli 2014.
69. http://www.nordsee.com. Zugegriffen: 10. Juli 2014.
70. http://www.roche.com/de/home/diseases/dis_obes.htm. Zugegriffen: 26. Juli 2006.
71. http://www.spiegel.de/panorama/starkoch-bei-fast-food-kette-schick-mac-aus-der-brattoria-a-791176.html. Zugegriffen: 19. Juli 2014.
72. http://www.spiegel.de/wirtschaft/unternehmen/burger-king-kritiker-wallraff-erhielt-honorare-von-mcdonald-s-a-968783.html#ref=veeseoartikel. Zugegriffen: 19. Juli 2014.
73. http://www.subway-sandwiches.de/unternehmen/ueber-subway.html. Zugegriffen: 10. Juli 2014.
74. http://www.taz.de/!86375/. Zugegriffen: 19. Juli 2014.
75. http://www.topagrar.com/news/Home-top-News-McDonald-s-setzt-auf-Umweltschutz-704279.html. Zugegriffen: 19. Juli 2014.

76. http://www.werbepsychologie-online.de/html/vergleiche.html. Zugegriffen: 16. Juli 2006.
77. http://www.wiwo.de/unternehmen/dienstleister/wechsel-im-management-bei-mcdonalds-gibt-es-in-zukunft-keinen-heinz-ketchup-mehr/8994508.html. Zugegriffen: 16. Juli 2014.
78. http://www.wls-logistic.de/start.htm. Zugegriffen: 18. Jan. 2006.
79. http://www.yum.com/. Zugegriffen: 10. Juli 2014.
80. Jahn, T. 2004. Das geheime Leben der Ronalds. *brand eins* 9. http://www.brandeins.net/home/inhalt_detail.asp?id=1541&MenuID=19&MagID=56&sid=su66249654454045. Zugegriffen: 14. Juli 2006.
81. LebensmittelZeitung. 2013. Filialentwicklung der Coffeeshops von Starbucks und McCafé in Deutschland in den Jahren von 2006 bis 2012. 30. März.
82. LebensmittelZeitung. o. J. Food Service. http://www.lebensmittelzeitung.net/business/daten-fakten/rankings/Top-30-Systemgastronomie-2013_370.html. Zugegriffen: 10. Juli 2014.
83. Love, J. F. 1990. *McDonald's – Anatomie eines Welterfolgs*. 3. Aufl. München.
84. manager magazin. 2002. McDonald's – Nun noch Nudeln, 17. Dezember. www.manager-magazin.de. Zugegriffen: 25. Nov. 2005.
85. manager magazin. 2003a. McDonald's – die Pizza wird zum Bumerang. 16. Dezember. http://www.manager-magazin.de/unternehmen/artikel/0,2828,278506,00.html. Zugegriffen: 25. Nov. 2005.
86. manager magazin. 2003b. McDonald's – Von wegen Dickmacher. 5. September. www.manager-magazin.de. Zugegriffen: 25. Nov. 2005.
87. Maretzki, J. 2001. Product Placement (Produktplatzierung). In: *Vahlens Großes Marketinglexikon,* Hrsg. H. Diller, 2., völlig überarbeitete und erweiterte Aufl., 1387–1389. München.
88. Markenbusiness. 2004. Markenrechtlicher Fauxpas – Herr McDonald wirbt für Burger King. Der MARKENTICKER, #80. 20. Juli. http://www.marken-business.com/en/markenticker_details.php?doc_id=&newsid=1528&r=&q=&ordnerid=&action=results&poll_id=23. Zugegriffen: 18. Aug. 2006.
89. McDonald's Corporation. 1999. McDonald's Global Logo and Trademark Standards Reference Guide 1999. http://www.brandsoftheworld.com/guidelines/McDonalds.pdf. Zugegriffen: 16. Mai 2006.
90. McDonald's Corporation. 2003. Broschüre.
91. McDonald's Corporation. 2014. *2013 Annual Report*. Oak Brook, Illinois.
92. McDonald's Corporation. o. J. Diversity Awards and Recognition. http://www.rmhc.org/corp/values/diversity/awards_recog.html. Zugegriffen: 15. Juli 2006.
93. McDonald's Inc. 2005. Customer Profile Management Fact Sheet 2004. o. O.
94. McDonald's Deutschland Inc. Hrsg. 2000. *Broschüre McDonald's und Nährwert. München.*
95. McDonald's Deutschland Inc. Hrsg. 2001. *Broschüre McDonald's und Qualität.* München.
96. McDonald's Deutschland Inc. Hrsg. 2002. *Broschüre McDonald's und Umwelt.* München
97. McDonald's Deutschland Inc. 2005a. Zweigniederlassung München: Pressemitteilung – MCD 04-0044/12-04, Unglaublich aber wahr (Stand Juli). http://www.mcdonalds.de. Zugegriffen: 12. Feb. 2006.
98. McDonald's Deutschland Inc. 2005b. „Walking Brands": McDonald's steckt die Mitarbeiter in neue Kleider (Stand Juli). http://www.mcdonalds.de. Zugegriffen: 12. Jan. 2006.
99. McDonald's Deutschland Inc. 2006. Pressemitteilung – MCD 09-0020/05-06, Daten & Fakten 2005 (Stand 21. Februar). http://www.mcdonalds.de/presse/app/show.php?id=125&lang=de. Zugegriffen: 27. Juli 2006.
100. McDonald's Deutschland Inc. 2010. Zutaten und Produkte, Lieferanten und Partner (Stand: Oktober). https://www.bigmac.de/mai/files/pdf/zutaten_und_produkte_lieferanten_und_partner2.pdf. Zugegriffen: 11. Juli 2014.
101. McDonald's Deutschland Inc. 2011. *Qualität und Nährwert bei McDonald's* (Stand Oktober). München.

102. McDonald's Deutschland Inc. 2013a. *Unser Essen. Eure Fragen.* München.
103. McDonald's Deutschland Inc. 2013b. *Corporate Responsibility Report 2012.* München.
104. McLibel Support Campaign. 1999. ‚Ronald McDonald' and children – The truth in McDonald's own words (Stand 2. Oktober). http://www.mcspotlight.org. Zugegriffen: 12. Juni 2006.
105. media.guardian.co.uk.
106. Mucha, T. 2005. Marketing Fokus: Big Mac Daddies – Seeking street cred, McDonald's hips up the threads (Stand 7. Juli). www.business2.com/b2/web/articles/0,17863,1080395,00.html. Zugegriffen: 31. Aug. 2005.
107. Netzeitung. 2005. McDonald's-Chef kämpft für gesündere Ernährung. 9. April. http://www.netzeitung.de/wirtschaft/unternehmen/333244.html. Zugegriffen: 24. Juli 2006.
108. Nolting, N. J. 2004. Betriebsratsarbeit im Niedriglohnsektor – Eine Fallstudie in der Systemgastronomie. In *Landesinstitut Sozialforschungsstelle Dortmund (sfs)*, Band. 144, Schriftenreihe „Beiträge aus der Forschung". Dortmund.
109. o. V. 2005. McDonalds outsourcing drive through order takers. http://www.metafilter.com/mefi/38901. Zugegriffen. 17. Juni 2006.
110. Pater, S. 2003. Zum Beispiel McDonald's, neu erarbeitete Aufl. Göttingen.
111. PC-Magazin. 2004. Hamburger-Krieg weitet sich aus. 9. September. http://www.pc-magazin.de/common/nws/einemeldung. Zugegriffen: 24. Juni 2005.
112. Porter, M. E. 1999. *Wettbewerbsstrategie: Methoden zur Analyse von Branchen und Konkurrenten.* 10. Aufl. Frankfurt a. M.
113. Pro7-Reportage: Die Big-Mac-Baustelle – Wie ein McDonald's Restaurant entsteht, am 21.11.2005 (21:30 Uhr) und 27. November 2005 (23:55 Uhr).
114. Ramerstorfer, F. 2004. McDonald's Werbung in UK ohne Logo – Fastfoodkette will Konsumenten zum Nachdenken anregen. 13. Oktober. http://www.pressetext.at/pte.mc?pte=041013003. Zugegriffen: 19. Juli 2006.
115. Rohleder, J. 2006. „Es gibt kein Land mehr, das uns noch reizt", Interview mit Jim Skinner, seit 2004 Vorstandsvorsitzender, und Matthew H. Paull, Leiter des Finanzressorts seit 2001. *Focus* 22.
116. Rohleder, J., und J. Hirzel. 2006. Die McDonald's Story. *Focus* 22:146–158.
117. Roschlau, R. 2004. Zur Kampagne gegen McDonald's: McDonald's wirbt mit tückischen Nährwerttabellen. *TAZ.* 21. August.
118. Rost, A. 2002. Supply Chain Management in der Systemgastronomie – das europäische Distributionssystem für McDonald's, Bundesvereinigung Logistik: 3. Logistics Forum 2002, Düsseldorf. www.logistics.de/.../5c8c9738e90ec50dc1256db2002f25dc!OpenDocument&Click=-44k-. Zugegriffen: 26. Aug. 2006.
119. Royle, T. 2000. *Working for McDonald's in Europe: The unequal struggle?.* London.
120. Sattler, H. 2000. *Markenpolitik.* Stuttgart.
121. Schäfer, P. 2011. Frittieren bildet – Wer die Hamburger-Universität bei McDonald's durchlaufen hat, gilt als begehrte Führungskraft. *Die Zeit.* 2. Juli. http://www.zeit.de/2011/27/McDonalds. Zugegriffen: 16. Juli 2014.
122. Schlosser, E. 2003. *Fast Food Gesellschaft – fette Gewinne, faules System.* München.
123. Schneider, W. 2005.
124. Schneider, W. 2006. *Marketing und Käuferverhalten.* 2. Aufl. München.
125. Schönberger, P. 2003a. Gesetz gegen den unlauteren Wettbewerb. http://jurcom5.juris.de/bundes-recht/uwg/. Zugegriffen: 16. Juli 2006.
126. Schrader, U. 2003. *Corporate Citizenship. Die Unternehmung als guter Bürger.* Berlin.
127. Schultz, Robinson und Petrison. 1998. *Sales promotion essentials.* McGraw Hill Professional.
128. Seebach, B. 2011. Zweifelhaftes System – Franchise-Nehmer meutern gegen Subway (Stand 4. Oktober). http://www.n24.de/n24/Nachrichten/Wirtschaft/d/1371156/franchise-nehmer-meutern-gegen-subway.html. Zugegriffen: 10. Juli 2014.

129. Simon, H. 1992. Preisbündelung. In *Zeitschrift für Betriebswirtschaft*, 62:1213–1235.
130. Spiegel Online. 2006. Fast-Food-Image – McDonald's und Disney stoppen Kooperation. 9. Mai. http://www.spiegel.de/wirtschaft/0,1518,415272,00.html. Zugegriffen: 17. Juni 2006.
131. Spurlock, M. o. J. Fette Fakten aus dem Film „Super Size Me". www.pathefilms.ch. Zugegriffen: 21. Mai 2006.
132. Stiftung Warentest. 2005. McDonald's ist der Burger King (Stand 20. Januar). www.stiftung-warentest.de/online/essen_trinken/1234826.html. Zugegriffen: 16. Juli 2006.
133. Süddeutsche Zeitung. 2005. 50 Jahre McDonald's – Schickt sie uns jung, dann gehören sie uns für immer!. 15. April. http://www.sueddeutsche.de. Zugegriffen: 20. Juli 2005.
134. Sveiby, K. E., und T. Lloyd. 1990. *Das Management des Know-how. Führung von Beratungs-, Kreativ- und Wissensunternehmen*. Frankfurt a. M.
135. Tennyson, J. 1993. *Hamburger Heaven*. New York.
136. The Economist. 2003. McDonald's – Did somebody say a loss?, from The Economist print edition. 10. April. http://www.economist.com. Zugegriffen: 19. Mai 2005.
137. The Economist. 2004. Big Mac's makeover – McDonald's turned around, from The Economist print edition. 14. Oktober. http//www.economist.com/displaystory.cfm?story_id=3285898. Zugegriffen: 17. Mai 2006.
138. The Performers. 2006. Prominente in der Werbung–ein Leitfaden, Version 2. http://www.theperfomers.info/download/leitfaden_de.pdf#search=%22Michael%20Ballack%20Sympathie-%20und%20Bekanntheitswerte%22. Zugegriffen: 28. Aug. 2006.
139. Tietz, B. 1991. *Handbuch Franchising*. 2. Aufl. Landsberg am Lech.
140. T-Online 2006. T-Online Kunden surfen jetzt unterwegs kabellos bei McDonald's, Pressemitteilung vom 4. Juli. http://www.t-online.net/c/83/95/24/8395246.html. Zugegriffen: 18. Juli 2006.
141. Von der Heydt, A. 1997. *Efficient Consumer Response (ECR) – Basisstrategien und Grundtechniken, zentrale Erfolgsfaktoren sowie globaler Implementierungsplan*. 2. Aufl. Frankfurt a. M.
142. Wallraff, G. 1985. *Ganz unten*. Köln.
143. Waterson, M. 2005. Fast food chains like to be close to the competition. *Warwick E-Network – The Online Magazine of the Warwick Graduates' Association of the University of Warwick*, 7. http://www.esrc.ac.uk/ESRCInfoCentre/PO/releases/2004/march/fastfood.aspx?ComponentId=1993&SourcePageId=1405. Zugegriffen: 24. Juni 2005.
144. Weißenborn, C. 2010. Schwere Vorwürfe gegen McDonald's. *Handelsblatt*. 28. Januar. http://www.handelsblatt.com/unternehmen/handel-dienstleister/insider-packen-aus-schwere-vorwuerfe-gegen-mcdonalds-seite-all/3356410-all.html. Zugegriffen: 14. Juli 2014.
145. Werben&Verkaufen. 2002. McDonald's stoppt Burger King-Werbung mit Ronald McDonald. 9. August. www.promio.net/tci_talk_read.php?f=2&i=197&t=197&list=1. Zugegriffen: 16. Juli 2008.
146. Werben&Verkaufen. o. J. Shrek tritt als McDonald's-Testimonial auf. http://www.wuv.de/news/archiv/2005/07/44255/index.html. Zugegriffen: 27. Juli 2006.
147. Westebbe, A., und D. Logan. 1995. *Corporate Citizenship. Unternehmen im gesellschaftlichen Dialog*. Wiesbaden.
148. Wieland, J. (Hrsg.). 2004. *Handbuch Wertemanagement*. Hamburg.
149. Winkelmann, P. 2000. *Vertriebskonzeption und Vertriebssteuerung*. München.
150. WM-Journal. 2004. Hamburger-Krieg zwischen King-Size-Kahn und McBallack. http://www.wm-jour-nal.de/modules.php?name=News&file=article&sid=134. Zugegriffen: 24. Juni 2005.
151. Wübker, G. 1998. *Preisbündelung. Formen, Theorie, Messung und Umsetzung*. Wiesbaden.
152. Wübker, G., und H. Simon. 2001. Preisbündelung. In *Vahlens großes Marketinglexikon*, Hrsg. H. Diller, 2. Aufl., 1301–1303. München.
153. www.bk.com. Zugegriffen: 11. Juli 2014.

154. www.interbrand.com. Zugegriffen: 7. Juli 2014.
155. www.mcdonalds.at. Zugegriffen: 19. Juli 2012.
156. www.mcdonalds.com. Zugegriffen: 19. Juli 2012.
157. www.mcdonalds.de. Zugegriffen: 19. Juli 2012.
158. www.mcdonalds.de/ausbildung. Zugegriffen: 17. Juni 2006.
159. www.mcdonalds-kinderhilfe.org. Zugegriffen: 13. Juli 2014.
160. www.researchfoundation.com. Zugegriffen: 16. Juli 2006.
161. ZDF Heute Magazin. 2003. Dicke Kinder scheitern mit Klage gegen McDonald's, 23. Januar. http://www.heute.de/ZDFheute/inhalt/23/0,3672,2031127,00.html. Zugegriffen: 26. Juli 2006.

# Quo vadis, McDonald's?

**6**

> In Amerika betreiben wir heute 13.800 Restaurants und ich bezweifle, dass wir dort jemals mehr als 20.000 besitzen werden. In Chicago zum Beispiel, wo wir 400 Restaurants haben, investieren wir lieber in bestehende Objekte als in neue. In China sehe ich Platz für 5.000 bis 10.000 Restaurants. Dort liegen die Wachstumsraten jährlich bei 15 bis 20 %, in Russland sogar darüber. Ich würde mich freuen, wenn wir in fünf Jahren weltweit in 35.000 Restaurants Big Macs verkauften. 50.000 werden wir im Laufe meiner Karriere nicht mehr schaffen. (zitiert nach [6], S. 161–162)

Matthew H. Paull, Leiter des Finanzressorts McDonald's 2001–2008

Das Erfolgsgeheimnis von McDonald's ist darauf zurückzuführen, dass das Unternehmen geltende Überzeugungen in der Gastronomie, die bis dato als unverzichtbar und erfolgreich galten, außer Kraft gesetzt hat, indem es „den Hamburger aufs Fließband gesetzt hat". Bestehende Glaubensmuster wurden gebrochen, und aufgrund des herausragenden Erfolgs von McDonald's kam es in der gesamten Branche zu einem Paradigmenwechsel (vgl. [9], S. 22).

Doch nun steht McDonald's vor neuen Herausforderungen, die sich an folgenden Trends in der Ernährung ablesen lassen (vgl. [7]):

- Immer mehr Kinder und Erwachsene leiden an Übergewicht infolge falscher Ernährung und Bewegungsmangel.
- Die traditionellen Familienstrukturen haben sich aufgelöst. Als Folge essen immer mehr Kinder und Eltern häufig außer Haus. Demnach stehen Mobilität und Flexibilität im Vordergrund – Nahrung für unterwegs mit situativer Intelligenz ist gefragt.
- Mit zunehmender Produkt- und Informationsvielfalt wachsen Informationsüberlastung und Verunsicherung beim Verbraucher. Er braucht vor allem Vertrauen und Orientierung. Hier bieten Marken einen wichtigen Ansatz.

© Springer Fachmedien Wiesbaden 2015
W. Schneider, *McMarketing*, DOI 10.1007/978-3-658-07096-0_6

- Laut Marktforschungsstudien der GfK haben sich drei prototypische Ernährungsstile in der Bevölkerung herauskristallisiert: Convenience (= Bequemlichkeit), Feinschmecker und Gesundheit. Das Interessante daran erscheint, dass alle drei Stile von ein und derselben Person nebeneinander bzw. abwechselnd verwirklicht werden (sog. „variety seeking" bzw. „hybrides Konsumentenverhalten").

Bringt man diese Entwicklungen auf den Punkt, ist der klassische Fast-Food-Markt in dreierlei Hinsicht gesättigt: Zu viele übergewichtige Menschen, zu viele gleichartige Produkte, zu viele Informationen. Daraus leitet sich das zukünftige Erfolgsrezept von McDonald's ab:

- Healthy convenience in an entertaining box: Lars Feldmann, Trendforscher am Gottlieb Duttweiler Institut in Zürich, hat in diesem Zusammenhang folgende Visionen: „In 2 Jahren wird weltweit die McDonald's Diät eingeführt, in 5 Jahren bietet McDonald's die meisten individuellen Ernährungsberatungen über Internet an und in 10 Jahren stehen keine Friteusen mehr in den Restaurants." Geradezu konträr hierzu steht die Entscheidung von McDonald's, seinen Hähnchenfleisch-Lieferanten seit April 2014 den Einsatz von gentechnisch verändertem Futtermittel zu erlauben.
- Kontinnovation: Kontinuierlich im Qualitätsanspruch, innovativ in der Angebotspalette. Auf diese Weise wird zum einen den derzeitigen Kunden mehr Abwechslung geboten und deren sich wandelnder Bedürfnisse Rechnung getragen. Auf der anderen Seite können neue Zielgruppen gewonnen werden, die McDonald's bislang gemieden haben.
- Stärkung der Kernmarke: Globale Marken und Produkte versprechen auf der ganzen Welt ein vergleichbares Esserlebnis, das den Konsumenten Sicherheit verspricht. Marken mit vertrauten Zutaten, Rezepturen und Qualitätsstandards sorgen für ein Instant-Wohlgefühl beim Verbraucher (vgl. [5]).

Es wird eine riesige Herausforderung sein, ein so vielschichtiges Geschäft unter einer Marke zu führen, ohne deren Profil zu verwässern und die klassischen Kernkompetenzen zu verlieren. Wenn man mehr Produkte im Angebot hat, bedeutet das mehr potenzielle Probleme und höhere Kosten. Außerdem muss man versuchen, eine Zielgruppe anzusprechen, ohne der anderen fremd zu werden. Im Wesentlichen lassen sich hierbei vier Zielgruppen unterscheiden:

- Eltern, die ihren Kindern mit dem Besuch bei McDonald's ein Vergnügen bereiten möchten.
- Kinder, die McDonald's besuchen, weil es ein lustiger Ort zum Essen ist.
- Berufstätige, die McDonald's während des Arbeitstages besuchen, weil der Service schnell ist, das Essen gut schmeckt und im Auto konsumiert werden kann, ohne viel Zeit für die Arbeit zu verlieren.
- Jugendliche, die kommen, weil das Essen günstig ist, man mit Freunden „chillen" kann und es einen kostenlosen Internetzugang gibt (vgl. [5]).

Und ein Restaurant, das attraktiv für Familien und voll mit Kindern ist, die lauthals nach ihrer Happy Meal (oder den beigefügten Spielzeugen) rufen, wird sich schwer damit tun, den gestressten Büroangestellten, der sich bei einem schnellen Sandwich und Kaffee erholen will, anzusprechen (vgl. hierzu auch [8]).

Es bleibt offen, wie weit McDonald's sein Speiseangebot und damit nicht zuletzt auch seine (neuen) Zielgruppen unter den „Golden Arches" ausdehnen kann. Oder wie der Filmemacher Spurlock es ausdrückt: „Die Leute kommen zu McDonald's, um Hamburger zu essen." Aber wenn mehr Verbraucher damit beginnen, Salate und getoastete Sandwiches auszuwählen, wird sich das Geschäft verändern. Doch funktioniert die Marke McDonald's noch, wenn dieser Fall eintreten sollte? Und kann eine Marke ewig auf Wachstumskurs bleiben, oder stößt man nicht irgendwann an Grenzen und kann nur durch Diversifikation in andere Geschäftsbereiche Umsatz und Gewinne steigern? Vor diesem Hintergrund könnte sich die vor einigen Jahren eingeschlagene Fokussierung auf die Kernmarke McDonald's mittel- bis langfristig durchaus als nachteilig erweisen.

Eine SWOT-Analyse (Strengths, Weaknesses, Opportunities, Threats) von McDonald's zeigt folgendes:

- Stärken (intern): Eine starke Marke und eine detaillierte Marktforschung, auf der ein kompetenter Marketing-Mix aufbaut.
- Schwächen (intern): McDonald's befindet sich bereits seit geraumer Zeit auf dem Markt, worunter die Innovationsorientierung leiden könnte; außerdem eine starke Abhängigkeit von der Kernmarke, da es keine nennenswerte Diversifikation gibt.
- Chancen (extern): Wachsende Anzahl von Verbrauchern, die nach einer schnellen Mahlzeit außer Haus in freundlicher Atmosphäre sucht.
- Risiken (extern): Neue Wettbewerber drängen auf den Markt, und die Lebensstile von Verbrauchern wandeln sich (vgl. [2]).

**Diversifikationsbestrebungen: Salatfiliale in Paris**

In Paris hat McDonald's eine reine Salatfiliale eröffnet. Mit dem Fleischfrei-Konzept will der US-Konzern neue Kunden gewinnen. „Die Inneneinrichtung der neuen Dependance strahlt in Chrom, Glas und hellem Holzlaminat, ein langer Tisch, geteilt durch Designer-Gestecke." Hinter der Theke sind Rucola, Feld- und grüner Salat, Radicchio und Spinatblätter in Plexiglasschüben verstaut. Am Tresen wird – wie in den Stahlboxen einer Eisdiele – eine Vielfalt von Zugaben angeboten: Crevetten, Mais, Artischockenherzen, Champignons, Oliven, Schafskäse, getrocknete Tomaten und Gewürzkräuter. Die Kundschaft wählt, die bunte Mischung wandert in eine Stahlschüssel, bevor sie von grün beschürzten Mitarbeitern mit dem Wiegemesser binnen Sekunden klein geschnipselt werden. Dazu noch eine von vier verschiedenen Saucen und an der Bar noch einen Espresso – „Bon appétit!" …

Der burgerfreie Laden zu Füßen glitzernder Glasfassaden am Pariser Büro- und Shopping-Zentrum La Défense befindet sich zwischen einer Bankfiliale und der riesig-roten Stahlplastik von Alexander Calder. Der Platz ist mit Bedacht gewählt, denn hier, im Westen von Paris, liegt eines der größten Dienstleistungszentren der Region: Rund 180.000 Angestellte und 20.000 Einwohner bevölkern die 160 Hektar rund um die Grande Arche, die moderne Version des Triumphbogens. Und just hier vollzieht sich, gemessen an der Geschichte des Buletten-Multis, eine geschmackliche Revolution. „Wir sind einmalig in Frankreich, ja einzig auf der Welt", strahlt Louis Esnon, der 26-jährige Chef zur Premiere: „Hier findet ein Testlauf statt – von internationaler Bedeutung." …

„Natürlich profitieren wir von der einmaligen Lage", sagt Filialleiter Esnon. „Und wir liegen mit sieben bis acht Euro pro Mahlzeit zwar über dem Billigangebot, aber mit unserer Vision haben wir enormen Zulauf." So viel, dass die Bestellungen mittlerweile per Internet und Handy abgewickelt werden. Der Abholzeitpunkt wird per SMS übermittelt. Ein Lesegerät am Eingang identifiziert die eilige, „aber sehr zufriedene Kundschaft" [3].

Zwar ist McDonald's nach Umsatz, Gewinn und Mitarbeiterzahlen immer noch mit deutlichem Abstand weltweiter Marktführer in der Systemgastronomie. Doch in jüngster Zeit gehen die Gästezahlen des Fast-Food-Giganten rund um den Globus erstmals in der Firmengeschichte zurück. Lediglich das Geschäft in den Schwellenländern und hier vor allem in China bietet noch Lichtblicke. Doch hier wurde das Unternehmen 2014 mit einem Gammelfleischskandal konfrontiert und musste kurzfristig sämtliche Fleischprodukte aus dem Angebotsprogramm nehmen, was sich rund um den Globus negativ auf McDonald's auswirkte.

Eine solche Entwicklung wirft folgende Fragen auf: Haben die Erfolgsprinzipien der Firmengründer berechtigterweise ihre Bedeutung in einem sich gewandelten Umfeld verloren und mussten bzw. müssen diese durch neue ersetzt werden? Oder sind die im Folgenden aufgeführten einstigen Erfolgsgaranten fälschlicherweise im Laufe der Zeit in Vergessenheit geraten oder haben zumindest an Profil verloren?

• Eine eng begrenzte Angebotspalette, um auf diese Weise Komplexität zu reduzieren und damit Kostenführer zu werden: McDonald's weitet sein Sortiment ständig aus. Und auch das ursprüngliche Prinzip der McDonald's Brüder, gänzlich auf Geschirr zu verzichten, wurde mit der Einführung von McCafé über den Haufen gestoßen. All dies erhöht die Komplexität des Geschäfts, was unweigerlich die Kosten mehrt. Können diese Kostensteigerungen nicht auf die Lieferanten durch bessere Einkaufskonditionen und/oder die Kunden mittels erhöhter Preise abgewälzt werden, werden unweigerlich die Gewinne sinken.
• Ausschließliche Vergabe von Einzellizenzen an Franchise-Nehmer, um auf diese Weise die Kontrolle über das gesamte System zu behalten: Die Statistiken der letzten Jahre belegen, dass zwar die Anzahl der Restaurants steigt, gleichzeitig aber die Anzahl der Franchise-Nehmer zurückgeht. Was nichts anderes bedeutet, als dass der einzelne Franchise-Nehmer im Durchschnitt fünf Restaurants parallel betreibt (vgl. [2]). Betrachtet man diese Entwicklung skeptisch, könnte es nichts anderes bedeuten, als dass

McDonald's sich darüber im Klaren ist, dass Franchise-Nehmer mit einem einzelnen Restaurant zukünftig nicht mehr genügend Gewinn erwirtschaften können.

- Win-Win-Situation auf dem dreibeinigen Stuhl zwischen McDonald's und seinen Lieferanten und Franchise-Nehmern: Lässt der Erfolg einer Kooperation nach, kämpfen die Systemmitglieder verschärft um die Stücke eines Kuchens, der in der Vergangenheit stetig gewachsen ist, nun aber schrumpft. In einem solchen Null-Summen-Spiel wird sich unweigerlich der Druck auf die Lieferanten erhöhen, so dass die von McDonald's immer propagierten Handshake-Agreements der Vergangenheit angehören dürften. Auf der anderen Seite dürfte die Zahl unzufriedener Franchise-Nehmer zunehmen. Da die Restaurant-Betreiber ihre Gebühren auf Basis von Umsätzen und nicht von Gewinnen entrichten müssen, entwickle der Konzern immer neue Sortimente, die zwar die Umsätze sprudeln lassen, aber für die Franchise-Nehmer nicht gewinnfördernd seien, so die Kritiker. So habe sich das Frühstücksangebot nach Insiderangaben für die Franchise-Nehmer nie gelohnt. Die McCafés erfordern je Restaurant Investitionen in sechsstelliger Höhe und belegen einen erheblichen Teil der Fläche, steuern aber nur etwa 5 % zum Umsatz bei. Und Angebote wie „1 + 1" und „SMS – Schnell mal sparen" sind als kurzfristige Umsatztreiber verschrien, da sie dazu beitragen würden, McDonald's Restaurants ins Billigsegment herunterzuziehen und damit langfristig Rendite zu vernichten (vgl. [1], S. 59 f.).

Würden die McDonald's Brüder und Ray Kroc ihr Unternehmen heute sehen, wären sie überrascht, welch nachlassende Rolle ihre einstigen Erfolgsgaranten nur noch spielen. Wirft man jedoch einen Blick auf die bewegte Geschichte des Unternehmens, wird deutlich, dass McDonald's schon zahlreiche Herausforderungen gemeistert hat. Und so darf man gespannt sein, ob die Fast-Food-Prognose des Firmengründers Ray Kroc auch noch in Zukunft Bestand haben wird. „Ich weiß nicht, welches Essen wir in 50 Jahren verkaufen. Ich weiß nur, dass wir davon mehr verkaufen als alle anderen." (vgl. [4]) (Abb. 6.1)

**Abb. 6.1** Zum 50. Geburtstag von McDonald's errichteter Flagshipstore in Chicago, Illinois. [10]

## Literatur

1. Hirzel, J., J. Schuster, und M. Halpert. 2014. Geht McDonald's die Luft aus. *Focus* 7:56–60.
2. http://businesscasestudies.co.uk/mcdonalds-restaurants/the-marketing-process/meeting-the-needs-of-key-audiences.html#axzz37i9a9Zkh. Zugegriffen: 17. Juli 2014.
3. http://www.spiegel.de/wirtschaft/soziales/salatfiliale-beim-burger-giganten-mcfleischlos-bittet-zu-tisch-a-740498.html. Zugegriffen: 19. Juli 2014.
4. Love, J. F. 1990. McDonald's – Anatomie eines Welterfolgs, 3. Aufl. München.
5. McDonald's Deutschland Inc. 2006. Pressemitteilung – MCD 03-0003/03-04, Aus dem Bauch heraus: Welche Trends den (Fast)Food-Markt von morgen bestimmen – Experten diskutieren mit McDonald's über das Essen der Zukunft. www.mcdonalds.de. Zugegriffen: 16. Mai 2006.
6. Rohleder, J. 2006. „Es gibt kein Land mehr, das uns noch reizt", Interview mit Jim Skinner, seit 2004 Vorstandsvorsitzender, und Matthew H. Paull, Leiter des Finanzressorts seit 2001. *Focus* 22:144.
7. Rohleder, J., und J. Hirzel. 2006. Die McDonald's Story. *Focus* 22:146–158.
8. The Economist. 2004. Big Mac's makeover – McDonald's turned around, from The Economist print edition. 14. Oktober. http://www.economist.com/displaystory.cfm?story_id=3285898. Zugegriffen: 17. Mai 2006.
9. Weissman, A. 2005. Mit Regelbrüchen aus der Strategiefalle. *Frankfurter Allgemeine Zeitung*, 29. Mai 2005.
10. www.mcdonalds.com. Zugegriffen: 19. Juli 2012.

# McDonald's im Überblick

## 7.1 McDonald's auf dem Zeitstrahl – eine Chronologie der Unternehmensentwicklung (vgl. im Folgenden [7]; [5]; [4]; [6]; [11]; [1])

- 1937: Richard und Maurice McDonald, genannt Dick und Mac, eröffnen in Pasadena ihren ersten Drive In-Stand, an dem sie Hotdogs und Milch-Shakes anbieten.
- 1940: Die Brüder errichten ihr erstes McDonald's Restaurant in San Bernardino, Kalifornien.
- 1948: Die McDonald's Brüder eröffnen am 20. Dezember ihr umgestaltetes Schnell-Restaurant in San Bernardino, Kalifornien. Sie führen das sog. „Speedee Service System", eine innovative und rationelle Art, auf Basis der Fließfertigung Hamburger „zusammenzubauen", und stellen auf Selbstbedienung um. Ein kleiner Hamburger-Mann namens „Speedee" wird zum Firmensymbol.
- 1952: Golden Arches – Neil Fox wird erster Franchise-Nehmer. Sein Restaurant in Phoenix, Arizona, ziert erstmals das Symbol des Unternehmens: die Golden Arches, die goldenen Bögen.
- 1954: Der Milch-Shake-Mixer-Verkäufer Ray Kroc erwirbt das Exklusiv-Recht, Lizenzen sprich Franchise-Verträge für McDonald's Restaurants zu vergeben.
- 1955: Ray Kroc eröffnet am 15. April sein erstes McDonald's Restaurant in Des Plaines, Illinois (einem Vorort von Chicago). Im Juli eröffnet Kroc sein zweites Restaurant in Fresno, Kalifornien (vgl. Abb. 6.1). Die Umsätze des Unternehmens belaufen sich auf 193.772 US-$.
- 1956: Zwölf neue Restaurants kommen hinzu.
- 1957: „QS&C" (Quality, Service and Cleanliness)
  - Das heute noch für alle verbindliche Prinzip für die McDonald's Restaurants wird festgelegt.

© Springer Fachmedien Wiesbaden 2015
W. Schneider, *McMarketing*, DOI 10.1007/978-3-658-07096-0_7

- Ray Kroc verteilt an Weihnachten kostenlose Hamburger an Mitarbeiter der Heilsarmee.
- Die Umsätze der nunmehr 40 Restaurants belaufen sich auf 3.841.327 US-$.
- 1958: Der 100-Millionste Hamburger
  - McDonald's verkauft seinen 100-Millionsten Hamburger.
  - Fred Turner, der als Hamburger-Brater für eine Stundenlohn von 1 US-$ bei Kroc begonnen hatte, wird Vize-Präsident des Unternehmens.
  - Einstieg ins Immobiliengeschäft und Gründung der Franchise Realty Corporation
  - Die Jahresumsätze explodieren auf 10.896.163 US-$, was einer Steigerung gegenüber dem Vorjahr um 151 % entspricht.
- 1959: Das 100. McDonald's Restaurant
  - Insgesamt kommen im Jahresverlauf 66 neue Restaurants hinzu, was einem neuen Rekord entspricht.
  - Das 100. McDonald's Restaurant eröffnet in Fond Du Lac, Wisconsin.
  - McDonald's beginnt mit Werbung auf Reklameflächen.
- 1960: Der erste Slogan
  - „Look for the Golden Arches" („Sucht die Goldenen Bögen") wird zum ersten Werbeslogan des Unternehmens.
  - Das Unternehmen feiert seinen 5. Geburtstag, eröffnet sein 200. Restaurant in Knoxville, Tennessee, und verkauft seinen 400 millionsten Hamburger.
  - Die Jahresumsätze belaufen sich auf 37,6 Mio. US-$.
  - Das Unternehmen investiert erstmals einen großen Betrag in Werbe- und Marketingkampagnen. Die Werbekampagne ermutigt zur „All American Meal", zur Mahlzeit für alle Amerikaner: Hamburger, Pommes Frites und Milch-Shake.
  - Die 1955 gegründete McDonald's Systems Inc. wird in McDonald's Corporation umbenannt.
- 1961: Der Neubeginn
  - Ray Kroc erwirbt für 2,7 Mio. US-$ die alleinigen Rechte an McDonald's System Inc., die er fortan McDonald's Corporation nennt.
  - Die Hamburger Universität in Elk Grove nahe Chicago öffnet ihre Pforten. Die ersten Absolventen erhalten den Grad eines Bachelors of Hamburgerology.
  - Der Landwirtschaftsminister der USA, Charles Murphy, isst den 500millionsten McDonald's Hamburger.
  - Die Goldenen Bögen, ein modernistisches M, ersetzen „Speedee" als Firmenlogo.
- 1962: Ein neuer Slogan
  - Ein neuer Werbeslogan, „Go for Goodness at McDonald's" („Geh um Himmels Willen zu McDonald's"), wird eingeführt.
  - McDonald's verkauft seinen 700millionsten Hamburger.
  - Im Life-Magazine wird die erste landesweite Zeitschriftenwerbung geschaltet.
  - Das erste McDonald's Restaurant mit im Hause befindlichen Sitzplätzen eröffnet in Denver, Colorado.

- 1963: 1 Mrd. Hamburger
  - Die Anzahl der verkauften Hamburger übersteigt die 1-Milliarden-Grenze. Ray Kroc serviert den symbolischen Hamburger in der Art-Linkletter-Show, einer landesweit ausgestrahlten Fernsehsendung.
  - Das 500. Restaurant wird eröffnet.
  - Der 500. Student absolviert erfolgreich die Hamburger-Universität.
  - Der Nettogewinn übersteigt die 1-Millionen-US-$-Grenze.
- 1964: Der Filet-o-Fish-Sandwich wird eingeführt.
- 1965: McDonald's geht an die Börse. Der Preis für eine Aktie steigt innerhalb weniger Wochen von 22,50 US-$ auf 49 US-$. Ein Jahr später wird McDonald's an der New York Stock Exchange gelistet.
- 1966: Ronald McDonald – Die Unternehmensfigur hat ihren ersten Auftritt im US-Fernsehen.
- 1967: Internationalisierung
  - Die ersten Restaurants außerhalb der USA eröffnen in Kanada und Puerto Rico.
  - Der Preis für einen Hamburger steigt von 15 auf 18 Cents.
- 1968: Launch des Big Mac
  - Der Big Mac (in Deutschland: Big Mäc) wird eingeführt. Er ist, zumindest bis heute, das mit deutlichem Abstand bekannteste McDonald's Produkt.
  - Das 1.000 Restaurant eröffnet in Des Plaines, Illinois.
- 1970: Flächendeckung in den USA
  - McDonald's Restaurants sind in jedem Bundesstaat der USA vertreten.
  - Als neue Länder kommen die Jungfraueninseln und Costa Rica hinzu. Ray Cesca, Chefeinkäufer von McDonald's, gibt später zu, dass McDonald's in Costa Rica Fleisch von Rindern verarbeitet hat, die auf ehemaligem Regenwald-Land, das in den 50er und 60er Jahren gerodet worden war, gezüchtet wurden.
  - Das erste Playland (McDonald's mit Spielplatz) eröffnet in Chula Vista, Kalifornien.
- 1971: McDonald's in Deutschland
  - Die ersten Restaurants in Asien (Tokio), Australien (Sydney) und Europa (Amsterdam) eröffnen.
  - Das erste japanische Restaurant im Einkaufsbezirk Ginza erwirtschaftet am ersten Tag einen Umsatz von 3.000 US-$.
  - Am 4. Dezember nimmt in München das erste deutsche McDonald's Restaurant seinen Betrieb auf.
  - Als weitere neue Länder kommen Japan, Holland, Australien, Panama und Guam hinzu. Der Vorsitzende von McDonald's Japan legt dar, „dass der Grund, dass Japaner so klein sind und eine gelbe Hautfarbe haben, darin liegt, dass sie seit 2000 Jahren nichts anderes als Fisch und Reis gegessen haben. ... Wenn wir tausend Jahre lang McDonald's Hamburger und Kartoffeln essen, werden wir größer, unsere Haut wird weiß und unser Haar blond."
  - Der McMuffin, ein Eier-Sandwich, wird in den USA als erstes Frühstücksangebot von McDonald's einem Markttest unterzogen.

- 1972: Ungebremstes Wachstum
  - Jeden Tag öffnet ein neues McDonald's Restaurant.
  - Das 2.000. Restaurant nimmt seinen Betrieb in Des Plaines, Illinois, auf.
  - Der Quarter Pounder (in Deutschland Hamburger Royal) wird eingeführt.
  - Ray Kroc unterstützt die umstrittene Präsidentschaftskampagne von Richard Nixon mit einer Spende von 250.000 US-$. Kritiker des Unternehmens behaupten, dass diese Spende Gegenstand von Untersuchungen während der Watergate-Affäre war. Passagen im Buch „Behind the Arches" („Hinter den goldenen Bögen"), das angeblich mit Unterstützung und Hilfe von McDonald's geschrieben wurde, behaupten, dass die Spende gerade zu dem Zeitpunkt floss, als McDonald's Franchise-Nehmer ihren Einfluss dahingehend geltend machten, ein Anheben der Mindestlöhne zu verhindern und ein Gesetz zu verabschieden, das mit „The McDonald's Bill", das McDonald's Gesetz tituliert wurde und das es ermöglichen sollte, junge Arbeiter unterhalb des gesetzlich festgelegten Mindestlohns zu bezahlen.
- 1973: Der Schritt nach Großbritannien
  - In Großbritannien wird McDonald's Golden Arches Restaurants Limited gegründet als ein Joint Venture sprich Gemeinschaftsunternehmen zwischen McDonald's und zwei Geschäftsleuten, einem Briten und einem Amerikaner.
  - Als neues Land kommt Schweden hinzu.
  - Der McMuffin wird eingeführt.
  - McDonald's bietet erstmalig Frühstück an.
- 1974: Eröffnung des ersten Ronald McDonald Hauses
  - Das erste Ronald McDonald Haus für krebskranke Kinder und ihre Familienangehörigen eröffnet in Philadelphia, Pennsylvania.
  - Das 3.000 Restaurant weltweit und das erste in Großbritannien öffnet in Woolwich, Süd-Ost-London.
  - Bis 1974 sind die McDonald's Mitarbeiter in Puerto Rico gewerkschaftlich organisiert, aber dann wird das Unternehmen an einen neuen Franchise-Nehmer verkauft. Es folgt ein Rechtsstreit, der damit endet, dass alle Restaurants geschlossen werden müssen und McDonald's das Land verlassen muss. Die Restaurants eröffnen wieder in 1980, nunmehr ohne gewerkschaftlich organisierte Arbeit.
  - Bei einer öffentlichen Anhörung in San Francisco sagen McDonald's Mitarbeiter aus, dass das Unternehmen Lügendetektoren eingesetzt habe, um an Informationen über Gewerkschaftssympathien zu gelangen. Dies hat zur Folge, dass dem Unternehmen rechtliche Schritte angedroht werden.
- 1975: Der Beginn von McDrive
  - Der erste McDrive eröffnet in Sierra Vista, Arizona. Die Bezeichnungen McDrive oder Drive In stammen nicht von den US-Filialen, dort heißt es Drive Thru (Drive Through).
  - Hans Hovan und Rudolf Weber werden die ersten Franchise-Nehmer in Deutschland.
  - Als neue Länder kommen Hongkong, Bahamas und Nicaragua hinzu.

- 1976: Weiteres Wachstum …
  - Das 4.000. Restaurant öffnet in Kanada. Als neue Länder kommen die Schweiz und Neuseeland hinzu. Mit 334 Sitzplätzen eröffnet das bis dato größte Restaurant.
  - In den USA wird das Frühstücksmenü landesweit eingeführt. Als neue Länder kommen Irland und Australien hinzu.
  - Der 20-Milliardste Hamburger wird verkauft.
- 1978: … und Wachstum
  - Das 5.000 Restaurant öffnet in Kanagawa, Japan, und erzielt im ersten Jahr einen Umsatz von 1 Mio. US-$.
  - Das Softeis „Sundae" (in Deutschland McSundae) wird in den USA eingeführt.
  - Als neues Land kommt Belgien hinzu.
- 1979: Als neue Länder kommen Brasilien und Singapur hinzu. Der durchschnittliche Jahresumsatz eines McDonald's Restaurants liegt bereits über einer Million US-$.
- 1980: 100 Restaurants in Deutschland
  - McDonald's feiert 25. Geburtstag.
  - In München eröffnet das weltweit 6.000ste McDonald's Restaurant, in Hamburg-Altona das 100ste in Deutschland.
  - Das erste Schiffsrestaurant wird auf einem Schaufeldampfer in Missouri eröffnet.
- 1981: Als neue Länder kommen Spanien, Dänemark und Malaysia hinzu.
- 1982: Selbstzweifel eines Clowns
  - Das weltweit 7.000 Restaurant eröffnet in Washington DC.
  - Geoffrey Guiliano, ein Ronald McDonald-Hauptdarsteller, steigt aus und entschuldigt sich öffentlich, indem er feststellt: „Ich habe Jugendliche einer Gehirnwäsche unterzogen, damit sie Falsches tun. Ich möchte mich bei den Kindern überall dafür entschuldigen, dass ich sie an einen Konzern ausgeliefert habe, der Millionen damit erwirtschaftet, dass er Tiere tötet."
  - McDonald's ist verantwortlich für eine Lebensmittelvergiftung, die durch Coli-Bakterien ausgelöst wird und von der 47 Menschen in Oregon und Michigan, USA, betroffen sind.
  - CMA-Gütezeichen – Das Rindfleisch für die deutschen McDonald's Hamburger wird CMA-zertifiziert.
- 1983: Die neue Hamburger-Universität
  - Der neue Hamburger Universitäts-Campus in Oak Brook, Illinois, wird auf einem bewaldeten Gelände von rund 324 Hektar eröffnet. Trainingsprogramme für jede McDonald's Managementebene weltweit werden angeboten. Eine Lodge mit 154 Zimmern befindet sich auf demselben Gelände.
  - Die Chicken McNuggets werden in den USA eingeführt. Hierbei handelt es sich um kleine panierte Geflügelfleisch-Stücke, die frittiert werden. Das Fleisch besteht oft aus verschiedenen zerkleinerten Fleisch- und Hautstücken. Serviert werden Chicken McNuggets gewöhnlich mit Dip-Soßen (z. B. Currysoße, Barbecue-Soße oder auch Ketchup) (vgl. [2]).
  - Neues Land: Norwegen.

- 1984: Tod des Firmengründers
  - Ray Kroc (* 5. Oktober 1902; † 14. Januar 1984), der Gründer der McDonald's Corporation, stirbt im Alter von 81 Jahren. Mit dem Spitznamen „the Hamburger King" wurde Kroc in die TIME 100 Liste der einflussreichsten Titanen und Erschaffer der Industrie aufgenommen. Er sammelte ein Vermögen von 500 Mio. US-$ während seiner Lebenszeit an.
  - Anlässlich eines großen Empfangs bereitet McDonald's Präsident Edward Rensi am 20. November 1984, knapp 36 Jahre nach dem Verkauf des ersten McDonald's Hamburgers, im Grand Hyatt Hotel New York City den fünfzigmilliardsten Hamburger des Unternehmens zu.
  - Wenn McDonald's die seit 1955 verkauften Hamburger aufreihen würde, entspräche dies einer Strecke, mit der man den Äquator 103,75-mal umkreisen könnte oder die 5-mal zum Mond und zurück reichen würde.
  - McDonald's bedient nun 17 Mio. Gäste pro Tag – das entspricht der Bevölkerung von Australien und Neuseeland zusammen genommen.
  - Alle 17 Stunden eröffnet ein neues McDonald's Restaurant.
  - James Huberty erschießt 22 Menschen in einem McDonald's in San Diego (USA).
- 1985: Aufnahme in den Dow-Jones-Index
  - Als der Wert von McDonald's mit 4,16 Mrd. US-$ denjenigen von Sears, einer Kaufhauskette, übersteigt, wird der Fast-Food-Riese in den Dow Jones Index aufgenommen. Der Dow Jones Industrial Average, ein Aktienindex, umfasst die 30 wichtigsten Unternehmen der USA.
  - London Greenpeace startet eine Kampagne mit dem Ziel, die Wirklichkeit hinter der Werbemaske der Fast-Food-Ketten einschließlich McDonald's zu enthüllen.
- 1986: Geburtsstunde des Big Mac-Index
  - Die Zeitschrift „The Economist" erstellt als Instrument des internationalen Preisvergleichs erstmals den Big Mac-Index.
  - Vier McDonald's Mitarbeiter in Madrid, die zu Gewerkschaftswahlen aufgerufen hatten, werden entlassen. Das Unternehmen wird gezwungen, die Mitarbeiter wieder einzustellen, nachdem ein Arbeitsgericht festgestellt hatte, dass die Kündigungen illegal waren.
  - McDonald's ist die erste Restaurantkette in Großbritannien, die landesweit Nahrungsinformationen zum Nutzen seiner Kunden einführt.
  - Der erste weltweite Aktionstag gegen McDonald's findet am 16. Oktober, dem UN-Welternährungstag, statt.
- 1987: Gründung der Ronald McDonald Kinderhilfe
  - Die Ronald McDonald Kinderhilfe wird gegründet. Seit 1997 heißt sie McDonald's Kinderhilfe. 1998 wird Prof. Dr. Rita Süssmuth, Bundesfamilienministerin a. D., Präsidentin des Aufsichtsrates.
  - McDonald's bedient nunmehr weltweit täglich 20 Mio. Menschen in nahezu 10.000 Restaurants in 47 Ländern.

- 1989: Eine Milliarde Mark Umsatz
  - McDonald's und seine Franchise-Nehmer erwirtschaften in Deutschland erstmals mehr als eine Milliarde Mark Umsatz.
  - Der italienische Designer Valentino versucht an einem römischen Gericht, die Eröffnung eines McDonald's in der Nähe der Spanischen Treppe zu verhindern, indem er sich über den Lärm sowie die seiner Ansicht nach widerwärtigen Gerüche beschwert.
  - McDonald's wird an den Börsen in Frankfurt, München, Paris und Tokio gelistet.
  - McDonald's engagiert über 20 Monate Undercover-Privatdetektive, die Greenpeace London infiltrieren sollen.
  - Die McDonald's Restaurants in Philadelphia (USA) werden von unabhängiger Seite untersucht. Ihnen wird eine rassistische Lohnpolitik vorgeworfen, da sie in den Innenstädten (zumeist schwarze Arbeiter) niedrigere Löhne als in den Vorstädten (zumeist weiße Arbeiter) bezahlen.
- 1990: Die neuen Bundesländer und Osteuropa
  - McDonald's Deutschland eröffnet das erste Restaurant in den Neuen Bundesländern am 21. Dezember im sächsischen Plauen.
  - In Kiel eröffnet das erste deutsche Ronald McDonald Haus.
  - McDonald's Restaurants eröffnen am Puschkin-Platz sowie in der Gorky Straße in Moskau. 30.000 Menschen stehen an einem kalten Januartag an, um im ersten russischen McDonald's zu essen.
  - McDonald's verkauft seinen 80-Milliardsten Hamburger.
  - Das Time-Magazine führt Ray Kroc, den Firmengründer von McDonald's, unter den 100 wichtigsten Amerikanern des 20. Jahrhunderts.
- 1991: China
  - McDonald's Restaurants eröffnen in Peking. Der Rekord von Moskau wird gebrochen, in dem an einem Tag 40.000 Menschen bedient werden.
  - Das 150. Ronald McDonald-Haus eröffnet in Paris.
- 1992: Der fünfte Kontinent – Das erste McDonald's Restaurant Afrikas eröffnet in Casablanca.
- 1993: Der Big Mac feiert Jubiläum
  - Der wohl bekannteste Burger der Welt, 1968 von Franchise-Nehmer Jim Delligatti erfunden, wird 25 Jahre alt.
  - Der erste McDonald's auf See eröffnet an Bord der Silja Europa, der größten Fähre der Welt, die zwischen Stockholm und Helsinki verkehrt.
  - Die Planungsbehörden von Paris verweigern die Genehmigung, unter dem Eiffelturm ein McDonald's Restaurant zu errichten.
- 1994: Frühstück bei McDonald's
  - Seit April kann man in den deutschen McDonald's Restaurants auch frühstücken.
  - Restaurants in Bahrain, Bulgarien, Ägypten, Kuwait, Lettland, Oman, Neu-Kaledonien, Trinidad und den Vereinigten Arabischen Emiraten werden eröffnet. Nunmehr gibt es 15.000 Restaurants in 79 Ländern auf sechs Kontinenten.

- Die Tommy's Parent Friendly Campaign, die von der Tageszeitung Daily Telegraph unterstützt wird, wählt McDonald's zum zweiten Mal hintereinander zum elternfreundlichsten Restaurant in Großbritannien.
- In Lyon, Frankreich werden fünf McDonald's Manager verhaftet, weil sie Gewerkschaftswahlen manipuliert haben sollen.
- Das Unternehmen droht rechtliche Schritte gegen ein Oben-ohne-Restaurant in Australien mit dem Namen „McTits" an.
- Der McDonald's Kaffee-Fall: Die 81-jährige Stella Liebeck gewinnt vor einem Gericht im Bundesstaat New Mexico eine Klage auf Schmerzensgeld in Höhe von 4,5 Mio. US-$ gegen McDonald's, nachdem sie Verbrühungen dritten Grades an den Beinen erlitten hat, als sie einen Becher Kaffee über sich schüttete.
- 1995: 40 Jahre McDonald's
  - Der erste koschere McDonald's eröffnet nahe Jerusalem.
  - Es gibt internationale Proteste, die den 40. Geburtstag der Eröffnung des ersten Restaurants begleiten und 10 Jahre des international koordinierten Widerstandes gegen McDonald's feiern.
  - Den Protesten der dortigen Einwohner folgend, wird die Erlaubnis zur Errichtung eines Restaurants in Nord-London, der Europa-Zentrale des Unternehmens, verweigert.
  - Um diese Zeit häufen sich die Klagen von Franchise-Nehmern, dass McDonald's zu viele Franchise-Verträge abschließe, was zu ruinösem Wettbewerb unter den Franchise-Nehmern führe. McDonald's beginnt damit, vor der Vergabe eines neuen Franchise-Vertrages entsprechende Marktstudien durchzuführen.
- 1996: BSE-Krise, strategische Allianzen und der Streit um Markenrechte
  - Aufgrund der BSE-Krise verzichtet McDonald's auf britisches Rindfleisch. In Großbritannien verkauft McDonald's eine Woche lang keinerlei Rindfleischprodukte, weil das Unternehmen vermutlich auf Fleischlieferungen aus der EU wartet.
  - Die Webseite von McSpotlight, einer Gruppierung, die sich die Kritik an McDonald's zur Aufgabe gemacht hat, wird gestartet.
  - McDonald's Restaurants eröffnen in Indien sowie Weißrussland, dem 100. Land.
  - McDonald's und Disney geben einen Vertragsabschluss bekannt, der McDonald's für zehn Jahre die exklusiven Rechte sichert, die Charaktere von Disney für die unternehmenseigenen Werbeaktionen weltweit zu nutzen. Kommentatoren bezeichnen dies als die größte Marketing-Allianz, die man sich erdenken kann.
  - Der Filmstar Robin Williams lehnt ein Millionen-Pfund Angebot ab, für McDonald's zu werben.
  - McDonald's droht dem Besitzer einer britischen Sandwich-Bar mit dem Namen „McMunchies" rechtliche Schritte wegen Verletzung von Markenschutzrechten an.
  - Ein Schullehrer im Ruhestand namens Ronald McDonald und das Oberhaupt des schottischen McDonald-Clan fühlen sich durch diesen erneuten Versuch von McDonald's, die weltweite Herrschaft über die Vorsilbe „Mc" und den Namen „McDonald", der schon seit Jahrhunderten ein irischer und schottischer Familienname ist, zu erobern, aufs Tiefste verletzt.

- Das höchste Gericht in Dänemark entscheidet gegen McDonald's. Das Unternehmen hatte gegen einen Würstchenstand namens „McAllan's" wegen Verletzung von Markenrechten geklagt.
- Wegen Verletzung von Markenrechten verklagt McDonald's eine jamaikanische Fast-Food-Kette namens McDonald's Corporated Limited, die seit den frühen 70er Jahren dort ihr Geschäft betreibt.
- In Südafrika siegt McDonald's in einer gerichtlichen Auseinandersetzung um Markenrechte. Ein Berufungsgericht verbietet den Wettbewerbern, den Namen und das „Golden Arches"-Symbol zu nutzen.
- McDonald's investiert 200 Mio. US-$ in eine Promotionaktion in den USA und Kanada mit dem Ziel, Erwachsene in die Restaurants zu locken. Im Mittelpunkt der Aktion steht ein neuer Burger für Erwachsene, der „Arch Deluxe".
- McDonald's eröffnet das erste Fast-Food-Ski-Through-Restaurant in Lindvalen, Schweden.
- 1997: McDonald's online
  - McDonald's geht unter www.mcdonalds.de online.
  - Der McFlurry wird offiziell in den Markt eingeführt. Entwickelt und zuerst verkauft wird das McFlurry-Eis in Kanada. McFlurry besteht aus cremig geschlagenem Vanilleeis und einem die Geschmacksrichtung bestimmenden Zusatz. Das Eis wird in den McFlurry-Becher gezapft und die gewünschte Geschmacksrichtung in Pulverform darüber gestreut (Vgl. [3]).
  - Der „McLibel"-Fall: Im September 1990 wurden fünf Greenpeace London Aktivisten (unabhängig von Greenpeace International) von McDonald's wegen des Verteilens eines Flugblattes mit dem Titel „What's wrong with McDonald's? – Everything they don't want you to know." angeklagt. In der Folge entschuldigten sich drei der Angeklagten bei McDonald's. Die beiden verbliebenen Angeklagten wurden im Juni 1997 zu 60.000 Pfund Schadenersatz verurteilt. Es war einer der längsten Prozess in der Rechtsgeschichte Großbritanniens. Der Ausgang des Prozesses wurde von Beobachtern aufgrund des Imageschadens als Pyrrhus-Sieg von McDonald's gewertet (Vgl. [12]).
- 1998: Berufsbild Systemgastronom
  - In Deutschland beginnen die ersten Fachfrauen und -männer für Systemgastronomie ihre Ausbildung bei McDonald's.
  - Alle fünf Stunden wird weltweit ein neues McDonald's Restaurant eröffnet.
- 1999: Das 1.000ste Restaurant in Deutschland nimmt seinen Betrieb im Oktober in Berlin auf. In den USA eröffnet McDonald's das weltweit 25.000ste Restaurant.
- 2000: McDonald's erwirbt Boston Market.
- 2001: 30 Jahre McDonald's in Deutschland
  - McDonald's Deutschland feiert 30-jähriges Jubiläum.
  - Das FBI berichtet, dass Mitarbeiter von Simon Worldwide, einem Unternehmen, das von McDonald's für die Durchführung von Promotionaktionen für Happy Meals und den „Millionär/Monopoly"-Wettbewerb engagiert wurde, Preise im Wert von mehr als 20 Mio. US-$ gestohlen haben.

- 2002: Spitzenposition im Fast-Food-Markt mit deutlichem Vorsprung, doch erstmals rote Zahlen
  - Mittlerweile ist McDonald's in rund 120 Ländern der Erde vertreten.
  - In Deutschland sind es 1.211 Restaurants mit 1,96 Mio. Gästen täglich.
  - Die starke Konkurrenz führt im letzten Quartal 2002 erstmals dazu, dass der Konzern rote Zahlen in Höhe von 344 Mio. US-$ schreibt.
  - In einer Untersuchung des Restaurants and Institutions Magazine über die Qualität von Hamburger-Ketten nimmt McDonald's den 15. Platz ein.
- 2003: Einführung des neuen Markenauftritts
  - McDonald's tritt erstmals weltweit einheitlich mit der Kampagne ich liebe es™ (i'm lovin' it™) auf.
  - Die Kampagne wurde in Deutschland entwickelt.
  - Das Unternehmen berichtet über einen Verlust von 126 Mio. US-$ im vierten Quartal.
- 2004: Balanced Lifestyle – „salads plus" und GO ACTIVE™
  - Mit der Linie salads plus mit neuen Salaten, der Frucht Tüte und Fruit & Yogurt will McDonald's seinen Gästen ein erweitertes Spektrum an Produkten bieten.
  - Unter dem Dach der Initiative GO ACTIVE™ führt McDonald's Aktivitäten durch, die für den Sport begeistern und eine aktive Lebensweise fördern sollen.
- 2004: McDonald's feiert seinen 50. Geburtstag. Zeitgleich kommt der provokante Dokumentarfilm „Super Size Me" von Morgan Spurlock in die Kinos.
- 2005: Der Gesamtumsatz p.a. von McDonald's überschreitet erstmals in der Firmengeschichte die 20-Mrd.-US-$-Grenze.
- 2006: McDonald's und Disney lösen ihr Exklusiv-Marketingabkommen nach zehnjähriger Zusammenarbeit in gegenseitigem Einvernehmen auf. McDonald's informiert auf den Verpackungen über die Nährwerte der einzelnen Produkte.
- 2008: Mit fast 500 McCafés wird McDonald's zu einem der führenden Anbieter auf dem deutschen Coffeeshop-Markt.
- 2009: McDonald's gibt bekannt, zumindest in Europa die Firmenfarbe zu verändern. Das gelbe Logo wird beibehalten, allerdings ersetzt Grün das bislang als Hintergrundfarbe eingesetzte Rot.
- 2012: Der Cheeseburger, der bis dahin 1 € in Deutschland kostete, verteuert sich im Durchschnitt um 19%.
- 2013: In Deutschland gehen die Umsätze von McDonald's erstmals deutlich zurück. Weltweit gehen die Gästezahlen von McDonald's zurück.
- 2014: McDonald's feiert seinen 60. Geburtstag.

## 7.2    Daten & Fakten zu McDonald's Deutschland Inc.
     [9]; [10]; [8]

- Eröffnung des ersten McDonald's Restaurants: 1971 in München
- Eröffnung des 1000. McDonald's Restaurants: 1999 in Berlin
- Nettoumsatz: 3,25 Mrd. €=rund 40 € pro Bundesbürger/Jahr (Stand: 2012)

- Restaurants: 1.468 (2012: 1.440; 2011: 1.415; 2010: 1.386)
  - Davon Satellites: 184 (2001: 32, 2002: 62, 2003: 90, 2004: 107, 2005: 117)
  - Restaurants direkt an Autobahnraststätten sowie Autohöfen: 73
  - Restaurants an Flughäfen: 11
  - Restaurants in Bahnhöfen: 99
  - McDrives: 1.034
- Restaurant-Neueröffnungen 2013: 28 (2012: 35)
- Mitarbeiter: über 60.000 im Jahresdurchschnitt (2013), davon 859 Schwerbehinderte
- Gäste: 986 Mio. pro Jahr; 2,7 Mio. Gäste/Tag (2012)
- McCafé in Deutschland
  - Beginn im Oktober 2003 mit zwei McCafés in Köln
  - 2013: 847 McCafés (2012: 817; 2011: 783; 2010: 737)
  - Produkte des McCafé: Kaffeespezialitäten (Cappuccino, Espresso, Iced Frappés; Kuchen, Muffins und Cookies; Focaccia, Panini.
- Franchise
  - Franchise-Nehmer: 237 (2012: 243)+1 in Luxemburg
  - Anteil ihrer Restaurants: ca. 80% (=1.208 Restaurants)
  - Durchschnittlich 5 Restaurants pro Franchise-Nehmer
  - 50 Franchise-Nehmer führen ihre Restaurants in zweiter Generation, einer davon in dritter Generation
  - 13 Franchise-Nehmer feierten 2013 ihr 10-jähriges, 16 ihr 20-jähriges, 3 ihr 25-jähriges, 2 ihr 30-jähriges und 2 ihr 35-jähriges Jubiläum.
- Berufsausbildung
  - Auszubildende rund 1.900, davon 147 Berufsakademie-Studierende (2012: 2.147; 2011: 2.279; 2010: 2.263)
- Einkauf 2013
  - Anzahl Lebensmittel- und Verpackungsprodukte: rund 1.000
  - Lieferanten in diesem Bereich: 148
  - Einkaufsvolumen in diesem Bereich: 801 Mio. €
  - Anteil des Einkaufsvolumens aus Deutschland: rund 75%
  - Lieferanten: u. a. Coca-Cola, Develey, Kraft Foods, Meggle, Schwartau, Bonduelle, Jacobs
  - 29 Partner liefern bereits seit über 20 Jahren an McDonald's.
  - McDonald's Stammlieferanten aus Deutschland beliefern McDonald's Restaurants in mehr als 30 Ländern.
- Kundenservice 2013: Kontakte=74.946, davon Anfragen: 34.732
- Geschäftsleitung McDonald's Deutschland: Holger Beeck, President Western Division McDonald's Europe President & Chief Executive Officer (CEO) McDonald's Deutschland
- McDonald's Kinderhilfe gGmbH
  - Gründung: 1987
  - Anzahl Ronald McDonald Häuser: 19, weltweit über 300 (2013)
  - Anzahl Ronald McDonald Oasen: 3, weltweit über 160 (2013)

- Konzept: Ein Ronald McDonald Haus ist eine Unterkunft auf Zeit für die Familien von schwer kranken Kindern. Die kleinen Patienten werden in der benachbarten Spezialklinik behandelt. Ronald McDonald Oasen bieten schwerkranken Kinder mit ihren Familien direkt in der Kinderklinik einen Rückzugsort. Dort können diese Wartezeiten gemeinsam überbrücken.
- Gesamtspendenvolumen 2013: 8,1 Mio. € (2012: 8,3 Mio. €; 2011: 8,0 Mio. €; 2010: 7,0 Mio. €)

## Literatur

1. http://de.statista.com/themen/275/mcdo-nalds/. Zugegriffen: 28. Juni 2014.
2. http://de.wikipedia.org/wiki/Chicken_Nuggets. Zugegriffen: 21. Sept 2005.
3. http://de.wikipedia.org/wiki/McFlurry. Zugegriffen: 22. Sept 2005.
4. http://www.absoluteastronomy.com/encyclopedia/m/mc/mcdonalds_corporation2.htm. Zugegriffen: 22. Sept 2005.
5. http://www.mcspotlight.org/company/company_history.html. Zugegriffen: 21. Sept 2005.
6. http://www.media.mcdonalds.com/secured/company/history/timeline/. Zugegriffen: 22. Sept 2005.
7. McDonald's Deutschland Inc. 2005. Pressemitteilung „Weltbürger McDonald's – Meilensteine einer internationalen Erfolgsgeschichte". München.
8. McDonald's Deutschland Inc. 2006. Pressemitteilung – MCD 09–0020/05–06, Daten & Fakten 2005 (Stand 21. Februar). http://www.mcdonalds.de/presse/app/show.php?id=125&lang=de. Zugegriffen: 27. Juli 2006.
9. McDonald's Deutschland Inc. 2011. McDonald's in Zahlen und Fakten (Stand 31. Dezember). http://www.mcdonalds.de/metanavigation/presse/pressecenter/alles_zu_mcdonalds/zahlen_und_fakten_pc.html. Zugegriffen: 10. Juli 2014.
10. McDonald's Deutschland Inc. 2013. Weltbürger mit Verantwortung. http://www.mcdonalds.de/uber-uns/das-unternehmen. Zugegriffen: 10. Juli 2014.
11. Silverman, T. 1998. The history of fine dining. http://www.geocities.com/SoHo/5606/story11.html. Zugegriffen: 22. Sept 2005.
12. Vidal, J. 1998. McLibel, burger culture on trial by John Vidal. New York.

# Weiterführende Literatur

1. dpa – Deutsche Presse-Agentur GmbH.2006. McDonald's eröffnet neue Filialen in China zu Olympia 2008, auf: http://www.capital.de/pu/628047.html, 20. Juni 2006. Zugegriffen: 28. Juni 2006, 11:27 Uhr.
2. Hinzpeter, W. 2012. McCheck. *Stern*. Nr. 31 vom 26. Juli 2012, S. 90–100.
3. Hofstede, G. 1991. *Cultures and Organizations*. London.
4. Levitt, T. 1960. Marketing myopia. Harvard Business Review Juli-August 1960, pp. 45–56.
5. McDonald's Corporation. 2005. McDonald's Corporation 2004 Financial Report, Chicago .
6. McDonald's Deutschland Inc.. 2005. Zweigniederlassung München: Pressemitteilung „Arbeitgeber und Ausbilder McDonald's", Stand: 22. Februar 2005, auf: www.mcdonalds.de. Zugegriffen: 11. Juli 2006, 11:35 Uhr.
7. McDonald's Deutschland Inc. 2003. Internationaler Pressetext „i'm lovin' it™ – Die neue McDonald's Kampagne geht um die Welt". München 2003.
8. McDonald's Deutschland Inc.2003. Internationaler Pressetext „McDonald's gewinnt Justin Timberlake für weltweiten Markenauftritt i'm lovin'it ™". München.
9. McDonald's Deutschland Inc. 2003. Pressemitteilung „McDonald's geht mit großen Schritten in eine neue Ära". München.
10. McDonald's Deutschland Inc. 2003. Pressemitteilung „Weltweiter Markenauftritt von McDonald's startet in München". München.
11. McSpotlight. 2006. Why was Mcdonald's singled out? auf: http://www.mcspotlight.org/campaigns/current/mcspotlight/faq.html#5. Zugegriffen: 04. August 2006, 10:18 Uhr.
12. O. V. 2005. Die hundert größten Unternehmen, Sonderbeilage, Frankfurter Allgemeine Zeitung, Nr. 153 vom 05. Juli 2005, S. U2.
13. O. V. c, 2005. auf: http://www.netzwelt.de/lexikon/Kaufkraftparit%C3%A4t.html. Zugegriffen: 31. Mai 2005, 13:55 Uhr.
14. O. V. Kaufkraftparität. In Gabler-Verlag (Hrsg.): Gabler Wirtschafts-Lexikon, Wiesbaden o. J.
15. O. V. 2006. Markenkooperation – Doppeltes Spiel, auf: http://www.capital.de/pu/100003486.html. Zugegriffen: 28. Juni 2006, 11:29 Uhr.
16. O. V. McDonald's Deutschland – Informationsmaterial, o. O., o. J.
17. O. V. 2005. McDonald's öffnet sein erstes Hotel, 24. Februar 2001, auf: www.welt.de. Zugegriffen: 14. September 2005, 13:44 Uhr.
18. O. V. 2005. McDonald's steigt ins deutsche Pizza-Geschäft ein, auf: http://www.welt.de, 10. August 2002. Zugegriffen: 14. September 2005, 16:20 Uhr.
19. O. V. 2006. McDonald's will in Deutschland noch viel größer werden, auf: http://www.sueddeutsche.de/wirtschaft/artikel/934/78856/article.html; Stand 24. Juli 2006, 09:17 Uhr. Zugegriffen: 24. Juli 2006, 08:55 Uhr.

© Springer Fachmedien Wiesbaden 2015
W. Schneider, *McMarketing*, DOI 10.1007/978-3-658-07096-0

20. O. V. 2005. McDonalds will Rapper ködern. Ärzte Zeitung. 06. April 2005, auf: http://www. aerzte-zeitung.de/docs/2005/04/06/061a2404.asp. Zugegriffen: 26. August 2006, 20:32 Uhr.

21. O. V. 2006. McDonald's(R) kündigt globalen Mutter-Ausschuss an; Gruppe soll Unternehmen hinsichtlich wichtiger Schlüsselthemen in Bezug auf Mütter weltweit beraten, auf: http://www. finanznachrichten.de/nachrichten-2006–05/artikel-6414151.asp; Stand 11. Mai 2006, 12:20 Uhr. Zugegriffen: 24. Juli 2006, 09:25 Uhr.

22. O. V. The burger king. *The economist* Oct 21st 1999, auf: http://www.economist.com/mar-kets/ bigmac/PrinterFri…. Zugegriffen: 19. Mai 2005, 16:55 Uhr.

23. O. V. 2006. Verhaltener Börsenstart für Imbisskette Burger King. *Frankfurter Allgemeine Zeitung*. Nr. 116 vom 19. Mai 2006, S. 27.

24. O. V. 2006. WM beschert McDonald's hohe Umsätze, auf: http://www.netzeitung.de/wirtschaft/ unternehmen/424298.html; Stand 17. Juli 2006, 21:17 Uhr. Zugegriffen: 24. Juli 2006, 08:49 Uhr.

25. Prandl, P. 2006. Fastfood-Aktien – Globaler Appetit, auf: http://www.capital.de/gb/100002584. html, 20. Februar 2006. Zugegriffen: 28. Juni 2006, 11:30 Uhr.

26. Reuters. 2006. McDonald's bringt Burger an Chinas Autobahn-Rastplätze, auf: http://www.ftd. de/unternehmen/handel_dienstleister/86586.html, 20. Juni 2006. Zugegriffen: 28. Juni 2006, 11:28 Uhr.

27. Sparkasse Saarbrücken. 2004. Big Mac – ein Hamburger verändert die Welt, Newsletter September 2004, auf: http://www.sparkasse-saarbruecken.de/index.php?nav=819&page=5516. Zugegriffen: 31. 05. 2005, 13:38 Uhr.

28. Tumpach, S. 2006. McDonald's zieht ins Stadion. HORIZONT SPORT BUSINESS Weekly vom 15. März 2006, auf: http://light.horizont.net/freieressorts/wmsponsoren/pages/pdf/22McDonalds.pdf. Stand 12. Mai 2006, 10:21 Uhr.

29. Upbin, B. 1999. Beyond burgers, News for McDonald'sFranchise Owners. Forbes Magazine from November 1, 1999. auf: http://www.licenseenews.com/news/news8.html. Zugegriffen: 16. Juni 2005, 12:52 Uhr.

30. Wübker, G. 2006. Sonderangebotspolitik und Preisbündelung, auf: http://www.compe-tence-site.de/marketing.nsf/6EE3B3C8FD5F42E4C1256A7F002DAEA4/$File/georg%20 wuebker.pdf#search=%22W%C3%BCker%20Sonderangebotspolitik%20und%20 Preisb%C3%BCndelung%22. Zugegriffen: 16. Juli 2006, 12:13 Uhr.

31. www.mcdonalds.de/data/downloads/pdf/jahresbericht_2005.pdf. Zugegriffen: 26. August 2006, 18:29 Uhr.

## Links

32. http://de.wikipedia.org/wiki/Sponsoren. Stand 10. Juli 2006, 22:51 Uhr. Zugegriffen: 27. Juli 2006, 10:15 Uhr.

33. http://de.wikipedia.org/wiki/Taylorismus. Stand 7. Juli 2006, 09:35 Uhr. Zugegriffen: 13. Juli 2006, 11:18 Uhr.

34. http://de.wikipedia.org/wiki/Sponsoren_der_Fu%C3%9Fball-Weltmeisterschaft. Stand 10. Juli 2006, 22:51 Uhr. Zugegriffen: 27. Juli 2006, 10:15 Uhr.

35. http://de.wikipedia.org/wiki/Taylorismus. Stand 7. Juli 2006, 09:35 Uhr. Zugegriffen: 13. Juli 2006, 11:18 Uhr.

36. http://www.absoluteastronomy.com/encyclopedia/m/mc/mclibel_case1.htm. Zugegriffen: 22. September 2005, 11:44 Uhr.

37. http://www.franchiseportal.de/ITmaxxPortalManager/Eingang.asp?Aktion=AnzeigeArtikel&Artikel=28&Filiale=2. Zugegriffen: 18. Januar 2005, 13.55 Uhr.

38. http://www.geni.de/software/Makro-Fast-Food-Standort-Analyse.htm. Zugegriffen: 13. August 2005, 17:13 Uhr.
39. http://www.mcdonalds.com/corp/invest/pub/2004__Financial-Report.html. Zugegriffen: 16. September 2005, 21:30 Uhr.
40. http://www.mcdonalds.com/corp/invest/pub/2004_Summary_Annual_Report.html. Zugegriffen: 16. September 2005, 21:30 Uhr.
41. http://www.mcdonalds.com/countries.html. Zugegriffen: 20. Juli 2006, 13:16 Uhr.
42. http://www.mcdonalds.de/data/downloads/pdf/franchise_antrag.pdf. Zugegriffen: 18. Juli 2006, 14: 45 Uhr.
43. http://www.mcdonalds.de/data/downloads/pdf/unsere_leistungen.pdf. Stand: August 2005. Zugegriffen: 18. Juli 2006, 11:38 Uhr.
44. http://www.mcdonalds.de/html/products/standards2/media/legallines.gif. Zugegriffen: 10. August 2007, 10:15 Uhr.
45. http://www.mcspotlight.org/case/pretrial/factsheet_new.html. Übersetzung auf: http://www.mcspotlight.org/campaigns/translations/trans_germany.html. Zugegriffen: 4. August 2006, 10:15 Uhr.
46. http://www.subway-sandwiches.de. Zugegriffen: 24. Juni 2005, 07:55 Uhr.
47. http://www.theperformers.com/content/fallbeispiele/highlights_0101.cfm?main=3&hid=36. Zugegriffen: 17. April 2006, 08:15 Uhr.

# Sachverzeichnis

© Springer Fachmedien Wiesbaden 2015
W. Schneider, *McMarketing*, DOI 10.1007/978-3-658-07096-0

Printing: Ten Brink, Meppel, The Netherlands
Binding: Ten Brink, Meppel, The Netherlands